“十二五”国家重点图书
出版规划项目

国家出版基金项目
NATIONAL PUBLICATION FOUNDATION

陕西出版传媒集团
2011年重大出版项目

中国少数民族
法史通览

ZHONGGUO SHAOSHU MINZU
FASHI TONGLAN

总主编
张晋藩

作　者
南杰·隆英强

第二卷

藏　族

陕西出版传媒集团
陕 西 人 民 出 版 社

丛书主编

张晋藩

张晋藩，男，汉族，1930 年 7 月出生，辽宁省沈阳市人。1952 年中国人民大学研究生毕业，历任该校法律系讲师、副教授、教授。1983 年至 1994 年任中国政法大学副校长兼研究生院院长、中国法律史研究所所长。现为中国政法大学终身教授、法律史学研究院名誉院长。

1983 年被评为中国法制史博士生导师，1988 年被评为国家重点学科法制史学带头人，1991 年享受国务院特殊贡献津贴。曾兼任：国务院学位委员会第二届法学评议组成员，中国法律史学会常务副会长、名誉会长，中国老教授协会副会长，全国人大常委会内务司法委员会特约研究员，中国法学会理事，等等。现兼任：中国法律史学会专业顾问，中国教育家协会名誉会长，最高人民检察院特约研究员，等等。

曾出版《中国法制史》《中国法律史论》《法史鉴略》《中国古代法律制度》《中国古代政治制度》《中国法律的传统与近代转型》《中国近代社会与法制文明》《中国宪法史》《中国监察法制史稿》《中华法制文明史》等 30 余部学术专著，主编《中国法制通史》（十卷本）大型学术著作。其中，有的已译成英、日、韩等国文字出版。迄今已发表专业论文 200 余篇。

2012 年，被中国法学会授予“全国杰出资深法学家”称号。

本卷主编

南杰·隆英强

南杰·隆英强，男，藏族，中共党员，中国政法大学法学博士，中国人民大学法学博士后，江苏师范大学法学院教授、硕士研究生导师，中国法学会会员，最高人民法院和甘肃省高级人民法院及青海省高级人民法院藏汉双语法官培训专家库专家，江苏师范大学汉藏法律文化与法治战略研究中心主任。已出版《社会主义法治建设与藏族法律文化的关系研究》等专著，参编和编译国内首套藏汉双语法律培训教材《刑事诉讼法》等多部，在《政法论坛》、《安多研究》（汉文版、藏文版）等国家级核心期刊和省部级刊物上用藏汉双语发表法学专业论文 40 余篇。主持并参与完成国家社科基金项目 3 项、省部级和厅局级项目 8 项，目前正在主持国家社科基金项目等各类课题 5 项。

本书是南杰·隆英强主持的 2014 年度国家社科基金项目《藏族法律文化视域下藏汉双语司法实践与藏区社会稳定问题研究》（14BFX024）、2013 年度教育部人文社会科学研究青年项目《藏族法律文化发展变迁研究：以藏族赔命价习惯法在法文化视域下的贡献为视角》（13YJC820056）、2014 年度国家民委《国家民族事务委员会中青年英才培养计划项目》（1401175372）、2016 年度江苏师范大学引进优秀人才项目《汉藏法律文化的当代价值与基层社会治理法治化道路研究》（31920160002）以及江苏师范大学汉藏法律文化与法治战略研究中心和苏北农村社会治理创新研究基地的阶段性研究成果。

《中国少数民族法史通览》总 序

早在公元前2世纪，中国便初步形成了多民族的统一国家，无论国家疆域、社会的物质文明和精神文明，都是由各民族共同开发、共同创造的，其中也包括辉煌的法制文明。在20世纪80年代中国法律史年会上，我首次提出了研究民族法史。在我的倡导与主持下，法史界的一些同道发宏愿纂修一部信而有征的少数民族法制史。希望借此传承与弘扬各民族法文化的优秀传统，展示少数民族的法律智慧，保存存在于少数民族地区的珍稀法制史料，进一步巩固以汉族为主体的中华民族大家庭。同时也可以充实中国法制史学的内容，提高中国法制史学的世界地位。

一、中华民族是统一的、多样性的伟大民族

在世界历史上的文明古国中，由于种种原因，多已失去独立自主的民族生命，或已沦丧其固有的文化传统，唯有中国历经五千多年的历史发展过程，始终绵永其独立的民族生命与文化。这和以汉族为代表的先进文化为基础所形成的统一的中华文化是分不开的。虽然古代有过华夏文化中心论的华夷之辨，有过“非我族类，其心必异”的狭隘民族观，也有过按民族划分社会等级的民族等级观，但并没有妨碍自秦汉以来中华民族便已形成的稳定共同体的绵延与发展。正像发源于巴颜喀拉山下的涓涓细流一样，中华民族也都发源于一个共同的文化传统，尽管血缘上有异，地域上有别，但不存在严格对立的民族隔阂与阻止交流的壁垒。

“中华民族”作为一个整体，不仅有着同源的文化，而且在漫长的发展过程中，不同程度地进行着相互渗透、相互亲和、相互同化。只是由于所处的地域不同、生产过程与方式不同、习俗不同而表现出“族”的特有的形式而已。

数千年来，各民族经过不断的迁徙、杂居、通婚、互市，在文化上互相学习，在血统上互相融合，你中有我，我中有你，民族畛域逐渐消弭，统一的民族精神日益凸

现，这个民族精神，早已超越了一族的界限。正是这种超越一族的磅礴之气，以及各民族在文化同源的背景下的多样性发展，才形成了绚烂多彩的中华文明，凝聚成厚重的“中华魂”。法律作为中华文化的一部分，也有其源与流、干与支的相互关系及内在联系，并由此形成了多样性的统一体。这是我们在探究中华少数民族法制历史时首先应该注意到的。

二、中华法系是集各族法律智慧共同缔造而成的

中国是世界法制文明的古国，具有四千余年从未中断的法制历史。中华法系是世界公认的特色鲜明的一大法系，其中也汇聚了中华各族的法律智慧。早在法律形成时期便表现出了民族间的相互吸收与传承。根据史书记载，上古时期，华夏族以外的苗民，便已开始制定法律，所谓“苗民弗用灵，制以刑……爰始淫为劓、刵、椓、黥。越兹丽刑，并制罔差有辞”①。其后黄帝灭其族而用其刑，使苗民的刑制发展成为整个夏商周三代通行的奴隶制五刑：墨、劓、刖、宫、辟，并沿用至汉初。

特别需要指出的是由战国末期至秦汉逐渐兴盛的匈奴族，是中国历史上北部游牧民族建立的第一个统一的军事政权，并且适应游牧民族调整内部生活与秩序的需要，开始设范立制。史书说：其法，拔刃尺者死，坐盗者没入其家；有罪小者轧，大者死。狱久者不过十日，一国之囚不过数人。②

自秦汉迄南北朝，在中华民族的大家庭中，又融入匈奴、鲜卑、氐、羌、羯等诸民族。从西晋末年开始的“五胡内迁”，到东晋时期与江南东晋政权抗衡的北方“十六国”，再到南北朝时期的北方五朝，少数民族相继在广大的中原地区建立了政权。同时根据统治广大地区的需要，结合本民族的习惯，制定了使用范围不同的法律，丰富了中华法文化的内容，甚至创造了为隋唐时期所直接取法的法律范本。例如，鲜卑族统治的北魏时期，自道武帝拓跋珪至孝文帝拓跋宏，都较为注重法制建设，经历了从习惯法过渡到成文法，再发展到引礼入法的几个阶段。在儒家思想的引导下，并经过汉族律学家的具体帮助，以“齐之以法，示之以礼”③ 为指导思想，终于在太和五年（481）颁布了著名的《太和律》。这部律典既融汇了汉魏晋以来法制建设的成果，同时也保留了某些元魏旧制，可以说是这个时期游牧文化与农耕文化大融合的产物。从程树德先生辑录的魏律遗文中可以看出儒家人本主义对魏律的影响：“世祖定律，

---

① 《尚书·吕刑》。

② 《史记·匈奴列传》。

③ 《魏书·刑罚志》。

妇人当刑而孕，产后百日乃决，盖本元魏旧制。”① 至于鲜卑后裔建立的北齐王朝，其在法制上的贡献具有承前启后的历史地位，程树德先生评论说：“南北朝诸律，北优于南，而北朝尤以齐律为最。”②《北齐律》开创的新体例，与隋唐律的传承关系十分明晰：“盖唐律与齐律，篇目虽有分合，而沿其十二篇之旧；刑名虽有增损，而沿其五等之旧；十恶名称，虽有歧出，而沿其重罪十条之旧。”③由于各民族坚持不懈地进行法制的创造和法文化的交流，才有隋唐时期中华法系的定型。历史雄辩地说明了中华法系是以汉族为主体，各族共同缔造的。

隋唐时期中国的法律文化、典章制度远播海外，中华法系成为相邻国家和地区的母法。而建立在祖国边陲的吐蕃、突厥、南诏等地方民族政权，各自有着一套行之有效的法律体系。尽管这些法律带有浓厚的地域色彩，并杂有民族习俗和宗教规条，但是不可否认，它们都包括在中华法文化的大法苑中，都是中华法制文明的重要组成部分，都体现了当时少数民族对法制的重视和思考。

唐朝统治者对少数民族的法律和习俗也持认同态度，《唐律疏议》在处理化外人相犯时就提出这样的原则，“诸化外人，同类相犯者，各依本俗法，异类相犯者，以法律论。”在此条的疏议中就特别提出：“‘化外人’谓蕃夷之国，别立长君者，各有风俗。制法不同。其有同类自相犯者，须问本国之制，依其俗法断之。”④ 由此开创了在统一的多民族国家中，不同的民族在特定条件下可以适用本民族法律的先河。这条规定也从一个侧面反映了各族法律的发展状况，以及在互相交流中不断地得到演进的原因。近年来随着考古的发现，隋唐时期各少数民族政权的法律文件已部分地公之于世，为我们认识这一时期少数民族法制状况提供了第一手资料。

由于唐朝对边疆少数民族实行“恩惠抚和”的政策，使众多的少数民族相继内附，而且由于统治者开明的民族观念，使得各民族关系更为和谐，唐太宗曾提道：“夷狄亦人耳，其情与中夏不殊。人主患德泽不加，不必猜忌异类。盖德泽洽，则四夷可使如一家。”⑤ 以致有唐一代，在内附的民族区域建立的羁縻府州县多达856个，“羁縻，犹言维系也”⑥。在这些羁縻府州县中，政权事务由当地少数民族首领世袭管理，原有风俗一概保留，中央政府不加过问。地方仅在军事上“奉征调”，在赋税上

①②③　程树德著：《九朝律考》，中华书局2003年版，第383、391、391页。

④　《唐律疏议》卷六“化外人相犯”条。

⑤　《资治通鉴》卷一九七，贞观十八年十二月。

⑥　《纲鉴易知录·唐纪》卷四十三，中华书局本。

纳贡。许多民族还制定了地方性法规。

宋朝是面对民族问题最多的朝代，宋朝统治者运用法律的手段调整与西北蕃族的关系，制定了《蕃官法》、《蕃兵法》、《蕃丁法》、《茶马法》等法规。在宋朝统治期间，契丹族、党项族、女真族先后崛起，建立了辽、西夏、金等国，分别制定了既吸收中原地区传统法律文化，又具有本民族特色的辽《重熙新定条例》、金《泰和律义》、西夏《天盛改旧新定律令》等。辽金律已佚，只有西夏国天盛年间制定的《改旧新定律令》保存完好。① 《天盛改旧新定律令》是中国历史上第一部用少数民族文字印行的法典，其详细程度为现存中古法律之最。法典总计二十余万言，没有注释和案例，全部是律令条文，其内容包括刑法、诉讼法、民法、经济法、军事法，多方位地反映了西夏社会生活的各个方面。②

至元代，在蒙古族的统治下，天下又合而为一，元朝统治的疆域空前辽阔，其法制的创造性则更加明显，譬如独具特色的刑罚体系，平反律目的创立、民事诉讼的程序化、行政法律规范的细化等等，都反映了法制的民族性与创新性。目前存留的《大元通制条格》，既是中华民族法制史上一部重要的法典，又是蒙古族法制文化所达到的高度的表征。

综上可见，隋唐以来各民族的融合和文化上的交流，为封建社会后期法律体系的趋于完备和法律制度的不断完善创造了条件。至清代，民族立法已臻于完备和成熟。

至清代发源于白山黑水的满族早在关外开国肇基时期，便通过颁布《盛京定例》的形式，与蒙古结成巩固的联盟，并促使蒙古族社会关系的法律调整。此外，还采用“参汉酌金”的立法路线，创造了民族特色鲜明而又迅速封建化的关外法制。1644 年入关以后，更将“参汉酌金”的立法路线推向全国。顺治三年的《大清律集解附例》其实是大明律的翻版，随着汉满法文化交流的深化，至乾隆五年修订的《大清律例》已经成为与唐明律相同的正统封建法典。

清朝统治者为了统治疆域辽阔的统一多民族国家，实行“因族制宜、援俗而治”的政策，一方面确认各族的习惯法在该民族地域内继续发挥效力；另一方面，为了巩固多民族统一国家，制定了一系列民族立法，如《蒙古律例》、《理藩院则例》、《回疆则例》、《青海蕃夷成例》、《西藏章程》以及适用于苗疆地区的条例等。《大清会

---

① 《天盛改旧新定律令》（史金波、聂鸿音、白滨译注，法律出版社 2001 年版），该法典从俄国引至国内，原文献藏于俄国科学院东方研究所圣彼得堡分所写本部。

② 史金波、聂鸿音、白滨译注：《天盛改旧新定律令》，法律出版社 2001 年版，第 3—4 页。

典》里也汇编了有关适用于少数民族的诉讼、审判、定罪、量刑等方面的律例近百条。这都标志着民族立法进入了前所未有的辉煌时期。

以上可见，自从中华民族进入文明时代起，在中华大地上便孕育了包括汉族在内的众多民族。尽管他们在不同的时代由于文化、经济、政治发展的差别而处于不同的历史地位，对于缔造中华法系所起的作用也有所不同，但无论如何，中华法系是各族人民共同缔造的，凝聚了各族人民的法律智慧，是各民族法律文化与法制经验相互交流与吸收的综合结果。

三、习惯法和民间法是少数民族法律体系中的重要组成部分

在悠久的历史长河中，建立独立政权的少数民族毕竟是少数，而建立全国性政权的少数民族也仅有元清两朝而已。绝大部分的少数民族依然固守在世代生活的一隅之地，遵循着传统的习俗和共同推崇的权威，维持着社会的秩序。在政治、经济和文化发展不平衡的统一多民族中国，这种状况是较为普遍的。这些民族的生产和生活如何维持，相互间的矛盾与纠纷如何解决，对财产的侵犯与人身的伤害如何制裁等，都需要依靠约定俗成的规则。这些规则有些是成文的习惯法，有些是不成文的习俗。虽然简陋，但却具有很高的权威性与约束力，发挥着对该族内部生活的调整作用，这是我们研究与撰写少数民族法制史所不可忽视的。事实上在国家大法难以完全覆盖到的角落，家族法、习惯法、民间法，或者其他风俗习惯都对建立与维持一定的秩序起了重要的乃至主要的作用。韦伯在论中国传统皇权治理模式时说：“出了城墙以外，统辖权威的有效性便大大地减弱，乃至消失。”① 这论断虽然稍嫌绝对，但却揭示了一个现象：在乡土中国，确实存在王法难以达到的真空，何况在少数民族聚居的边远地区。所以在研究与撰写少数民族法制历史的时候，需要探究在该民族地区起着实际作用的法源；需要了解在该民族生活秩序中，法与情、法与理是如何统一的；尤其是需要掌握具有共同性的法律意识的生成、发展及其作用。毕竟一部法典的生命力是有限的，而内蕴在少数民族内心的法律意识是世代相沿的，尤其是在相对闭塞的角落中更是如此。

在20世纪50年代以前，独龙、怒、傈僳、德昂、阿昌、景颇、阿瓦、拉祜、纳西、基诺、黎、布朗、赫哲等十几个民族或这些族群所在的部分地区，原始社会色彩还相当浓厚。不仅不可能拥有成文法，甚至连本民族文字都没有，它们的法律还处在

---

① 韦伯著，洪天富译：《儒家与道教》，江苏人民出版社1993年版，第109页。

世代相传的祖先训谕与原始宗教规条以及部落首领的训诰层次上。如景颇族的“通德拉”，即属于早期习惯法的范畴，对于这些习惯法的解释和执行，由部族头人和巫师负责。正如前文所阐明的各少数民族之间的发展是不平衡的，譬如凉山的彝族在新中国成立初期还处于奴隶社会，头人作为奴隶主行使着处罚大权，运用习惯法（彝语称“节威”），来维护奴隶主的特权和对奴隶的剥削压迫。较之彝族发达的西藏的藏族、云南西双版纳的傣族在当时已经处于农奴制社会。

藏族是一个具有悠久历史的古老的民族，从吐蕃初期制定的教法戒律，到松赞干布根据佛教“十善”制定的“法律二十条”称为吐蕃成文法的母法，无论是《王朝准则之法》还是《伤人赔偿律》、《盗窃追赔律》，都以它为基准，逐渐形成了在历史上典型的地方少数民族的成文法体系和丰富的法律内容。至清朝统治时期，清政府还通过制定“则例”“章程”“条例”等部门法的形式对西藏进行全面的管理。与中央立法相对应，西藏地方政府也制定了一些重要的法规，主要有五世达赖时期的《十三法》、青海果洛地区的《红本法》、德格土司的《法律十三条》，毛垭土司的《十三条禁令》等。藏族法律形成的多样性以及宗教戒律、道德规范与法律规范的结合，构成了藏族独具特色的、多元的法律文化。

聚居在西南边陲的傣族，长期以来就适用本民族习惯法。远在12世纪，首领叭真统一各部建立勐泐政权，随后历代宣慰司和勐泐土司为了维持封建领主的地位，颁布了一系列封建法规，如西双版纳傣族的民刑法规、礼仪规程和孟连宣抚司法规等。此外，壮、布依、侗、苗、瑶、土家、畲、白、回、维吾尔、蒙古、满等30多个民族则处于封建社会的中前期。如在苗族地区，基本上是按宗支建立自己的社会组织，即所谓“立鼓为社”，各鼓社均有自己的民主议事制度，并根据古礼和传统习惯制定规约。明清时期，苗疆各民族的习惯法经过长期的演化，逐渐丰富起来，成为具有普遍约束力的“苗例”。它涉及社会生活各个方面，内容相当广泛。经过历代中央政府的认可，苗例在苗疆地区长期适用。

再如侗族，其习惯法为“约法款”，其中的法律条文成为“款词”。款词原本是靠侗族人民口耳相传，后来采用汉字记录语音的方式辑录下来，成了现在的成文形式的侗族习惯法。

总之，少数民族习惯法和民间法的数量是众多的，形式是多种多样的，其内容主要是对贼盗犯罪的惩治和以罚牲畜作为刑罚的主要手段；在审判上运用多种形式的神明裁判。① 这些少数民族的习惯法与民间法，历史悠久，特色鲜明，它密切联系社会生活，服务于社会生活，具有深厚的群众基础和较高的权威，起着相当有效的调整作用。它们的存在有其必要性与合理性，是需要以理性的态度对待的。

需要指出的是，有些少数民族经过一番斗争，才获得了适用本民族习惯法的法定权利。以苗疆各族为例，苗疆各族人民多次进行争生存、反压迫的武装起义，迫使清朝在立法中确认苗疆少数民族习惯法的法律效力。据《清高宗实录》卷一三九载："若苗与苗非聚众而自相杀伤、偷盗，苗人愿照苗例完结者，免其相验解审。""一切（苗人）自相诉讼之事，俱照苗例完结，不治以官法。"《大清律例》卷三七"条例"："苗人与苗人自相争讼之事，俱照苗例归结，不必绳之以官法，以滋扰累。"

随着社会的发展进步，少数民族间的习惯法与民间法也处于由粗俗趋向细密，由野蛮趋向"文明"的进步过程中。正因为如此，整理少数民族固有的习惯法、民间法对于保存传统的法文化资料是十分紧迫的。

四、"通古今之变"是研究少数民族法制史应有的态度

由于历史的发展具有连续性，所以研究少数民族法制史时不能只局限于特定的历史时期，还需要纵向地考察法律内容的嬗变与联系、法律思想的传承与发展，总之要通古今之变。但绝不意味着仅仅是为了叙述其发展过程，厘清其发展轮廓。首先，是为了抽象各少数民族法制历史发生发展的规律性。譬如，秦汉以降在统一多民族的中国，各个民族大小不同、强弱不同、语言不同、居住环境不同、经济类型不同、文化和社会发展程度不同，这些都必然反映在各族群的实际生活与思想意识当中，由此形成了不同民族的法观念和立法的特点，它们在共同性中又存在着明显的差异性。又如，少数民族在取得政权以后（无论是全国性的还是地方性的），法制建设都会出现跳跃式的发展，往往从简单、落后的习惯法跃升到封建性的成文法典，北齐律可以看作是一个最明显的典型。这不是偶然的，是适应先进的汉族的生产方式与社会生活借以存在的需要，同时也和法文化的交流融合分不开。恩格斯说："文明较低的征服者，在最绝大多数的场合上，也不得不和那个国度被征服以后所保有的较高的经济情况相

---

① 民族志研究者根据田野调查，发现时至今日，在我国一些少数民族地区，对一些纠纷仍然保留传统神判方法，如景颇族，村里的仲裁者在证据不足又不能排除犯罪可能的情况下，就运用神判，目的是借助于神的意志来判定告发人和嫌疑者谁是谁非。其常用的办法有闷水、捞沸油锅、煮米、鸡蛋清卦、斗田螺、捏鸡蛋、诅咒、叫天等等。

适应；他们为被征服的人民所同化，而且大部分甚至还采用了他们的语言。”① 法律的发展也是如此，中华民族内部法文化的交流与融合一直未曾停止过。

其次，是为了总结中央政府在处理民族关系上的历史经验与借鉴。譬如在汉族中原王朝“大一统”思想的主导下，从少数民族政治、经济、文化的差异性以及与内地发展水平的不平衡性出发，采取一定的因族因俗制宜的自治方式或原则。强调“修其教不易其俗，齐其政不易其宜”②，“以其故俗治”③，“各依本俗治”④，“天子之于夷狄，其义羁縻勿绝而已”⑤，“荡佚简易，宽小过，总大纲”⑥，“临时制宜，略依其俗，防其大故，忍其小过”⑦。既强调其因俗制宜，赋予一定的民族自治权，又强调中央政权的管辖与法律的统一适用。这两者结合，是中国古代治理少数民族地区成功的经验，对于今天加强民族关系的法律调整都有历史的借鉴意义。

除此之外，为了维护和巩固统一的多民族国家，中央政府还采取必要措施保证国家对少数民族地区的立法权和司法管辖权，从而形成了中国各民族多元一体的法律发展格局。如何发掘和利用民族法文化的本土资源，使民族的习惯法与国家法律有效地衔接并逐渐一体化，将会促进依法治国的方略在广大疆域的实施。

最后，通过深入挖掘整理民族法文化遗产，将会极大地丰富中华民族的法律文化宝库，繁荣民族法学。由于少数民族发展本身具有不平衡性，无论法律意识、法律思想、法律实践、法律表达在不同的少数民族间存在很大的差距。有的少数民族没有自己的文字，民族的形成又比较晚；而有的民族虽然显赫一时，如契丹族，却早已经消亡以至难觅其踪迹。所以要编写出少数民族法制史，必须要进行广泛的田野调查，收集散失在民间的珍稀法律史料，由今及古复原出少数民族最真实的法制发展进程中的图景。法国史学家马克·布洛赫提到历史学家的技艺时曾谈道：“史学家所要把握的正是它在每个阶段中的变化，但是在历史学家审阅的所有画面中，只有最后一幅才是清晰可辨的。为了重构已经消逝的景象，他应该从已知的景象着手，由今及古地伸出

① 恩格斯：《反杜林论》，载《马克思恩格斯选集》第3卷，人民出版社1972年版，第222页。

② 《礼记·王制》。

③ 《汉书》卷四二。

④ 《唐律疏议·刑名》。

⑤ 《史记》卷一一七。

⑥ 《资治通鉴》，卷四八。

⑦ 《后史记》卷八七。

掘土机的铲子。”①

系统地编纂中国少数民族法制史是一项前无古人的事业，它的出版必将深化已有的民族法制史研究成果，全面弘扬中华民族的法律文化，使原先隐藏在历史烟尘中的明珠能够在世界法制舞台上熠熠生辉！由于中国少数民族传统法律文化内容极其丰富，而且处于不断发展变化之中，所以编纂这套《通览》并不意味着对少数民族法制史研究的结束，而只能说是一个阶段性成果。“路漫漫其修远兮，吾将上下而求索。”屈子的吟唱同样适用于我们对于少数民族法制历史的探求。

早在 1983 年，我于中国法律史学会西安年会上第一次提出编写中国少数民族法制史的意见，其后在论及中华法系的特点时，也一再强调中华法系是由汉族为主体的中华民族共同缔造的，但是编纂少数民族法制史的想法一直未能落实。直到 1999 年岁末，在时任中共云南省委常委、政法委书记秦光荣同志的支持下，我于昆明召开了全国相关学者参加的编写《中国少数民族法史通览》研讨会，后又争取到多项基金的支援，才使得这个计划得以逐步实现。

编写这样一部卷帙浩繁的、前人所未做过的文化工程，困难是很多的。我们虽然勉力以赴，但缺点与不足之处，甚至错误都难以避免。敬请读者批评指正。

张晋藩

2014 年 9 月

---

① 〔法〕马克·布洛赫著，张和生、程郁译：《历史学家的技艺》，上海社会科学出版社 1997 年版，第 38 页。

[目 录]

第二编　发展期的吐蕃法律

第三编 独具特色的藏族法律文化

第四编 门巴族与珞巴族法律

前 言

藏族是中国西部主要的少数民族之一，是祖国民族大家庭中的重要成员。据全国第六次人口普查统计，目前藏族人口近628.22万人①，在中国56个民族中居第九位。该民族主要聚居在青藏高原，分布在西藏自治区及青海省海北、海南、黄南、果洛、玉树等藏族自治州和海西蒙古族、藏族自治州以及海东地区；甘肃省的甘南藏族自治州和天祝藏族自治县以及甘肃河东、河西地区；四川省阿坝藏族羌族自治州、甘孜藏族自治州、木里藏族自治县；云南迪庆藏族自治州；此外，新疆巴音郭楞蒙古自治州、内蒙古阿拉善等也有少量世居藏族，人数很少。另外，尼泊尔、巴基斯坦、印度、不丹等国境内也有藏族分布。

藏族自古以来就生活在神奇的青藏高原。青藏高原位于我国西南部，被称为“世界屋脊”和“地球第三极”，雄踞亚洲大陆中部，是我国藏族、土族、撒拉族、蒙古族等民族的生息之地。总面积290万平方公里，超过我国陆地总面积的1/4。② 其大体范围在昆仑山、阿尔金山、祁连山以南，喜马拉雅山以北，东到横断山脉，包括西藏自治区和青海省的全部，以及甘肃、四川、云南和新疆等省区的部分地区。境内以山地和高海拔台地为主，平均海拔4500米，最高8844.43米，最低1800米，3000米以上地域占高原总面积的88.3%。境内由西向东有多条高大山脉绵延屹立，构成地貌基本骨架。

---

① 根据我国2000年第五次全国人口普查数据统计（少数民族情况）。

② 南杰·隆英强：《吐蕃王朝时期的法律制度研究》，载《中国政法大学博士论文》，2013年。

藏族是青藏高原上最主要的民族，被认为是青藏高原的主人。藏族自称“博（蕃）”（安多语称“窝”），所居地称为“博姜”。博姜是一个很大的地域概念，它涵盖了西藏和西藏以外的青、甘、川、滇藏区。西藏自治区成立后，博姜成为西藏的藏语译名，其地域范围又仅限于西藏。因此，对“博姜”的理解，在国内外有很大的差异，国内指西藏，国外则指整个藏区，即青藏高原的大部分地域。又因这一地域地势高峻，气候寒冷，处在雪山丛中，藏语称之为“冈坚”，意为“雪域”，遂成为青藏高原的代名词。广义上的“博姜”（藏族地区），传统上分为上、中、下三部，即上部阿里三围、中部卫藏四茹、下部朵康六岗。青藏高原幅员辽阔，地接尼泊尔、锡金、不丹、印度、缅甸、阿富汗、克什米尔等国和地区，是祖国西南边陲重要的国防屏障。早在新石器时代，这里即有人类繁衍生息，① 曾是悉补野、发羌、苏毗、羊同、白兰、党项、附国、南凉、吐谷浑、唃斯啰等诸多古代部族和政权活动的舞台，为许多民族的发祥地，孕育出独具特色的高原文明。

公元7世纪中叶，松赞干布统一青藏高原，建立了强大的吐蕃王朝。从那时起，我国藏族作为一个民族共同体基本形成，藏族及其先民就一直是青藏高原的主人。他们在相对封闭、自然条件相对艰苦的环境中顽强生存，长期开发奋斗，创造了十分独特的以游牧文化为主导的青藏高原文化。在这一文化发展的过程中，藏族人民与周边各民族密切交往，特别是与汉族人民在政治、经济、文化、宗教等各个领域联系紧密，互补促进，结成了兄弟般的情谊。②

我国是一个多民族国家，是由汉、藏、蒙古、壮、回、维吾尔等56个民族经过长期的交流合作，共同缔造的统一国家。在千万年漫长的人类历史长河中，生活在青藏高原海拔平均4000米以上的藏族先民，创造了包括制度文化在内的丰富多彩的文化，这些文化具有浓郁的独特色彩和丰富的价值功能，至今支撑着青藏高原的和谐发展，是中华民族传统文化宝库中的重要组成部分。③

“藏族历史上的法律文化尤其突出，它是中华法律文化的重要组成部分。在藏族法律文化遗产中，其独具特色而多元化的法律文化是最值得研究的”④。藏族法律文化主要是指上起吐蕃王朝，下至20世纪50年代1000多年间在藏区一直具有法律效力

---

①③ 参见南杰·隆英强：《吐蕃王朝时期的法律制度研究》，载《中国政法大学博士论文》，2013年。

② 参见蒲文成、王心岳：《汉藏民族关系史》，甘肃人民出版社2008年版，第1—4页。

④ 参见李向玉：《贵州民族法学研究成果评述》，载《甘肃政法学院学报》2009年第4期；张福祥：《青海卫拉特联盟法典》研究，载《内蒙古大学硕士论文》，2011年。

的各成文法与习惯法的集合。藏族法律制度史在以下两个阶段最有特点：一是吐蕃时期。吐蕃初期统治者就制定过佛教戒律，到赞普松赞干布时又根据佛教的“十善”制定了臣民应该遵守的《法律二十条》。该法有杀伤人命治罪、军事编制、行政区划、上中下三等居民的行为准则以及等级制度等规定。它是吐蕃成文法的母法，以后藏族的诸多法律都以它为蓝本，经其演变发展而成。如《王朝准则之法》和敦煌写卷律令文书中发现的《狩猎伤人赔偿律》《盗窃追赔律》等都是吐蕃时期重要的法规。此外，历代赞普颁布的诏令、命令、刻石盟誓、佛教教义及藏区各地制定的条例规范也是藏族法律的重要渊源，从而形成了中国历史上典型的地方少数民族的成文法体系和丰富的法律内容。二是清朝统治时期。清朝是我国多民族统一国家发展的鼎盛时期，中央设置理藩院作为管理西藏、外藩蒙古事务的最高行政机关。《理藩院则例》中有《西藏通制》上、下两卷，对西藏地方的各项制度做了具体的规定。清朝政府还通过“章程”、“条例”等法律形式对西藏的行政、军事、宗教等方面进行专门立法。主要有《钦定藏内善后章程》等“六部治藏条例”和《番例条款》等。与以上中央立法相对应，西藏地方订立的主要法规有：五世达赖时期的《十三法》、青海果洛地区的《红本法》、德格土司的《法律十三条》、毛垭土司的《十三条禁令》等。这些来自中央政府和西藏地方两个方面的法律，使成文法和习惯法交织在一起，共同调整藏族地区行政、军事、宗教、刑事、民事、诉讼等各方面的法律关系。清朝藏区立法是清代民族法制建设最成功的部分，清政府在“因俗制宜”的原则下，紧紧抓住对西藏的行政管辖权和司法管辖权，在纷繁复杂的国内外环境中坚持西藏是中国领土不可分割的一部分的总原则。通观藏族法律文化可以增强人们以下几点认识：第一，藏族法文化是中华法文化总体覆盖下的一部分，弘扬中华法文化也应包括弘扬藏族法文化在内；第二，藏族法律的特殊性和藏区人民独特的法律意识，形成了有别于汉族及其他少数民族的法律制度，比如藏区独特的政教合一制度就是一例；第三，藏族法律呈现法律形式的多样性和宗教戒律、道德规范与法律规范结合的特点，所以历代政府在保证国家法制统一的前提下，强调对藏区各部因俗而治；第四，历代中央政府的法律在调整藏族社会关系，促进藏区经济、政治、文化的发展方面起着至关重要的作用①。中原

① 参见李向玉：《贵州民族法学研究成果评述》，载《甘肃政法学院学报》2009 年第 4 期；南杰·隆英强：《吐蕃时期法制文明对当代法治的启示》，载《西藏大学学报（社会科学版）》2015 年第 3 期；赵君：《试析藏族传统法律制度的特点》，载《西藏大学学报（汉文版）》2005 年第 4 期。

法律文化与藏族地区固有的法律相结合，形成了藏区法律的另一大特点。这些藏族法文化的因质在今天藏族地区的法律实践中仍然起着重要作用，诸多有益的东西值得我们吸取。如果不了解藏族等少数民族的法律制度，就不能了解我国多民族国家法律文化发展的全貌和中华法系形成的整体过程。① 深入地研究藏族少数民族法制史和法律文化，不仅能够深化对我国古代法律发展规律的认识，而且可以为我们今天更好地实行民族区域自治，加强民族立法，发展社会主义民族法学，丰富中国法律史学的研究内容和范围，推动中国21世纪的法治国家建设，增强中华56个民族间的团结友谊，促进各民族间的文化交流和经济发展提供重要的历史借鉴②。

历史上藏族与中原地区汉族及其他民族的交流从未间断过。宋元明历代中原王朝对藏族地区都本着“修其教不易其俗，齐其政不易其宜”的民族统治原则进行立法调整，对藏区政治、经济、文化产生过重要影响。在这一过程中，由于国家法与地方少数民族法结合，不仅丰富了国家调整民族关系法律的内容，也增进了藏区与中原法律的交融。清代是我国多民族高度统一和发展的时期，政府对藏区的立法体现了民族法制的成就，是清朝法制建设的成功之处。“特别是清朝的前期和中期，对藏区进行‘因俗制宜’的同时，加强了行政管辖与司法管辖，保证国家法制的统一，在西藏是中国领土的一部分、维护祖国统一方面取得了很好的成效。”③ 因此可以认为，“历史上藏区法制是中国法律制度中的重要组成部分，藏族法律文化是中华法文化总体覆盖下的一个方面，在中华法系中应有藏族法文化的位置”④。张晋藩先生曾指出：“‘中华法系是中国各民族法律原则和法律意识长期融合的产物’。藏族法律文化和中华法文化的关系更证明了这一点，中原法律文化对藏区法律文化的影响，并逐渐结合是藏区法律特点形成的重要原因。正因为如此，要把藏族法的发展放在中华法系发展的总过程中去考察，使藏族法律历史与藏族和中华民族历史的叙述合拍，既注重探讨藏族社会法律发展的必然性，也注重藏族与整个中华民族法律发展的共同性，从而将藏族

---

① 参见徐晓光：《藏族法制史研究》，法律出版社2001年版，序。

② 参见穆赤·云登嘉措：《社会需要与特色学科——关于民族法学学科建设的几点思考》，载《法学教育研究》2010年第2期；赵君：《试析藏族传统法律制度的特点》，载《西藏大学学报（汉文版）》2005年第4期；张福祥：《青海卫拉特联盟法典》研究，载《内蒙古大学硕士论文》，2011年。

③ 转引自南杰·隆英强：《浅谈五世达赖喇嘛时期的〈十三法典〉》，载《西北民族大学学报（哲学社会科学版）》2005年第2期。

④ 参见李鸣：《少数民族法制史研究的回顾与前瞻》，载《传承与创新：中国法制史学六十年张晋藩先生执教六十周年暨八十华诞学术研讨会文集》，2010年。

法律文化的研究植根于中华法系文化发展的丰厚土壤和真实的历史背景中，以说明两者血肉相连、不可分割的关系。藏族法也受蒙古法文化的影响，长期的历史交往，两个游牧民族的法律文化和法源具有诸多的亲缘关系。中国至秦汉以来就是各民族多元一体的国家，中华法文化也是多元的法文化，当今弘扬中华法文化也包括弘扬藏族等少数民族法文化在内。"① 藏族地区在地缘上受大唐、印度、尼泊尔等佛教国家法律文化的影响，大量吸收佛教文化中的法律资源，形成藏族法律中宗教法的内容。藏族法是开放型的，曾吸收了世界上很多民族的法文化营养。所以，也应该将藏族法放在世界法律文化发展的大环境中来研究，探讨人类法律发展的共同规律问题。②

总之，藏族法制史或藏族法律文化是客观社会历史环境的产物，有其客观性，然而研究者有其主观能动性，有其主观偏好和个人兴趣，现有的研究成果已经受到不同程度的意识形态的影响。在研究藏族法制的思考中，正确处理主观性和客观性的关系，严格把握第一手藏文史料及第二手资料的价值判断关系等对于科学地研究藏族法制具有举足轻重的意义。一方面，我们需要对藏族法制怀有一种对文明历程的正确理解，对藏族法制富有感情、充满关爱和客观因素进行评价分析；另一方面，我们应恰当而发自内心地表达情感，避免个人价值观的强化和泛化。尽量排除时代意识形态和偏激思想观点的干扰，在此基础上，注重通过田野调查的方法获取第一手资料，了解实情，亲身体验后形成的论文和专著，才能保证藏族法制研究的科学性。我们应当尊重和理解藏族古代社会已经拥有见死不救法律、赔偿命价的方式废除死刑等法律的客观存在和自然流变，尊重藏人在青藏高原用辛勤劳动创造的一切人类文明成果，而非主观图解、率性而一世的愚昧为之。③

"以史为鉴，可以知兴替"，这是古人对于历史和历史学的价值做出的千古不朽的判断。这条古训也影响着我从事法制史研究的取向。我一直认为中国法制史学研究的虽然是过去，但面对的却是现在和未来。在4000多年的中国法制文明历史中，蕴含着丰富的治国、理政、明法、卫民方面的历史经验，科学地对其加以总结，对于建设社会主义法治国家具有重要的意义。④ 正是基于这种理念，中国法制史学泰斗张晋藩

---

① 参见徐晓光：《藏族法制史研究》，法律出版社2001年第1版，前言部分；转引自黄华均：《草原法的文化阐释》，载《中央民族大学博士论文》，2006年。

② 参见徐晓光：《藏族法制史研究》，法律出版社2001年版，前言部分。

③ 南杰·隆英强：《吐蕃时期法制文明对当代法治的启示》，载《西藏大学学报（社会科学版）》2015年第3期。

④ 张晋藩：《镜鉴心语：法史研究中的古与今》，厦门大学出版社2012年版，前言部分。

先生引领的团队和他指导的弟子们学习钻研藏族法制史等中华56个民族丰富多彩的法制历史文化，重在传承和发扬中国法制历史经验借鉴的主题。因为，中国法制历史经验借鉴的主题成果都是我中华民族优秀的法文化成果，历史雄辩地证明了中华民族优秀的法文化成果是中华各族共同缔造的，① 凝聚着汉族为主的藏族等各少数民族的法律智慧。尽管不同的民族在不同的时代对中国法制的贡献有所不同，但都反映了其作为中华民族大家庭一员的历史责任。②

本书作为张晋藩先生担任总主编的《中国少数民族法史通览》的子课题，从2010年9月在恩师张晋藩先生的悉心指导下着手研究。当初主要以16章的篇幅研究藏族法制史，后来张先生说门巴族和珞巴族也要进行研究，后来又加了门珞两族的法律内容。因为历史上我国境内的门巴族和珞巴族地区自公元7世纪开始就由吐蕃王朝管辖，这两个民族的法律内容自然还是藏族习惯法与成文法的内容为主，除了极少数的不成文的习惯法外没有形成独特的法律体系和内容，所以门珞两族只分两章进行研究。作为《中国少数民族法史通览》（多卷本）之一，藏族、门巴族、珞巴族卷总共分为形成期的藏族法律、发展期的藏族法律、独具特色的藏族法律文化以及门巴族和珞巴族的法律等四编18章。虽然，经过一年零六个月的努力最终完成书稿。但是由于本人所掌握的资料有限，知识能力不足等多方面原因，加之时间紧、内容多，肯定有不尽如人意之处，错误和疏漏在所难免，诚恳地希望得到各位方家的批评、指正。大海不辞涓滴，故能成其深，《藏族法制史》的研究使命还将继续进行，以期为完善中国特色的社会主义法治尽绵薄之力。

---

① 南杰·隆英强：《吐蕃时期法制文明对当代法治的启示》，载《西藏大学学报（社会科学版）》2015年第3期；

② 张晋藩：《镜鉴心语：法史研究中的古与今》，厦门大学出版社2012年版，第137页。

第一编
形成期的藏族法律

DIYIBIAN
XINGCHENGQI DE ZANGZU FALÜ

第一章

远古藏族文明与藏区法律起源

第一节

远古藏族文明的起源及其特征

一、远古藏族与部落的兴起

藏族是我国历史悠久的古老民族之一，是当今我国56个民族的重要成员，为伟大祖国的统一、巩固与发展及各民族的团结做出了特殊贡献。在一万年的漫长历史变迁中，她以顽强的生命力在号称世界之屋脊——青藏高原繁衍生息，为自己的民族、国家和世界创造了灿烂而丰富的文化①。

由猕猴和岩魔女结合所生的藏族祖先中，父亲血统占主要成分的，天性善良，信心坚强，勤奋智慧，出语和蔼，信奉教法和善业，这些吸收父猴菩萨之特性秉性的子孙，在雪域高原继承和发扬了功德无量之大德行善举措，治理青藏高原传播民族文化精神；母亲的血统占主要成分的，则多是赤面、秉性顽强、动作敏捷、健壮勇敢、大声说话，且精于买卖盘算、轻浮好动，不能虔诚信仰，这些后代皆为继承和发扬了岩魔女之贤惠治家的特性。为了继续在广袤的雪域高原繁衍后代，观世音菩萨向雪域各地抛下五谷种子，大地不经耕作便长满各种谷物。众猴子因得到充足的食物，毛亦渐短，尾亦渐缩，也能说话，逐渐变成了人，这就是藏族的先民。这些先民经过漫长的发展后分化为藏族文献记载的远古藏族四种氏族——赛、穆、敦、东氏族部落，② 后来他们逐渐壮大为雪域高原上大大小小无数个藏族部落，满天星星般的遍布在雪域高原上。《西藏简明通史》（藏文，上册）等藏族绝大多数史书都毋庸置疑地把古代藏

---

① 南杰·隆英强：《吐蕃王朝时期的法律制度研究》，载《中国政法大学博士论文》，2013年。

② 南杰·隆英强：《吐蕃王朝时期的法律制度研究》，载《中国政法大学博士论文》，2013年；西藏文化网 -《网络（http：//www. tibetcult）》；参见藏族神话：猕猴与罗刹女的故事，http：//www. zgmzyx. com/html/report/160627572 - 1. htm；藏族文学—远古神话：http：//blog. sina. com. cn/s/blog_ 4971ee290100038r. html；石硕：《一个隐含藏族起源真相的文本——对藏族始祖传说中“猕猴”与“罗刹女”含义的释读》，载《中国社会科学》2000年第4期；藏民族的起源——卡若遗址的发现：http：//www. tibetculture. net/lsmy/xzww/200712/t20071212_ 298155. htm。

族区域分为上阿里三围、中卫藏四翼、下朵康六岗①三大区域。这种悠久的藏族地域文化和先祖起源之民间传说以及很多藏文史书中详细记载的各种学说，不管是符合当时的历史事实，还是一种推测性的神话传说，都证明藏族起源于本民族。藏族起源于本民族说，不算史前社会的民间口头传说，仅从有文字记载开始算起，延续到今天已有九百多年的历史。② 如《藏族历史通论》（藏文）、《西藏简明通史》（藏文，上册）、《智者喜宴》（藏文）、《红史》（藏文）等用藏文记载的藏族历史书和藏族佛教经典90%以上的资料显示，“藏族地区，由观世音菩萨的化身神猴与白度母卓玛女神的化身岩魔女结合生出藏族人的祖先，以后依次由玛桑九兄弟、二十五个小邦、十二个小邦、四十个小邦统治”③。

还有《西藏王统记》《佛教源流莲花真谛》《西藏王臣记》《青史》等很多藏文古书中详细记载，传说时代，青藏高原上就出现了无数个大小不等的家族部落与氏族部落群。藏族本土历史古籍书和藏文佛教经典记载的这些藏文历史，从某一个侧面讲，比较清晰地记载和反映了很早以前青藏高原上就出现了人类活动的真实历史，并告诉世人在雪域高原上包括藏族祖先在内的很多部落联盟也曾经经历过金戈铁马、血肉搏击的时代，也演绎过部落与部落、部落联盟间为维系自身的存在与发展而引发的残酷野蛮的战争。这些几十到几百甚至数万个部落和氏族联合成联盟，为保持在相互征战中不被消灭，其首要任务在于实现内部的团结有序和合作力量的强大。许多藏族古书、藏族史书、民间传说的记载和近年来的考古发现，都足以证明青藏高原上曾经活跃过千百万数不胜数的部落、氏族和强大的部落联盟。在不同的时空期，为了维系各自相对稳定的地域和财富，各部落自身所具有的强烈的排外和警惕的心理，使得青藏

---

① 古代的藏族史家常将一个地区分作上、中、下三个部分来表述。习惯上，常将西和西北方作为上部，东和东南方作为下部，介于二者间的就是中部。之所以这样区分上、下，可能是因藏区的大河多由西北向东南流，因而将西或西北地方作为上部。即上阿里三围、中卫藏四翼和下朵康六岗中。阿里位于西藏极西边地，阿里地区在西藏文明发展史上占有十分重要的地位，它不仅是西藏早期文明的中心之一，还是后弘期藏传佛教文明的传法源头和弘教中心。中卫藏四翼指西藏大部分地区。下朵康六岗总的就是指横断山一线的东部藏区，即现在的青海、甘肃、阿坝、昌都、甘孜、迪庆地区。这就是藏传佛教大师对雪域藏区的看法，至于将藏区划分不同区域，即古代称上、中、下三部，当今分为卫藏（西藏大部）、康巴（川西甘孜州地区、藏东地区、云南迪庆藏区）、安多（青海、甘肃藏区及四川阿坝）三部或川、滇、藏、甘、青等五省藏族聚居区，则是一种地域的划分，同时也有文化上的区别。

② 恰白·次旦平措、诺昌·吴坚：《西藏简明通史》（藏文），西藏藏文古籍出版社 1991 版，第 16 页。

③ 察巴·贡嘎多吉：《红史》（藏文），民族出版社 1981 年版，第 32—33 页。

高原和世界各个地域的部落群体与氏族群体在内的人类本身天造地就的血缘关系、不同的风俗习惯、不同的图腾崇拜、不同的宗教信仰、不同的伦理道德、不同的地理概念、不同的逻辑哲学、不同的对大自然的情结、不同的民族精神和信念等重要因素与血缘化家族化的部落内部紧密联结在一起，尤其在父系家族部落内部、氏族内部、部落联盟内部等联结方面，成为不可替代的重要纽带。①

氏族和家族是原始社会最基本的血族群体或部落组织，关于藏族远古氏族种类，根据《藏族历史通论》(藏文)、《西藏简明通史》（藏文，上册)、《贤者喜宴》（藏文)、《红史》（藏文)、《西藏王统记》（藏文)、《佛教源流莲花真谛》（藏文)、《西藏王臣记》（藏文)、《青史》（藏文）等很多藏族文献的记载，对藏族起源等重大问题的论述，各种文献比较相近或相似，如它们关于藏族远古氏族种类有四种观点：第一种是四氏族说，即赛、目、敦、东；第二种是六氏族说，又分两种，一是赛、目、敦、东、韦、达，二是赛、目、敦、东、恰、祖；第三种是在藏文史书《吐蕃宗谱大全》（《བོད་ཀྱི་རུས་མཛོད་ཆེན་པོ།》）中有吐蕃远古六大原始“扎”氏族祖先的详细记载。另据古藏文史书《朗氏家族史》（《རླངས་ཀྱི་པོ་ཏི་བསེ་རུ》）一书中也有远古时期青藏高原人类最早形成以及吐蕃六大氏族繁衍过程的详细记载。还有藏文苯教经典中说世界最初有六大使者，即恰、祖、年、益、甲穆、穆神；第四种是藏文苯教史书和诸多藏文史书中的世界之卵说，由卵黄生出人类18个大小不等的居住区。②

综上所述，喜马拉雅山、冈底斯山、喀喇昆仑山、唐古拉山、昆仑山、横断山等雪域高原六大山脉及其不计其数的耸入云端的巍巍群山，以及终年不化的喜马拉雅山、冈底斯山脉、祁连山等为主的晶莹雪岭，水草丰富的辽阔草原，星罗棋布的高原湖泊，母亲河——雅鲁藏布、长江、黄河、怒江、澜沧江、大渡河、娘曲年楚河，雪域江河的母亲——玛旁雍措为象征的纵横无数的山泉江河，莽莽无边的茂密森林，蕴藏丰富的物产和矿产资源以及诸多能源，野牦牛、藏羚羊、冬虫夏草等不计其数的动植物，西风和西南季风多，呈现类型复杂、垂直变化大，全年分为明显的干旱和雨季雪季，日照时间长、太阳辐射强，空气稀薄，气压低，氧气少，气温偏低，年交叉小，日交叉大，多夜雨等复杂多样的自然气候，山系巨大、高原面宽谷、波状起伏的地面、西北向东南缓缓倾斜的地势等复杂多样的地形地貌所构成的雪域高原即青藏高

①② 南杰·隆英强：《吐蕃王朝时期的法律制度研究》，载《中国政法大学博士论文》，2013年。

原上，藏民族很早就创造了世人所信服的对世界起源的解释和宇宙观，从沧海桑田的传说到世界之卵说，再到藏族原始文化象征的苯教世界起源九迭雍仲及藏传佛教四大洲八种洲说等这些优美、生动的传说，体现出古代藏族人民对自己起源认识的丰富想象和超人智慧，在一定程度上反映了由猿变人的科学道理。

藏族自古以来自称“蕃”（“博”即藏文之音译，在安多地区读为“俄”音），藏族是他称。在中国历史上，中原汉朝以前藏族被称为氐戎、西戎羌、西羌，隋唐宋之时称为吐蕃，明朝时西蕃、乌斯藏并称，清时则称为卫藏、西蕃，满语称唐古特，清康熙二年（1663）才正式出现西藏之名，但不通用，“中华民国”时才正式用西藏和藏族之名。

生活于我国青藏高原的藏民族，是一个历史悠久、文化底蕴非常厚重、信念坚定、信仰永恒、表述直白、心胸宽阔、性格直率、纯朴勤劳、勇敢善良、富有智慧的古老民族。在千万年漫长的人类历史长河中，生活在青藏高原海拔平均4000米以上的藏族先人，为我们留下了许多人类活动的遗迹，这已为一系列的考古资料所证实。①“从20世纪50年代起，在青海南部沱沱河沿岸发现了许多旧石器。同期，在西藏林芝塔工地方发现了古代人类头骨。其后，相继在西藏地区的定日、聂拉木、那曲、阿里、墨脱和青海湟水流域及黄河沿岸、青海海南藏族自治州共和县，拉萨北郊等地发现了多种石器、骨器、陶器等。在藏北才多茶卡湖畔还发现了一处制造石器的场地。在那曲（黑河）发现了游牧狩猎部落使用过的半锥形石核等。经考古专家鉴定，这些被发现的大量古人类的遗迹及生产、生活原始工具，分别属于旧石器、中石器和新石器时代，即距今100多万年至七八千年前。”② 在西藏、青海、甘肃、四川、云南等藏族地区的多次考古发掘，充分说明了在很久以前就有人类在中国的雪域高原这块广阔土地上生活的迹象，他们先后形成过大大小小的很多部落，并经历了旧石器和新石器的文明时代，他们就是今日藏民族的祖先。③

二、远古藏族文明的形成

雪域高原或青藏高原是中国面积最大、形成时间最早、地势高峻、气候恶劣、世

---

① 南杰·隆英强：《吐蕃王朝时期的法律制度研究》，载《中国政法大学博士论文》，2013年。

② 曾国庆编著：《藏族历史·文化》，民族出版社2004年版，第3页。

③ 参见益西曲珍：《略论吐蕃时期王室女性》，载《西藏大学硕士论文》，2011年；南杰·隆英强：《吐蕃王朝时期的法律制度研究》，载《中国政法大学博士论文》，2013年；西藏文化网－(http://www. tibetcult)。

界平均海拔最高的高原，总面积250万平方公里，其中境内面积240万平方公里，位于中国西南部，包括西藏自治区和青海省的全部、四川省西部、新疆维吾尔自治区南部，以及甘肃、云南的一部分。整个青藏高原还包括不丹、尼泊尔、印度、巴基斯坦、阿富汗、塔吉克斯坦、吉尔吉斯斯坦的一部分，青藏高原平均海拔4000—5000米，有“世界屋脊”和“第三极”之称，是亚洲许多大河的发源地。古老的藏族先民和现代大多数藏族人民长期生活在这片神奇的雪域高原。

藏族人民在雪域高原或青藏高原这片神奇的土地上，经过几千年的繁衍生息，创造了具有鲜明特色、内涵丰富的灿烂文化，包括史前社会的传说、神话故事、原始土著文化和吸收外来文化并创新后的藏传佛教文化等多样性本土文化，独特的语言文字，神秘的苯教和藏传佛教为主的宗教经典，非凡的人伦道德，浩瀚的历史文献，深邃的逻辑哲学，深奥的天文历算，高超的文学艺术，丰厚的伦理格言，丰富的风俗习惯，惊人的医学典籍，先进多元的法律文化，等等。这一切不仅是藏民族精神财富与文化大厦的重要组成部分，也是人类文化遗产的宝贵财富，在任何时候都应该坚定不移地弘扬这些优秀灿烂的民族传统文化。①

“发现的位于黄河上游青海省海南藏族自治州同德县巴沟乡团结村的宗日文化，距今约5600—4000年。大量出土文物证明，宗日类型的文化遗存虽然与马家窑文化有着千丝万缕的联系，但宗日类型的文化有其不同于其他文化遗存的显著特征：其一在宗日遗址中出土了大量的珍贵文物，如舞蹈图案彩陶盆、二人抬物图案彩陶盆、玉器、绿松石骨饰、骨叉、骨勺等遗物；其二发现了一些独特的地方特征，如石棺葬具、俯身葬、二次扰乱葬式、火焚葬具、墓上标志、墓祭等；其三在出土的陶器中显示出了一种新的文化面貌，其中有马家窑类型、半山类型及齐家文化器物的存在，但最多的是宗日特色的新器物，如乳白色陶上施紫红彩、变形鸟纹和多道连续折线纹等等。”②

三、远古藏族部落联盟以及吐蕃王朝的形成

《智者喜宴》（藏文）史书记载的赛（སེ）、穆（དམུ）、敦（ལྡོང）、东（སྟོང），

①② 参见南杰·隆英强：《吐蕃王朝时期的法律制度研究》，载《中国政法大学博士论文》，2013年。

扎（དབ）、智（འབྲུ）六大种姓或六大氏族为核心的部落群体为拓宽领地、发展势力，获取更大的生存空间与更多的物质财富，它经历了氏族—家族—部族—部落—部落联盟—大小不等的部落联盟共同体—民族这样复杂多变的发展演变过程，其成分包括许多来源不同、分散很广的直系与旁系部、族。后来形成发展的多种部落联盟以及十二小邦、四十小邦的无数个大小不等的部落、氏族都曾在雪域高原或青藏高原这一广袤的地区展开以相互交往、不断融合甚至频繁而规模不等的征战为主要内容的生存竞争活动。在部落间相互征战的漫长过程中，不同的风俗习惯，不同的禁忌习俗、不同的仪式仪轨、不同的伦理道德观念、不同的祖先崇拜与图腾崇拜、不同的宗教信仰、不同的祭祀活动、不同的地理概念认知、不同的逻辑哲学、不同的大自然的情结与认识、不同的氏族与部族精神以及不同的山神与水神的敬仰和信念等重要的精神文化开始形成，并促使氏族部落群体在分久必合、合久必分的发展历史轨迹中，在不间断地接触和混杂中相互参照、逐渐融合，最终萌生出藏族古代传统文化的初始形态。受其产生过程的发展规律的影响，初始形态的藏族古代文明即带有明显的军事战争特征，这一点是深入研读藏族历史和吐蕃发展史时很容易归纳总结的一个明显的特征，也跟中原华夏民族的形成与发展规律有着惊人的相同性。

在从藏族氏族与血缘关系的家族部落到大小不等的邦国时期的政治国家的演变，藏族部落共同体不仅继续以氏族关系、血缘关系、婚姻关系以及相同的祖先图腾崇拜关系和共同的宗教信仰关系作为联结纽带，紧紧地拴住所有亲属成员及可以联合的一切其他成员。随着内部各种事务和职能的增加，不断完善和发展自身内在统一的精神文化系统与结构，加强其稳固的统辖机制和管理功能，逐渐向早期的地方性国家政权形态转变。从这一文化形态与中原文明部落发展史具有很多的相似性等角度讲，汉藏同源的学说不无道理。

从思想意识方面讲，藏族先民基于对大自然的敬畏和对先辈与长者的尊崇，对苯教佛教高僧的敬仰，对大自然的万事万物有生命有灵魂而爱惜一切动植物及每一寸土每一滴水的净化等人类最文明的文化精神理念，产生了对大自然一切神灵的信仰和对家族神、地方神以及氏族祖先与本民族信奉的图腾的超然崇拜。由于部落共同体的氏族家族血缘关系、信奉共同的神灵及共同信仰的宗教等因素，对祖先和一切万物有灵的尊崇，渐而发展成在性质上具有浓厚的宗教色彩，在实施范围上具有普遍性和普适性的祖先崇拜与万事万物有灵的自然崇拜，在效用范围上具有普遍的约束力。远古藏族人们把已故的祖先与万物有灵的神灵供奉为超人的英雄，当作氏族、家族、宗族、族群、部落、民族的保护神和精神领袖，希望通过先祖等一切神灵的崇拜和信仰，求得先祖和神灵在用他们神秘的功德与法力对后世子孙及特定地域的生命物的保护。对祖先与各种神灵的崇拜活动，逐渐定期化并形成长期固定的祭祀仪式。伴随着经常性的禁忌文化的信奉与祭祀活动，以确定祭祀和宗教信仰活动的仪式仪轨的程序与方式等主要内容的习惯规则，逐渐发展成为更加具体、更加普遍、更容易被氏族与家族部落社会所遵循的行为规范——“礼”或“礼俗”（ལུགས་སམ་ལུགས་སྲོལ）即地方之风俗或规矩或道理或法律，这种行为规范与中原法律的重要渊源或最初形态“礼”极为相似，并且具有一定的约束力。“礼”或“礼俗”（ལུགས་སམ་ལུགས་སྲོལ）在藏汉语言说上讲，两者的发音和寓意都有着惊人的相似性，从而也可以推断几万年前汉藏两族语言文化均同源到汉藏是同源同根的兄弟民族的新学说。

在早期的中原华夏文明与藏族先民的文明中，祭祀活动和神灵祖先崇拜在华夏与吐蕃先民中都占有极其重要的位置。人们的喜怒哀乐、生老病死、饮食、起居、交往、婚姻、繁衍生息、幸福进步、稳定发展、成功失败都应当从精神层面寄托或者获得先祖神灵的认可和保佑，都应向先祖与一切神灵负责。因此，与祭祀、宗教信仰以及伦理道德和风俗习惯相联系，并伴随着祭祀与宗教仪式伦理道德等活动发展而来的“礼”或“礼俗”（ལུགས་སམ་ལུགས་སྲོལ），也伴随着祭祀、宗教信仰、图腾崇拜、祭奠祖先、风俗习惯、遵守禁忌等程序、仪式的相继扩展，逐渐涉及人们的物质生活和精神文化的各个方面。

“只要我们除去其佛教徒的加工成分——即观世音菩萨的作为，可以得出以下的结论：①藏族最早是从猿猴进化而来。②最初他们居住在森林，以采集野果为食。③后因成员增多，果实已不够食用，而到地面生息。④到地面有了农业，始吃五谷，身毛逐渐退落，尾巴日益变短，出现了语言，由猿变成了人。⑤又经过一个漫长的发展时期，出现了四大氏族或六大氏族。”① 这样藏族的部落群体由最初的氏族血缘家庭或具有相同风俗习惯和图腾崇拜而来的部落不断增多，很多藏文史书中讲的藏族四大氏族中的敦（ལྡོང）迁移到多康地区（如今的四川、云南、甘肃、青海等的藏族地区）发展为 18 个支系。如阿秀、夏秀、拉秀等部落，在 18 个支系的基础上又发展成为 18 个大部落统治整个多康地区。每个氏族又分割成若干个部落和族群组织，由逐

① 洲塔、桥高才让：《甘肃藏族通史》，民族出版社 2009 年版，第 42 页。

步分化的氏族和部落族群又繁衍为十几个到几百个甚至几千到几万个部落，逐渐向整个雪域高原分布定居繁衍到迁移发展，在漫长的发展过程中他们为了获得更多的食物和占领生存的基本领地，开始争夺食物，族群在部落之间的一些资源和地盘的纷争经常发生。后来原始血族复仇和私有财产的出现，又必然引起原始氏族部落间的战争和部落联盟的大量涌现。战争中失败者被迫逃离或远迁新的谋生之地，促使氏族部落越来越多。各氏族部落为了更加团结有序逐步扩大自己的势力时常发生规模大小的战争，由此氏族部落联盟、血缘家族部落和具有共同风俗习惯、相同祖先图腾崇拜、相似禁忌信仰的大小不等的部落群体和部落联盟分布繁衍的地域越来越广，从而形成了后来《贤者喜宴》和《汉藏史记》等诸多藏文史书记载的藏族人广为繁衍，最早统治雪域高原的依次为玛桑九兄弟等很多血缘家族为纽带的很多部落到二十五小邦、十二小邦、四十小邦等数量众多的邦国部落。

有关近代的藏民族的生存与发展历史，相传公元前 237 年的一天，雅隆河谷的牧人在赞唐廓西发现了一个英姿勃发的聪慧青年，他的言行举止与本地土著人不同，放牧的人们返回聚居地请示如何处置这位男青年。长者派出 12 个颇为聪明的苯教教徒上山，盘问男青年从哪里来。男青年用手指了指天，长者及教徒们以为这青年是从天上来的，是“天神之子”，格外高兴。12 人中为首的便伸长脖子，给这位“天神之子”当轿骑，前呼后拥地把他抬回部落，并把他神化，说他是色界第十三代光明天子下凡，一致拥立他为部落首领。人们尊称他为“聂赤赞普”。藏语中，“聂”是脖子的意思，“赤”是宝座，“赞普”是英武之王。因为他是被牧人驮于颈上请回来的，故称“用脖子当宝座的英杰”。聂赤赞普是吐蕃部落的第一个首领，聂赤赞普统一了雅砻部落，并修建了第一座宫殿——雍布拉康，聂赤赞普成为西藏历史上第一部族首领（藏王）。①

① 参见旺秀才丹编著《藏族文化常识 300 题》，甘肃民族出版社 2008 年版；南杰·隆英强：《吐蕃王朝时期的法律制度研究》，载《中国政法大学博士论文》，2013 年；西藏文化网 - (http://www.tibetcult)；西藏历史上第一个部族首领是谁?：http://blog.tianya.cn/post - 44132 - 15091577 - 1.shtml；西藏文化网 - 藏民族的起源——卡若遗址的发现：http://www.tibetculture.net/lsmy/xzww/200712/t20071212_298155.htm；西藏民族的起源是什么时期 - 最美西藏网：http://www.tibetbest.com/news/renwen/910.html；杜永刚：《西藏文化》，吉林出版集团 2010 年版，http://www.tibet.cn/holiday/ydsg/ts/201202/t20120210_1586208.htm；藏族文学—远古神话：http://blog.sina.com.cn/s/blog_4971ee290100038r.html；藏区生态概述：http://blog.sina.com.cn/s/blog_492720ce010005t8.html；藏族文学—远古神话_布丁 - (http://blog.sina.com)；祁文寿：《卓仓藏族社会历史文化研究》，载《兰州大学博士论文》，2011 年；益西曲珍：《略论吐蕃时期王室女性》，载《西藏大学硕士论文》，2011 年。

四、藏族文化的价值或藏族文明的特点

藏族传统文化的价值或藏族文明的特点可以概括如下①：

第一，藏族传统的伦理道德等文化观念符合现代文明社会的道德价值观。

第二，藏族先进的法制传统有利于现代中国法治文明社会的建设。

第三，健康向上的优秀文艺作品弘扬中华民族正气。

第四，传统先进的科学技术保证藏区社会的稳定发展。

第五，富有内涵的藏族文化精神及其合理成分丰富了中华民族的优秀文化。

“综上所述，从藏民族和藏文化的起源，我们可以看到藏族文化的价值和藏族文明的基本特点。雪域高原上频繁发生的藏族部落联盟之间的相互融合、交往、争战、不同规模的迁移，对外输出和对内引进良性循环，是藏族古代文明发生与发展的主要契机，更是藏文化和藏学得以延续成为富有生命力的世界性显学的根本所在。”②

作为中华民族的重要一员，藏民族依靠法治文明实现现代化是人类历史发展的客观规律，也是藏族人民加倍珍惜长期奋斗的宏伟目标。藏族传统文化与新世纪国内现代文化的有机结合，是藏族文化得以保护与传承，在此基础上发扬光大并丰富发展的最好的路径。在这个问题上，我们既不能抛弃或否定传统文化，③尤其是灿烂辉煌的藏族优秀的传统文化，单纯地去追求现代文化，即丢弃传统、重新起步的思路是不可取的；也不能固守传统文化满足于现状，应该谦虚地加强和重视对国内外各种现代文化的学习、吸收和引进。世界文明大转折的当今社会，我们新一代华夏儿女应更加认真对待藏族传统文化在内的中华民族的一切优秀传统文化，对各个民族的传统文化必须采取“扬弃”态度，取其精华，弃其糟粕，把我们祖先遗留下来的传统文化中的优秀部分坚定不移地继承下来，④发扬光大，并加以创新发展，使之达到新的高度，从而为中华民族的伟大复兴与世界文明的和平发展作出新的贡献。

我们今天的学者不得不敬仰先祖们的智慧与贡献，尤其是他们留给我们丰富多彩的能够探寻自身族源和确保未来发展不可或缺的宝贵文化。在世界各民族继续昂首阔

①③④ 参见得荣·次仁邓珠：《藏族传统文化的价值》，载《中国民族报：民族论坛》，2003年8月19日。

② 南杰·隆英强：《吐蕃王朝时期的法律制度研究》，载《中国政法大学博士论文》，2013年。

步前进发展的道路上，我们应更加文明地依法治国，充分利用灿烂辉煌的各民族的法文化为更加开放、更加文明、更加包容、更加团结、更加公平、更加繁荣、更加富强的社会主义国家提供强有力的法治保障。①

第二节

藏族古代法律的本土文化渊源

任何法律都有其自身的起源过程和以一定形式出现的最初的法律类型，藏族古代法律的起源及主要渊源的探索研究是非常复杂而难度很大的一项研究课题，至今为止没有一部著作详细完整而又全面地论述过关于藏族古代法律的起源及主要渊源问题，笔者通过对大量藏文古籍和远古藏族社会历史以及藏族宗教源流等传统文化文献材料进行全面总结后，将藏族古代的法律渊源归纳为以下几种。

一、藏族原始部落时期的风俗习惯与伦理道德

浩如烟海的藏族传统文化典籍中，没有一个不讲积极上进的风俗习惯与伦理道德准则，时时刻刻强调人伦道德和伦理道德以及优良的风俗习惯。②在为人之道里提出10个道德规范或做人标准："做人之道为公正、孝敬、和蔼、温顺、怜悯、不怒、报恩、知耻、谨慎而勤奋"；相反，"非做人之道是偏袒、暴戾、轻浮、无耻、忘恩、无同情心、易怒、骄傲、懒惰"；《敦煌古藏文礼仪问答写卷》讲到人的禀性时，认为人的禀性有贤愚之分、有上中下之别；重视智慧、道德等人品价值；《敦煌古藏文礼仪问答写卷》讲到：社稷和国王、王令和律令区别开来，其意合忠于社稷是绝对的，忠于国王是相对的、有条件的，这条件就是国王要行均等、公正之法来治政，也就是要以德保民治国；要求统治者"若为长官，应如虚空普照天下，应如秤戥一样公平"，"政权之柄是公正"；《敦煌古藏文礼仪问答写卷》谈到道德标准时，要求道德修养和

①② 南杰·隆英强：《吐蕃王朝时期的法律制度研究》，载《中国政法大学博士论文》，2013年。

道德行为要适当，道德不在别人的评议或认可，而在“心安为殊胜之安”，应以道德自律，知耻知止才能廉洁；做任何事要有分寸，孝顺过分即成虚伪；英雄无端凶暴就成为恶汉，在礼仪上要以退为进，以柔克刚；《敦煌古藏文礼仪问答写卷》谈到道德教育时，强调施以真言，更为德行，不贪图安逸，“在学习时艰苦备尝”，坚持不懈，勤奋治学；《国王修身论》提出谨言慎行、修身养性、明辨是非、一律平等爱护为好；“国王”要成为百姓的父母等等；《格萨尔王传》中讲到锄强扶弱，主持正义；反对侵略，保卫家邦；护佑众生，幸福富裕；奖励将士是非鲜明，爱憎分明；肯定英雄主义的无畏精神，彼此间要团结互助，协作制胜，宣扬善战胜恶、美战胜丑、真战胜假的信念；严禁讲大话、讲假话；藏传佛教的伦理思想讲到善良、仁慈、舍得、怜悯、团结、精进、智慧、和平、幸福、耐心、毅力；普度众生、大慈大悲、献身精神、救度众生；提倡以善报恶、以德报怨、以爱报恨、以怜悯报凶残；救苦救难、积德行善，消除恶行、止休人间的纠纷和战乱等暴行，为众生带来和平、幸福等等。在古代典籍和《萨迦格言》里藏族约定俗成的风俗习惯与伦理道德准则数不胜数。

以上浩如烟海的藏族风俗习惯与伦理道德哲理是藏族人民在长期的社会生活实践中创造并总结出来的人伦道德哲学。自青藏高原出现人类活动后，即藏族先民们以家族和氏族为中心需要确定和调整个人和个人、个人和群体间的关系，从而萌发最初的风俗习惯和伦理道德。原始社会里，生产力水平极为低下，实行原始公有制，家族部落和氏族部落为了继续生存和发展，人们在狩猎时互相协同，困难时互相帮助，食品和财物平均分配，对内依靠有序的风俗习惯与伦理道德规则，对外也形成了相应的习惯性交往规则，对氏族和部落制度的神圣性绝对服从，视公正、勇敢、诚实、守信、博爱、友善、豁达等为美德。

藏族自古以来就崇尚部落组织自身的这些风俗习惯与伦理道德文化。在长期社会历史发展中，为了处理家族与家族、氏族和部落内部、氏族与氏族之间、部落与部落之间复杂多样的内外部矛盾关系，以及人与人、人与社会关系中的各种事务，形成了具有准法律效力的风俗习惯与伦理道德准则。这种风俗习惯与伦理道德准则，既要恰到好处地兼顾能够调解社会各种关系而加以规范的互动关系，又要侧重它们向法律化发展的基础与功能。其核心内容是分辨善恶是非，站在公正、平等、均等的基础上不分亲疏秉公执法，善始善终地抑强扶弱和维护不同等级的权利的执法思想。进而在崇拜万物神灵、祖先崇拜、宗教信仰、祭祀活动、严守禁忌，尊敬首领、长辈，维护尊卑长幼关系等一切社会活动中，风俗习惯与伦理道德准则开始发挥它自身的调解和规范作用，这种风俗习惯与伦理道德准则逐步形成发展为具有浓厚民族特色与地域特色的伦理道德法律和行为规范，是藏族古代法律的重要渊源，为形成后来的藏族伦理道德法律和吐蕃时期的法律制度奠定了扎实的基础。

远古藏民族的以氏族部落与家族部落为核心的基层政权制度以及部落联盟制度一直延续到民主改革时期，而部落制度的源头又可以追溯到原始社会。早期的藏族部落制度与晚近的藏族部落制度得以有联系的延续和发展，早期社会生活中约定俗成的风俗习惯与伦理道德准则发挥了特殊功能。远古藏民族的家族部落与氏族部落群体，习惯把长期遵循的风俗习惯与伦理道德文化精神作为一切社会规范以及大经大法的法文化体系；因此，在这个体系中，家族部落与氏族部落坚持信奉的风俗习惯与伦理道德被视为法的渊源、法的最高价值，这种风俗习惯与伦理道德凌驾于法律之上，既可以代替法律价值，又可以评价与统率法律制度，立法、司法悉以这种风俗习惯与伦理道德为转移，由其风俗习惯与伦理道德决定其弃取；并且，在现实的社会生活和宗教祭祀等政治权利生活中，以其风俗习惯与伦理道德代替法律，这种风俗习惯和伦理道德与法律之间没有明确的界限，把这种风俗习惯与伦理道德直接赋予法的性质，具有法的效力，从而形成后来的法律伦理道德化和伦理道德法律化的双向强化功能。①

二、藏族原始部落时期的禁忌文化

禁忌文化是民族学、宗教起源、人类学、社会学以及法的起源、法人类学等领域非常重视而反复谈论的话题。

藏族禁忌文化②是在原始宗教苯教影响下形成的藏族传统文化的重要组成部分。苯教中万物有灵的伦理观，使藏族在敬畏自然、崇拜自然、依靠大自然生存生产的同时，也深深地对大自然万物产生了各种各样的敬畏和禁忌。禁忌自然也成了禁忌神灵。禁忌是人类最早的社会规范，在法律尚未产生的原始部落里，藏族先民的言行举止都依赖禁忌习俗加以规范和约束③，当时的禁忌具有法的效力，在实际生活中有时也充当法的作用。实际上，藏族禁忌在当时的社会历史形态中已经扮演着约定俗成之

①③ 参见南杰·隆英强：《吐蕃王朝时期的法律制度研究》，载《中国政法大学博士论文》，2013 年。

② 华锐·东智：《浅论藏族传统的禁忌文化对生态环境和精神文明的积极贡献》，载《西北民族研究》2003 年第 1 期。

不成文的法律角色。这些不成文的禁忌早已经内化到每一个生活在高原上的藏民族的内心深处，世代相传。

（一）宗教禁忌

宗教禁忌是在各类禁忌中最早产生的一种。众所周知，藏民族基本上是一个全民信教的民族，早在苯教盛行于青藏高原的古老藏区时，藏族先民们就崇拜天地、山林、河湖、水泽、日月星空、各种动植物等神怪精灵，对自然界这些神秘力量只能俯首听命，顶礼膜拜。人们认为，顺之拜之就会得到好的因果、安宁、幸福和吉祥，违之触之就会招致凶煞、灾难和不幸以及痛苦。在原始信仰到苯教信仰再到藏传佛教信仰的依次进程中形成了众多宗教禁忌文化和禁忌底线。尤其是禁忌杀生和博爱生命，受过戒条的佛教徒在这方面更严格，一般人就是捉到昆虫蚊子等也不肯弄死，而是放在地面任其爬行。禁忌在泉源、水井、河流边大小便，不准将垃圾等不洁之物倒入水中，怕触犯龙神而受相应处罚或得皮肤病①。

（二）生活禁忌

藏族对火灶有神圣的敬畏之情，认为火灶中有灶神，需小心伺候，绝不能亵渎得罪灶神，否则会带来灾难。严禁跨越火灶，忌讳往火灶里吐痰、在灶中烧骨头、皮毛、蒜皮等物。火塘要保持干净，不能将不洁的东西放在火灶旁，坐在灶边时，不得把脚搁到灶上，清扫垃圾不能将垃圾投入火灶内烧，也忌讳直接在火上烤肉烘干其他东西。藏族饮茶和饮酒礼俗很多。平时在家喝茶各自用自己的茶碗，不能随便用他人的碗。喝茶时，碗中的茶不能随便喝干，而是喝一半或一大半，斟满后再喝，最后结束喝茶时也不能全部喝干，而要留下少许，表示茶永远喝不完，财富充足，寓意颇深。若客人到来，女主人会取出珍藏的擦拭得光亮照人的瓷碗摆放于客人面前，端起茶壶轻轻摇晃数次（壶底须低于桌面），斟满酥油茶后双手端碗躬身献给客人。客人

---

① 参见华锐·东智《浅论藏族传统的禁忌文化对生态环境和精神文明建设的积极贡献》，载《西北民族研究》2003年第1期；华锐·东智《浅论藏族传统的禁忌文化对生态环境和精神文明建设的积极贡献》，中国民族宗教网：http：//www. mzb. com. cn/html/report/34607 – 1. htm；王永莉：《试论西南民族地区的生态文化与生态环境保护》，载《西南民族大学学报（人文社科版）》2006年第2期；华锐·东智：《浅论藏族的禁忌文化》，载《西藏民族学院学报（哲学社会科学版）》2007年6期；南杰·隆英强：《吐蕃王朝时期的法律制度研究》，载《中国政法大学博士论文》，2013年。

接茶后不能急匆匆张口就饮，而是缓缓吹开浮油，饮啜数次后碗内留下约一半，将茶碗放于桌上，女主人会续满，客人不能立刻端起就饮，而是在主人一次次敦请下边同主人拉话边慢慢啜饮。客人每次饮茶后主人会很快添满，使茶碗保持盈满状态。客人至，一般需饮茶三碗，只喝一碗就不吉利，藏谚道"一碗成仇"，喝茶时不能发出"唏、唏"的声音，更不能将碗里的茶全部喝光，否则会被视为没有教养。①

（三）婚姻禁忌

这方面最大的禁忌是藏族人禁止近亲配婚，认为直系血缘亲属之间的配婚是极其不道德的行为。因此，一旦发生这样的事，当事人就会被认为是畜生不如，而将受到社会舆论的强烈谴责。另外还禁止属相不配的男女结婚等等。还有藏族部落时期的成人年龄一般被定为16虚岁、15周岁，这在举行成年礼、兵员征集和鼓励青年人自立的藏族大量口传文学和民间习惯中都有明确的反映。②

（四）性禁忌

凡禁忌范围的男女在一起时忌讳谈论一切男女之间的事；等等。

---

① 藏族生活禁忌文化相关内容参见华锐·东智《浅论藏族传统的禁忌文化对生态环境和精神文明建设的积极贡献》，载《西北民族研究》2003年第1期；2012年去西藏的白皮书_ 在路上老黄－（http：//blog. sina. com）；陈立明：《藏族饮食礼仪与禁忌》，载《西藏民俗》2001年第1期；西藏的生活习惯礼仪歌曲－（http：//blog. sina. com）；旺宗：《拉萨地区节日的发展演变及其民俗文化内涵分析》，载《西藏大学硕士论文》，2008年；彭海容：《藏族饮食礼仪》，载《中国食品》2014年第17期；藏族饮食礼仪与禁忌－（http：//www. kxdiy. com）；刘秋芝、蔡秀清：《试论藏族节庆习俗在构建和谐社会中的作用》，载《西藏大学学报（社会科学版）》2011年第4期；旺宗、扎西罗布、蔡秀清、觉安拉姆：《浅析拉萨地区节日的分类与特点》，载《西藏大学学报（社会科学版）》2008年第4期；蔡秀清：《西藏节庆文化发展途径探析》，载《西藏大学学报（社会科学版）》2013年第1期；泽旺夺吉：《藏族茶文化论析》，载《中国藏学》1994年第4期。求藏族饮食礼仪与禁忌：http：//wenda. so. com/q/1377544360068850；藏族禁忌：http：//baike. sogou. com/v36948533. htm；西藏风俗禁忌一点通（图文）；http：//www. biketo. com/knowledge/4250. html？all＝1#page_ 2；藏族饮食礼仪与禁忌（图）：http：//news. xinhuanet. com/food/2005－05/11/content_ 2944710. htm；陈龙：藏族饮食礼仪与禁忌：http：//www. wabuw. com/info/8555。

② 参见华锐·东智《浅论藏族传统的禁忌文化对生态环境和精神文明建设的积极贡献》，载《西北民族研究》2003年第1期；华锐·东智：《浅论藏族的禁忌文化》，载《西藏民族学院学报（哲学社会科学版）》2007年第6期；华锐·东智《浅论藏族传统的禁忌文化对生态环境和精神文明建设的积极贡献》，中国民族宗教网：http：//www. mzb. com. cn/html/report/34607－1. htm。

（五）生产禁忌

如平时禁止打猎、捕鱼，春天播种后不能砍树，秋收前不能割草，禁止从生产用具如刀、镰、斧等等上跨过，① 盖房、同村公干时祈祷念经。

在青藏高原，藏族保护生态环境意识形成的时间长，有很强的稳定性和稳固的自觉性，它不但反映在藏族社会的过去，而且将展现在藏族社会的现在和未来。在寺院等宗教场所不能随地大小便，不能大声说话，不能谈情说爱，不能制造垃圾，对周围的花草树木、山石湖水、飞禽走兽当作特殊保护的对象，希望人世间如同仙界，草木茂盛、鸟语花香、溪水常流、人民安居乐业。为了达到这一目的，逐步相应规定或产生了种种禁忌并让人们世代相传，永不触犯。这样在藏族的宗教禁忌中，不准捕杀"放生"牛羊马等牲畜的禁律很普遍。与此相近，在藏区也有"放生"森林，即在每棵树上系白羊毛，意示树也是生命，是有灵魂的物体，现已"放生"，禁止砍伐。一般的山水湖畔和道路地势险阻的地方系白色哈达、六字真言或带来平安吉祥的经幡，表示经过此地的所有人进出平安，祈祷幸福。②

由此可见，藏族人民正是在"万物有灵论"这一苯教或藏传佛教思想意识的长期熏陶下，禁忌文化在保护本地区的自然环境，维持生态平衡及人与自然协调和谐发展等方面的确做出了特殊贡献。从这一贡献来看，禁忌习俗文化不但有公益性法律行为的准则，而且具有环境资源保护法的实际效果，千百年来藏区生态得以保护和美化全靠这些具有法律功效的习惯和禁忌文化得以维持，保留了如今世界上最后一块净土。

从禁忌文化的实质上看，禁忌习俗文化是对人们言论和行为的一种限制和约束，它不但是本民族道德规范的主要组成部分，也是藏族习惯法与成文法的重要内容。③这些禁忌文化是在一定的社会经济关系和道德关系中产生并概括出来的，它一经形成，就成了藏族人民必须遵循并用来判断或评价善恶的行为准则。这些准则要求人们应谨言慎行、修身养性、分辨是非、区别智愚、学法执法、正直善良、谦虚勤奋、助

---

①③ 参见华锐·东智《浅论藏族传统的禁忌文化对生态环境和精神文明建设的积极贡献》，载《西北民族研究》2003 年第 1 期；华锐·东智《浅论藏族传统的禁忌文化对生态环境和精神文明建设的积极贡献》，中国民族宗教网：http：//www. mzb. com. cn/html/report/34607 - 1. htm。

② 参见华锐·东智《浅论藏族传统的禁忌文化对生态环境和精神文明建设的积极贡献》，载《西北民族研究》2003 年第 1 期；华锐·东智：《浅论藏族的禁忌文化》，载《西藏民族学院学报（哲学社会科学版）》2007 年第 6 期；华锐·东智《浅论藏族传统的禁忌文化对生态环境和精神文明建设的积极贡献》，中国民族宗教网：http：//www. mzb. com. cn/html/report/34607 - 1. htm；南杰·隆英强：《吐蕃王朝时期的法律制度研究》，载《中国政法大学博士论文》，2013 年。

人为乐等等。它具有全民性和民族社会性以及法的实效性的特点，从藏族民间自发保护可可西里等大自然万事万物的实际行动中，可以看到带有公益性法律行为的习惯规范，既符合绝大多数人的利益要求，也有利于维护本民族全体成员的共同利益和社会可持续发展的科学秩序。由此，我们认为，藏民族的这些禁忌文化作为一种道德规范、集体意识、全民行为模式，在社会上有广泛而深刻的影响；作为本民族的精神财富、民族美德，无疑是人类社会中富有生命力的思想教育内容，更进一步，它也是当今社会主义市场经济条件下精神文明建设和法治文明建设中所要开发利用的传统文化资源，① 不仅是藏族原始部落时期和吐蕃政权时期法律的主要渊源，更是当今国内外各部门法和生态环境资源保护法律文化不可或缺的宝贵资源。

三、藏族原始部落时期的宗教文化

藏族原始部落时期的宗教文化主要是藏族社会固有的土著宗教苯教文化和后来的藏传佛教文化。

（一）藏族原始部落时期的苯教文化

苯教是藏族自古即有的宗教，按佛教文献的说法，苯教历史上的发展经历了三个阶段：第八代赞普赤贡赞普（约在公元 1 世纪左右）以前的原始苯教即笃本阶段（笃，意为鬼神附体）；第八、九代赞普起，自象雄（今阿里一带）传来了“恰尔苯”，即流窜苯；7—8 世纪佛教传入藏区后，苯教大量吸收佛教的内容，形成局苯，即变易苯。

苯教原本是崇拜自然各种鬼神的宗教，主要从事占卜吉凶、念咒语、祭神驱鬼以祈福禳灾、超荐死者举行各种仪式、杀牲后生祭或血祭举行大小不等的起誓活动。在原始苯教时期的藏族原始部落时期，战争和一切事务活动中的祭祀、巫术与仪式，神话、卜卦、礼仪、盟誓文化开始形成模式，供奉多神如天神（拉或穆）、地神（丹玛或萨达）、山神（多为念神、赞神一类）、水神（鲁）、火神（梅拉）、风神（隆拉）、

---

① 参见华锐·东智《浅论藏族传统的禁忌文化对生态环境和精神文明建设的积极贡献》，载《西北民族研究》2003 年第 1 期；华锐·东智：《浅论藏族的禁忌文化》，载《西藏民族学院学报（哲学社会科学版）》2007 年第 6 期；华锐·东智《浅论藏族传统的禁忌文化对生态环境和精神文明建设的积极贡献》，中国民族宗教网：http：//www. mzb. com. cn/html/report/34607 - 1. htm。

战神（有扎拉和畏尔玛两种）、男神或阳神（颇喇）、灵魂（喇）、造物神（什巴）等。宗教仪式文化深深影响人们的日常生活，尤其是敦巴辛绕传播的雍仲苯教时期，“雍仲”，古代的词意为“永恒”、“永固”，也指“卍”符（汉语称万字符），因而“雍仲苯教”也就是“永恒的苯教”，当时这种文化主要用来处理日常事务和社会关系。总之，藏族苯教文化系统化同藏族原始部落时期的战争、迁徙、融合是同步的，这个时期政法不分，习惯、宗教、禁忌、伦理道德，祭祀、仪式、盟誓，神话、卜卦、礼仪、巫术、习惯法等多种文化混合治理部族社会，简单概括为对守法者予以支持奖励，对犯法者进行惩罚，有共同价值取向者视为共同成员，有着多种冲突和不合者视为敌人。另外，当时的立法思想以多神崇拜和祭祀、仪式、盟誓等主要内容的苯教文化教义为基础，教法合一，以仲、岱（又作“德吾”）、苯等文化形式宣传多神崇拜和祭祀祖先的心得体会，与当时的习惯法等多种文化内容与精神相辅相成。实际上，藏族原始苯教的仪式、祭祀、盟誓等规范程序对藏族古代司法制度和司法程序的规范发展起了不可忽视的作用。

苯教文化在藏族的史籍《西藏王臣记》（藏文）中亦云：“从第一个藏王聂赤赞普到第二十七代藏王拉脱脱日年赞以来，以‘仲’（སྒྲུང）、‘岱’（ལྡེའུ）、‘苯’（བོན）三者来治理国政。”① 由此，藏族先民们将其进入文明社会之前的藏族原始文化概括为“仲”、“岱”、“苯”。这也是能够阐明藏族社会发展演变的历史事实。其中“仲”标志着以祭祀、血祀、念咒、神话、卜卦、礼仪、盟誓以及传说为核心的文化时代；“岱”标志着以巫术、仪式、创业史诗和谜歌为核心的文化时代；“苯”经历了三个发展阶段：第一阶段以巫术、起誓、占卜吉凶、念咒语、祭神驱鬼祈福禳灾和泛自然崇拜为特征；第二阶段是第一阶段的系统化，供奉多神和神灵的等级化与分类化，社会内容和文化内容纳入崇拜对象，奉“贤惹米保且”为教祖，认冈底斯雪山为圣地，实现了苯教由原始的混沌状态向成熟宗教的演变；第三阶段即佛教与苯教斗争融合的漫长过程②。可见“仲”、“岱”、“苯”的主要功能是对属民进行教育和约束，苯教还被用来处理一些诸如祭祀、祛邪避灾等社会各种事务关系和僧俗的各种纠纷，因为它具有“下以镇伏魔鬼，上以侍奉天神，中以谋利家室”的法律规范功效，在社

---

① 五世达赖喇嘛：《西藏王臣记》，民族出版社 1987 年版，第 14 页。

② 藏族原始部落时期的宗教文化，尤其是苯教文化等内容，主要参见南杰·隆英强：《吐蕃王朝时期的法律制度研究》，载《中国政法大学博士论文》，2013 年。

会生产力不发达、刚刚迈进阶级社会门槛的藏族社会，苯教、神话和谜语等，对维持社会机器的运行已经起到了法律规范的重大作用。综上所述，藏族原始部落时期的苯教文化“仲”、“岱”、“苯”是藏族古代法律中的诉讼法等各部门法与宗教法律以及藏族古代司法制度的重要渊源。①

（二）藏传佛教文化

藏传佛教文化从公元7世纪开始在雪域高原上扎根发展，经过千百年的传承弘扬后，已经成为藏民族的主题文化，从某种意义上讲，如抽取掉原始苯教和藏传佛教文化，这个民族的文化就失去了它最辉煌的精神思想和哲学基石。正是原始苯教文化和藏传佛教文化使藏民族脱离了嗜杀好战的野蛮、原始、愚昧的状态，也消除了人类原有的狂妄与野心以及贪婪和自私，使一个民族变得宽厚慈悲，热爱和平，主张非暴力，善始善终，一心向善，具有深邃哲理眼光和利众价值观，祈求世人幸福平安。历史证明，凡原始苯教和藏传佛教文明的曙光所及之处，均起到了净化人心、改良风俗、团结友善、和谐共处的积极作用。藏传佛教净化人心的大心、大破、大悟哲学思想普照世界。“大心”指平等热爱、同情一切众生的大慈大悲心，“大破”是破除覆盖心性的无明习染，“大悟”是彻悟人生和宇宙万物的终极规律。② 一生崇尚和实践大慈大悲心和大智慧为核心思想构成了大乘佛教的利所有生命的价值观和规范一切行为的伦理道德体系，悟无我智慧为根本构成了佛教的哲学体系。

藏传佛教戒律的根本原则是行善、戒恶、利益众生。佛教的基本戒律是行十善，戒十恶。“十善”是：不杀生害命、不偷盗掠夺、不搞性犯罪活动、不说谎言、不说离间语、不说是非语、不说伤人恶语、不贪财利、不生伤害他人之心、不信邪教不持邪见。其反面：杀生、偷抢、奸淫、撒谎骗人、进行挑拨离间、散布流言飞语、恶语伤人、贪财牟利、生伤害他人之心、信邪教持悖理邪见等为“十恶”。除此之外，“菩萨戒”还规定无私做利众之事，不能做危害众生、损害众生利益之事。上述藏传佛教

---

① 参见牛绿花：《藏传佛教宗教事务及藏区相关问题的法律化研究》，载《朝阳法律评论》2010年第1期；陈小华：《试论藏传佛教对藏族习惯法的影响》，载《西南边疆民族研究》2012年第1期。

② 关于藏传佛教文化主要参见多识：《谈藏传佛教对创建和谐社会的积极作用》，http：//ddks. zgfj. cn/e/action/ShowInfo. php？classid = 449&id = 125127；（谈藏传佛教对创建和谐社会的积极作用的具体内容摘自《西藏的心灵智慧》后记，甘肃民族出版社 2008 年版）；角巴吉：《浅谈藏传佛教对创建和谐社会的积极作用》，载《学理论》2012年第5期。

教义，佛家道德价值观念，以及佛教徒的行为准则——戒律对净化人心、提高人的道德素质、增强人们的自律意识、协调人际关系、消除矛盾纠纷、预防社会犯罪行为、增强民族团结、安定人心、稳定社会都具有积极的作用。①

藏传佛教教义中的具体戒律“五戒十善”是藏族古代部落习惯法与成文习惯法最早立法的主要依据和基本原则；在具体内容上，早期的法典如《吐蕃法律二十部》等直接套用了戒律中的“五戒”、“十善”等条文。②“十戒”源于“五戒”，指五种戒律制度。这五种戒律是指不杀生、不偷盗、不邪淫、不妄语、不饮酒。“十戒”的内容包括：“身三”，即不杀、不盗、不淫；“口四”，即不两舌、不恶口、不妄言、不绮语；“意三”，即不贪、不嗔、不痴。身、口、意代表了一个人一生的行为、语言和思想的行为变化。

松赞干布制定的《人伦道德十六净法》（或称《入教十六净法》）中，把孝敬父母、恭敬有德、尊长敬老、诚爱亲友、正直无欺等作为重要内容，将“五戒”、“十善”直接作为立法的指导思想，对藏族的伦理礼仪习俗的形成产生了深远的影响。后期的藏族古代法典如《十六大法典》《十三大法典》等则不再照搬戒律条文，而是将戒律的精神融入法律的条款中。还有《伦常道德准则》（《道德法》）、《强弱诉决之法》（《审判法》）、《权势决断之法》（《刑法》）、《国库修内之法》（《民法》）等六大法。法典中规定：对犯杀人罪者，依据十善法不杀生之戒和佛法对宝贵人身的珍惜，对杀人者不处以死刑，而代之以令其将所有财产同受害人尸体一同扔入水中之处罚。除狼之外，不准猎杀其他野生动物，封山封林等。

藏传佛教文化用以约束佛家弟子的戒律上升为宗教法律和国家大法，并用强制力

---

① 关于藏传佛教文化主要参见多识：《谈藏传佛教对创建和谐社会的积极作用》，http://ddks.zgfj.cn/e/action/ShowInfo.php?classid=449&id=125127；（谈藏传佛教对创建和谐社会的积极作用的具体内容摘自《西藏的心灵智慧》后记，甘肃民族出版社2008年版。

② 关于藏传佛教文化主要参见多识：《谈藏传佛教对创建和谐社会的积极作用》，http://ddks.zgfj.cn/e/action/ShowInfo.php?classid=449&id=125127；（谈藏传佛教对创建和谐社会的积极作用的具体内容摘自《西藏的心灵智慧》后记，甘肃民族出版社2008年版；索南才让：《试谈藏族成文习惯法规的历史渊源与藏传佛教戒律之间的内在关系》，载《宗教学研究》2007年第2期；角巴吉：《浅谈藏传佛教对创建和谐社会的积极作用》，载《学理论》2012年第5期；达瓦卓玛：《从“五戒”浅谈藏传佛教戒律的现实价值，载《青藏高原论坛》2014年第4期；仁青措姆：《试论藏传佛教闻思修的历史地位》，载《西藏大学硕士论文》，2011年；陈小华：《试论藏传佛教对藏族习惯法的影响》，载《西南边疆民族研究》2012年第1期；嘎藏土买：《浅论藏族文化传统的精神内涵》，载《西藏艺术研究》2016年第1期；牛绿花：《藏传佛教宗教事务及藏区相关问题的法律化研究》，载《朝阳法律评论》2010年第1期。

来制约古代藏族全体民众的言行和一切社会生产活动，体现政教合一和宗教戒律政治化法律化，这一明显的特点一直延续融入藏区的传统法律文化之中。藏族原始部落早期的律法乃至当今藏区的传统法律文化是一种全面综合的水乳交融的法律和习惯法，宗教内容与诸法合体的特征很明显，因此在现在的藏区已经演绎着习惯法、禁忌、道德、宗教教规等融合的现象，错综复杂联系密切，很难严格区分。

另外，藏传佛教的理论，尤其是佛教戒律已成为藏族原始部落社会统治阶级制定法律的指导思想，有些法律条款甚至照搬佛教戒律。佛家的行为准则已成为部落群体成员共同奉守的金科玉律，例如“对神盟誓”或太阳和天空等万事万物作为见证物，进行证明、保证，狠下决心进行立誓和起誓的习惯制度仍广泛流行，符合传统习惯的血亲复仇仍被认为是正当合理的。

综上所述，藏族早期的佛教文化，尤其是富有哲理的藏传佛教理论思想和戒律是藏族古代宗教法与刑法等各部门法的重要渊源。①

四、藏族原始部落时期的起誓与盟誓

藏族人民从古至今，一直流传着这样一个古老的谚语：藏族的诚信靠起誓与盟誓，汉族的诚信要立字据。这种谚语里也蕴含了起誓与盟誓有着决议和法律证明力的作用。再如充分运用大量藏文典籍资料研究藏族起誓与盟誓文化价值的较详细的论文

---

① 关于藏传佛教文化主要参见多识：《谈藏传佛教对创建和谐社会的积极作用》，http：//ddks. zgfj. cn/e/action/ShowInfo. php? classid＝449&id＝125127：（谈藏传佛教对创建和谐社会的积极作用的具体内容摘自《西藏的心灵智慧》后记，甘肃民族出版社 2008 年版）；索南才让：《试谈藏族成文习惯法规的历史渊源与藏传佛教戒律之间的内在关系》，载《宗教学研究》2007 年第 2 期；角巴吉：《浅谈藏传佛教对创建和谐社会的积极作用》，载《学理论》2012 年第 5 期；达瓦卓玛：《从“五戒”浅谈藏传佛教戒律的现实价值，载《青藏高原论坛》2014 年第 4 期；仁青措姆：《试论藏传佛教闻思修的历史地位》，载《西藏大学硕士论文》，2011 年；陈小华：《试论藏传佛教对藏族习惯法的影响》，载《西南边疆民族研究》2012 年第 1 期；嘎藏土买：《浅论藏族文化传统的精神内涵》，载《西藏艺术研究》2016 年第 1 期；甘措：《藏族法律文化研究》，载《中央民族大学博士论文》，2005 年；牛绿花：《藏传佛教宗教事务及藏区相关问题的法律化研究》，载《朝阳法律评论》2010 年第 1 期；才华加：《佛教影响下的藏族传统法律文化特征——藏传佛教的法治功能浅议》，载《青海师范大学学报（哲学社会科学版）》2013 年第 6 期；才华加：《佛教影响下的藏族传统法律文化特征——藏传佛教的法治功能浅议》，载《青海师范大学学报（哲学社会科学版）》2013 年第 6 期；索南才让：《藏族传统法规中的德治功能——以“善净人道十六法”为例》，载《西南民族大学学报（人文社科版）》2015 年第 11 期；王维强：《吐蕃盟誓之根源探讨》，载《西藏研究》1990 年第 1 期；袁剑：《清代以前西藏司法特征略论》，载《藏学学刊》2009 年第 00 期。

《吐蕃盟誓制度研究》（藏文）一文中说："藏族的起誓与盟誓文化是藏族社会长期发展过程中逐渐形成的、根深蒂固的、运用广泛而且具有法律约束力的、重要的一种习俗习惯法。这一重要的习惯法习俗从古代到现在一直调整着藏族社会中各种复杂的社会矛盾关系，并解决着很多纠纷与矛盾，为藏族社会的稳定发展起到了不可忽视的独特作用。"① 藏族起誓与盟誓一般是口头的，藏族松赞干布时期有了藏文后一般重要的起誓与盟誓内容开始记录在案，广为流传。藏族的起誓与盟誓内容是十分庄重的，说的话或做出的重大决议，是献忠的誓词，这种文化精神理念也推动了藏族古老的议事会议制度。起誓是小规模的，一般是指两个人或几个人，起誓的起因也是为一般的冤枉和栽赃，或者偷盗等比较轻的事情而展开的，是一种对双方有约束力的、处理各种矛盾纠纷的习惯法。盟誓一般适用于如战争、联盟、维系整个家庭和部落，或者涉及部落群体的切身利益，以及是否把某一个坏人逐出部族或处死等解决重大事情的机制办法，这种盟誓的举行仪式非常严肃和庄重，具有很高的权威性。盟誓双方事后承担相应沉重的负担与责任，对藏族部落社会的个人与个人、个人与部落、部落与部落、部落联盟以及对内团结和对敌勇敢抗战方面起了一定的规范作用，具有很强的法律效力，也是形成藏族传统司法制度的主要渊源。②

约定之事一经盟誓，必须遵守执行，完成盟约所规定的义务是天经地义的。吐蕃政权时期时常发生盟誓，在《新唐书·吐蕃传》（藏文）中记载："与其臣岁一小盟，用羊、犬、猴（或为'间'）为牲。三岁一大盟，夜肴诸坛，用人、马、牛、猴为牲。凡牲，必折足裂肠陈于前，使巫者告神曰：渝盟者，有如牲!"③ 其他如《旧唐书》《通典》《通志》《册府元龟》《资治通鉴》及《全唐文》等史籍均有关于吐蕃盟誓之记载。敦煌藏文文书记载了一些早期青藏高原各部落风云争斗中的盟誓，并录有盟文誓词。大事记年在逐年记叙王廷大事时，也记录了王廷盟会，可见其风之盛。藏族日常生活中的起誓与解决重大问题的盟誓在藏族古代部落社会时期的吐蕃社会占据了法律的地位，又扮演了习惯法与国家法的角色，为古代部落社会与吐蕃的政权巩固与社会发展、共同抗敌、解决纠纷以及吐蕃人及今日藏人的伦理思想都具有重大的意义。

---

① 撒列：《吐蕃盟誓制度研究》，载《青海民族学院学报》（藏文版）2005 年第 2 期。

② 南杰·隆英强：《吐蕃王朝时期的法律制度研究》，载《中国政法大学博士论文》，2013 年。

③ 端智嘉、陈庆英译：《新唐书·吐蕃传》（藏文），青海民族出版社 1983 年版，第 8—9 页。

当时吐蕃人主要依靠盟誓解决战争、联姻等重大问题，并使其制度化。

盟誓最原始的形式是人们之间相互的赌咒发誓和证明保证行为，最初应表现为以天、日、月、星、空等大自然万物生灵作为见证物进行起誓。《贤者喜宴》说："不说谎言之法，即以护法神做证而起誓"；《王统世系明鉴》载："若不能判断是非之时，立护法神像为证而誓。"时至今日，藏族农牧区民间社会的赌咒发誓的语言丰富多彩，见证物也五花八门，可以说，至今为止赌咒发誓的做法信奉于藏族民间也是古时人们赌咒发誓风气的遗留。最初的盟誓形式也随着社会的发展而不断地发展变化。① 盟誓是指结盟和发誓，这是一种具有习惯法性质的法律约束形式。其作用在于用盟书的形式来确定王室中央和王室贵戚、诸侯小邦、社稷诸伦、大小尚伦之臣的臣属关系，② 吐蕃王朝与唐朝之间的关系也一度用盟誓来维持。吐蕃时期，盟誓的种类很多，有个人和个人、氏族和氏族、王室和贵族、王朝对邦国以及吐蕃与邻国和布族等各种盟誓。如王室与贵族间的盟誓，这种盟誓的目的在于确定贵族官僚的政治法律地位和经济利益，把他们紧紧地笼络在赞普身边，以防止臣僚的背叛。③ 再如吐蕃王朝与被征服的邦国和部属之间的盟誓，这类盟誓分冬盟和夏盟，几乎每年举行。在会盟活动中订立的制度，发布的诏令及誓词均为会盟各方共同遵守。

吐蕃与邻国之间的盟誓中，唐蕃会盟在汉藏关系史上具有重要地位。唐中宗曾在诏书中说："唐使到彼，外甥有先于盟誓；蕃使至此，阿舅亦亲与盟。"④ 据有关资料记载，自公元705年到821年的116年间，唐蕃之间的会盟就有八次之多。其中最有影响的是唐穆宗长庆元年（821）分别在长安和拉萨举行的"长庆之盟"。

《新唐书·吐蕃传》中记载，早在公元654年这一盟会制度已具雏形。至公元673年，盟会作为一种政治议事制度已正式确立。这些盟会，时间无定，有时一年一次，有时一年两次甚至三次、四次（包括地方性的盟会），也有的年份不举行。盟会多在冬夏举行，故有"冬盟""夏盟"之称，也有在春季举行的，称为"春盟"，至于何时召开则视政局变化和抗敌战争或部落国家形势的需要而定。

吐蕃奴隶制政权确立后，内部举行的盟会和以赞普诏令形式颁赐的各种盟誓活动开始普及，创设国家政体，完善各种制度和行政司法体制成为当务之急。吐蕃与邻国

---

① 参见王维强：《吐蕃盟誓的形式演变及其作用》，载《中国藏学》1992年第2期。

② 参见索南才让：《从谐拉康碑文看钵阐布娘定埃增桑波的地位》，载《西藏研究》2009年第5期。

③ 徐晓光：《藏族法制史研究》，法律出版社2001年版，第18页。

④ 王尧：《吐蕃金石录》，文物出版社1992年版，第118—119。

之间盟誓后还要召集群臣、王亲国戚、小邦王子等一起集会盟誓，严申誓言，强调不得违背盟文中规定的条款。还时常告诫所有前来盟誓者，王后之戚族、诸小邦、社稷诸大论、大小尚论诸寮臣，只要国家需要和君臣领导认为必须认真解决的重大事情均必须参加盟会、起誓，并要履行新增内容之盟书誓词，以求永固久安。

综上所述，我们不难看出藏族部落社会和吐蕃王朝时期的起誓与盟誓制度文化，在以往社会和政治上主要起到了立法定制、征集军需、任免官员、君臣团结、君民团结、发展经济、稳定社会、缓和矛盾、勇敢抗敌、巩固政权、和平共处、维系王室与小邦及赞普与权臣间的关系，以及扶持发展佛教文化等诸多方面的作用。因此，藏族原始部落时期兴起的起誓与盟誓是藏族古代法律与司法制度的重要渊源。①

五、藏族原始部落社会时期的苯教法

从法的起源讲，万事万物有灵的认识而对多种神灵的敬畏。同其他民族一样，藏族法律的最初发端也是与苯教时期的巫术和立誓祭祀活动以及固有的风俗伦理等诸多文化混合在一起充当着法律的功效，起着法律尚不可及的作用，维持着藏族原始社会的秩序。《王统本的来源》（藏文）中讲道：“世上多而著称于世的祖先狮子氏族的后代不在藏地，贤南卡多坚居住藏地之时虽没有国法但苯教法非常发达，整个藏区国泰民安。（གཉེན་ནམ་མཁའི་མདོག་ཅན་བོད་ན་བཞུགས་པའི་དུས་སོ）。”② 还有《格言库》中讲：“雍仲苯产生很早，帝王没出现前苯就出现了，没有国法前苯教法早已有之，故藏族原先叫作苯藏区。”③ 史前苯教法存在的可能性证实了这一点。宗教的行为产生了其他的效果，其中的一些效果是具有法律或社会效益的。学界一般将原始宗教或史前宗教归入苯教的体系中，看起来古代藏族社会中的宗教似乎以苯教为核心了。但是

---

① 耿静：《分别讲说人的行止》文化精神源流考，载《南京师范大学硕士论文》，2014 年；索南才让：《从谐拉康碑文看钵阐布娘定埃增桑波的地位》，载《西藏研究》2009 年第 5 期；王维强：《吐蕃盟誓的形式演变及其作用》，载《中国藏学》1992 年第 2 期。

② 南喀诺布：《祥藏历史德赛光》（ཞང་བོད་ལོ་རྒྱུས་ཏི་སེའི་འོད），中国藏学出版社出版，第 192 页。

③ 贺咱扎西坚参（ཤར་རྫ་བཀྲ་ཤིས་རྒྱལ་མཚན）：《格言库》（ལེགས་བཤད་མཛོད），民族出版社 1985 年版，第 159 页。转引自才让东主：《论吐蕃时期的政苯关系》，载《青海民族学院学报》（藏文版）2005 年第 1 期。

藏族人早期的苯教也是在原始的自然崇拜、灵魂崇拜、图腾崇拜、祖先崇拜等史前宗教信仰的基础上发展而来的。现在的藏传佛教则是在吸收印度、大唐等地传过来的佛教内容，再加上因地制宜地吸收了苯教的诸多形式，包括不少观念性内容的基础上形成的。这不仅对研究青藏高原藏族原始宗教史的发端发展有价值，而且给我们研究藏族法律文化的缘起也提供了珍贵的资料。原始社会的宗教、禁忌、仪式和风俗习惯使古代藏人共同生活在一个稳定有序的社会之中。法是社会的产物，是为了规范和调解人们之间的关系而产生的，根据这一理论，早在藏族历史上的12邦国时期之前，藏族的法律文化的最初形态即苯教法已经产生了。而且治理远古藏族部落社会发挥了重大作用。由此可见，宗教与法律是相辅相成的，甚至在尚未产生法律之前，社会的主要秩序是基于一定的宗教仪式和禁忌习俗来加以维护的，而且藏族宗教法产生时间比其他部门法产生的时间要早很多。进而我们可以得出藏族原始部落社会时期的苯教习惯法是藏族古代法律的主要渊源之一，并能够证明史前时期的藏族先民已有久远的宗教法历史。①

六、藏族原始部落社会和吐蕃政权时期的令

（一）部落首领和赞普的诏令

藏族部落首领和赞普的诏令是最基本的法律渊源，具有最高的法律效力。按藏族原始苯教，人间的统治者“赞普”是天神的儿子，受天神的委托下凡来统治人民。部落首领和赞普不但是国家的统治者，又是天神意志的代表者。赞普是法律的主体，他的权力至高无上，所以他发布的命令就是具有最高权威的法律。根据《王统世系明鉴》，当时著名的大臣有三百人，有盛名的大臣十六人，不可或缺的大臣有四人，他们是赞普身、语、意的服侍者，由此可见，赞普的语、意均是法律的形式。松赞干布曾发布过“六大诏书”，被认为是最高的法律。

根据《吐蕃金石录》“赤松德赞墓碑文”载：“赞普天子鹘提悉勃野，天神化现，来主人间，教法礼仪尽善尽美，永建基业，权势煊赫，地久天长，永无颓败，社稷疆域，广袤无极，政基巩固，永垂雍仲之业。据此，天子赤德松赞，继作人主，与神、

① 参见甘措：《论藏族早期的法律文化》，载《青海民族研究》2006年第1期；论藏族早期的法律制度分析－论文学堂－（http：//www. wbiyelunw）；甘措：《藏族法律文化研究》，载《中央民族大学博士论文》，2005年。

天子之教法礼仪一一契合，权势盛大，如有诸天，命令严峻，刑法分明，心胸深沉，若有城府。以圣谕之慈恩善意，令内外兼美，社稷昌隆。”这段碑文不仅道出了赞普居于天人之间，代表神的意志发布命令，同时也说明赞普圣谕是维护吐蕃政权巩固，对广大人民进行有效统治的最重要的法律形式。①

（二）部落首领和赞普王室颁布的法律、法令

法律、法令是吐蕃政府制定和颁布的，普遍适用于吐蕃所属各地的成文法。历代赞普王室和国家机构曾颁布过很多法令。最早的法令当属《法律二十条》，它是吐蕃成文法的母法。以后许多法律都以它为蓝本，经过发展演变而成。除松赞干布和芒松芒赞时期制定大量法律、法令外，根据《五部遗教》载，吐蕃还制定“上三法、下三法、三行法及三不行法”② 等法律。“吐蕃三律”虽在敦煌被发现，但从内容上看是当时吐蕃王朝制定，适用于其所辖部落的基本法律。以上所举吐蕃成文法律，多是史书中片断和残缺的记载，敦煌写卷律令文书虽然增加了部分法律资料，但绝不是当时制定法的全部内容。松赞干布以后的 11 个赞普统治的 200 年里，肯定还制定了大量的法律、法令，这些法律资料有待于今后的进一步挖掘。③

七、藏族原始部落社会时期的习惯法

在藏族古代社会，习惯法始终是法律的重要渊源之一。在原始社会，调整人们相互关系的行为规范是口耳相传、世代相袭、根深蒂固、得以继承弘扬的习惯。进入阶级社会，这种作为行为规范的习惯就发展成法律。在远古藏族部落社会和吐蕃政权时期，不少习惯法作为政治组织制度和人们的行为准则，是法律的渊源。在政治组织上，保留着“贵族议会制度”和“部落联盟大会”的制度；在社会生活中保留着“同态复仇”；在司法审判中保留着“起誓”等神明裁判的习惯。全面研究如今的藏区社会习惯法，我们不难发现在藏族农牧区的法律文化和生活习惯中，还保留着大量的原始习惯法，如活跃在藏区生活中的盟誓习惯和赔命价习惯法。藏族习惯法的立法依据是以部落首领、宗教大师、有威望的长者以及贵族阶层人士的身、语、意等总结的诸多规范为基础的。他们的诏令和告诫是最基本的法律渊源，也具有较高的法律效

---

①③ 徐晓光：《藏族法制史研究》，法律出版社 2001 年版，第 17、20 页。

② 《五部遗教·大臣遗教》。

力。因此，在久远的藏族古代社会里部落首领、宗教大师、有威望的长者以及贵族阶层人士既是习惯法的制定者，又是习惯法的执行者，当时藏族社会里已经形成典型的立法、执法、司法三位一体的司法制度，并在宗教、伦理道德、风俗习惯等传统文化水乳交融的前提下治理和调整着当时的社会关系。

八、《格萨尔王传》中反映的藏族军事法律文化

《格萨尔王传》是举世闻名的我国三大民族史诗之一，是藏族劳动人民创作的一部伟大的英雄史诗。要揭示军事法律观念的历史源头，就必须寻找有关军事法律行为规则模式的最初本源。同我国军事法律渊源的形式一样，也都是历史上曾出现过的誓、律、礼、命、诰、训、令、格、式、比等形态。研究发现《格萨尔王传》中反映的军事法律渊源主要有誓、律、礼、诰、训（准则）、令，以及苯教、藏传佛教、藏民族固有的风俗习惯及伦理道德。

起誓习俗属于藏族的本土文化范畴，藏族自古以来就尊崇万事万物皆有灵的意识形态，确切地说，佛教没有传入藏族社会以前就有这样的原始习俗。无论是远古时期的藏族部落社会还是在当今藏族地区，大多数藏族人总是习惯用自然界的某物作为见证物进行起誓，博得对方的信任进而解决各种社会生活中存在的实际问题，而且一旦发下誓言，就不会轻易反悔。后来藏族的起誓习俗逐渐衍生出盟誓，主要用于藏族社会的政治生活并盛行于各部落战争时期。《格萨尔王传》中屡屡描述每次参战的官兵为了约束自己的行为或遵守部落本身规定的严明的军纪，战前让官兵立誓服从，必要时还立下字据，签名盖章。还有部落头人用盟誓来约束其成员行为，部落与部落之间为了和平共处进行盟誓等，在调整藏族部落社会各种关系方面发挥了重要作用。所以，当时“誓”已具备了“法律”的基本特征，成为体现统治阶级意志的、具有强制性的早期军事法律，是军事法律的重要渊源。

“律”、“诰”、“训（准则）”、“令”都与军队的法律有关。“律”指乐律，即金鼓螺号，史诗中长期描述的放火冒烟、煨桑、放哨人发出的频率各异的声音等，向前冲杀时教官们吟诵佛教经典、大师的命令之类。这些号令具有极大的权威，任何人不得违反，否则便施以军法论处。

“诰”、“训（准则）”、“令”都是部落头领或将领对下一级官兵的命令，有时还可以理解为以往的赞普或在位的赞普对部落成员写下的告诫性的军纪。这是强调军队

只有遵守军纪军法，方可“用”于对敌战争。

“礼”也是《格萨尔王传》中反映的军事法律的渊源之一。从广义而言，藏族部落社会时常把军事制度中根深蒂固存在着的习惯、道德、禁忌、各种宗教仪式等内容都当作习惯或一种必须履行的行为规范。武力是维护部落的支柱，因而尚勇习武成为部落中盛行不衰的风习。《格萨尔王传》中反映的军事法律把战胜敌人的一切措施、规定等统统归入“英雄猛虎律”，受到全社会的敬重和青睐；而将防御性规定和失败后的措施归入“懦夫狐狸律”，好比不齿于兽类的狐狸，遭到社会的唾弃。每战结束，褒奖英勇，惩罚怯懦。军中行窃，处以退赃、科罚和赔新；士兵被误杀或意外亡命，依据部落法律的有关规定，付给适当的超度命价。英雄史诗《格萨尔王传》中有这样的记载，几位英雄同时请战，各执己见，互相不服，最终让请战者掷骰，事先规定得点多者或少者带兵出战。还有，重诺言、守信用、讲义气是《格萨尔王传》中反映的主要军礼制度。

苯教、藏传佛教、藏民族固有的风俗习惯及伦理道德是藏族古代法和《格萨尔王传》中反映的军事法律的重要渊源之一。我们始终认为史诗中反映的代表正义力量的格萨尔王每次率领部队向邪恶势力的代表四大魔王宣战前，所进行的各种求神、上供、卜筮、诅咒、杀生血祭、用活的牲畜煨桑等活动采用了藏族原始苯教文化的祭祀仪式。藏族传统观念认为，世间各行各业都由不同的神灵分管，而战争这一领域的主宰者便是战神。对战神的祭祀主要在战前进行，《格萨尔王传》中有这方面的描述。部落之间的战争，“如果通过挡兵或调停而结束，最终互相赔偿损失，无论在战斗过程中打死打伤，还是被俘虏虐待致残致死，都是赔偿命价、血价，赔偿牲畜等财产损失，首先双方抵消，剩余的再进行赔偿。”①《格萨尔王传》中也有关于某将士把自己掠获的马匹、牛羊等战利品平均分配给其他成员的记载，这都遵循了藏传佛教、藏民族固有的风俗习惯及伦理道德思想下形成的习惯法。②

① 参见何峰：《从史诗〈格萨尔〉看藏族部落战争》，载《青海民族学院学报》1993年第4期；周生文、何峰：《从史诗〈格萨尔〉看古代藏族部落的兵役制度》，载《青海社会科学》1994年第1期；南杰·隆英强：《探析〈格萨尔王传〉中反映的军事法律》，载《西藏民族学院学报（哲学社会科学版）》2007年第4期。

② 藏族原始部落社会和吐蕃时期的令、藏族原始部落社会时期的习惯法、《格萨尔王传》中反映的藏族军事法律文化的详细内容，参见南杰·隆英强：《探析〈格萨尔王传〉中反映的军事法律》，载《西藏民族学院学报（哲学社会科学版）》2007年第4期。

第三节

藏族古代法律的特征

由于青藏高原地理环境及藏族原始部落社会时期藏族先民的生活方式与藏文化产生背景的特殊性，藏族部落组织与吐蕃政权的产生以及藏民族形成发展的特殊性，造就了藏族古代法律起源及其渊源的特殊性。

第一，藏族古代法律的形成，是部落战争、兵刑合一、军事法律、祭祀仪式、禁忌习俗、宗教文化、起誓盟誓等伦理道德文化受到特别重视，进而诸文化合体发挥作用的漫长过程。在吐蕃部落联盟由前期向后期的发展过程中，其生产方式发生了明显的变化，这就是由前期的牧业生产方式逐步向后期以农业为主的生产方式的转变。这一变化对于我们准确认识和把握吐蕃部落联盟的社会及政权发展状况显然有重要意义。①

第二，藏族古代法律在很大程度上受到血缘、氏族、苯教与藏传佛教、人伦道德文化及婚姻联盟等诸多文化因素的影响。

从藏族法律的起源及其产生的渊源看，以苯教和佛教戒律文化为指导思想，具有极为浓厚的宗教色彩，一些条文甚至就是宗教戒律的直接反映。苯教的祭祀仪式与佛教的行为准则已经成为部落群体与吐蕃君臣百姓共同遵奉的金科玉律，苯教与佛教法律上升为国法，规范着包括苯教佛家弟子在内的所有人的言行和社会生活，体现出明显的宗教法律化、宗教政治化倾向，为后世建立政教合一的体制奠定了坚实的基础。②

---

① 参见南杰·隆英强：《探析〈格萨尔王传〉中反映的军事法律》，载《西藏民族学院学报（哲学社会科学版）》2007 年第 4 期；石硕：《吐蕃王朝以前雅隆吐蕃部落的经济变迁及其与政权发展的关系》，载《西藏民族学院学报（哲学社会科学版）》2001 年第 1 期；石硕：吐蕃王朝以前雅隆吐蕃部落的经济变迁及其与政权发展的关系_ 历史学论文 http：//www. docin. com/p－520850901. html；才让扎西：《〈格萨尔〉中的商业民俗事象探析》，载《西北民族大学硕士论文》，2009 年。

② 参见彭宇文：《关于藏族古代法律及法律文化的若干思考——借鉴梅因〈古代法〉进行的研究》，载《法学评论》2004 年第 2 期；穆赤·云登嘉措：《藏区习惯法“回潮”问题研究》，载《法律科学（西北政法大学学报）》2011 年第 3 期；李媛媛：《西藏法制建设现状分析》，载《山东大学硕士论文》，2012 年。

第三，藏族古代法律内容体现出多种文化与部族间的习惯规则多重混合性，“习惯与禁忌、宗教与道德、民间祭祀与政治思想、刑事与民事、实体与程序、行政与司法等内容混为一体，表现出藏族古代各种文化与诸法合一的共同特征。这种‘混合法’形式，将法律规范与准法律规范相融合，在法制形成的早期具有极大的现实性与实用价值，也是历史发展阶段的客观反映”①。

第四，藏族古代法律还表现出各种部族大融合的特征。从雪域高原上频繁发生的藏族部落联盟之间的相互争战，经历了氏族—家族—部族—部落—部落联盟—大小不等的部落联盟共同体—民族的发展演变过程，其成分包括许多来源不同、分散很广的直系和旁系部、族。后来形成发展的多种部落联盟以及十二小邦、四十小邦的无数个大小不等的部落、氏族，不约而同地在雪域高原这一广袤的地区，演绎了以相互征战又逐渐融合为主要内容的历史，藏族法律的起源及其产生的渊源还表现出这种部族大融合的特征。

第五，藏族古代法律还表现出法律制度及文化现象的多元性特征。由于藏族古代社会发展历程及自然条件的特殊性，使法律这一社会现象呈现出多元化特征。原始部落习惯法与吐蕃王朝的制定法并存，宗教立法与世俗立法并存，吐蕃政权的立法与地方割据时期的政权立法以及民间习惯立法并存，部落与吐蕃政权时期的政治制度与伦理道德立法并存，寺院法规与不成文的世俗法规并存，苯教与佛教教法、地方成文法典、盟约、诏令、部落习惯法、民间伦理道德法等多种法律渊源先后共同存在、相互补充，法律制度的多样性也进一步强化了与制度有着互动关系的法律文化的多元性。这种多元化特征的形成及发展，既是因为藏族原始苯教文化这一原始宗教的影响，也是佛教从印度传入藏区发展成藏传佛教并占据统治地位的结果；既是藏区各部落不同习惯和多种本土文化交叉融合所致，也受到祖国中原文化及法律文化传播渗透的影响；既是雪域高原独特的地理条件和错综复杂的生态环境的自然反映，也是藏民族特有的生活生产方式和丰富的精神文化在上层建筑方面的必然表现。对这种藏民族本土法律文化的继受和对外来法律文化的移植并接受其辐射是法成长的基本途径和规律，② 这种多元性法律文化现象在藏族法律的起源及其产生的渊源中反映得淋漓尽致。

---

① 参见彭宇文：关于藏族古代法律及法律文化的若干思考——借鉴梅因《古代法》进行的研究，载《法学评论》2004 年第 2 期。

② 参见彭宇文：关于藏族古代法律及法律文化的若干思考——借鉴梅因《古代法》进行的研究，载《法学评论》2004 年第 2 期；卫霞：《习惯法与民族社会法律控制——以甘南藏族地区为例》，载《甘肃理论学刊》2013 年第 1 期。

第六，藏族古代法律还表现出法律语言的概括性与通俗性以及民族性的特征。藏族古代法律体系及条文都非常简约，从立法思想上重视民族特性，往往以很少的条文对包括行政、民事、刑事、诉讼、婚姻、环保等方面的内容予以规定。更具特色的是，在立法中还较多地收纳了民间流传的谚语、训诫、遗训、格言、谜语、道歌、民歌、歌谣、情歌、故事、神话传说等民族文化精神理念，这与藏族口承文化和藏族人伦道文化极为丰富的传统有关。谚语、训诫、格言、遗训以及教育性故事在大多数情况下成了处理各种纠纷的准则，教育人们的训条，衡量是非的尺度，惩恶扬善的准法律武器。特别是有关法律法规、寺院戒条、时政评说、阶级利益、习惯禁忌方面的谚语，在藏民族长期的民间社会生活中就成为民族习惯法的重要传承形式。①

第七，藏族古代法律还表现出立法技术的不完善和刑法内容为主的特征。从立法技术层面讲，藏族古代法律与民间流传的习惯法比较简单、概括、重复、混杂，存在笼统、粗略、不严谨、不科学的弊病，而且带有浓厚的早期立法色彩，内容排列比较零散、粗糙，缺乏完整性。简而言之，藏族立法不完善，容易导致适用时的随意性和法律效力的不统一性。虽然藏族古代法在立法技术上显得规范性不强，但是，其语言的通俗性和约定俗成的习惯法和即时执法传统极为符合藏族社会的实际，使法律通俗易懂、形象生动、便于传播、利于执行，具有较强的实用性和稳定藏区社会的实效性。这既是藏族法律文化在立法、执法、司法上的反映，也体现了藏族古代法律表现形式的独特性和法的功能的彻底性，表现出特有的优势与价值，值得我们在研究民族法律问题，特别是藏族等民族法律文化的现代司法功能价值等问题时加以认真思考。另外，藏族古代法律内容中，刑事法律的内容比较多而详细，也比其他关于民事等方面的内容更加具有可操作性。②最显著的差别在于刑法和民法所占的比重不同，藏族法典中的刑事立法比较多，而且从刑罚的惩罚性角度讲，具有较大的残酷性，带有明显的原始习惯理念，同态复仇和大量的肉刑等长时间依然存在。借用藏传佛教戒律严禁杀生为核心的赔命价制度比较完善，后世统治者认为，杀人抵命使恶业越积越重，执行死刑是造孽行为，因此在立法中对之予以变革，形成了具有藏族特色的至今在藏区死刑案件处理中发挥重大作用的命价制度，即根据死者不同的等级赔偿相应的财

①② 参见彭宇文：《关于藏族古代法律及法律文化的若干思考——借鉴梅因〈古代法〉进行的研究》，载《法学评论》2004 年第 2 期。

产。命价制度的实质与藏传佛教的严禁杀生戒律精神相一致。还比较普遍地保留了对神、① 家族神、部落神、日月星空等作为见证物立誓、盟誓或进行诅咒发誓的习惯法，利用神明裁判和苯教祭祀意识活动等方式和形式来办理刑事和民事案件，追求令人畏服的神秘色彩与因果报应的宗教色彩非常浓厚。

第八，藏族古代法律发展到后期，吸收借鉴了中原、印度、尼泊尔、苯教文化起源的象雄、党项、苏毗、吐谷浑、附国、白兰国以及其他民族和小邦政权的法律文化。

第九，藏族古代法律与其他文明中的法律的起源及其渊源一样，也体现了由判例到立法的特点。

在吐蕃王朝以前，吐蕃部落联盟曾经历了一个漫长且几乎未曾中断的早期各种小邦政权发展时代，这个时代主要是战争和军事以及惩罚判决等特别发达，各部落组织主要以战争纪律、军事制度、奖惩办法来调整部落政权大小事务的时代，共包括了从聂赤赞普到囊（或“南”）日松赞共31代赞普的世系传承，有关这31任赞普的世系传承及其主要事迹，在吐蕃时代所遗留的敦煌藏文写卷或后弘期藏文史料中均有较为完整并大体相同的记载。需要指出，吐蕃王朝自松赞干布迄至达磨赞普，仅传8代赞普，与吐蕃王朝以前吐蕃王系所传的31代赞普相比，占四分之一。这意味着，在吐蕃部落联盟组织中王政产生的时代相当早，且延绵和发展的时代非常漫长，也就是说，在吐蕃王朝以前吐蕃部落联盟之政治和社会组织的发展程度可能大大超过人们以往的估计和预想。②

---

① 参见彭宇文：《关于藏族古代法律及法律文化的若干思考——借鉴梅因〈古代法〉进行的研究》，载《法学评论》2004年第2期。

② 参见石硕：《吐蕃王朝以前雅隆吐蕃部落的经济变迁及其与政权发展的关系》，载《西藏民族学院学报（哲学社会科学版）》2001年第1期；石硕：吐蕃王朝以前雅隆吐蕃部落的经济变迁及其与政权发展的关系_ 历史学论文：http：//www. docin. com/p－520850901. html；才让扎西：《格萨尔》中的商业民俗事象探析》，载《西北民族大学硕士论文》，2009年；扎西卓玛：《藏传佛教佛经翻译史研究》，载《兰州大学博士论文》，2011年；南杰·隆英强：《吐蕃王朝时期的法律制度研究》，载《中国政法大学博士论文》，2013年。

第二章

藏族史前时期和邦国时期的法律

第一节

藏族史前时期的社会形态及法律的雏形

《五部遗教》（བཀའ་ཐང་སྡེ་ལྔ）记载："时蕃人无君，用山岩构筑城堡，将衣食物品装藏其中，兵少而无力御敌时，粮少而不由自己时，吐蕃雪域之中心，迎来悉补野以前之六统领。首先由黑夜叉统领，地域取名魔地喀拉果古，咒术的威力从此生；此后由魔鬼和罗刹女统领，地域取名神罗刹之域，食肉赤脸从此生；此后由鲁（ཀླུ）和赞（བཙན）统领，地域取名蕃域九洲，奶祭似水从此生；此后由玛桑九子统领，地域取名蕃域六雅，箭矛兵器从此生；此后由十二小邦诸侯统领，地域取名八索喀，礼节敬语从此生；此后由悉补野赞普统领，地域取名蕃域四茹。吐蕃王沃德悉补野（འོད་དེ་སྤུ་རྒྱལ），从天界下凡来做俗王。从梵天继承了天神九昙，即天昙、云昙、雨昙等。因此，瓦瓦四兄弟迎来国王雅拉达珠。他杰出的七子中，巴拉察敦陷害父母兄弟，将父母等放逐他乡，和牟女德麦宗生子聂赤，此前皆为世界神统。聂赤赞普是为俗界众生而至。"①

《智者喜宴》在谈到吐蕃远古时期时说："吐蕃远古生成过程中，首先变为非人地，据说十种刹魔来统治。《广史》等载最初夜叉统该地。地域又称善域无饰名，武器弓箭显此时。此后热代果雅魔掌政，名叫魔域卡热九农区，制敌斧子显此时。此后罗刹聂容血眼治，地称黑色夜叉九域地，女魔脚和兵器出此时。第四玛嘉木神统治时，神域贡塘有了制刀术。第五穆嘉库杰为王时，产生锁链等武器。第六昭昭魔鬼来统治，出现抡动的抛石索。第七玛桑部来统治，地域名叫蕃卡聂六部，铠甲盾牌此时现。第八龙神统治时，蕃域九洲是地名。第九国王统治时，地域名叫安布吉。第十邪魔九兄弟统治时，地域名称东德十八部。"② 从以上两部藏文经典史书记载的内容看，

---

① 藏文经典史书《五部遗教》。

② 巴俄·祖拉陈瓦所著藏族权威历史书：《智者喜宴》（藏文），民族出版社 1986 年版，第151—152 页。

远古雪域高原上藏族部落战乱不断，表现出食人肉等残酷野蛮、凄惨悲壮的景象，民众非常痛苦；但也出现了兵器和礼仪，从而使早期法律形态的形成发展有了文化上的积淀。这样藏族史前时期的原始宗教、巫术、本土伦理道德和风俗习惯、祭祀、血祀、念咒、神话、卜卦、礼仪、盟誓、禁忌、自然崇拜、灵魂崇拜、图腾崇拜、祖先崇拜等多种文化共同维持着当时的社会秩序。这些文化对史前时期藏族先民社会起着法律的功效，甚至起着法律尚不可企及的作用。简言之，这些文化在维持藏族原始社会有序发展的同时，对藏族邦国时期的战争纪律、军事奖惩、抑强扶弱的公平正义理念、人伦道德习惯法、判决惩罚制度、习惯法律准则以及定罪和监狱等最初法律文化的形成起到了奠基作用。

第二节

藏族邦国时期的法律制度状况

藏族祖先们在雪域高原经过数千年的发展，到了邦国时期，这和中原华夏部落的兴起有相似之处，敦煌藏文资料说：“遍布各地之小邦（རྒྱལ་ཕྲན），各据一城堡（མཁར）。”这是一种互不统属的割据势力，他们互相攻杀，掠夺地域，抢劫财物，争战不休。应该说从四十小邦开始，通过兼并相融，最后成为十二小邦。这些小邦“喜争战格杀，定罪之后遂即投入监牢。四边之王时而压迫伤害，……如是，蕃无法同彼军作战，欲往别地，然而诸小邦不肯通融以致兵员日减，于是失去平原，惟依坚硬岩山而居，饮食不济，饥饿干渴，蕃地苍生极为痛苦”。这时的小邦，虽是以部落或部落联盟为基础，但其形态有了奴隶社会形态前夜（胚胎），正发生着深刻的变革。可以说社会已发展到了原始社会之后期。① 在这样人多之王、地广之王中，各部落首领胆识过人，时常发起威猛的战争，臣相聪慧足智多谋，部落群体齐心协力、勇于抗战，相互㓨火、征服。《智者喜宴》讲道：“这个时期纷纷崛起的小邦国喜欢征战、杀人、惩罚，不分是非对错随意抓进监狱，四面帝王经常鱼肉百姓，当时的百姓生活在

① 洲塔、桥高才让：《甘肃藏族通史》，民族出版社 2009 年版，第 49 页。

水深火热当中。"① 最后，大约在公元前350年左右，雅隆部落出现了历史上第一个赞普，即聂墀（或作"赤"）赞普率领的部落权势强盛无敌，他以神力施天威而震慑，以和睦善举之道制服了其他部落，此王时期一切众生和睦相处，互相友爱，雪域高原民众的生活才有了幸福平安且较稳定的开始，雪域社会从此走向有序发展的道路。②

一、从聂赤赞普到第三十二代藏王南日松赞（约前825—629）之间的藏王对邦国政权社会及吐蕃法制改革所作出的贡献

据藏文史籍记载，公元前3世纪左右，聂赤赞普作为雅隆部落的第一个藏王出现在西藏历史上，建立了部落奴隶制的博王国。聂赤赞普建雍布拉康宫，"定君臣之分"，"三舅臣"、"四大臣"、"父王六臣"分掌军政事务，建立军队保卫赞普和抵御、征伐外部敌人，并大力扶植苯教，建雍仲拉孜寺，宣扬王权神授，维护以赞普为首的奴隶主阶级的利益。

公元五六世纪时，藏族奴隶制社会有了长足的发展。以雅隆部落为主建立的博国，大量繁殖杂交牲畜骡和犏牛以作耕畜，广泛使用铁制农具，沟通湖泊，建池蓄水，灌溉农业有了显著发展。

第一代藏王聂赤赞普、第二代藏王穆赤赞普、第三代藏王党赤赞普、第四代藏王索赤赞普、第五代藏王美赤赞普、第六代藏王德赤赞普、第七代藏王赛赤赞普被藏族历史上称之为"天座七赤"（གནམ་གྱི་ཁྲི་བདུན），他们执政时间大约为公元前825—前545年，传说以上七王到最后都是由"登天之绳"上升虚空而消逝。这时期藏族邦国中苯教神话故事盛行，神权法思想越加浓厚，每当这七大王自己能够执政时其父拽着天界的绳子一个个如彩虹般快速散去，最后"七王尸体上为天，神身无尸如虹散"的神话故事相传至今。③ 第七代藏王赛赤赞普之子智贡赞普，第八代藏王智贡赞普之子布岱贡杰，藏族历史上把第八代藏王智贡赞普和其子第九代藏王布岱贡杰两代称为

① 巴俄·祖拉陈瓦所著藏族权威历史书：《智者喜宴》（藏文），民族出版社1986年版，第156页。

② 南杰·隆英强：《吐蕃王朝时期的法律制度研究》，载《中国政法大学博士论文》，2013年。

③ 参见旺堆次仁：《拉萨历史沿革》，载《中国藏学》1988年第2期；藏历史 - tibetonline. net - （http：//tibetonline. n）；焦自云：《西藏庄园建筑初探》，载《南京工业大学硕士论文》，2006年；南杰·隆英强：《吐蕃王朝时期的法律制度研究》，载《中国政法大学博士论文》，2013年。

“上二王在位时间”（སྟོད་ཀྱི་སྟེང་གཉིས），他们父子二人执政时间大约为前 545—前 465 年，这两代期间藏族社会生产力得到较大的发展。这个时期，史书记载，从象雄和其他地方传来苯教法律，逐渐产生大面积的私有制部落势力，引发原始宗教苯教集团等新旧贵族势力的斗争，并趋于白热化状态。智贡赞普在与小邦王属臣罗昂达孜比武过程中被罗昂达孜杀害，之后智贡赞普之子布岱贡杰和家人在贡布恰噶色莫地方建陵墓，并举行隆重的安葬祭祀仪式。这是藏族历史上第一座陵墓和为君王灵魂举行的非常隆重的第一次祭祀。在新旧势力残酷斗争中引来藏王被杀，王子被流放，母后被贬为平民放牧等状况。大约在公元前 2 世纪末，邦国的战争比武中广泛使用盔甲、铁剑、明镜，农牧业的分工、金银铜铁等冶炼已达到相当的水平，并使用于生产、生活和军事战争之中，更为重要的是由于当时的社会生产力发展较快，剩余产品和私有制的产生，奴隶主与奴隶之间的社会矛盾开始激化。当时苯教越权统管和解决一切事务，有时苯教法师的权力大于赞普，一切由苯教集团和苯教法师统治，也演绎了藏族历史上空前规模的苯教法统治一切的时代。之后布岱贡杰率先修筑桥梁、开渠引水、用牛耕地、开垦草地，冶炼金属工具用于农牧业和军事领域，农、牧、手工业开始分工，社会生产力长足发展。当时还弘扬寓言、神话故事、谜语等文化教育，社会中的军队、官吏、司法、道德规范和苯教为主的宗教信仰也快速兴盛起来，为雅隆悉补野强的邦国，即后来的吐蕃王国的初步形成奠定了较好的基础。之后到了布岱贡杰之子第十代藏王爱昊勒，爱昊勒之子第十一代藏王德昊勒，德昊勒之子第十二代藏王特昊勒，特昊勒之子第十三代藏王格日勒，格日勒之子第十四代藏王忠喜勒，忠喜勒之子第十五代藏王额昊勒。藏族历史上把这六代王称为“地面上有成就的六列王在位期间”（ས་ཡི་ལེགས་དྲུག），意为藏地人间有成就的六个国王，他们执政时间为大约前 465—前 225 年，他们的陵墓都建在石山和草坪之间。据史料记载，这六代藏王期间，大力发展农牧业、文化教育事业、水利事业、桥梁工程，重用人才和继续制定并完善苯教法律，扩大军事力量保卫邦国和属民。这个时期农业更加发展，吐蕃社会继续向前推进。并修建“青瓦达孜六城堡”（འཕྱིང་བ་སྟག་རྩེ་དྲུག），即达孜（སྟག་རྩེ）、高孜（གོད་རྩེ）、阳孜（ཡང་རྩེ）、赤孜（ཁྲི་རྩེ）、孜模琼杰（རྩེ་མོ་ཁྱུང་རྒྱལ）和赤孜本都（ཁྲི་བརྩེགས་འབུམ་གདུག་ས）等全面防御外敌的吐蕃六大城堡。之后到了额昊勒之子第十六代藏王萨南森德，萨南森德之子第十七代藏王德驰南雄赞，德驰南雄赞之子第十八代藏王赛诺南德，赛诺南德之子第十九代藏王赛诺布德，赛诺布德之子第二十代藏王德诺南，德诺南之子第二十一代藏王德诺布，德诺布之子第二十二代藏王德杰布，德杰布之子第二十三代藏王德整赞。他们执政的时间大约为前225—前95年。据史料记载，这八代藏王执政期间，大力发展农业、牧业、手工业、水利、建筑业、冶炼技术、经济、文化、教育事业的同时加强了政治联姻，重用苯教法师和贤惠能人参与解决邦国事务，充分运用苯教经典理论学说继续制定完善法律，加强军事力量使邦国得到平稳发展，百姓生产生活井然有序，这个时期是藏族国泰民安同时苯教法师与苯教文化第二次发展的邦国鼎盛时期。因为这八代的陵墓都葬于大江河水，藏族历史上把上述八代称为“水中八德王时期”（ཆུ་ལ་ལྡེ་བརྒྱད），当时的情景在《西藏王统记》（藏文）中这样描写道：“八德王陵墓葬于大江河水之中时，仿佛海面飘起了雪花。”① 在八德王统治时期，产生了以苯教为护符的新兴世俗贵族，并战胜了旧势力巫教僧侣，新兴的奴隶主开始兴起。之后到了德整赞之子第二十四代藏王杰多热隆赞，杰多热隆赞之子第二十五代藏王赤赞南，赤赞南之子第二十六代藏王赤扎宏赞，赤扎宏赞之子第二十七代藏王赤拓杰赞，赤拓杰赞之子第二十八代藏王拉拓拓日年赞等这五代藏王执政时期，野牦牛、野马、野羊等各种牲畜在冬季进行圈养繁殖，牲畜驯养杂交，产生了牲畜新品种犏牛、黄牛、山羊、绵羊；扩大耕地面积，改进农耕工具，农牧业生产取得了大发展；大量的金属工具用于生产生活，架桥渡水，促进交通和商业发展。为了建立强大的政权，加强了职官的设置与编制，实行了职官的任免选举、奖惩罢免、俸禄与休致等贤才大臣的任命制度，以及对报效邦国忠于君王的大臣英雄给予世袭制的重用制度。与外部较强大的部落或小邦进一步展开政治联姻，赞普王室血缘不同的家族和臣民也开始通婚以加强联系，王室贵族与王室以外的家族也开始通婚，部落邦国之间的经济文化交流日益频繁，促进了部落邦国大融合的进程。尤其是藏族历史上的七大贤臣中的第二位拉吾郭噶创立计算牲畜头数和测量土地的单位，各代王朝得到进一步巩固强大。“在此期间，用习惯法、制度、司法、宗教等教育和组织民众，更进一步地设官治理，牧羊牛马，以衣以食。这样，人口增加，疆土扩大，不服管辖的部落被征服。因此，征民为兵，装备刀矛弓矢，编为团队，已有粗备之军制。由于生产力进步，社会分工的加强和商品交换的扩大，奴隶在生产中，由

① 萨迦索南坚赞：《西藏王统记》（藏文），民族出版社1981年版，2005年第6次印刷，第59页。

辅助作用变为主要作用，奴隶占有制完全确立起来了。”① 到第二十八代藏王拉拓拓日年赞时，引进古印度佛教文化及古印度佛教大师开始在雪域高原传教弘法，但雍仲苯教、仲、德吾（前文作“岱”）渗透到藏地各个生活生产领域，仍然是当时护持国家大事和解决藏族邦国各种纠纷的根本大法，雍仲苯教、仲、德吾为主的苯教法戒律等既是当时的政治核心理论思想和基本原则，又是教法、邦国法、俗法的最高法律原则。君王与臣民、部落与邦国之间为了团结互助，起誓与盟誓等议事会议制度得到长足的发展，成了当时革新政治、治国立法、司法裁判、为国执法的重要法律制度，为后世的法制进步与司法制度的发展奠定了一定的基础。因以上五代藏王在吐蕃历史上功勋卓著，在藏族历史上就把这五代称为“五赞王时代”（ཚིགས་ལ་བཙན་ལྔ），他们执政的时间大约为前 95—375 年，他们的陵墓建在自己的家乡强隆达哇塘（འཕྱིང་ཡུང་དར་བ་ཐང），陵墓均为土堆，形如帐篷。之后到了拉拓拓日年赞之子第二十九代藏王赤年松赞，赤年松赞之子第三十代藏王忠年德额，忠年德额之子第三十一代藏王达日年赛，达日年赛之子第三十二代藏王南日松赞。这四代藏王执政的时间为大约 375—629 年，第二十九代藏王赤年松赞首次创立藏族国舅的正式称号，这四代期间在平息稳定所有大小部落和家族部落叛乱的基础上，种植五谷杂粮，开始引进水磨磨面等新技术使农牧业得到进一步繁荣发展。藏族邦国时期的历史、医学医术、天文历算、文学艺术、因明逻辑学、法律、哲学、教育科技以及人才任用制度和工商业技术管理制度得到长足发展。为了提高邦国国民的整体伦理道德修养和能力，这四代藏王在原有各种制度的基础上继续制定宗教法律并颁布各种诏令，人们的理论思想意识得到了很好的提升，君臣百姓的语言表述能力逐步达到儒雅深邃，行为举止和办事效率进一步得到规范。从人们的身、语、意入手，规定了思想意识必须以苯教思想理论原则为标准；人们的一切言谈行为举动以做善事为核心，必须以苯教等诸多戒律和伦理道德法律为准；日常生活中必须严谨认真，勤于读听写，对祭祀、仪式、立誓等苯教活动要积极参与，一切向善学习，发扬好的传统，提高全面认识等方面做出了更高的要求。不但引进和翻译很多苯教文化经典，而且在藏区宫殿和城堡附近建立 13 座神殿，制定了世间至高无上的苯教法律，把苯教文化与苯教贤士的政治社会地位推向至高无上的境界，这四代时期的苯教文化发展到了历史最高点，故藏族历史上把这四代藏王又称为“苯教文化繁荣强盛时期的四代王”。在这样的历史环境中，君臣齐

① 洲塔、桥高才让：《甘肃藏族通史》，民族出版社 2009 年版，第 73 页。

心协力继续完善行政司法制度、职官制度、议事会议制度、军事制度、监狱制度、贵族官吏的课责与告身制度、商业制度等以及行政司法机关的改革，并任用如娘仓克、噶氏和韦氏等贤才强将，并进行盟誓，表达永远团结互助在吐蕃君臣周围，子子孙孙忠于各代藏王，强化军队中的奖惩机制，继续完善军事法律并收服了散居在雅砻周边的很多部落或家族，这四代藏王执政时期邦国疆域进一步扩大，逐渐开创了艰苦卓著的统一大业。尤其是松赞干布之父南日松赞时期随着社会各种制度的完善，君臣权力得到进一步明确分配，在君臣和军民上下权责统一的坚实基础上，军事力量进一步得到强大，政权范围从整个西藏延伸到周边的班巴王国、阿夏王国（吐谷浑王国）、长格王国、森波杰王国、象雄王国等喜马拉雅山脉，四面八方以及安多各部全部被征服，使邦国奴隶制时期的社会经济、科学技术、宗教文化、社会伦理道德、军事法律制度、议事会议内容等方面获得了巨大的成就。同时从印度、中原、木雅（今四川甘孜州，地名藏文与西夏同。此时还没有出现西夏，西夏是北宋时期的事。此处指的应该是弥药）、拉达克（今克什米尔东南部）、象雄（今阿里地区）等国家或地区邀请了很多学者和各领域的人才，大幅度提升了政治、文化、经济及百姓生活水平，加强了藏族邦国时期的综合国力，为创建强大文明的吐蕃王朝政权做好了一切准备。①

二、藏族邦国时期的君臣和议事会议制度开始形成

从出现藏族父系氏族的军事民主制时代开端，一直到第一个藏王聂赤赞普，藏族古代的这些小邦有可能延续了几千年以上。由于进行强大有力的战争和有序组织生产生活的需要，再加上部落群体公共权力组织的相对稳定和进入定居生活后的稳步发展，一些富有经验，在氏族和家族群体中有威望的长者，以及智慧勇敢而担当众多使命的能人贤者，自然受到大家的尊敬和拥护而成为部落的领导即头人（དཔོན་པོ）。这种部落领导是氏族或家族以及部落组织的综合实力的象征，是当时创造丰富的精神文化和物质生活的领袖，因为这种部落头人不会让大家失望，为部落群体集体利益着想，并统领本部落发展壮大，大家心服口服地服从他。此时的部落联盟和小邦小国遍布雪域高原，这些小邦国在逐渐发展壮大之时，既有公众信服的如聂赤赞普般的国

① 南杰·隆英强：《吐蕃王朝时期的法律制度研究》，载《中国政法大学博士论文》，2013年。

王，又有帮助国王治理有方的大臣，既有英勇善战的士兵，又有拥护英明君王效忠国家的民众，于是就出现了法律的最初表现形式，广泛参与、主张和平民主、坚持平等、捍卫正义公道的起誓、盟誓，各种宗教祭祀、礼仪仪式、议事会议制度，还出现了军事制度和惩罚制度以及严惩敌人和叛徒内奸的监狱，这样藏族先民不但有了王和臣民，而且开始进入了社会政治组织，类似中原春秋战国时期的情况。①

三、藏族邦国时期的行政司法机关和法律制度以及军事机构

据《智者喜宴》和《五部遗教》等许多藏文史籍记载，聂赤赞普登上第一个藏王宝座后，为了改善民众的生活和稳固政权，进行了一系列改革：第一，继续扩充军队、经常检阅“青瓦达孜”（ཕྱིང་བ་སྟག་རྩེ）城堡，发扬和善之举，统一了远古藏族十二小邦和四十小邦在内的卫藏以下和多康以上的地域，即今天的西藏大部分地区，治服了苏毗和象雄之苯教徒并为自己所用，开始重视苯教文化，采取了全方位的施政措施。第二，他针对自己的“六种忧虑”开始立法定制，即“偷盗者治罪；对怨怒者施以仁慈关怀；对敌人加以武力征服；对野牦牛予以驯化管束；以药除毒；以及消解和破解诅咒”②。第三，制定了礼仪，提倡用敬语，划分尊卑等级，制定伦理道德准则，进行崇尚英雄的政治思想教育。第四，主持翻译象雄国的苯教经典，并带领所有民众信奉苯教，提倡苯教巫师参与政治事务，国家一切大小事情由君王、大臣、军事首领、苯教导师等臣相百官共同商议解决，实行君臣集权机制和议事会议制度，古代藏族君主在重大事情上必须听从君臣百官的议事会议所商定的共同意见，不能独断专行。这种议事会议制度和古代藏族君王一般都实行民主政治的优良传统，这种民主政治风气一直延续到民主改革前后的藏族部落社会。小邦国和部落政权组织的许多重要事情或活动展开前，都要邀请苯教导师主持占卦祭祀、共同起誓、盟誓，举行隆重的宗教仪式。教育人们则以万物有灵和万物有神以及各领域神主宰一切为指导思想。第五，修建了藏族历史上第一座堡寨雍布拉岗，召集大臣研究苯教理论，学习各种文化，注重提高臣民的文化素质和道德修养。《拉达克王系》中讲道：“聂赤赞普之时，以四戌部保卫赞普，‘桂东岱’四十四部征服外敌，‘庸东岱’四十四部管理内务，

① 南杰·隆英强：《吐蕃王朝时期的法律制度研究》，载《中国政法大学博士论文》，2013年。

② 《五部遗教·大臣遗教篇》（藏文），民族出版社1986年版，第435页。

于四哨所设哨卡，并以八队军旅征伐哨所之敌。于容多以二十二甲士保卫仓库，十二商市献来财宝。以好坏之奖品区别智勇，恶者惩罚罪责，杜绝欺诈之源，对于五种贤慧者以金玉及告身奖之，对于五类勇者饰之以狮、虎，五种骑士乘马奔驰。”① 从而开创了藏族古代历史上的立法定制，并建立了稳固的世袭贵族统治的地方政权。②

聂赤赞普执政时期的一段历史，在藏族史籍《德吾教法史》（《ལྡེའུ་ཆོས་འབྱུང》）中讲道：“为了更好地执政，聂赤赞普到宫堡雍布拉岗的夏仓（ཕྱག་ཚང）庐（སྟོ）和雅（སྟགས），然后到‘青瓦达孜’（ཕྱིང་བ་སྟག་རྩེ）城堡，秘密制定了九重白布裹着的有神的礼仪或旨意的法律即唐法（གཙུག་ལག་གི་ཐང་ཁྲིམས་ལྷའི་ལུགས），标志着以祭祀、血祀、念咒、神话、卜卦、礼仪、盟誓以及传说为核心文化时代的‘仲’和标志着以巫术、仪式、创业史诗和谜歌为核心文化时代的‘德吾（岱）’开始出现；秘密商议机构三椎南森（གསང་གྲོས་རྣམ་གསུམ）成立，随后制定了对善恶之人进行奖惩的两大基本法令和对君王的政权有利的五种习惯法律，并按军事首领和各位大臣子民的贡献颁布了九种告身制度和针对军事制度的八种英雄称号的诏令等立法改革，从此周围四大邦国王也按时交纳差役。”③ 从这些史料的字里行间中充分反映出，第一个藏王聂赤赞普不仅有治国的恒心和英明的政治远见，而且对苯教、仲、德吾等文化教育非常重视，更值得敬佩的是制定了伦理道德法、政法、教法、军事奖惩法律以及针对民众行为规范的俗法。从九重白布包裹的法律制定方式和苯教典籍、苯教、仲、德吾等的研究看，当时参考苯教经典制定法律非常重视过程保密，并作为邦国的最高议事日程，上升为国家最高立法机构层面颁布的法令，仅仅这一点就充分说明藏族邦国时期不仅有法律，而且非常重视制定和颁布法律等邦国的重大事务，对邦国的立法、执法、司法进步起到了推动作用。④

---

① 《拉达克王系》，西藏人民出版社 1986 年版，第 27 页。

②④ 参见南杰·隆英强：《吐蕃王朝时期的法律制度研究》，载《中国政法大学博士论文》，2013 年。

③ 索南才让编著：《藏族历代法典》，民族出版社 2004 年版，第 20 页。

四、吐蕃邦国时期的法制特点

第一，聂赤赞普邦国时期已经形成宫堡雍布拉岗、“青瓦达孜”（ཕྱིང་བ་སྟག་རྩེ）城堡和祖拉康（གཙུག་ལག་ཁང）为核心的最高行政、文化教育与司法机关，这三个机关中宫堡雍布拉岗、“青瓦达孜”（ཕྱིང་བ་སྟག་རྩེ）城堡是行政、立法、司法、政治、经济、军事等商议的最高行政司法机关，“祖拉康”（གཙུག་ལག་ཁང）是主管苯教教义的念诵、讲解祖先和英雄故事的仲、提高思想启发民智的德吾、祈神、求福驱邪、起誓、祭祀等举行各种隆重仪式的主要宗教活动场所和文化教育的主管机关。

第二，藏族邦国时期已经形成苯教、仲、德吾等多神崇拜的神权法即苯教法，并以苯教教义作为立法思想，浓厚的教法合一、政教合一、君权神授、神权思想很明显。

第三，藏族邦国时期按照事务的轻重缓急，分别进行三级议会商议的秘密商议机构三椎南森（གསང་གྲོས་རྣམ་གསུམ）等，议事会议制度和严密的军事制度已经形成，主要职责是遇到邦国和军中各种大小事务时，上交议事会议进行讨论决定，并颁布奖惩善恶之人的两大法律和五种利国利民的法律以及公布九种告身制度和八种英雄称号的军事法律。

第四，藏族邦国时期已经形成金、玉、银、铜、铁等区分官阶的等级森严的告身制度。

第五，藏族邦国时期的战争方略、军事机构、苯教祭祀的神判惩罚措施、惩罚囚犯的监狱逐步形成。

第六，藏族邦国时期的教法与政法不分，诸法合体，对守法者予以奖励，对犯法者进行惩罚。法律形式主要有起誓与盟誓，苯教、仲、德吾等多神崇拜的宗教祭祀，军事行动前占卦祈祷后君王大臣发布的军事命令和军纪军规，君王、苯教导师、权威长者的告诫和遗训；其内容则是体罚和没收财产罚等为主的多种内容混合的法律。

第七，藏族邦国时期已经形成体罚和没收财产以及赔偿损失等的民事法律，并开创和奠定了苯教、仲、德吾三者主持国政的传统。其中的“仲”即指口头说唱，是指以祖先和英雄以及贤者能人的光辉伟业与利国利民的英雄光辉事迹等教育劝解邦国君臣子民；“德吾”是指以谜语为核心加之谚语、格言、道歌、遗训等对民众进行教育和启发，“苯”是指通过诵经、起誓、祭祀和苯教大师主持举行各种仪式祈福，对国家政权进行护持。

第八，藏族邦国时期的部落内外违法人员的处置大致可分为起诉、查实和审判三个主要环节，当时主要依靠议事会制度和议事会议机构宣判解决刑事、行政、民事等各类法律案件。①

① 南杰·隆英强：《吐蕃王朝时期的法律制度研究》，载《中国政法大学博士论文》，2013年。

第二编
发展期的吐蕃法律

DIERBIAN
FAZHANQI DE TUBO FALÜ

TUBO ZANPU SHIQI DE FALÜ

第三章

吐蕃赞普时期的法律

第一节

赞普松赞干布父子对吐蕃法制文明所做的突出贡献

藏族历史上从公元434年开始，松赞干布的祖父达日年赛和父亲南日松赞先后把实力雄厚的娘、韦农、蔡邦、嫩等氏族部落纳为属民。又去讨伐彭巴王（པན་པ་རྗེ）、阿夏王（འ་ཞ་རྗེ吐谷浑）、朱古王（གྲུ་གུ་རྗེ指西域各国）、松巴王（སུམ་པ་རྗེ）、象雄王（ཞང་ཞུང་རྗེ汉史中的大小羊同）等邦国，以及另一个强盛国家赤邦松，相继征服了周围的大多数邦国和部落，从而使今西藏中部地区出现了一个相对统一的局面。进而加速发展农业和经济，雄厚的经济实力推动吐蕃成为当时强大的军事力量。同时又提倡并推行适合国情的外交政策，大力发展王室贵族与邦国部落通婚，吐蕃赞普娶周围小邦国部落的公主为王妃，赞普的姐妹或公主嫁给小国或部落的首领，都是为了有利于吐蕃和平发展的统一大业和达到极强的政治目的而采取的婚姻外交。论功行赏，重用有功之臣，优待投诚归附的邦国部落君臣，恩威并用，还将他们贡献给赞普的土地、金银财宝、牛羊马匹、属民庄园等，原封不动作为回报又赐给他们，从而瓦解和分离了敌对势力。乘胜扩大领土，许多部族邦国的先进技术和文化不断传入吐蕃，对周围小国部落首领和君臣的结盟立誓，不仅减少了对吐蕃的对抗和威胁，而且加快了吐蕃统一所有小邦国的进程，全国上下紧密团结，同心同德，从赞普君臣至百姓将士的英勇奋战、捐躯为国的高昂民族气节，任人唯贤，赏罚分明，善待降臣，实施了适合全吐蕃国情的外交政策与法律制度。

松赞干布年仅13岁就开始登上赞普位。即位后，凭其超人的谋略和智慧很快平息了吐蕃各地的叛乱，统一各部，定都逻些（今拉萨），建立了吐蕃奴隶制政权。

完成西藏的统一之后，松赞干布开始致力于政权建设，创建了完备的、以赞普为中心、高度集权的政治和军事机构，制定了法律、税制等一系列的行政制度和法律制度。同时任命吞弥桑布扎在原有沿用了3000多年之久的象雄玛尔文的基础上，创制了先进统一的藏文。把原来松散的部落联盟体制，改变为有严格等级划分的王权等级管理制度。

松赞干布还以原有的政治、经济、文化、风俗习惯和伦理道德以及苯教与佛教的理论思想为基础，“参苯酌佛”即参考第一代藏王聂赤赞普以来的30多位历代藏王执政时期的藏族原始苯教文化与苯教法律制度，进一步准备走向强大盛世的吐蕃王朝的各项制度，在研究苯教文化与佛教文化对治国立政可能产生的利弊影响后，把佛教的哲学思想和一切慈悲为怀、一心向善伟大博爱的伦理道德确立为制定藏族成文法的重要指导思想和基本原则，开创了藏族历史上第一次制定和颁布大而全的藏族统一的成文法典的先河。实现了今西藏全境外，包括克什米尔、新疆、不丹、锡金和尼泊尔部分地区的统一，征服象雄国并平息象雄、达布、工布、娘布等部族小国的叛离作乱之后统领各部落，并统一了今天的青海、甘肃、四川、云南等大多数朵康地区，逐渐完成了区域性的多民族统一大业，建立了青藏高原上当时最强大的地方性政权吐蕃王朝。松赞干布建立强大的吐蕃王朝后，为了巩固强盛的政权和不断开拓更大的疆域，他发挥了超人的领导才能和管理智慧，依靠出谋划策的60位贤能大臣、10位舍身保国的诺命大臣、护持家国内部事务时至关重要的内相六良臣，以及带兵有方在吐蕃政权长期稳步发展中做出重大贡献的外相六猛臣。藏族民间有种说法，松赞干布执政时算起总共得到了300多位大臣的鼎力辅佐，但最忠实和最著名的是大相噶尔东赞域松、国舅大臣娘赤桑与智赛日公腾三位。在以上君臣的辅佐支持下，第一，他开始重视对吐蕃臣民的伦理道德修养、佛教哲学思想、历算文法、礼仪祭祀、骑射杀敌等文武双全的教育，进一步吸取苯教文化中的精华，逐步重视佛教文化，对藏族风俗习惯、伦理道德、人伦礼仪、军事管理、思想观念与政法体制等进行了全方位的改革。第二，通过议事会议制度和君臣与属民以及吐蕃国与异国或不同部族间的盟誓习惯法制度，使惩恶扬善、抑强扶弱的良好风尚遍于四面八方。松赞干布与各位忠臣间无数个刻骨铭心的誓词中，韦·策义盟誓是一篇范例。策义的誓词说：“对于悉补野赞普墀松赞（松赞干布）父子宗系决不变心，永远永远。赞普之子孙无论对我怎样，我等决不变心，决不为他人所引诱，决不投靠他人，决不与变心之人沆瀣一气，决不在食物之中投放毒液，决不对赞普墀松赞做任何坏事。”① 这是世世代代效忠于吐蕃王室的誓词。第三，革新宗教祭祀和盟誓以及议事会议制度的形式与内容，过去盟誓按苯教规矩要宰杀大量的牛、羊、马、狗、猕猴等鲜活的牲畜，并放入熊熊烈火中燃烧（煨桑），以祭祖盟誓及召开议事会议制度，此后因佛教第一戒律严禁杀生为核心理念

① 王尧、陈践：《敦煌吐蕃历史文书》，民族出版社1980年版，第139页。

逐步禁止杀生，代之以茶叶青稞五谷杂粮煨桑或糌粑面人之类象征性地举行宗教祭祀活动。同时修建诸多庙堂或宗教宫殿供放佛像经书，弘扬发展佛教文化。第四，松赞干布为了缓和周边国家与各部落间的矛盾，大力发展政治、经济、文化等利国利民之重大事业，制定统一度量衡，分富济贫，发展生产，安抚属国和属部，推行告身制度，选派优秀青年到大唐和印度等周边国家进行留学，五次清查户籍，制定国策，划分行政区划，全国实行军事化管理。第五，吐蕃赞普松赞干布为了加强与邻国的友谊，在政治、经济、文化、教育、科技、人才培养及法律制度等各领域，展开了广泛深入的学习交流，更多地吸取古印度、大唐、尼泊尔等国的文明成果，促进了吐蕃社会的全面发展。并于公元631年和公元641年相继娶尼泊尔赤尊公主和大唐文成公主为王妃，为各民族的团结友谊和和平发展奠定了史无前例的基础。第六，在上述基础上，松赞干布励精图治，为了避免以往赞普和父王南日松赞时因缺乏治国理政的统一有效的法律制度，使诸多邦国部族长时期分散割据、征战频繁，百姓痛苦不堪，也为了稳定当时的社会秩序和走强国安边的国家战略，进一步扩大吐蕃中央集权制，有效巩固王权，制定了前所未有的藏族各领域的成文法律制度。大约公元5世纪末到公元9世纪中叶，吐蕃国逐渐走向强盛。藏族历史上把这段时期称为强盛的吐蕃王国时期，藏语称吐蕃赞普王国时期（བོད་བཙན་པོའི་རྒྱལ་རབས་སྐབས）。

第二节

吐蕃赞普松赞干布时期制定的成文法律

一、以“五戒十善”为指导思想制定了僧俗通用的《十善法》

松赞干布时期，从古印度学习梵文后创造发明藏文的智慧贤臣，即吞弥·桑布扎最初翻译古印度的几部佛经中有一部名为《十善经》的典籍，主要讲解佛教“十戒”或称“十善教法”。“十戒”的内容包括：“身三”。即：1. 不杀，2. 不盗，3. 不淫。“口四”。即：1. 不两舌，2. 不恶口，3. 不妄言，4. 不绮语。“意三”。即：1. 不贪，2. 不嗔，3. 不痴。“身、口、意”代表了行为、语言和思想，① 其戒律内容相加就是十戒，这十戒内容通过吐蕃君臣庶民商议后，上升为既定法律公布给吐蕃君臣上下、各大寺院、僧人以及所有庶民，遵照本法提高所有人的行为、语言和思想等的综合修养。

“十戒”源于“五戒”，主要为在家男女所受持之五种戒律，即：1. 不杀生，2. 不偷盗，3. 不邪淫，4. 不妄语，5. 不饮酒。而“十戒”与“五戒”的侧重点不同。“五戒”侧重于止恶，而“十戒”侧重于行善。由“十戒”而来的“十善”即以不净观离贪欲，以慈悲观离嗔恚，以因缘观离愚痴，以诚实语离妄语，以和合语离两舌，以爱语离恶口，以质直语离绮语，以救生离杀生，以布施离偷盗，以净行离邪淫。“五戒十善”是藏族佛教理论思想和教义原则的重要内容，② 也是藏族伦理道德的基本准则和所有法律条文之主要立法依据与指导原则。以藏传佛教的观点，守“五戒十善”可确保投生人天善趣，免堕恶途，即使今生不能解脱，来生仍可继续修持，故千百年来几乎全民信仰佛教的藏族人民坚持不懈地负有使命地修炼恪守藏传佛教一切向善、众生平等、行善积德之朴素实用的生活准则及博大精深之最高哲学道理。

吐蕃松赞干布以“五戒十善”为指导思想制定了《十善法》，紧接着松赞干布为了激励弘扬佛教，派学者吞米桑布扎学习印度文字而创制藏文字，召集吞弥·桑布扎等诸位大臣在佛教戒律为核心思想的《十善法》基础上制定了《神教十善法》：1. 不许杀生造罪；2. 不偷抢大于针线的财物；3. 不邪淫；4. 不许谎言；5. 不许挑拨人和；6. 不可恶言咒骂；7. 不许散布谎言；8. 禁贪欲；9. 禁害人心；10. 不做违背因果之事。③《神教十善法》的制定标志着吐蕃王朝建政初期的第一部成文法正式颁布，说明吐蕃社会完成了从分散的部落联盟到奴隶制国家政权的过渡。从此不仅开创了藏族自古以来朴素实用、形式严谨、内容丰富、意义深远、作用非凡的藏族成文宗教法律之先河，又在吐蕃立国教民的伦理道德法等一系列法律法规以成文的形式进

---

① 参见索南才让：《试谈藏族成文习惯法规的历史渊源与藏传佛教戒律之间的内在关系》，载《宗教学研究》2007 年第 2 期；德青：《藏传佛教戒律及其对藏族文化的影响》，载《中央民族大学硕士论文》，1999 年。

② 参见索南才让：《试谈藏族成文习惯法规的历史渊源与藏传佛教戒律之间的内在关系》，载《宗教学研究》2007 年第 2 期。

③ 《西藏自治区概况》编写组编写：《西藏自治区概况》，西藏人民出版社 1984 年版，第 332 页。

行制定和颁布方面也开创了历史先河，这在藏族乃至中国和世界的法制史与立法史上具有划时代的深远意义。

二、以《十善法》为基础制定了《人伦道德十六净法》

松赞干布为了适应吐蕃社会的发展需求，在《十善法》和《神教十善法》颁布不久，为了规范吐蕃社会的伦理道德、习惯禁忌、契约制度、婚姻家庭、财产分割与继承制度，再次颁布《人伦道德十六净法》［མི་ཆོས་གཙང་མ་བཅུ་དྲུག་གི་ཁྲིམས（又作《入教十六净法》）］。据《贤者喜宴》记载，在戒除“十不善”制定了《十善法》，其内容包括：1. 不杀生；2. 不偷盗；3. 不淫荡；4. 不两舌；5. 不恶口；6. 不妄言；7. 不绮语；8. 不贪婪；9. 不嗔恚；10. 在不愚痴的基础上加上敬母、尊父、礼待出家人、尊重长辈、知恩图报和不欺害他人等六条而制定成为《人伦道德十六净法》，其内容为：1. 敬奉信仰三宝（佛、法、僧）；2. 求修佛教正法；3. 敬重报答父母恩情；4. 敬重有德有知识的贤者；5. 尊重高贵敬重老人；6. 利济乡邻；7. 令言直心要有小心；8. 善待亲朋和意深亲友；9. 追随高尚大德，高瞻远瞩；10. 饮食有节，货财安分；11. 追认永记旧恩；12. 借债如期偿还，升斗斤两禁伪诈；13. 慎戒嫉妒；14. 不听邪说，自持英明主见；15. 温语寡言；16. 担当重任，心胸宽宏。①开启了吐蕃人伦道德立法之先河。后来又进一步深化成了吐蕃平民百姓日常生活习惯的最高准则，以及规范人们人伦道德的重要成文化的伦常道德法律，它对提升吐蕃人民的伦理道德水平和规范生活生产秩序以及促使当时的社会发展乃至推动现代藏区和谐稳定的社会关系发挥了举足轻重的作用。

三、以《十善法》为基础制定了吐蕃综合法典《法律二十条》

松赞干布为了减少犯罪和稳定社会秩序，进行了一系列的法制改革，以佛教《十善法》为主旨，组织召集各位群臣商议立法，覆盖教法、俗法、国家法的内容，制定

① 东噶·洛桑赤列编纂：《东噶藏学大辞典》（藏文），中国藏学出版社2002年版，第1600页。

了形式简单、内容丰富、诸法并存的吐蕃综合性法典《法律二十条》，于公元629年颁行，开启了吐蕃各部门法律制度立法之先河。据《贤者喜宴》记载："吐弥等率领一百大臣居中理事，遵王之命，仿照'十善法'的意义在雪尼玛地方制定'吐蕃法律二十部'。"①

《法律二十条》的具体内容为：1. 杀人者偿命，斗争者罚金；2. 偷盗者除追还原物外，加罚八倍；3. 奸淫者断肢，并流放异地；4. 谎言者割舌或发誓；5. 要虔信佛、法、僧三宝；6. 要孝顺父母，报父母恩；7. 要尊敬高德，不与贤俊善良人及贵族斗争；8. 敦睦亲族，敬事长上；9. 要帮助邻里；10. 要出言忠信；11. 要做事谨慎，未受委托，不应干涉；12. 要行笃厚，信因果，忍耐痛苦，顺应不幸；13. 要钱财知足，使用食物与货物务期适当；14. 要如约还债；15. 要酬德报恩；16. 斗秤要公平，不用伪度量衡；17. 要不生嫉妒，与众和谐；18. 不要听妇言，自有主张；19. 要审慎言语，说话温雅，讲究技巧；20. 要处世正直，是非难判断时，对神发誓。②

从《法律二十条》具体条文内容可以得出以下几方面的结论：第一，该法以佛教戒律为指导思想，具有极为浓厚的宗教色彩，③ 佛教戒律、宗教法、刑法、民法、行政法、婚姻法、伦理道德法、司法制度等各种法律内容杂糅并存。该法前四条依据佛教戒律刑法惩罚性法律内容而定，均为禁止性内容，被称为"戒恶"之刑法。第二，第5、6、7、8、9、10、11、12、15、17、18、19条为《十善法》或《神教十善法》以及《人伦道德十六净法》为主的人伦道德和伦理道德法律的进一步深化。第三，第13、14条为民法的内容。第四，第16条为度量衡法律内容。第五，第20条为诉讼与司法制度的内容。由此，在当时的吐蕃社会以佛教戒律为核心思想的善恶观念和精神作为制定法律的是非标准，佛教的行为准则已经成为吐蕃君臣百姓共同遵奉的金科玉律，教法上升为国法，规范着包括佛家弟子在内的吐蕃君民所有人的言行和社会生

① 巴卧·祖拉陈哇：《贤者喜宴》（藏文），民族出版社1986年版，第193页。

② 转引自黄奋生：《藏族史略》，民族出版社1985年版，第71—72页。

③ 参见德青：《藏传佛教戒律及其对藏族文化的影响》，载《中央民族大学硕士论文》，1999年；索南才让：《试谈藏族成文习惯法规的历史渊源与藏传佛教戒律之间的内在关系》，载《宗教学研究》2007年第2期；彭宇文：《关于藏族古代法律及法律文化的若干思考——借鉴梅因〈古代法〉进行的研究》，载《法学评论》2004年第2期；牛绿花：《藏传佛教宗教事务及藏区相关问题的法律化研究》，载《朝阳法律评论》2010年第1期；穆赤·云登嘉措：《藏区习惯法"回潮"问题研究》，载《法律科学（西北政法大学学报）》2011年第3期；陈小华：《试论藏传佛教对藏族习惯法的影响》，载《西南边疆民族研究》2012年第1期。

活，体现出明显的佛教教义法律化和政治化倾向，法律内容也为佛教教义化，为后世建立藏族政教合一的体制奠定了理论与实践两方面的基础。①

四、松赞干布时期制定颁布的《三十六种大法》或《基础三十六制》

为了推动吐蕃社会走向法制化的道路，松赞干布主持颁布《法律二十条》后，又组织制定了《三十六种大法》或《基础三十六制》（ཁྲིམས་ཡིག་དོན་ཚན་དྲུག་གམ་ཁོད་སོ་དྲུག）的具体内容，创建了新的行政管理体制和各种法律条文，合称为“吐蕃基础三十六制”。于是吐蕃王朝时期的教法、习惯法、成文法、王法或国家法初步分离，从而确立了吐蕃王朝各部门制定法的整体法律框架。当时的藏文史书把《三十六种大法》或《基础三十六制》称作吐蕃第一部根本大法，是当时吐蕃社会名副其实的第一部成文宪法，其内容涵盖了当时吐蕃社会的政治、经济、外交、文化、教育、宗教、管理、军事、财务、统计、预算、度量衡标准、奖惩标准、任命官吏、伦理道德、婚姻家庭、财产继承、赔偿命价血价、人伦关系、刑事、民事、行政、审判、诉讼、司法等各领域，是基础性的法律制度。吐蕃《基础三十六制》的编纂制定比《法律二十条》更加严谨完善，也更为详细实用，它涉及内容十分广泛，包括六大法典，即：1.《王廷衙署职官安置之十万法》（《行政、军事法》）；2.《十万金顶具鹿之法》（《度量法》）；3.《伦理公共道德法》（《道德法》）；4.《强弱诉决之法》（《审判法》）；5《权势决断之法》（《刑法和诉讼法》）；6.《国库修内之法》（《民法》）等六大法律内容，② 在这六大法律内容的基础上加之六大决议制度、六种告身制度、六种标志制度、六种褒奖制度、六种勇饰制度等，六六相乘共计36种法律。

① 参见彭宇文：《关于藏族古代法律及法律文化的若干思考——借鉴梅因〈古代法〉进行的研究》，载《法学评论》2004年第2期；穆赤·云登嘉措：《藏区习惯法“回潮”问题研究》，载《法律科学（西北政法大学学报）》2011年第3期。

② 参见索南才让：《试谈藏族成文习惯法规的历史渊源与藏传佛教戒律之间的内在关系》，载《宗教学研究》2007年第2期；试谈藏族成文习惯法规的历史渊源与藏传佛教戒律之间的内在关系（http：//blog. sina. com）；牛绿花：《藏传佛教宗教事务及藏区相关问题的法律化研究》，载《朝阳法律评论》2010年第1期；穆赤·云登嘉措：《藏区习惯法“回潮”问题研究》，载《法律科学（西北政法大学学报）》2011年第3期；陈小华：《试论藏传佛教对藏族习惯法的影响》，载《西南边疆民族研究》2012年第1期。

（一）基础三十六制中六大法律的具体内容

松赞干布制定的《基础三十六制》中的命令性质的六大法律文献（བཀའ་ཡི་ཁྲིམས་ཡིག་ཆེན་པོ་དྲུག）或六大法律虽然与其他五种大法并列，但它的内涵和法学理论的价值远远超越了藏族法制史研究的学术贡献本身，它奠定了吐蕃王朝时期和吐蕃社会后期制定一系列成文法的重要基础，对形成和丰富发展整个藏族古代与近代法制史内容做出了开创性的重大贡献。它所涉及的内容是吐蕃社会最为基础之根本大法《基础三十六制》的核心和基础，它既是吐蕃《基础三十六制》这部宪法的基础性法律制度框架的主干，也是吐蕃最早成文的系统性大法，其内容包括：吐蕃各行政区域的划分、各区域的管辖权和职责、行政与军事管理体制、大臣等官吏的地位和任务、农牧领域、度量衡的标准、君王的取舍循序等法律和人伦道德的法律。

根据《贤者喜宴》细分如下：六大法律即《王廷衙署职官安置之十万法》或六大计法、度量衡标准法、公共道德法、敬强护弱法、判决权势者的法律、国库内部法律。

1.《王廷衙署职官安置之十万法》（ཁྲི་རྗེ་འབུམ་བཞིར་གྱི་ཁྲིམས）

松赞干布时期制定的《王廷衙署职官安置之十万法》或六大计法既是吐蕃社会的第一部行政组织法，又是第一部系统翔实的军事组织法，也是第一部外交组织法，其内容主要包括国家性质的行政组织法和军事组织法以及外交事务等对国家一切事务进行系统的组织和安排，也是吐蕃第一次以国家制定法的形式，把吐蕃地区的军事组织为主的行政地区划分成五大翼、18 个地区、61 个千户；赞普统治下的庶民分为豪奴和驯奴两种；三尚四伦管理前藏一切中央事务和外交事务；英雄三大军部守护边防。

（1）吐蕃行政区划五大翼，即：卫茹（中翼）、夭茹（左翼）、也茹（右翼）、如拉、苏毗茹。卫茹，中翼即前藏茹，翼界为东到沃喀的秀巴奔敦（沃喀宗），南至马拉山脉，即雅鲁藏布江和吉曲河之间的山脉，西至宿尼木（尼木县），北至朗玛格浦，前藏以拉萨大昭寺为中心，即卫茹的首府。夭茹，即左翼，翼界为东至工布地区哲纳（今工布、林芝县），南至聂乌达果（今错那县勒布区聂乌村），西至喀惹雪峰（今浪卡子县白地河的喀惹），北至乌拉山脉，以雅隆昌珠寺为中心（乃东县）。也茹，即后藏雅鲁藏布江以北一带，茹界为东至扎地玛格浦，南至聂拉木雅布纳（今聂拉木县境内），西至切麻拉古（今昂仁县皆麻拉），北至麦底曲那（今那曲地区嘉黎县麦底卡），以香地的雄巴蔡（今南木林县雄雄）为中心。如拉，即后藏雅鲁藏布江南岸一带，茹界为东到绛乃扎，南至尼泊尔的郎纳（尼藏边界），西至拉盖雅弥，北至吉麻拉恩，以杜瓦纳拉（今萨迦县色曲）为中心。苏毗茹的界限为东至聂域布那，南至麦底曲那，西至耶夏当布切，北至那雪素昌，以嘉雪达巴蔡为中心。①

（2）吐蕃赞普直接统治的区域范围又划分为18个地区的势力范围，这18个地区的长官必须服从执行赞普的命令、敕令并承担税赋，并在此基础上管理自己统辖的民众、土地、牲畜等一切，为吐蕃赞普服务。

（3）关于吐蕃军队和行政组织分为61个千户（又称“豪奴千户”或“东岱”），没有侦察和军事任务时一般都进行农牧业生产，一旦有行政司法任务或战争时就去完成任务，这是吐蕃当时的军队建制。

（4）关于驯奴臣仆奴隶和再奴。赞普统治下的庶民分为豪奴和驯奴两种。

（5）关于三尚一伦管理前藏一切中央事务（ཞང་གསུམ་བློན་བཞིས་དབུས་ཀྱི་འདུན་ས་འཛིན）。

三尚是上有导纳卓（坚赞僧格），下有擎（吉桑斗纳），中部纳南（纳南杰敢），与四大主要大臣，通称为“三尚一伦”。松赞干布时期任命处理国家外事等诸多事务而能力极强的四大“天臣”贡伦（དགུང་བློན）即噶尔·东赞域松（གར་སྟོང་བཙན་ཡུལ་བཟུང）、吞弥·桑布扎（ཐུ་མི་སམ་ཏ）、智赛日公腾（འབྲི་སེ་རི་གུང་ཐུན）、娘赤桑杨东（ཉང་ཁྲི་བཟང་ཡང་སྟོན）等，负责吐蕃王朝与四面八方之国家间的外交事务和建交友谊活动以及决定对外战争等的重大事情。他们不但要效忠赞普，而且要辅佐松赞干布治国理政，并得到赞普授权执掌吐蕃王朝的政治、法律、经济、军事、外交、文化教育等方面的诸多事务，具有极高的军事指挥权和行政管理权以及司法审判权。在立法、执法、监督各级行政官员和司法官员等方面也拥有诸多的大权。当时的行政、立法、司法是不分离的，因此，这些大臣既是高级行政长官和军事领导，也是掌握司法审判大权的高级司法官，他们是三位一体或多位一

① 参见王斌：《西藏宗山建筑初探》，载《南京工业大学硕士论文》，2006年；西藏通史简编（三. 吐蕃赞普王统）http：//blog. tianya. cn/blogger/post_ show. asp？PostID = 17281454&blogid = 2038281；西藏通史简编：（http：//big5. tibet. cn）。

体，一人兼任很多大权。松赞干布时期任命的六大内臣（ནང་བློན）即赤吉纳乾热桑（འཕྲུལ་གྱི་སྣ་ཆེན་རིགས་བཟང）、祥布杰吉长桑（ཞང་པོ་རྒྱལ་གྱི་ཁྲིམ་བཟང）、巨日热贝噶桑（ཅོག་རོ་རིག་པའི་སྐད་བཟང）、拉赛贺布丹桑（ལྷ་གཟིགས་ཐོག་པོ་བརྟན་བཟང）、噶益牛道帕桑（སྐ་ཡི་གཉག་སྟོད་འཕེལ་བཟང）、北疆怀吉利桑（ཙང་དཔལ་གྱི་ལེགས་བཟང）等，掌管吐蕃赞普和重要君臣的饮食起居、护卫以及王廷内部大小事务并侍奉赞普的近臣。他们主要负责维护国家财政、监察、预算、统计、监督、税收、庶民生活、后勤保障等国家内部重要事务。松赞干布时期任命大中小三个等级的司法官（བཀའ་བློན），其职责是对各机构和官员庶民有无遵守执行国家法律进行监督纠正，从学法、懂法、守法、执法等各个环节进行监督，公正执行刑法，并监察刑事案件的办案效果。严格遵守、执行赞普的令、敕、科等国家法律，“认真遵守法律者，哪怕是仇敌之子也要嘉奖赞扬，触犯法律为非作歹进行非法活动者，哪怕是赞普和司法官的亲生儿子，也要毫不犹豫地进行审判严惩”①。松赞干布时期严格要求五大翼、18 个地区的各级领导以及基层部落组织的诸位地方官（ཡུལ་དཔོན）带头遵守执行法律，认真贯彻执行各统辖区的社会安全秩序，保障庶民权益等方面的各项法律法规的执行，并负责按时给国家纳税和服差役的管理任务。61 个千户的各级千户长和五百户的各级百户长及五大翼、18 个地区的各级大小军官（དམག་དཔོན）各负其责，清除自己统辖区内外的敌人，国家有大的军事行动和战争时，从上而下全方位地密切配合，严格履行吐蕃王朝制定的军事法律，奋勇请战消灭敌人，确保国泰民安政权巩固。松赞干布时期还任命管理饲养马的官员（ཆིབས་དཔོན），其职责是安排奉送吐蕃王朝的君臣和地方各级官吏需要交通运输的马和战争时需要的马，并奉陪赞普和重要官员近臣的行程。松赞干布时期任命负责经济的官吏（ཛན་དཔོན），其职责是管理吐蕃王朝公共粮草和金银财宝等经济事务。松赞干布时期任命主管畜牧业的官吏（ཕྱུ་དཔོན），其职责是管理牧区的牛羊等牲畜的繁衍

① 《弟吴佛教源流》（藏文），西藏人民出版社 1987 年版，第 203 页。

发展和牧业增值。松赞干布时期任命各部落组织的官吏（སྡེ་དཔོན），其职责是各部落头人为自己统辖的部落成员办实事。松赞干布时期任命的法官（ཁྲིམས་དཔོན），其职责是公正地审理判决各种诉讼案件。松赞干布时期任命的大中小贡伦（大相）、大中小囊伦（内臣）、大中小噶伦（行政司法官）等三大系统的政法九大臣和从事吐蕃王朝公共事务的七个重要官吏。另外松赞干布执政的吐蕃王朝时期还任命了负责农业的官吏、负责统计度量衡的官吏、负责差役的官吏等各大小的官职，是吐蕃中央王朝最重要的行政司法机关领域的官职。《西藏王统记》等藏族经典史籍还详细记载松赞干布有大臣三百人，其中贤能内臣六人，率领一百名大臣忠心耿耿服侍赞普，经管内部一切事务；外猛六大臣率领一百名外大臣为政四方；吞弥·桑布扎、噶尔·东赞域松、智赛日公腾、娘赤桑杨东等四位大臣等一百名大臣居中理事。① 可知松赞干布时期已有了系统严密的官职制度与发达的行政法律制度。

（6）英雄三大军部镇守边疆。三大军部，分为上中下，英雄军部平定和坚守边疆，从根本上保障了松赞干布时期吐蕃政权的稳固发展。

2.《十万金顶具鹿之法》或度量衡标准法律(《འབུམ་གསེར་ཐོག་ཤ་བ་ཅན་གྱི་ཁྲིམས》)

随着吐蕃政治、经济、法律、文化等各项事务发展的需要，统一度量衡和统计财务决算被提到重要的议事日程。藏文史书称吐蕃第二部大法典《十万金顶具鹿之法》或《度量衡标准法》。从松赞干布到赤热巴坚之间，赞普颁布法令统一了度量衡标准及计量单位的等位差，故《十万金顶具鹿之法》闻名于世，这部法典的颁布，使吐蕃有了较为完善而统一的计算计量单位，对当时的农牧业产品交换和商业贸易买卖以及税收差役征收等经济发展产生了积极作用，同时对稳定当时的生产生活和规范市场交易等方面也带来了极大的便利。

3．“王朝准则之法”或伦常道德法（རྒྱལ་ཁམས་དཔེར་བླངས་ཀྱི་ཁྲིམས）

松赞干布之时，吐蕃王朝君臣详细研究商议，对当时社会上存在的各种行为进行分析后，好的行为作风继续保持发展，犯罪方面的行为作风加以杜绝，制定了相关的法律。总之，指出每项事情可行与不可行，必须以克敌制胜国泰民安，治理内政保护强大的政权为标准，并以此来保护吐蕃臣民神圣不可侵犯的整体利益。最后做出决

① 萨迦·索南坚赞：《西藏王统记》（藏文），民族出版社 1981 年版，2005 年 1 月第 6 次印刷，第 73—74 页。

定，为后世吐蕃王朝政权的稳固发展和子孙后代的幸福安危，推行吐蕃第三大法律《王朝准则之法律》。其法律内部划分为：国家法律 15 条（རྒྱལ་ཁྲིམས་བཅོ་ལྔ）；在废除死刑的基础上，制定解决各种矛盾纠纷而引发的争斗和争战中杀人后赔偿“命价”的问题，以及规范解决各种矛盾纠纷而引发的争斗和争战中伤人后赔偿“血价”等内容的七大法律；在家道德规范之 16 条净法等，合计所有细法 38 条。

（1）国家法律十五条包括三做（མཛད་པ་གསུམ）、三不做（མི་མཛད་པ་གསུམ），三褒奖（སྟོད་པ་གསུམ）、三谴责（དམད་པ་གསུམ）、三不迫害（མི་མནར་བ་གསུམ）。

①三做。

三做是赞普自身以身作则的法律或治国理政的三大优良传统。

②三不做。

三不做是赞普约法三章中绝对不可以的三大行为。

③三褒奖。

三褒奖是吐蕃赞普非常重视而臣民严格遵守加以执行的奖励法律。

④三谴责。

这三谴责主要是针对违法乱纪的恶人制定的法规。

⑤三不迫害。

三不迫害是吐蕃君臣子民上下必须严格遵守加以执行的法律或社会公德。

（2）七大法律。

七大法律是以佛教伦理思想和不杀生戒律为主要指导思想制定的吐蕃重要的刑事法律。

①不杀生法。

需要给对方不同数额的财物进行命价赔偿，将此类称为“死命价”。“活命价”是指明确规定用金、银、财宝及牛羊马等钱财进行赔偿，实际成交时允许用银子替代纳金。《狩猎伤人赔偿律》还规定：“大藏和王室民户所有武士及与之命价相同之人，被一切庸和蛮貊之人、囚徒等有因狩猎射中，无论死亡与否，放箭人起誓非因挟仇有意伤害，可由辩护人十二人，连同本人共十三人共同起誓，如情况属实，其处罚与《对仇敌之律令》同。查明实情受害人中箭死亡，赔命价银 150 两，由受害人和佐证人平分。无佐证人则全归受害人。受害人中箭未亡，赔偿医药，食品（银）30 两。由受害人和佐证人平分……王室民户一切庸，尚伦和百姓之耕奴，及蛮貊囚徒等人，被尚论黄铜告身以下和与之命价相同之人因狩猎身中……，如受害人中箭身亡，赔偿命价银200两，由受害人和佐证人平分。无佐证人，200两全归受害人。若受害人中箭未死，赔偿100两，由受害人和佐证人平分……”①

②断偷盗法。

《敦煌古藏文写卷》P. T. 1075号《盗窃追偿律》规定：“若盗窃价值在4两黄金以下3两黄金以上实物者，将首犯处死，次犯驱之近郊，从犯则分别赔偿。”② 等严惩偷盗刑法内容具体详细。

③禁止邪淫法。

奸淫王妃等王室贵族之高贵妇女者，剁其肢或流放极遥远的边区甚至处死。强奸他人之妻，司法官套以颈索吊死。吐蕃王朝时期强奸、邪淫、私通、通奸等犯罪属于最严重的刑法，犯此类罪刑者经常加以重判。对有夫之妇进行强奸或妇女与有妇之夫通奸者，按照赔血价的标准依据身份高低还要给受害方以金钱财物进行赔偿。

④禁止说谎法。

指以佛法三宝和护法神等作为见证物进行起誓，进而严禁说谎言的刑律。

⑤禁止过量饮酒法。

严禁饮酒过量是指佛教理论思想和各种戒律再三强调酒是一切犯罪的根源，人们必须杜绝各种形式的饮酒行为。饮酒过量之行为后果不堪设想，也无法弥补，故要节制喝酒。如果饮酒过量，酿成大祸，一定要受到法律的制裁。

以上五大法是根据佛教理论始终严禁的四大根本法增加禁止饮酒法而规定的五大刑律，其中的严禁杀人之刑法、严禁偷盗之刑法、严禁邪淫之刑法是正式的法律，而严禁谎言行为进行起誓的法律是审判刑事案件的一种重要的程序性法则，不能算作正式的法律，对饮酒也相应的做了严加节制的规定。

⑥奴不反主者法。

主要是指禁止奴隶起义之维护公共安全方面的刑法。人的统治，承担纳税，除此之外，不能叛离主人和进行反抗起义。

⑦不盗掘坟墓法。

主要是指禁止盗窃者为了窃取坟墓中的各种陪葬财物而直接盗窃为死人修建的墓葬的刑法。

---

① 王尧、陈践：《敦煌吐蕃文献选》，四川民族出版社1983年版，第7—36页。

② 陈践、王尧：《敦煌本藏文文献》（藏文），民族出版社1983年版，第60—63页。

（3）在家道德法律十六条。

①敬信三宝；②求修正法与文字；③尊敬报答父母恩情；④尊重有德有知识的贤者；⑤尊重高贵者敬仰年长者；⑥永远感恩自己的好友；⑦全力以赴利济乡邻亲友；⑧思想和言行举止要坦荡公正；⑨学习追随善良贤才；⑩饮食有节，货财安分；⑪对大恩人一定要报恩；⑫按时还债付息，秤斗无欺；⑬要有大善心而不嫉妒；⑭温语寡言；⑮要宽宏大量，善解人意；⑯不听邪说，自持英明主见。以上人伦道德十六条是只针对人的善良和行为而言，其内容不能直接理解为国家法律或君主之法令进行执行，但在扬善弃恶角度讲人们不能违背人伦道德十六条，如违背了人伦道德十六条也就触犯了人们的善良和行为之法规。人伦道德法十六条是严禁侵害他人的道德法律，在吐蕃王朝的伦理道德建设和规范人们的行为美德方面至今发挥着很大的作用。

4. 敌强护弱之法或据两造申诉判决之法（མདོ་ལོན་ཞུ་བཅད་ཀྱི་ཁྲིམས）

5. 大权决断总法（དབང་ཆེན་བཅད་ཀྱི་སྤྱི་ཁྲིམས）

到司法机关去控告的双方人员都有触犯法律的情况时，按照控告双方所犯罪行的大小必须判决，触犯法律的控告双方之两种不同的惩罚一起执行。故大权决断总法中规定了吐蕃王朝时期的司法判决与诉讼制度方面的法律内容。另外，在藏族经典教法史书《德吾教法史》中记载："大权决断总法是指修建吐蕃赞普的王陵时，每天不出现一位男的要一只山羊，不出现一位女的要一匹驴的法律等。"① 所有藏汉文藏族史书对该法律内容进行了简单的记载。

6. 国库内部法律（ཁབ་སོ་ནང་པའི་ཁྲིམས）

关于该法律的内容，所有藏汉文史书都没有详细记载，只有零散的一些解释。比如通过一段古印度的故事反映控告双方的判决结果为例，判定了双方有理，判得控告双方和法官三方欢喜的审判结果，没有实质性和系统性的法律内容。如《西藏简明通史》记载："仅仅从藏文字'国库内部法律'标题之意思相同的解释从未见过，但在该法标题的藏文意义看，好像是吐蕃赞普时期国库管理和保管宫殿内部财物的相关法

① 客巴德吾：《德吾教法史》（藏文），西藏人民出版社 1987 年版，第 268 页。

律。”① “ཁབ་སོ་ཆེན་མོ” 在《东噶藏学大辞典》（藏文）中的解释为：“以往吐蕃赞普时期专门保管赞普私有财产的机构或单位”②，依此类推，“ཁབ་སོ” 本身在藏文中的意思可以理解为保管财物的一种机构或单位。“ནང་པའི་ཁྲིམས” 藏文中的意思为内部法律，这样 “ཁབ་སོ་ནང་པའི་ཁྲིམས” 应该准确翻译成国库内部法律。国库内部法律内容的解释在《东噶藏学大辞典》（藏文）中记载：“到司法机关来控告的双方人士都占理时，为了维护双方的利益而做出公平裁判并承担法律责任的判决称为国库内法律，这样的判决不但满足了控告双方的利益，而且也满足了审判这类案件之法官的心愿，这种判决结果叫双方公平与法官等三方面欢喜的司法判决。”③

（二）基础三十六制中的六大决议（ཁོད་སོ་དྲུག་ལས་བཀའ་གྲོས་ཆེན་པོ་དྲུག）

效忠赞普维护君权和治国理政巩固国家政权等方面的主要规定。

第一，这是上税之法律规定。

第二，这是维护秩序抑强扶弱之规定。

第三，驯奴不充豪奴，王政不及女人者。这是不能干涉政治的法律规定。

第四，守卫边界，不践民禾者。不能破坏百姓农业生产。这是守护边疆稳定，保障百姓生产生活的公共秩序之法律规定。

第五，征服敌人，抚育臣民者。这是防御敌人保卫家国的法律规定。

第六，奉行十善，舍弃非十善。王臣庶民要长期奉行十善，舍弃非十善。这是国家一切机关人员遵奉十善佛教道德的法律规定。

以上六大决议是关于施政时商议决定重大国家内外事务法规的主要内容的规定。

（三）基础三十六制中的六种告身（ཁོད་སོ་དྲུག་ལས་ཡིག་ཚང་དྲུག）

银文书、铜文书、铁文书等决定赋予相应的地位。六种褒奖告身具体是：上等有黄金、珊瑚玉两种文书，中等有银、银镀金文书，下等是铜、铁两种文书，御卜苯教

---

① 恰白·次旦平措（藏）、诺昌·吴坚（藏）：《西藏简明通史》（藏文），西藏藏文古籍出版社 1991 年版，第 144 页。

②③ 东噶·洛桑赤列编纂：《东噶藏学大辞典》（藏文），中国藏学出版社 2002 年版，第 300 页。

士与持内寝师、行宫移往北方之向导、边防哨兵、城堡警卫为小银书；以上内容是吐蕃王朝关于如何奖励有功臣民等级的告身法律规定。

（四）基础三十六制中的六种标志（ཁོད་སོ་དྲུག་ལས་ཕྱག་རྒྱ་དྲུག）

地方统辖区域的标志是宫堡或城堡；以上内容是关于吐蕃王朝君臣上下的主要功绩类别标志的法律规定。

（五）基础三十六制中的六种褒贬（ཁོད་སོ་དྲུག་ལས་རྐྱེན་དྲུག）

这是针对摄政之臣和臣民以告身划分为善的称号和恶号六种：1. 褒奖英雄以虎豹皮袍告身赐以英雄称号；2. 贬低谴责懦夫以狐尾帽的恶号；3. 褒奖出世善良高贵者赐以佛法的尊贵称号；4. 贬奴隶为纺织奴和苯教驯奴之恶号；5. 褒贤者令尊贵告身称号；6. 贬歹徒窃贼以恶号。以上内容是关于吐蕃王朝奖善罚恶的奖励法规。

（六）基础三十六制中的六种勇饰（ཁོད་སོ་དྲུག་ལས་དཔའ་མཚན་དྲུག）

1. 虎皮褂上衣；2. 虎皮围腰（裙）；3. 大小麻袍；4. 马背垫和马镫梯；5. 围巾；6. 虎皮袍。以上是关于吐蕃王朝对国家安全、巩固边疆做出成绩的英雄奖赏的军事战绩方面的法律规定。①

从松赞干布既是政治家又是军事家，既是法律制定者又是司法改革家，既是佛教研究者又是政教合一制度的奠基人。在政治、军事、经济、财政、文化、教育、农业、牧业等各领域的制度非常完善，当时已经确立了比较完整的政权机构、设置官吏职级、调整内部秩序、建立健全民事诉讼制度，建构了一整套比较完备的由国家行政法规、刑法、民法、教法组成的高度发展的奴隶制社会制度模式。尤其是制定颁布了内容丰富效用极大的国家性质的一系列成文法，进行了国家政权机关与官吏制度的创建改革，使吐蕃王朝政权走向辉煌和文明，吐蕃人民的生活达到了安居乐业、稳定和谐发展。这些都与深受当时吐蕃人民爱戴的松赞干布为核心的历代赞普（世系）的贡献是分不开的，他们的优秀成绩和符合当时社会发展状态的一整套政治制度与法律制

① 洛龙：《试论民族服饰与珍稀野生动物的保护》，载《西藏科技》2002 年第 9 期；孙镇平：《清代西藏法制研究》，载《中国政法大学博士论文》，2000 年。

度的运行机制，及其君臣一心等综合因素是分不开的。①

第三节

松赞干布以后历代吐蕃赞普的立法

松赞干布进行一系列法律与政治制度改革后，历代赞普所定法律都以吐蕃《基础三十六制》根本大法为主，一切以松赞干布时期制定的法律法规为基础，继续进行立法改革。公元650年（藏历狗年）松赞干布去世，但吐蕃的立法仍在继续。根据《敦煌本吐蕃历史文书》载："及至兔年（唐高宗永徽六年、公元655年）赞普驻与美尔盖，伦东赞于'高尔地'写订法律条文，是为一年，制定了较为系统的成文法典。吐蕃第三十四代赞普贡松贡赞和第三十五代赞普芒松芒赞（松赞干布之孙，650—676年在位）统治时期，随着吐蕃疆域扩大，法律问题增多，吐蕃进入一个立法的高峰时期。吐蕃很多成功的立法都是在这个时期完成的。芒松芒赞时期修改补充前朝所有的法律内容并制定了'吐蕃三律'即《狩猎伤人赔偿律》、《纵犬伤人赔偿律》、《盗窃追偿律》。"② 吐蕃三律内容中很多规范是从部落习惯法和原有的佛教戒律及伦理道德法发展而来的，又具有很强的政教混合习惯法的特点。

此后吐蕃第三十六代赞普都松芒波杰（芒松芒赞之子，676—704年在位）和第三十七代赞普赤德祖赞（都松芒波杰之子，704—755年在位）时期的吐蕃法律改革只有佛教和政治领域局部的修订，没有大的修订编纂法典的活动。到了公元8世纪第三十八代赞普赤松德赞（赤德祖赞之子，755—797年在位）时期又把原有的法律内容做了多次修改、补充完善，还修订了"吐蕃三律"、"基础三十六制"、人伦道德十六净法、国家十五法律等，把原有的法典重新编纂，使吐蕃法律制度趋向完善。经过第三十九代赞普牟尼赞普（赤松德赞之子，797—798年在位）、第四十代赞普赤德松

① 赞普松赞干布父子对吐蕃法制文明所做的突出贡献相关具体内容主要参见南杰·隆英强：《吐蕃王朝时期的法律制度研究》，载《中国政法大学博士论文》，2013年；松赞干布和文成公主来源西藏文化网：http：//www. tibetculture. net/lsmy/xzls/tfwc/200712/t20071212_ 298123. htm；《高原传说——青藏高原之吐蕃王朝》，载《青海科技》2014年第2期。

② 《敦煌吐蕃文选》，四川民族出版社1983年版，第7—36页。王尧、陈践：《敦煌吐蕃文书论文集》，四川民族出版社1988年版，第55页。

赞（赤松德赞之子，牟尼赞普之弟，798—815年在位）、第四十一代赞普赤祖德赞（赤德松赞之子，815—836年在位）、第四十二代赞普达玛邬东赞（赤德松赞之子，赤祖德赞之兄弟，836—841年在位）等几代王朝的努力，到了“8世纪中叶，赤德祖赞子赤松德赞亲政后，实行了许多改革，决定利用佛教来巩固王室权益。首先，废除马尚·春巴和达扎路恭为代表的苯教和反对改革的贵族势力。其次，赤松德赞在唐朝封建制度的影响下，为了维护吐蕃社会的巩固和发展之需要，完善了吐蕃政权的国家行政法规，重整吏治，调整官员，设置诸道节度使，屯军耕牧；治理财政，清查田亩户口，统计财赋，价值征敛；完善吐蕃早期法律，处理地方诉讼。通过这些改革，使得吐蕃势力强盛一时。其势力范围北抵回纥，西接大食，南临天竺，东联南诏，是吐蕃武力扩张的鼎盛时期，同时也使吐蕃的法律文化根植于广大藏区并演变为藏民族传统习惯法的文化底蕴。此外，在赤松德赞的极力倡导下，以桑耶为基地，大力扶持佛教，不仅从印度请来莲花生、寂护等传教大师，还从大唐请来诸多知名高僧进行佛法交流。赤松德赞亲自主持兴建了吐蕃第一座拥有佛、法、僧三要素的桑耶寺。”① 寺建成后由精通五明的寂护做亲教师，为巴色朗、藏勒竹、麻仁钦却、昆鲁益旺波、巴赤协、恩兰吉娃却央、白若杂纳等七人剃度，并举行了受戒仪式，这是西藏最早的出家僧人。在藏文文献中一般称作“七觉士”。继“七觉士”之后有不少具有信仰和智慧之人出家为僧。不久，赤松德赞规定，凡出家为僧者，生活所需皆从国库中支取，并免除差役。②从而使吐蕃社会首次出现了僧人集团，建立了僧伽制度，建立了僧人专修场所，并形成了规模。僧侣集团的出现，使得教法与民法初步分离。自僧人集团形成以来，僧人集团、俗人集团及政治、宗教之间所反映的社会现象，则始终成为藏族社会的两大课题。民法着重于规范俗人社会，而僧人在当时的社会中处于一种特殊的地位，很少受到“民法”的约束。而“教法”则有僧、俗两个守法主体，俗人以“十善法”为主，以“善”来衡量“天理良心”，使佛法成为人们的道德法规。③ 尤其是赤松德赞在位期间，吐蕃的强大不仅表现在对外的武力扩张，也表现在对行政制度、法律制度、经济制度、宗教文化制度等诸方面进行系统的改革，不断修改完善历代王朝时期的各项法律制度。继续重视吐蕃的三尚一论制和九大尚论制，继承大军事

①② 详见何周德、索朗旺堆：《桑耶寺简志》，西藏人民出版社1987年版，第5、26—27页；杨士宏：《吐蕃法律的文化渊源》，载《中国藏学》2003年第2期；何周德：《桑耶寺综述》（上），载《西藏研究》1988年第3期。

③ 详见杨士宏：《吐蕃法律的文化渊源》，载《中国藏学》2003年第2期；何周德：《桑耶寺综述》（上），载《西藏研究》1988年第3期。

会议制度，总理朝政。吐蕃法律体系日趋完善，先后制定了行政、刑事、民事、军事、宗教、司法、诉讼等各种法律。

据《吐蕃王臣记》载，赤热巴巾时期的法律概况为“至于所谓法律，据西藏耆宿者言，世俗政事，大体内容有三十二制，其中第十九制为根本大法。大法中有：王位最尊法、金色鹿形法、王朝范例法、审讯定案法、三宝宗教法、王妃内庭法等六法。凡恶者罚，善者赏，强项者压之低头”①。吐蕃历代赞普重视法律的制定与实施，对后期吐蕃王权的巩固起到了重要作用。

① 五世达赖喇嘛：《西藏王臣记》，刘立千译注，民族出版社2000年版，第48页。

第四章

吐蕃赞普时期的法律渊源与立法依据

法律的渊源是法的外在表现形式，不同的历史时期或不同的历史类型的法的渊源与立法依据有所不同，而同一历史时期或同一历史类型的不同国家和民族的法的渊源与立法依据也不尽相同。奴隶制社会初期，法律一般都以不成文的习惯法为主。法的渊源主要表现为习惯、宗教教规、伦理道德、禁忌文化、道德规范和判例等。到奴隶制社会的中后期，开始出现成文法。吐蕃赞普时期法律渊源与立法依据主要有法律、赞普的诏令和诰令、盟约、习惯法等。

关于吐蕃赞普时期的立法依据问题，有些史书中记载以“十善法”为依据。也有人认为不可能是“十善法”，“十善法”为吐蕃早期立法依据的说法是后来佛教徒所加的。我们认为，虽然“十善法”带有浓厚的佛教色彩，但如果承认佛教在松赞干布时期已经传入西藏，并为王室所推行和接受的话，“十善法”作为吐蕃早期立法的依据也是很自然的。史书中记载松赞干布依据佛教“十善”（即不杀生、不偷盗、不好淫、不欺诈、不咒骂、不造谣、不嫉妒、不起恶意、不反教等）制定了与其相适应的法律二十条。把佛教“十善”作为立法依据是有其深刻的社会根源和历史根源的。①

第一节

法　律

吐蕃赞普时期正处在奴隶制社会时期，它的法律渊源与立法依据特指吐蕃王朝松赞干布以来制定的法律。关于松赞干布所制定法律的内容，藏史说法不一。《王统世系明鉴》认为，他“仿照十善法的意义，在吉雪玛那地方制定了吐蕃法律二十部”。《贤者喜宴》认为松赞干布制定了六大法律，张怡荪主编《藏汉大辞典》等一些辞书则对“六大法律”的含义又做了新的解释。从史书记载看，松赞干布制定的法律内容十分丰富，涉及民事、刑事、审判、道德等诸多方面，形成了比较完备的体系。松赞干布制定的法律为吐蕃法律制度奠定了重要基础，同时也为吐蕃社会的正常运转及其以后的发展起到了不可替代的作用。相对健全的法律制度是人类社会文明的重要标志，但文明不会在一夜之间形成，而是一个逐渐积累的过程。松赞干布创立的法律制

① 仁青:《吐蕃法律初探》，载《西藏研究》1983 年第 4 期。

度，无疑是吐蕃文明积淀的结晶，也是多种因素综合影响的产物。①

另外，松赞干布时期，非常重视佛教，以“五戒十善”为指导思想进行大规模的立法建制，“十戒”的内容包括“身三”，即不杀、不盗、不淫；“口四”，即不两舌、不恶口、不妄言、不绮语；“意三”，即不贪、不嗔、不痴。身、口、意代表了行为、语言和思想。“十戒”源于“五戒”，而又与“五戒”侧重不同。“五戒”侧重于止恶，而“十戒”侧重于行善。“然而，松赞干布把佛教的内容写进法律条文，规定吐蕃臣民信奉佛教，这只是宗教向政治转变的最初心态，只是把宗教的思想用来作为巩固自己的统治的一种方法。”② 就这样吐蕃赞普时期始终坚持这种基本的立法原则，颁布执行了以佛法为核心内容的僧俗通用的各种法律。主要以吐蕃社会时期的佛教戒律和伦理道德准则奠定了吐蕃赞普时期的立法基础，这些法律法规在吐蕃赞普时期的立法史上具有举足轻重的地位和意义。这些法律不仅是整个吐蕃赞普时期的重要法律渊源和立法依据，而且是我们研究藏族古代法文化和整个藏族法制史的重要史料。

吐蕃时期早期的代表性法规，如佛教《十善法》、《人伦道德十六净法》、《法律二十条》、“六大法律”、“七大法律”。此外，据藏史记载，还有“十六清净之法”、“五三为不为十五国法”、“衡量标准之法”等等。藏史《西藏王统记》（藏文）载，松赞干布时期，“仿照十善佛律的意义，制定了二十部法律。赞普与大臣都在上面盖了印，使它像日月的光芒，遍照国中”③。吐蕃赞普时期颁布的《十善法》、《人伦道德十六净法》、《法律二十条》等所有世俗与宗教以及国法领域的一切制定法，都是吐蕃赞普时期和藏族割据时期以及各藏区分散发展的部落组织社会时期的主要法律渊源。

第二节

赞普的诏令、诰令

赞普的诏令、诰令、命令等都是吐蕃社会时期最基本的法律渊源，具有最高的法

① 参见何峰：《论吐蕃法律的渊源、形式和立法原则》，载《中国藏学》2007 年第 1 期。

② 东噶·洛桑赤列：《论西藏政教合一制度》，陈庆英译，民族出版社 2001 年版，第 11 页。

③ 五世达赖喇嘛：《西藏王统记》（藏文），民族出版社 1981 年版，2005 年第 6 次印刷，第 75 页。

律效力。赞普掌握着吐蕃社会行政、立法、司法的最高权力。“在无宪法的封建社会，帝王的诏书、敕令实际上起着宪法的作用，只不过没有资本主义宪法那样的系统性、连续性和稳定性而已，有时也不免朝令夕改，废此立彼。在藏族古代社会，赞普将相为实现社会管理、统治人民之目的，发布了许多诏书、敕令，其调整对象之范围十分广泛，涉及社会生活的各个方面，为弥补法的不足起到了绝佳的作用。就诏书、敕令的层次来说，其中赞普的最为普遍。《五部遗教》便是这样一部以诏书、敕令为主要内容的历史著作。从敦煌出土的藏族编年史料看，地方长官发布命令更是司空见惯。”① 按藏族原始苯教的基本精神，人间的统治者“赞普”是天神的儿子，受天神的委托下凡来统治人民。赞普不但是国家的统治者，又是天神意志的代表者。赞普是吐蕃社会政治与法律的主体，他的权力至高无上，所以他发布的国家大小事务领域的诏令、诰令、命令等具有最高的法律效力和极强的约束效力，是吐蕃王朝最权威的法律。由此可见，松赞干布与诸大臣曾发布过的“六大诏书”及制定的吐蕃《基础三十六制》，被认为是具有最高效力的法律。

在赤松德赞的主持下，莲花生同支持苯教的恩兰·达扎路恭等人进行了辩论，结果莲花生获得了胜利。赤松德赞下令全国废除苯教信仰，改信佛教；废止苯教的祭祀并将苯教的经书丢入河中。恩兰·达扎路恭由于拒绝改宗佛教而被流放北方，但后来由于其转为崇佛且战功赫赫而被召回，并被委以重任，担任大伦一职。而在地方也有反对佛教的浪潮，象雄王（象雄是苯教的发源地，因此象雄王坚决支持苯教）尽发其属下 13 个千户兵攻打赤松德赞，但被镇压。② 根据当时吐蕃社会中发生的各种重大事情、调解大臣之间的矛盾和刑事案件进行及时颁布权威的诏令、诰令、命令等，代表神和佛的意志发布命令，同时也说明赞普圣谕力图维护吐蕃政权的巩固和大臣子民的安危，这些紧要关头赞普或重臣颁布的诏令、诰令、命令对朝野上下广大民众来说，是有效统治的最重要的法律形式，也是吐蕃赞普时期最常用而重要的法律渊源与立法依据。③

---

① 华热·多杰：《藏族古代法新论》，中国政法大学出版社 2010 年版，第 4 页。

② 《巴协》（藏文）。

③ 赞普的诏令、诰令部分相关具体内容参见华热·多杰：《关于藏族古代法的几个问题》，载《青海民族学院学报》1996 年第 2 期。

第三节 盟誓

盟誓制度是贯穿整个吐蕃社会和后期藏族社会生活中的一项重要的行政法律制度。吐蕃盟誓不仅仅局限于唐蕃盟誓，还包括赞普与大臣、吐蕃与邻国、部落与部落、部落与氏族、个人与部落、婚姻、兴佛、战争、司法审判等涉及吐蕃人的方方面面，内涵广泛，不仅贯穿吐蕃王朝兴起、繁荣、消亡的整个发展过程，对当今的藏族农牧区社会仍然发挥着重要的作用。

吐蕃赞普时期的议事会议制度下的各种小盟和大盟，以及宗教祭祀活动中的起誓与会盟、行政军事大会议盟誓，以及在行政法律审判过程中的诉讼盟誓等，按照原先的誓约进行定罪量刑并以重新盟誓的程序和方式结案。这种制度的出现，是以立约盟誓的存在为前提，具有法律的基本性质。在吐蕃初期，由于成文法尚未颁布，因而对诉讼纠纷的处理，常常依据先前的盟约规定进行定罪量刑并以重新盟誓的方式结案。所以，盟誓在吐蕃社会和藏族社会生活文化中既是一种重要的政治制度，也是一种具有很高法律效力的重要习惯法制度，更是吐蕃早期和吐蕃赞普时期的重要法律渊源。因此研究吐蕃盟誓对于我们进一步解析吐蕃社会、政治、军事、文化、法律、司法审判制度等方面具有重要的意义。

一、王室与贵族间的盟誓

吐蕃王朝时期的盟誓是指结盟和发誓，这是一种具有习惯法性质的法律约束形式。其作用在于争端双方和多方以用口头立誓和共同起誓盟书的形式来确定王室中央和王室贵戚、诸侯小帮、社稷诸伦、大小尚伦之间的臣属关系，吐蕃王朝与唐朝等诸邻国之间的关系大多数情况下用盟誓来维持。

唐史载，吐蕃人好咒誓。我们依据敦煌藏文写本，结合同时期的碑刻文献，归纳出吐蕃文献中王室与贵族等不同等级之间的盟誓非常频繁，并发现盟誓中的告身继承、官职继承、财产继承、处罪一人、维护王权、维护神权及盟誓制度演化的形式，以及集会议盟等所反映吐蕃社会政治、经济、军事、法律、丧葬、宗教诸多方面的内涵。这种盟誓的目的在于确定王室与贵族官僚的政治法律地位和经济利益，把他们紧紧地笼络在赞普身边，以防止臣僚的背叛。

吐蕃君臣之间因会盟而形成的有些盟文也与法律具有同等效力，成为其法律制度的一个重要方面。第三十七代赞普赤松德赞年长执掌政权之后继续信奉佛教，同时汲取历史教训，为保证世代延续信仰佛教的传统，召集小邦之王、钦命大尚论、内外尚论等大小官员会盟，歌颂佛教无量功德，阐释佛门教义，立誓要世代信奉佛教。第三十九代赞普赤德松赞效法先祖，也举行专题会盟，会盟由赞普王室主要成员及王朝大小臣工参加，商定并立誓今生后代都要一以贯之地信奉佛教，保证不以任何理由不信仰佛教，并规定以佛理教育赞普王子、给职业僧人以特权等等。这两次会盟实际上以法律形式确定了佛教的国教地位，为佛教在吐蕃的弘扬起到了保证作用。赤松德赞会盟时已经议定，后代赞普都要立誓保证信奉佛法。那么，从这个角度讲，赤德松赞的会盟就是对赤松德赞会盟内容的遵循和落实，也是赤松德赞会盟法律效力的重要体现。①

二、吐蕃王朝与邻国以及被征服的邦国和部属君臣之间的盟誓

我国古代商鞅变法在改变信仰的基础上，国家制度和社会习俗的改变无疑消解了我国西周以来盟誓制度的血缘基础和部落联盟制的凝聚力。同时，法律制度的建立和法的颁布执行又借用了盟誓的内容与程序。

在吸取盟誓的各种优秀营养的同时又瓦解盟誓的基石的过程中，法律实际上吸取了盟誓中的精华。

这种盟誓制度的研究意义不仅在学术上具有重要的价值，对它的研究还说明了不同时期不同民族间的文化是大交流大融合，需要不断借鉴创新的历史事实：那就是藏汉民族等中华各民族之间的法律文化等一切文化交流源远流长，在双方盟誓活动中，文化交融现象越来越明显。例如：唐蕃会盟仪式中的刑牲歃血、加坎告庙等均是汉族所特有，而非吐蕃人的习俗。缔约时吐蕃迁就了唐人的这一习俗，同时唐人也迁就了吐蕃的佛教仪式。也正是这种千年不息的交流—融合—积淀，促使了中华民族的最终

① 参见何峰：《论吐蕃法律的渊源、形式和立法原则》，载《中国藏学》2007年第1期。

形成。①

有学者指出：

吐蕃人好咒誓，究其思想根源和社会根源，这与当时其信仰的苯教有关。苯教认为万物有灵，所崇拜的神与畏惧的魔很多。起誓是向苍天承诺，若不遵守起誓的誓言，将遭天神降罪，将遭魔怪加害。这其中也反映了当时人们对语言的崇拜。松赞干布虽完成了吐蕃的统一大业，但当时还是奴隶制军事部落联盟的国家，各个小邦、氏族、部落都有相对的独立性，故吐蕃历代赞普为了巩固对他们的统治，让他们效忠于自己，与其臣一年一小盟，三年一大盟。在《敦煌本吐蕃历史文书》大事记年中，有140余次的夏季会盟与冬季会盟。在该书传记篇中，有松赞干布与功臣韦义策家族的单独结盟。从吐蕃时期的碑文来看，位于大昭寺前的《长庆会盟碑》（823年立）系维系唐蕃间亲密的舅甥关系及划定边界的碑文；其余有七通碑均为历代赞普的赐盟碑。如位于布达拉宫前的《恩兰达札路恭纪功碑》（以下简称《纪功碑》），是赤松德赞（755—797年在位）发誓赐盟功臣达札路恭及其父大公，其祖悉腊之子孙后代13项永久性特权，包括赐大银字告身，永远掌管现有的生产资料奴隶、土地、牧场、牲畜、园林，永远授以禁卫军彭域千户长之职，若犯罪减轻一等，遭报复时上峰做主保护，遭谗言时允许申辩等。位于林芝县米瑞区的《第穆萨摩崖刻石》是赤德松赞（798—815年在位）发誓赐盟工布小王噶波莽布支永远拥有原来的领地和小王王位，并不允许官廷对其增加徭役、赋税。位于墨竹工卡县止贡区的《谐拉康碑甲、乙》是赤德松赞报答扶植他登基的恩师娘定埃增，永远赐与定埃增之祖囊桑努贡之子孙后代以告身及部落岱本一职和各种生产资料。对定埃增叔伯伊公之后代，亦授以盟誓诏敕。位于拉萨河对岸西南若玛岗的《噶迥寺建寺碑》是赤德松赞为感恩自己在危难之际，得佛教信徒护持而取得王位，与臣工贵族一起宣誓，保护佛教。位于桑耶寺的《桑耶寺兴佛证盟碑》是赤松德赞时期为保护佛教而立的碑。位于堆龙德庆县楚布寺的《楚布江浦建寺碑》是赤祖德赞（热巴巾，815—836年在位）时期尚蔡邦达桑聂多于堆之江浦修建了神殿，赤祖德赞立碑发誓：供养神殿之奴隶、农田、牧场、供物、财产、牲畜等永远属于

① 张天阳：《吐蕃盟誓制度研究综述》，详见《中国民族宗教网》http：//www. mzb. com. cn/html/report/256855 -1. htm。

神殿，不得向神殿寺户征收赋税，不得没收神殿之供养粮及财物。在民间诉讼中，敢不敢起誓，成了判决的依据。如在P. T. 1071号文书《狩猎伤人赔偿律》中，每项裁决均有以下内容：放箭人发誓非因挟仇有意伤害，可由担保人十二人连同本人十三人共同起誓，然后再作相关惩罚。在P. T. 1096号文书中有汝等起一洁白之誓（即真实之誓），谓我等绝未偷马、盗马，敢起誓就照价赔偿，不敢起誓，依法制裁。以上引文说明盟誓、起誓在吐蕃社会起着非常重要的作用。①

再看汉藏会盟誓上有名的《唐蕃会盟碑疏释》：公元821年（唐穆宗长庆元年，吐蕃彝泰七年）唐朝和吐蕃双方派使节，先在唐京师长安盟誓。次年又在吐蕃逻些（拉萨）重盟。公元823年，将盟文刻石立碑，用汉藏两种文字对照，树于拉萨大昭寺门前。即历史上有名的甥舅和盟碑，又称唐蕃会盟碑或长庆会盟碑。它是汉藏两大民族团结友好的历史见证。

西面（碑阳）依据王尧先生《唐蕃会盟碑疏释》一文录入的汉文碑文：

大唐文武孝德皇帝与大蕃圣神赞普舅甥二主商议社稷如一，结立大和盟约，永无沦替，神人俱以证知，世世代代使其称赞，是以盟文节目题之于碑也。

文武孝德皇帝与圣神赞普猎赞陛下二圣舅甥濬哲鸿被，晓今永之屯亨，矜愍之情，恩覆其无内外，商议叶同，务令万姓安泰，所思如一，成久远大喜，再续慈亲之情，重申邻好之义，为此大好矣。今蕃汉二国所守见管本界，以东悉为大唐国疆，已西尽是大蕃境土，彼此不为寇敌，不举兵革，不相侵谋。封境或有猜阻捉生，问事讫，给以衣粮放归。今社稷叶（xié，古“协”）同如一，为此大和。然舅甥相好之义，善信每须通传，彼此驿骑一往一来，悉遵曩昔旧路。蕃汉并於将军谷交马，其绥戎栅已东大唐祇应清水县，已西大蕃，供应须合舅甥亲近之礼，使其两界烟尘不扬，罔闻寇盗之名，复无惊恐之患，封人撤备，乡土俱安，如斯乐业之恩垂於万代，称美之声遍於日月所照矣。蕃於蕃国受安，汉亦汉国受乐，兹乃合其大业耳。依此盟誓，永久不得移易，然三宝及诸贤圣日月星辰请为知证。如此盟约，各自契陈，刑牲为盟，设此大约。倘不依此誓，蕃汉君臣任何一方先为祸也，仍须仇报，及为阴谋者，不在破盟之限。蕃汉君臣并稽告立誓，周细为文，二

① 参见陈践、杨本加：《吐蕃时期藏文文献中的盟誓》，载《中国藏学》2009年第3期。

君之验证以官印登坛之臣亲署姓名，如斯誓文藏於玉府焉。①

这个石碑的重要意义在于，自从这次盟誓以后，唐朝与吐蕃之间的纠纷基本结束。它说明和盟适应了唐蕃社会的发展需要，符合了当时汉藏两大民族人民的愿望，体现了汉藏两大民族友好关系的进一步加强，顺应了历史的潮流。

盟约的文字朴实无华，通俗流畅，即使千余年后的今天读之，仍然朗朗上口。行文气势浑厚雄壮，结构细密严谨，反复强调“和叶社稷如一统”，表达了迫切的心情、真诚的意愿，体现了高度的表达技巧，是藏族文化高度发达的有力证明。

甥舅会盟碑文，具有重大的政治意义、极高的思想性和朴素优美的文采。无怪乎刻载盟文的石碑千余年来在拉萨大昭寺前巍然矗立，受到人民的景仰，成为汉族与藏族人民团结、友好的历史见证。②

又比如第一次议界——河源议界。吐蕃向唐第一次提出议定两国地界在714年（唐开元二年），这时吐蕃代替赞普赤德祖赞摄政的祖母没禄氏已经故去，赞普亲政。唐蕃双方虽然在定界、盟誓程序先后上有分歧，然而毕竟各派大臣到河源（可能指河源军境内，今青海西宁东南）晤面。唐方使臣带去神龙二年的誓文，可知誓文内容必然涉及边界划定问题。议界失败，同年七月吐蕃进攻兰州、渭州，第一次深入渭源县（今甘肃渭源东北），抢掠唐放牧的军马，引起唐玄宗的愤怒。此后唐玄宗多次拒绝吐蕃方面提出的重立盟誓、双方君主亲署盟书等请求，以驻凉州的河西节度使、驻鄯州（今青海乐部）的陇右节度使、驻成都（今属四川）的剑南节度使作为进攻吐蕃三方面军队的长官，几乎动用全国镇兵的一半在今河西走廊、青海东部、四川、西北以及中亚争战，并遣将在湟水、黄河沿岸增设军镇，修筑城堡，步步西进。

第二次议界——赤岭立碑。唐开元十七年（729）唐军攻下久已沦没于吐蕃的石堡城（一名铁刃城，在今青海湟源南），次年，双方通使言和。这是唐与吐蕃再次讨论边界问题，金城公主在中间起了促进和解的作用。唐开元二十二年（734）在赤岭（今青海湟源西日月山）各自树立界碑，碑有两方，分别用汉蕃文字记叙修好经过。立碑后，各派使臣共往碛西（龟兹）、河西、剑南及吐蕃边境，历告边州守将：“两国和好，无相侵掠。”汉文碑文云：“赤岭之外，其所定边界，一依旧定。”所谓旧定大概指的是神龙二年盟誓上所定的边界。赤岭显然是传统的交界地点，唐高宗上元元年

---

① 参见王尧：《唐蕃会盟碑疏释》，载《历史研究》1980年第4期。

② 参见西藏文化博物馆展览精品选登：《唐暮会盟碑西面唐蕃会盟碑东面》，载《中国藏学》，2010年增刊（总第90期）；碑铭散文_ 互动百科 - （http：//www. hudong. co）。

（674）娄师德出使吐蕃，吐蕃东面军队统帅赞婆即自赤岭持牛酒迎劳。

第三次议界——清水会盟。780 年唐德宗继位，双方觅求缓和，于唐建中四年（783）春在清水（今甘肃清水西北）会盟。汉文盟文中详细规定边界，称："今国家所守界，泾州西至弹筝峡（今甘肃平凉西北泾水上游）西口，陇州西至清水县，凤州西至同谷县，暨剑南西山大渡河东，为汉界。蕃国守镇在兰、渭、原、会（今甘肃靖远），西至临洮，东至成州，抵剑南西界磨些诸蛮，大渡水西南，为蕃界。盟文有所不载者，蕃有兵马处蕃守，汉有兵马处汉守，并依见守，不得侵越。其先未有兵马处，不得新置，并筑城堡耕种。"这是第三次议定的边界。依盟文，大体上黄河以南，自北往南一线，从今六盘山中段开始到陇山南端（中间穿过泾水源头、渭水中游），然后穿西汉水、白龙江，循岷江上游西到大渡河，再循河南下，在此线以东归唐管辖，以西归吐蕃管辖。

第四次议界——长庆会盟。9 世纪初，吐蕃国力日趋衰弱，国内主和派僧俗官员的意见左右了对唐的政策；唐在采用联合回鹘、南诏、大食，孤立吐蕃的战略上又取得极大的成功，因此吐蕃迫切要求重新议界讲和。从唐元和五年（810）白居易起草的与吐蕃宰相两份敕语看，唐廷在议和中坚持要求归还安乐、秦、原三州。在唐长庆元年至二年（821—822）双方举行了历史上有名的长庆会盟，仪式分别在长安、逻些（今西藏拉萨）举行。①

吐蕃赞普时期，以上诸如此类的盟誓分冬盟和夏盟，几乎每年举行大小集会的各种盟誓活动。在会盟活动中订立的制度、发布的诏令及誓词均为会盟各方共同遵守。吐蕃与邻国之间的盟誓，如唐蕃会盟在汉藏关系史上具有重要地位。唐中宗曾在诏书中说："唐使到彼，外甥有先于盟誓；蕃使至此，阿舅亦亲与盟"。据有关资料记载，自公元 705 年到 821 年的 116 年间，唐蕃之间的会盟就有 8 次之多。其中最有影响的是唐穆宗长庆元年（821）分别在长安和拉萨举行的"长庆之盟"。

吐蕃时期，盟誓的种类很多，在吐蕃任免官员、惩恶奖赏、征集军需大料及征收贡赋、户口及土地等的清查、维系王室与小邦及赞普与权臣间的关系等等。由个人与个人、氏族与氏族、部落与部落、王室和贵族、吐蕃王朝赞普对邦国君臣，以及吐蕃与邻国和部族间展开的浩如烟海的各种盟誓，对平息内外关系巩固吐蕃政权起了不可低估的作用。总的来说，盟誓制度在吐蕃政治社会中起着立法定制与扶持发展佛教，规范各种社会关系的主要作用，是吐蕃赞普时期的主要法律渊源与立法依据。

---

① 参见唐朝与吐蕃的边界变迁 –（http：//www. tqxz. com/）。

三、王室颁布的法律、法令

吐蕃王朝制定和颁布的法律、法令，普遍适用于吐蕃所属各地。历代赞普王室和国家机构曾颁布过很多法令。吐蕃赞普时期政法不分，政法与教法混合，诸法合体，对守法者予以奖励、对犯法者进行惩罚。吐蕃赞普时期以两种处罚形式和五种褒奖方式制定了吐蕃的法律，法律形式为誓（以言语相约束，主要指军事行动前对将士发布的军事命令和军事纪律。）、诰（即告诫）和训（赞普的命令），两种处罚形式即对善行予以财物的嘉奖和褒奖，对于恶行则予以体罚和没收财产的处罚。在此基础上制定了有利于统治的五种褒奖方式和基础五法，其具体内容非常丰富。① 在吐蕃行政军事领域颁布执行的九种告身等都是吐蕃最早的法律、法令。最早的法律、法令当属《十善法》《人伦道德十六净法》《法律二十条》等，它们是吐蕃成文法的基础。以后许多吐蕃赞普时期的法律都以这些政教合一、政法合一、伦理道德与风俗习惯合一的这类法律为蓝本，经过多次修订补充后奠定了吐蕃各部门法的主要内容。除松赞干布和芒松芒赞时期制定大量法律令外，赤祖德赞也增订了法律条例，制定了最小单位至升、两、钱的度量衡以及当时的盟誓制度。根据《五部遗教》载：吐蕃还“制定上三法、下三法、三行法及三不行法”② 等法律。“吐蕃三律”虽在敦煌被发现，但从内容上看是当时吐蕃王朝后期制定，适用于其所辖部落的基本法律。以上所举吐蕃成文法律大多是史书中片断和残缺的记载，敦煌写卷律令文书虽然增加了部分法律资料，但绝不是当时制定法的全部内容。松赞干布以后的 11 个赞普统治的 200 年里，肯定还制定了大量的法律、法令。但藏文史料中没有详细记载这些法律资料，尤其是藏族割据时期的部落习惯法与地方区域法浩如烟海，有待于今后的进一步挖掘整理，补充完善藏族法制史的内容。③

① 甘措：《藏族法律文化研究》，载《中央民族大学博士论文》，2005 年；甘措：《论藏族早期的法律文化》，载《青海民族研究》2006 年第 1 期。

② 《五部遗教·大臣遗教》。

③ 徐晓光：《藏族法制史研究》，法律出版社 2001 年版，第 20 页。

第四节

习惯法

人类历史上的习惯法作为一类重要的社会规范，不仅藏族等少数民族有，而且在世界各地广泛存在。它是独立于国家制定法之外，依据某种社会权威确立的、具有强制性和习惯性的行为规范的总和。它既非纯粹的伦理道德规范和风俗习惯以及宗教礼仪，也不是完全的法律规范，而是介于道德与法律、政治与法律、宗教信仰与行政法制等多种文化之间的准法规范。①

藏族老人们说藏族最早的习惯法叫“加罗哦臣（སྐྱུལོསྡོཁྲིམས）”它不仅被吐蕃社会公认、人人遵守，不管上等赞普贵族还是一般平民与下等奴隶，都严格按习惯法法规办事。而且在以往的藏族部落社会内部、部落与部落之间产生的各类案件都要依照习惯法来审理判决。至今在中国藏区盛行的放生习惯与不随意杀生造孽的禁止杀生习惯法，以及杀人不抵命的赔命价习惯法等充分显示了藏族习惯法在藏族成文法和法律制度中的重要地位和作用。

在藏族原始社会，根据部落首领、宗教大师、有崇高威望的长者及大德贤才们的身、语、意为基础的诏令和教诲成为当时社会的经典和行为规范，逐渐成为根深蒂固、约定俗成、形影不离的习惯法，始终充当着当时社会最基本的法律规则，具有最高的法律效力。因为，这些约定俗成的好的风俗习惯和伦理道德方面的标准与规定，调整着人们的各种纷繁复杂的社会关系，这些相互关系的行为规范是口耳相传、世代相袭的好的习惯。进入吐蕃奴隶制阶级社会后，这种作为行为规范的习惯就发展成法律，有些直接写进吐蕃的根本大法加以弘扬。在吐蕃赞普时期，不少习惯法作为政治组织制度和人们的行为准则，是法律的渊源之一。在政治组织上，保留着“贵族议会制度”和“部落联盟大会”的制度；在社会生活中保留着“同态复仇”和立誓证明善恶行为；在司法审判中保留着“祭祀起誓”神明裁判以及部落头人和老人会组织的

---

① 参见包则庆：《政府角色变迁下“软法之治”的探究》，载《福建师范大学硕士论文》，2009年；邹渊：《习惯法与少数民族习惯法》，载《贵州民族研究》1997年第4期。

议事会议这种临时法庭裁判等的习惯法，至今仍影响着藏族人们的法律观。

藏族习惯法是由藏族人们在长期的生产、生活中反复实践和遵守，在漫长的自发渐进过程中加以积累后形成的，作为历史文化的积淀，具有很强的宗教性与实用性，又有无法减弱的稳定性与民族性，古往今来，藏族不杀生与尊重世上所有生命物，坚持保护生态环境的习惯法根深蒂固，深入人心，还有杀人不抵命而赔命价这种超强的宗教伦理道德法精神下形成的诉讼审判机制至今盛行于藏族农牧区，甚至还可以延续上千年。所以，在吐蕃或藏族文化圈里形成的习惯法是吐蕃赞布时期重要的法律渊源和立法依据。①

① 关于第四章第三节盟誓和第四节习惯法部分相关具体内容参见禄金环、马正云：《吐蕃盟誓制度研究综述》，载《丝绸之路》2012 年第 24 期；藏学综述系列：吐蕃盟誓制度研究综述_ 藏学研究 http：//www. tibet. cn/zxyj/xzsm/lt/201102/t20110215_ 923482. htm；周志燕：《藏族盟誓制度研究综述》，载《四川民族学院学报》2013 年第 5 期；何峰：《论吐蕃法律的渊源、形式和立法原则》，载《中国藏学》2007 年第 1 期；仁青：《吐蕃法律初探》，载《西藏研究》1983 年第 4 期；汤冬妮：《吐蕃简牍、金石铭刻的档案价值》，载《西藏大学学报（汉文版）》1997 年第 1 期；陈践、杨本加：《吐蕃时期藏文文献中的盟誓》，载《中国藏学》2009 年第 3 期；王尧：《唐蕃会盟碑疏释》，载《历史研究》1980 年第 4 期；碑铭散文_ 互动百科：http：//www. baike. com/wiki/碑铭散文；黎蔷：《吐蕃苯教与中印佛教戏剧文化关系考》，载《西藏艺术研究》2001 年第 4 期；王百岁：《唐蕃战争新探》，载《兰州大学硕士论文》，2006 年；《西藏文化博物馆展览精品选登》，载《中国藏学》（增刊），2010 年总第 90 期；田海鹰：《唐蕃使者交聘研究》，载《中央民族大学博士论文》，2016 年；唐建兵：《“和合”思想与中国古代外交探微》，载《淮北煤炭师范学院学报（哲学社会科学版）》2008 年第 4 期；高启龙：《携手向前 跨越发展》，来源《西藏日报（汉）》，2011 年 7 月 4 日；唐朝与吐藩的边界变迁：http：//www. tqxz. com/zgts_ readme. asp? class_ id = 15&id = 209；互联网文档资源：http：//www. 360doc. com/content/12/0305/23/854809 _ 192085709. shtml；甘措：《论藏族早期的法律文化》，载《青海民族研究》2006 年第 1 期；甘措：《藏族法律文化研究》，载《中央民族大学博士论文》，2005 年；邹渊：《习惯法与少数民族习惯法》，载《贵州民族研究》1997 年第 4 期；包则庆：《政府角色变迁下“软法之治”的探究》，载《福建师范大学硕士论文》，2009 年。

TUBO ZANPU SHIQI DE XINGZHENG FALÜ
YU JUNSHI FALÜ GUIFAN

第五章

吐蕃赞普时期的行政法律与军事法律规范

吐蕃赞普松赞干布继承其父南日松赞的王位，通过内惩奸佞，排除政敌，外讨各部叛乱部族，从而有效地稳定了上台之初的政治局面。政局稳定之后，他开始从赞普发展的各个方面加以整顿，逐步建章立制。

松赞干布在治国理政问题上一方面对一些旧有的不合时宜的规章制度进行整改，另一方面借鉴与吸收周围其他民族的先进管理经验和法律制度，并结合吐蕃的具体情况，建立有吐蕃赞普本民族特色的行政规章制度和管理章程，推动了吐蕃赞普政权的全面发展。

从政治和军事上讲，实行军政合一的管理模式，建立了“五大茹”和“六十一东岱”的军事行政社会组织。

从行政组织上讲，建立严密的集权行政体制。为了实现在政治上的有效统治，松赞干布在用人方面不拘一格，择取各民族的贤良之士，无论出身贵贱均可入官，通过具体的规章制度使得各级官员都能在本职岗位上发挥各自长处。

从官职设置上讲，官阶设置上严格划分行政等级。从官级上划分等级，形成类似于我们今天科层制体系。

从外交关系讲，松赞干布采取对外友好政策，从政治、经济、宗教、文化以及社会生活的许多方面，同唐朝开展了极为广泛的交流，历史上文成公主的入藏和大小昭寺的建造，是藏汉通婚的明证。

为了进一步稳固和发展强大的吐蕃赞普政权，松赞干布命大臣吐弥·桑布扎创制藏文字进行立法建制，推动了社会的进步发展，最具特色的是吐蕃赞普时期的行政法律法规和军事法律。

第一节

行政法律

当时的吐蕃社会虽然没有现代意义上的行政法律法规那么发达完备，但吐蕃赞普社会时期的行政法律法规在当时的奴隶制社会而言确实很发达而且比较健全完整。一般统称为《三十六种大法》或《吐蕃基础三十六制大法》，其内容包括整个吐蕃行政管理体制和军事制度等为主的各种法律条文，合称为“吐蕃基础三十六制根本大法”。

吐蕃赞普时期的《三十六种大法》内容又细分为六大法律即：《王廷、衙署职官安置之十万法》或六六大计法；度量衡标准法；公共伦常道德法；敬强护弱法；判决权势者的法律；国库内部法律。

吐蕃赞普时期的行政法制是藏族法制文明史和中华法制文明史上极为辉煌的一页。政治上统一与稳定，社会经济文化的高度发展，为吐蕃赞普政权的强盛和法制文明走向辉煌创造了必要的条件。一大批开明的政治家、军事家、法学家，如松赞干布、吐弥·桑布扎噶尔东赞等应运而生。尤其是松赞干布即位后吐蕃创立文字，使吐蕃赞普的官制、地方建制、法律制度等方面得到了进一步健全。虽然把松赞干布从佛教层面宣扬过大加以神化了，但他的确为吐蕃赞普法制文明和政治文明的发展起了至关重要的作用。① 到了吐蕃赞普芒松芒赞时期，他在前代藏王的基础上，对吐蕃社会的法律和各项制度进行了较大的改革，多次修订后，编纂了行之有效的吐蕃法典，吐蕃赞普的法制和一些制度在这一时期得到了长足的发展。到吐蕃赞普赤松德赞统治时期，吐蕃赞普的法律制度进一步得到了发展，吐蕃社会成文的国法、教法、民法等具体内容这时期开始分离。

一、行政区划与各级行政司法以及军事官员职责的法律

吐蕃赞普的行政建制及机构设置从松赞干布时期已经从成文法的角度，依据吐蕃赞普政权活动的地域范围和实力大小分为吐蕃中央行政机关与地方行政机构，设置了系统的职官体系和职权体制。

根据《王廷·衙署职官安置之十万法律》把吐蕃赞普时期的全国百姓分为“斯巴”“科顿巴”“豪奴”“驯奴”四种。把吐蕃地区的军事组织为主的行政地区划分成五大翼、18 个地区的势力范围、61 个千户、三尚四伦管理前藏一切中央事务和外交事务、英雄三大军部守护边防。吐蕃赞普国家的行政建制与地方性机构设置可以依据职权涉及的地域范围分为吐蕃中央行政机构与吐蕃部落地方行政机构。根据吐蕃三十六种大法的规定，当时吐蕃也制定了国家军政机构和地方军政机构的组织法。中央组织最高统帅是吐蕃赞普，它是赞普血统子孙世袭制。赞普领导下的各级官员都由赞普任命。地方官和组织机构带有明显的军政合一的军事化性质。

① 参见才让：《吐蕃史稿》，人民出版社 2010 年版，第 71—74 页。

（一）中央行政机构与政务九大臣官职

吐蕃赞普时期的中央国家行政机构由政务九大臣三大系统组成。松赞干布时期，吐蕃中央的官职主要设置为政务九大臣，①分属贡论、囊论、喻寒波三大系统。

第一，贡论系统，它是吐蕃赞普中央行政机构中最为重要的组成部分，贡论有大中小，其中大贡论是吐蕃赞普国家的最高行政官员，又称大相，《新唐书》译为“论茝”。其职责“似同丈夫，决策外事，果断行事”②，“贡论具有负责议政、判事、主兵等军国大事。另外，赤松德赞颁布兴佛诏书时参加盟誓的大臣名单上，大尚论同一级的官员数目也是九人。他们也是辅佐赞普治理国家的高级执政官。”③大相执掌吐蕃赞普的政治、法律、外交、军事等诸多方面的各项事务，其中制定法律、法令是其一个重要的方面。尤其是有战事时，大相一般为统兵元帅，享有极高的军事指挥权。自松赞干布起，吐蕃连年战事不断，大相亦因此常统兵在外。中小贡论是大相的副职，同样是参与军机大事的重臣。到后来，贡论系统的组织人员有所变化。④朝中由三尚四论辅佐赞普主持日常国政。三尚四论官员分为大、中、小三级。共有9个尚，12个论。其职责为议政、立法、判事、主兵等军国大事，属下有一百名大臣。分别管理吐蕃社会的军事、政治、文化、经济、农业、商业、牧业、财务、司法等的权力，另外，他们还有任免各级官吏的权力和解决相关待遇等事务。

第二，囊论系统，它也是吐蕃中央行政机构中的一个重要组成部分。吐蕃赞普时期吐蕃中央层面的内政事务，一切都由各级囊论系统操办负责处理，《王廷·衙署职官安置之法》说：“囊论如同贤妇处理内政”。这说明吐蕃赞普时期的国家的内政事务都由囊论负责处理，包括财政、税收、统计、预算、民事、赞普的饮食起居、国库的开支、王宫的安全保卫等等，⑤其属下一百名大臣，管理赞普宫廷及一切内部事务。

第三，喻寒波系统，也是吐蕃赞普时期中央行政机构中专门司法官的司法系统，其职责在《王廷·衙署职官安置之法》中规定，“决断大事之官，对于贤者，彼虽系

---

①④ 才让：《吐蕃史稿》，人民出版社2010年版，第74页。

② 《第吴佛教源流》（藏文），西藏人民出版社1987年版，第203页；另参见才让：《吐蕃史稿》，人民出版社2010年版，第74页。

③ 束锡红、才让等：《敦煌古藏文文献论文集》（下册），上海古籍出版社2007年版，第414页，另详见陈楠：《吐蕃职官制度考论》，载《中国藏学》1988年第2期。

⑤ 束锡红、才让等：《敦煌古藏文文献论文集》（下册），上海古籍出版社2007年版，第442页，另详见阿旺：《吐蕃法律综述》，载《中国藏学》1989年第3期。

仇敌之子，如其贤善亦当奖偿；即便是在执法过程中遇到仇敌的儿子，但是如果该人有德有能，也应该在适当的位置上予以任用。但是如果这个人是充满罪恶罪之人，即便他是自己的亲骨肉也应该绳之以法。从这个规定中可以看出，喻寒波是职掌吐蕃国家司法事务的职官系统，在执法和司法过程中赏罚鲜明，坚持公平正义。"① 其属下一百名大臣，负责各类案件的审理和法律编纂及执法等相关的司法事务。围绕以上三大系统，吐蕃赞普国家设置了一系列具体的中央级的官职，如大相、僧相、兵马都元帅等。

大相：他是吐蕃赞普中央行政机构中最重要的官职。吐蕃赞普时期的大相拥有较为广泛的职权，在这些职权中，最主要的是制定法律、法令等。此外，审理督察全国的行政与军事等各种大小事务。

僧相：他主管负责国家的"佛教事务外，还参与吐蕃赞普时期国家的政治、经济、军事等一切事务，在吐蕃赞普政权运作过程中是个决策性的人物。天下兵马都元帅：为吐蕃赞普政权军事领域武官中的最高职务，由贡论一级的官员担任，"② 掌握着很大的军事权力，负责执行军事法规等任务。

（二）地方行政机构与官职

在吐蕃部落邦国时期和吐蕃赞普时期的地方行政机构主要由东岱和茹构成。有些学者说吐蕃赞普时期地方行政机构只有两级的说法还得深入研究。在松赞干布时期，吐蕃赞普政权把吐蕃全境划分为18个东岱和5个"茹"，"五茹中的'茹'有部、翼的意思，每个'茹'下设有若干东岱即千户，每个茹都设有茹本、元帅、副将等职；千户设有千户长（又称千夫长），下设有百夫长等。茹本、千户长等既是军官，又是地方行政官员，负责军政民政事务。因此，'茹'的建制具有军政合一的特色。另外，也有专职的地方官，称为域本，"③ 域本的汉译本为"七官（dpof - bdun：藏文转写为拉丁文，意思是地方七官之意）是：域本（yul - dpof：藏文转写为拉丁文，意思是地方官之意）之职责，系以法治理小地区；玛本（dmak - dpof：藏文转写为拉丁文，意思是军事长官之意）之职责是克敌制胜；骑本（chibs - dpof：藏文转写为拉丁文，意

① 束锡红、才让等：《敦煌古藏文文献论文集》（下册），上海古籍出版社2007年版，第442页，另详见阿旺：《吐蕃法律综述》，载《中国藏学》1989年第3期。

② 束锡红、才让等：《敦煌古藏文文献论文集》（下册），上海古籍出版社2007年版，第443页，另详见阿旺：《吐蕃法律综述》，载《中国藏学》1989年第3期。

③ 才让：《吐蕃史稿》，人民出版社2010年版，第75—76页。

思是司马官之意）之职责是为赞普或其他长官引路；”① 以上机构主要还是为了防御和军事战斗而准备的地方组织，这时候主要指的是军事机构。吐蕃本土“茹”分为“伍茹”，分别是“腰茹”、“叶茹”和“茹拉”、卫茹、苏毗茹。《王廷·衙署职官安置之法》对各茹的首府所在地以及茹的区域作了较为详细的规定。②“茹本”是茹中的最高首领，负责茹的一切军事、行政和司法事务。《王廷·衙署职官安置之法》中详细说明各茹茹本及其副手的名字。③“各茹除有各自区域外，还以不同颜色的马匹和固定色彩的旗帜作为茹的标志。”④ 由此可以看出，吐蕃赞普时期的地方行政机构是军政一体，但它的组织内部设立了完善的制度及军民和马匹具体属于哪个军部组织的有着明显的标记，所以茹不但是吐蕃地方的军事建制，还是地方重要的行政机构，也参与生产活动，是一种典型的行政、军事、生产三位一体的组织体系的同时，又是一个取之于民、用之于民的灵活性组织。这些都反映了吐蕃赞普时期的法制建设，不管是思想上，还是行为学和司法制度层面讲已经相当发达，并为吐蕃赞普政权的快速全面发展提供了先进的制度保障。

吐蕃赞普政权时期发达的五茹中的第一个卫茹，又称为中心茹，下属共有十个千户；叶茹是“右翼”之意，下辖有十个千户；腰茹是“左翼”之意，下辖共有十个千户；如拉也有中心之意，下辖共有十个千户；孙波茹是大概今日西藏东北部唐古拉山脉以南地区，下辖共有十一个千户；吐蕃赞普时期征服象雄国后，在象雄地区设置了十个千户。⑤ 吐蕃赞普政权从国家法层面创设的地方行政、军事、生产三位一体的组织体系，对当时吐蕃政权的巩固发展和社会秩序的稳定及对外抗敌方面发挥了极其重要的作用。《资治通鉴》云：“吐蕃每发兵，其富室多以奴从，往往一家至十数人，由是吐蕃之众多。”⑥ 按藏族历史学家才让先生认为，吐蕃赞普政权时期，“一千户的专职武士有一千人，而每一武士又有数位仆从，则一个千户的实际参战人员不止一千人，甚至有近万人。吐蕃设有东西南北四个禁卫军，而一禁卫军的建制规模相当于一

① 巴卧·祖拉陈哇：《贤者喜宴》，黄颢摘、周润年译注，中央民族大学出版社 2010 年版，第 35 页。

②③ 巴卧·祖拉陈哇：《贤者喜宴》摘译（二），黄颢摘译注，载《西藏民族学院学报》1981 年第 1 期。

④ 束锡红、才让等：《敦煌古藏文文献论文集》（下册），上海古籍出版社 2007 年版，第 443 页，另详见阿旺：《吐蕃法律综述》，载《中国藏学》1989 年第 3 期。

⑤ 才让：《吐蕃史稿》，人民出版社 2010 年版，第 76—77 页。

⑥ 《资治通鉴》卷二〇五。

个千户。禁卫军类似于中原赞普的禁兵，直属赞普统领，担任吐蕃王宫的护卫任务。"①

通过以上吐蕃赞普政权的历史事实及现有的史料分析，吐蕃赞普政权立法建制的另外一个突出的贡献是，从国家根本大法的层面限制和规范了庞大而专横的国家行政权力，尤其是"吐蕃千户制的推行，削弱了原来部落贵族的势力，避免了部落贵族独霸一方的局面，每一部落首领都被王廷任命为大大小小的官员，统一受赞普的管辖，有着严格的从属关系。部落及首领都纳入统一的轨道中，从而加强了对地方的统治，中央集权制的象征——王权得到了进一步巩固。"与此同时也有效地推动和规范了吐蕃赞普国家行政权力在法律的轨道上有序前进。

（三）吐蕃占领敦煌地区时推行的行政机构设置官职改革

吐蕃赞普强盛时期还在所占领区域敦煌等地设置了地方政权机构。

（四）吐蕃赞普官吏的品级

在吐蕃赞普时期吐蕃官阶的高低通常依据膊前的"告身"来辨别。"所谓告身。最上者为金、玉两种，次为银与颇罗弥，再次为铜与铁文字告身，总为六种。告身各分大小两类，总为十二级"②。

（五）吐蕃赞普行政奖励与处罚

在吐蕃赞普时期的行政法里，有一套行之有效的奖惩条文，这些条文规定使吐蕃行政的贯彻和执行有了切实可靠的保证。《王廷・衙署职官安置之法》规定："勇士褒以草豹与虎（皮），懦夫贬以狐尾帽；显贵褒以佛法经文，贱民贬以纺织工及本教教徒；贤者褒以各种上等告身，歹徒贬作贼盗。"③ 从这些资料中可以看出，吐蕃赞普时期特别重视军事，给勇敢的将士进行嘉奖，懦夫和触犯军法者进行惩罚，为吐蕃赞普的军事发展起到了极大的作用。

---

① 才让：《吐蕃史稿》，人民出版社2010年版，第78页。

② 巴卧・祖拉陈哇：《贤者喜宴》摘译（二），黄颢摘译注，《西藏民族学院学报》1981年第1期，另详见阿旺：《吐蕃法律综述》，载《中国藏学》1989年第3期。

③ 巴卧・祖拉陈哇：《贤者喜宴》摘译（二），黄颢摘译注，《西藏民族学院学报》1981年第2期，另详见阿旺：《吐蕃法律综述》，载《中国藏学》1989年第3期。

二、《十万金顶具鹿之法律》或度量衡标准法律

吐蕃赞普时期的度量衡的法定标准是：升、两、普、掬、钱、分、厘、豆等计量单位的等位差，赞普颁布法令并统一了度量衡标准，使吐蕃有了较为完善而统一标准的计算计量单位，对当时的农牧业产品交换和商业贸易买卖以及税收差役征收等经济发展产生了很大作用。

三、赞普准则之法或伦常道德之法

《赞普准则之法律》或《伦常道德之法律》。其法律内部划分为：国家法律十五条七大法律；再加人伦道德规范之十六条净法等，合计所有细法三十八条。国家法律十五条包括三做三不做，三褒奖、三谴责、三不迫害。

四、六种告身法

吐蕃赞普为奖励大臣和有功人员颁给不同的奖状和褒奖告身以表示当时大臣的等级或地位大小，也是一种鼓励重用臣民的最好措施，能够代表获得与大小金文书、翡翠玉珊瑚文书、银文书、铜文书、铁文书等决定赋予相应的地位 。6 种褒奖告身为：上等有黄金、珊瑚玉二种文书，中等有银、银镀金文书，下等是铜、铁两种文书，这六种各分为大小两种 ，共 12 种，代表 12 个级别的褒奖与告身等级制定告身法律。

五、六种标志法

宣布赞普诰令的标志是诰命法令，而能代表诰命法令的印征，称为“诰命匣”，营相的标志，而能表示赞普军队的标志是高举的军旗；地方统辖区域的标志是宫堡或城堡；奉行佛法的法相标志是新建祖拉康等佛殿寺院；震慑敌人英雄相的标志是各位英雄身着虎皮战袍；精通国务而有才能贤者的标志是以翡翠玉和金书的告身等六种标志褒奖吐蕃各领域的大臣贤才英雄。

六、六种褒贬法

这是针对摄政之臣和臣民以诰身划分为善的称号和恶号六种：1．褒奖英雄以虎豹皮袍诰身赐以英雄称号；2．贬低谴责懦夫以狐尾帽的恶号；3．褒奖出世善良高贵者赐以佛法的尊贵称号；4．贬奴隶为纺织奴和本教驯奴之恶号；5．褒贤者令尊贵告身称号；6．贬歹徒窃贼以恶号。

七、六种勇饰法

这是表彰对国家稳定、固守边界等军事工作上有成绩的战斗勇士鼓舞奖励的措施。根据英雄成绩大小分为六种：1．虎皮褂上衣；2．虎皮围腰；3．大小麻袍；4．马背垫和马镫梯；5．围巾；6．虎皮袍。

八、六大决议法

吐蕃六大决议法律分别为：1．孝养君主而按时缴纳税费者。这是上税之法律规定。2．抑制豪强，扶助臣仆者。这是维护秩序抑强扶弱之公共安全的规定。3．驯奴不充豪奴，王政不及女人者。这是不能干涉政治的法律规定。4．守卫边界，不践民禾者。这是守护边疆稳定，保障百姓生产生活的公共秩序之法律规定。5．征服敌人，抚育臣民者。这是防御敌人保卫家国的法律规定。6．奉行十善，舍弃非十善。这是国家一切机关人员遵奉十善佛教道德的法律规定。

松赞干布和后期历代赞普在以上行政法律的基础上又建立了一整套社会组织法，在各地建立“茹”和“千户”，给予顺便有功的贵族们各“茹”和各“千户”的世袭管理权，以便有效地管理各地部落。这样一来吐蕃社会能够得以巩固和发展，社会行政体制完全形成，一是由赞普、贵族构成吐蕃社会的上层；二是法律上规定必须服兵役、服劳役、交纳贡赋的平民阶层；三是处在社会最底层的无任何权力的奴隶。吐蕃政权为了保障赞普和贵族的利益，制定了内容明确的行政组织法和军事管理法，使社会秩序进一步法制化。至此，吐蕃社会的结构达到了完全定型的程度。①

① 洲塔、乔高才让：《甘肃藏族通史》，民族出版社2009年版，第86页。

第二节

吐蕃赞普时期的军事法

一个民族、一个政权强大的军事力量必须要有严密完善的法律法规支撑和保障。“军队是吐蕃国家的重要组成部分，也是吐蕃进行对外战争的工具，吐蕃统治者十分注意军队建设，为此建立了一支庞大的军队。《资治通鉴》说吐蕃‘胜兵数十万’，这个数目在当时是一个很大的数目。从汉文史料反映出，吐蕃在对外战争中动辄出兵十几万，二十万，甚至四十万。”① 尤其是吐蕃从部落联盟政权发展到统一的民族国家政权，历经千年的改革和发展，到松赞干布时期已经创建了完备的政治制度，在此基础上历代吐蕃赞普君臣的不懈努力，进行大规模的军队建设，制定了严厉的军事法律法规和组织严密的军事制度，使吐蕃赞普的军事力量得到了极大的发展。在公元7世纪到9世纪时期先后多次征战四方，扩大了吐蕃政权的统治区域，也促进了吐蕃赞普的政治、经济、文化、法律制度等方面的发展。阿旺先生在论述吐蕃赞普时期的军事法律规范时指出：“吐蕃地处高原，气候、交通、给养都十分不佳，它是怎样指挥和调动它的军队？如果没有健全的军事体制，可靠、畅通的军事信息和严格的纪律，要指挥这样庞大的军队，并在远离本土的地方进行战争是不可想象的。”②因此，吐蕃的这些军事法律法规不仅是吐蕃赞普政治制度的重要组成部分，而且也是吐蕃赞普政权法律制度和司法制度的重要组成部分，更是中国古代法制文明和政治文明的一大特点。

一、行政、军事、生产合一

随着吐蕃赞普政权的不断发展和巩固，从吐蕃赞普松赞干布起已经建立了军事、行政、生产三位一体的军事行政制度。“茹”和“东岱”是以军队编制把黎民百姓组

①② 束锡红、才让等：《敦煌古藏文文献论文集》（下册），上海古籍出版社 2007 年版，第 458 页；另详见阿旺：《吐蕃法律综述》，载《中国藏学》1989 年第 3 期。

织在一起，平时这些人是生产者，也是主要的劳动力，是军政部落里的基本群众，一旦有战事他们再按原有的番号集中，成为战士。① 就集中起来参加战斗，出则为兵，入则为农、为牧。“茹”的最高官员是大臣，大臣以下有大小军官 4 种，下有茹本、部落长、千户长、小千户长、百户长、百夫长、军官等。各千户所下又划分若干个部落，各部落设有部落长、军事司法官、先锋官、农田官、财务官、文书官等官职，平时管理部落的生产、征收赋税和法律事务，战时负责军事战争活动和军事法规的执行落实等军政一切事务。

二、作战装备和兵种

吐蕃赞普时期的作战兵种和军事装备也比较发达，“吐蕃作战的主要兵种是骑兵，步兵只担负着城防和宿卫。唐史在记述吐蕃军队名号时，辄日‘×千骑’、‘×万骑’，或称‘虏骑’。唐中兴名将郭子仪告诫部将时，说：‘虏竹骑兵，其来如飞，不可易（轻）也。’（《资治通鉴》卷二二三）同书卷二三四又载：‘戎虏驰突，迅如风飘。’当时流行的一句话是‘唐非牛不田，蕃非马不行’，吐离精锐到悍的骑兵是决定战争胜败的中坚兵种，因此对骑兵的挑选十分严格。《吐蕃简牍综录》347 号简载：‘……伍茹之军帐……驻于大罗布……请下令区分桂、庸。’《敦煌本吐蕃历史文书》大事纪年：‘及至虎年（654 年）大论东赞于蒙布寨拉宗集会，区分桂、庸。’据王尧注，‘桂’为武士阶级，参加军旅之战斗；‘庸’为奴隶，随军的后勤人员，专门从事生产的奴隶。吐蕃骑兵就是从各部落简拔一批体格健壮，娴练骑射的勇士（武士）而组建起来的骑士兵团。吐蕃骑兵的装备是精良的，且适合于骑兵作战的特点”②。据《五部遗教大臣遗教》、《贤者喜宴》（藏文）等载，吐蕃的每个“茹”都有专职军官，每个如的军马由同一种颜色的马匹组成，旗帜亦各有区别，因而只要一看到马匹和旗帜，就可以判断出哪个“茹”的军队，十分有利于行军作战和调遣指挥。③ 如《贤者喜宴》（藏文）载五茹的兵马：“伍茹上下之如本为那囊结根和坝结桑斗那，副帅为诺彭松和续布科赞，军马分别为白鬃白色马和朱砂色豹纹马，军旗分别为红色花

① 束锡红、才让等：《敦煌古藏文文献论文集》（下册），上海古籍出版社 2007 年版，第 458 页；另详见阿旺：《吐蕃法律综述》，载《中国藏学》1989 年第 3 期。

② 任树民：《吐蕃军事力量概述》，载《西藏研究》1990 年第 3 期。

③ 才让：《吐蕃史稿》，人民出版社 2010 年版，第 78 页。

舌旗和红色火焰旗，军行似大雪落湖面。”①

三、战役策略独特

吐蕃赞普政权强盛时期军事力量得到迅速发展，几乎连年战火不断，在战争策略方面也有诸多特点，“诱敌于险境，一举歼灭之。吐蕃占领区，山川险峻，沙海浩邈，境内有瘴、苦水、冰雪、泉湖、激流、乌倪，吐蕃常据险攻守，诱敌于绝境，以举围歼之。”② 吐蕃赞普时期整齐划一的军队组织在按照五茹的军事分类前卫、中卫、后卫分几批按整齐的“一”字纵队排列后连续作战，一直把敌军打败为止，这时候往往有组织的作战变数应有尽有。最关键时刻往往派遣吐蕃最精锐的虎豹衣英雄三大队，一般首尾安排异族军部，吐蕃军在中卫上等。“吐蕃于大战前，先派遣小股游骑，来去如飞，飘忽不定，迷惑敌军，刺探虚实，惊动人心。767 年 9 月，吐蕃万骑围困灵州前，先遣游骑骚扰径州的潘原、宜禄（陕西长武县境），京师戒严，人情慌惧。786 年 8 月，吐蕃游骑骤临好畤，京师戒严，流言四起，盛传唐德宗欲逃出长安，造成一片混乱。夏秋收获时，吐蕃游骑出没田间，驱赶农夫，失误农时，禾麦穗熟颗落，收成全无，或者抢夺谷麦，边镇蕃人谓之‘吐蕃麦庄’。游骑之患，辄使唐军布防错乱，贻误战机，待大队蕃骑掩至，不知应变。”③尤其吐蕃赞普军队在西北甘肃和宁夏及陕甘宁交界地与唐朝军队和其他民族邦国作战时，上演了吐蕃各种军事战役和军事策略。

四、吐蕃发达的驿站制度与完善的军事情报机构

在吐蕃赞普时期，吐蕃军部“为了及时传递军事情报，调发军队。吐蕃还建立了一套较为完整的驿站制度。据《册府元龟》记载：‘其驿以铁箭为契。其箭喂七芯，苇急瞬，赙前加著一银鹘，更急，其鹘至十二三。每驿百余里。’每百里设一驿站，除了其他方面的作用外，更重要的是它的军事作用。”④ 吐蕃赞普时期的驿站作为军

---

① 《贤者喜宴》（藏文）上册，第 188 页；另参见才让：《吐蕃史稿》，人民出版社 2010 年版，第 78—79 页。

②③ 任树民：《吐蕃军事力量概述》，载《西藏研究》1990 年第 3 期。

④ 束锡红、才让等：《敦煌古藏文文献论文集》（下册），上海古籍出版社 2007 年版，第 458 页；另详见阿旺：《吐蕃法律综述》，载《中国藏学》1989 年第 3 期。

事的主要情报机构在战事时发挥了重要作用，吐蕃把驿站间或专门负责送情报的人员即信使形容为“飞鸟使”，这个称谓也能反映出吐蕃非常重视军事情报及其护送人员，当时建立的驿站制度相当完备，每百余里就设有驿站，负责传递输送吐蕃赞普军部的重要战事情报和其他重要的国家机密文件，每个驿站设在地势高峻的地方，每个制高点有放哨的哨兵，一旦发现敌情，及时生火冒烟为信号，或者吹牦牛角或海螺声发出信号。为了保证信件能及时、安全的送达，吐蕃还对传递信件作了严格的规定：“所携加急信件宜妥加保管，驿站人员不得疏远。逐站依次送行。不论昼夜，各驿站均有专人加盖印章为证。按规定时限直接送达，不得枉首稽延，若加急信件因枉道延误而未如期送达，将予各驿站失职驿丞、书吏、信札护送人以严惩。”① 这些以吐蕃赞普军部军事会议上按军事法律规定的诸多驿站内容，反映和“说明了吐蕃赞普统治者为增强驿站官吏的责任心，强化驿站的媒介作用，要求驿站的官吏们必须尽职尽责，不得玩忽职守”②。

通过汉藏文史料，吐蕃赞普时期的军事“情报机构大致包括三个方面：一是哨制；二是驿传制；三是间谍”③。而且把情报机构的制度按照军事法律加以规范，制定的内容详细，程序严密形成了古代军事情报史上的一大特点。“哨制与驿传制是互相监督，密切合作。我们主要依据《吐蕃简牍综录》提供的资料，可以勾画出吐蕃哨制与驿传制的大致轮廓。吐蕃哨制分坐哨和巡逻哨两种形式，坐哨分布在山冈峻巅上，筑有碉楼、石堡（隙望台）；巡逻哨主要活动在山隘口、官道和驿站一带。吐蕃驿传，百里设一驿站，置有驿吏（驿站长官）、驿吏助理、驿使（飞鸟使），驿站长官多由吐蕃人担任。每一驿站配备四匹马，有专供放牧的草场。驿站有驿厨，提供过往官差食宿（404 号）。驿站有细密法规，所传递的公文按性质分成等级，依顺序发出，火急的军情、政令公文，要在信函的封面标明‘快’的字样，110 号简：‘快’！（火急）……不得阻挡，或优先供应马匹。”快件公文规定“一天一夜要行五个驿站，此木犊迅速紧急递往高齐巴，木犊不能按时间到达或有失误，依法惩办……”（266 号）。这种传递紧急军情的办法和措施，使速度在 24 个小时内达五百里，故称为“飞

① 北京大学中国中古史研究中心编：《敦煌吐鲁番文献研究论文选》，第 174 页；另参见束锡红、才让等：《敦煌古藏文文献论文集》（下册），上海古籍出版社 2007 年版，第 458 页；还可详见阿旺：《吐蕃法律综述》，载《中国藏学》1989 年第 3 期。

② 束锡红、才让等：《敦煌古藏文文献论文集》（下册），上海古籍出版社 2007 年版，第 459 页；还可详见阿旺：《吐蕃法律综述》，载《中国藏学》1989 年第 3 期。

③ 参见任树民：《吐蕃军事力量概述》，载《西藏研究》1990 年第 3 期。

鸟使”。吐蕃军事情报还来源于出色的间谍侦探，据《资治通鉴》卷二三八载，元和五年（810），白居易上疏朝廷说，“……臣闻回鹘、吐蕃皆有细作（间谍），中国之事，大小尽知”。346号简亦说“仲夏五月十八日侦探夏木绮穷回来，任务完成。”唐朝军政官员大量泄漏国家机密，从侧面反映了中唐以后的政治腐败和政令的松弛，也足以说明吐蕃政纪军令的严肃和划一。①

另外，还可以从吐蕃赞普占领西域期间的军事建制中得知当时的军事制度和驿站制度的发达情景。“从西域、敦煌出土古藏文文书所载内容，大致可以复原出吐蕃军事占领当地后的军事建制层级。这里拟从吐蕃驻西域基层军事建制中的斥候、坐哨、城镇守军等军种及其相应的职掌内容入手，讨论西域地理环境对吐蕃军事建制的影响。据研究，汉唐时期丝绸之路南道沿途之自然条件已经十分恶劣，所经绿洲大多局促于流沙的包围之中。”②

吐蕃赞普的军事力量扩展到西域地区后也加强了军事、行政、生产为三位一体的建制，这种建制对西域的政治、经济、文化产生了一定的影响，尤其是对吐蕃赞普的军政改革带来了一次革新的机会。如“绿洲地理对吐蕃的部落军事制度产生一定影响，对其作战体系、军事职官体系和职官管理方式也都产生了一定影响，吐蕃的军事建设也因之出现了调整和变化。首先，是军事战略意义上的区域化、集团化发展。在以往军事部落联盟制的基础上，吐蕃在西域的军事建制出现了适应局部战略的军事锋线划区管理模式，与吐蕃赞普在河西、关陇、川康、西洱河地区一样，出现了节度使制度，即前文利用目前汉藏文献所能提供的节度一级军事建制体系的信息暂命名的“吐蕃西境四道节度”。其次，是基层军事管理建制在绿洲邦国条件制约下的职能变化。在葱岭以东塔里木盆地周边的邦国，相互间既独立又关联，交通线成为沟通邦国与外界联系的命脉，职是之故，吐蕃人进入西域地区后，要想维持在这里的长期统治，控扼交通线是制约邦国间复杂关系以及大集团势力在这里争夺的关键。因此，节度制度之下的基层军事建制亦采用适应绿洲城邦及其交通控制特征的管理模式。吐蕃在西域绿洲邦国之间的交通道路上，基本上保留了固有的交通网络体系，但与以前不同的是，吐蕃在各驿站除设置驿吏外，还安置斥候，在驿递功能外，又能兼顾对交通路线的军事控制。再者，是为适应西域生活环境而补充更多给养方式所引起的管理职

---

① 参见任树民：《吐蕃军事力量概述》，载《西藏研究》1990年第3期。

② 黄盛璋：《绿洲研究》，科学出版社2003年版，第43页；另参见朱悦梅：《吐蕃占领西域期间的军事建制及其特征》，载《西域研究》2011年第4期。

能调整。西域农业绿洲分布于沙漠边缘，各绿洲面积有限，周围环境恶劣，又因所处地理位置不同，贫富有差，有的地少居险，有的粮产尽管丰盈，仍不能保障吐蕃军队以部落为单位的群居群牧生活方式，吐蕃军事部落制集行政、军事、生产于一体的模式在这里难以存在。善于学习的吐蕃人在占领西域地区后，多利用西域绿洲有限的资源与条件，增加军事补给方式，实现其占领目的，职官管理系统也因之而发生调整与扩充。①

五、军功奖罚分明

在吐蕃赞普时期，对军队的贡献和军人个人的奉献大小以告身制度和虎皮狐尾等的军功奖惩的军事法律制度也非常完善。吐蕃赞普政权“为了鼓励士气，张扬军威，吐蕃除重视平时培植强悍的社会风俗外，还在军队中推行一系列的军功奖励。军功授田，吐蕃土地简犊提到的‘军官律田一突’、‘副先锋官田一突’、‘领受军官田一突’。无疑，这些军官田就是每次战役后，按军功大小一次授予的田土，作为酬赏。至于阵亡官兵，《吐蕃简犊综录》（332 号）：‘……忠心耿耿，尽忠效劳，为敌所杀，奴隶、土地由其子孙后代领有。大论已下令，万夫长及千夫长……别忘写入盟约。’这是为阵亡者的请功碟，并由大论颁给盟约。按吐蕃律例规定，犯罪者的土地、财产是要没收的，然后奖授给有功劳者，但为国捐躯者的子孙除外。”② 吐蕃赞普政权对军部的奖罚惩处还表现在军功告身制度和一个家庭中多人参军打仗褒奖悬甲于门的军户甲门制度，贡献卓著和忠心耿耿者奖赏虎皮马垫制度、厚礼荣葬制度、缴获归己等制度，丰富和完善了吐蕃军事法律制度。③

六、军令严肃

在吐蕃赞普时期，赞普和大臣贵族们为了更好地巩固其政权，除慎重选择将领，加强部队训练外，还特别重视军事方面的法制建设。④ 军事战争中的懦夫和泄露军情

① 参见朱悦梅：《吐蕃占领西域期间的军事建制及其特征》，载《西域研究》2011 年第 4 期。

②③ 参见任树民：《吐蕃军事力量概述》，载《西藏研究》1990 年第 3 期。

④ 束锡红、才让等：《敦煌古藏文文献论文集》（下册），上海古籍出版社 2007 年版，第 459 页；还可详见阿旺：《吐蕃法律综述》，载《中国藏学》1989 年第 3 期。

者进行严惩，遵行军令者和为大战作出贡献者进行褒奖等以法治军是吐蕃赞普政权军事法律一直遵循的一个基本原则。“吐蕃每十节度设一大论统帅之，事无大小皆由其裁决。《旧唐书》陆贽传：‘吐蕃举国胜兵之徒，才当中国十数大郡而已，动则中国惧其众而不敢抗，静则中国惮其强而不敢侵，其理何哉？良以中国之节制多门，蕃丑之统帅专一故也。夫统帅专一，则人心不分，号令不贰，进退可齐，疾徐如意，机会不靡想（不违），气势自强，期乃以少为众，以弱为强者也。夫节制多门，人心不一，号令不行，进退必难，疾徐失宜，机会不及，气势自衰。’蕃胜唐败的主要原因是吐蕃统帅专一，号令不贰，而唐则节制多门，号令不行。”①

《旧唐书·吐蕃传》载：吐蕃“军令严肃，每战，前队皆死，后队方进”。《册府元龟》也记载：“奔败者，加狐尾于首，以示终身之耻。”② 又如《吐蕃简牍综录》第114条记有：“让来犯之敌逃脱者，治罪”。这些规定都是吐蕃统治者实行以法治军的基本准则。③ 吐蕃赞普时期，军事法律中还规定了兵员的分布，征集和训练，各军部的兵员平时负责放哨。军事将领外出都带警卫，遇有匪警，无论是否值班，都得及时去追赶，否则要罚款或军纪严惩。在报警、侦察与战争状态避免整饬军纪，宣布严惩躲避不前与临阵脱逃的懦夫进行判决，奖胜罚负，军人参加战斗，是以保存自己、消灭敌人、夺取胜利为最终目的。为此，就要执行军内纪律，追赶逃人，捉拿叛逃罪犯等具有相当完备的军事法律法规。

七、吐蕃盛行的宗教仪式影响着军民的斗志和军事法律的严肃性

吐蕃赞普时期的苯教和佛教在大战前进行占卜祈祷，举行严密隆重的仪式活动鼓励英雄将士等举措，对吐蕃军队团结奋战、鼓舞士气方面起了很大的作用。

“从吐蕃宗教简犊看，吐蕃民间及边区镇将的主要宗教信仰是苯教。上自王廷牙帐，下至各级行营军帐，都配备着大批咒师巫祝，他们不但参决军机大事，而且通过喧嚣恐怖的占卜仪式，《白史》说赞普亲征卫队里就有‘左翼军队持柞咒师百’，赞

① 任树民：《吐蕃军事力量概述》，载《西藏研究》1990年第3期。

② 苏晋仁：《〈册府元龟〉吐蕃史校证》，第6页；另参见束锡红、才让等：《敦煌古藏文文献论文集》（下册），上海古籍出版社2007年版，第459页；还可详见阿旺：《吐蕃法律综述》，载《中国藏学》1989年第3期。

③ 详见阿旺：《吐蕃法律综述》，载《中国藏学》1989年第3期。

普牙帐前还端立着许多‘鸟冠、虎带’的巫祝。按古代军礼，临战前都要举行隆重的誓师典礼，代天伐罪。吐蕃的誓师则是将士之间的盟誓，咒师巫祝通过盟誓向军队灌输宗教热情。《太平广记钞》外臣部载，贞元中，唐蕃大战于青海，吐蕃大兵马使乞藏遮阵亡，蕃军围尸痛哭，并为他举行特异的宗教仪式。宗教活动是吐蕃军队战地生活中的一项重要内容，将士之间、卒伍之间无不以宗教感情作为团结互爱的纽带，彼此效忠，同生共亡不然，我们很难理解这种将官阵亡，兵卒围尸痛哭的事实。宗教信仰不仅把吐蕃军队团结成不可分割的整体，而且由此激发出来的作战勇气是不可低估的。”① 吐蕃部落联盟时期和吐蕃赞普时期，不管是苯教文化还是松赞干布起吐蕃社会信仰的藏传佛教文化，从举行隆重的宗教祭祀和宗教仪轨对吐蕃军事团体在大战的自始至终增强士气和凝聚力方面发挥了极其重要的作用，这种宗教指引下坚守的共同信仰和团结合作的作战精神，对团体作战的军事组织来说具有绝对战胜一切的意义。

八、严密的军事组织与部落群体作战方式

吐蕃赞普从建立初期到赤松德赞时期，随着军事力量的不断强大，连年发动战争扩大自身的统治范围。有学者说“吐蕃赞普是一个四处征战的国家，政治、经济生活完全纳入战争轨道，这是古代西北少数民族政权的共同特点，盛衰系于盛兵劲骑。唐蕃文献均提到吐蕃赞普时期的赞普及诸大论的戎马生涯，他们经常巡边视察，军政大事裁决于军帐会议即吐蕃部落联盟时期已经形成法律化、制度化的议事会议制度；法令严酷，无不以军事手段强迫贯彻之。从吐蕃简犊所显示的资料看，吐蕃赞普社会的赋役、徭役、兵役等的征调，紧迫而火急，限期完成，否则临之以法。吐蕃律例残卷中的《对仇敌之律例》就是一个军事誓约，它禁止官民之间互报私仇，应以全力对付仇敌。不忠于国家者也为仇敌，并会受到非常严厉之军法处置。因报私仇而杀伤人者，处以死罪。”②这种军事法律内容和刑法的基本原则贯彻于吐蕃赞普时期的军民生活中，对吐蕃赞普时期的军事制度与政治制度及法律制度产生了积极的作用。吐蕃赞普时期从中央到地方，各部落组织的编制准军事化，时刻准备着征战，因为当时的行政、军事、生产生活是合二为一的，一般情况下，吐蕃赞普社会中君臣百姓上下，“实行的是军事部落联盟制。军部和普通百姓区分为“桂”和“庸”两个团体，临战以部落为单位，群体出征。吐蕃有关氏族、部落简犊中，常提到一些侨置部落名称，

①② 参见任树民：《吐蕃军事力量概述》，载《西藏研究》1990 年第 3 期。

它们就是在大的军事行动中，氏族部落贵族率其子弟、属民和奴隶以部落名义参加，因而部落名称随战争的进展而移动。在吐蕃占领区出现的“那雪部落”，原驻地为那曲地区，“管仓部落”原驻地为后藏。《新唐书》吐蕃传：“虏法，出师必发豪室，皆以奴从。”《资治通鉴》卷二五〇：“吐蕃每发兵，其富室多以奴从，往往一家至十数人，由是吐蕃之众多。”兵民合一的部落群体战，使吐蕃每一战役投入的兵力、军需供应远远优盛于唐军。唐朝边防镇将在其奏捷书中，常提到缴获牛、羊、驼、马多少头，正是吐蕃部落群体随军作战的佐证。这些牲畜都是随军运输的工具，由各部落的奴隶赶运。其次，为了战略上的需要，吐蕃常以军事移民的手段迁移部落或的掳掠对手，为战争创造一个优越的环境。① 吐蕃赞普时期在严密的军政一体化下，各部落隶属一个部落联盟集团，这些部落联盟集团又细分为吐蕃全境内划分的 61 个东岱和 5 个大茹，是吐蕃赞普社会基本的军事、行政、生产的三位一体的团体组织，因此，吐蕃每次有战事时军政生产为一体的部落联盟群体一拥而上，协同作战。

① 参见任树民：《吐蕃军事力量概述》，载《西藏研究》1990 年第 3 期。

TUBO ZANPU SHIQI DE ZONGJIAO FALÜ
YU LUNLI DAODE FAGUI

第六章

吐蕃赞普时期的宗教法律与伦理道德法规

第一节

吐蕃赞普时期制定的《神教十善法》①

藏族史书记载，从吐蕃第一个赞普聂赤赞普到第二十八代赞普拉托托日年赞时期，吐蕃先民主要以苯教大师们创造的仲、德吾（前文为“岱”）和苯教法来达到护持国政的目的，当时的立法思想以苯教神的教义为基础，教法合一和政教合一的精神理念进行治国立政，关乎百姓的大小事务。当时的苯教巫师和大德贤能以及赞普君臣，主要以伦理道德法律和苯教神的教义调整解决各种纠纷。

根据藏文资料记载，在第二十八代藏王拉托托日年赞时佛教开始传入西藏。“相传，某日赞普正在雍布拉宫中祈祷神灵，突然间天空出现万道霞光，随之从空中有一宝匣降于其怀中，赞普开启宝匣见其中装有一座四层水晶宝塔和几部用吠琉璃粉书写的金质宝卷。赞普翻阅宝卷不知是何典，但深信是一稀世宝物，故敬而奉之。一直到松赞干布时代，方知匣中宝卷为佛经《宝箧庄严经》、《怖摩拉穆达诸佛菩萨名经》、《那伽诸佛菩萨名号经》和《十善法典》。”②

到了吐蕃赞普大法王松赞干布时期，为了进一步巩固吐蕃政权，全力主张弘扬佛法来教化吐蕃君臣百姓，以“佛教为政教之本，十善法为政教之用”。松赞干布即位执政之后，派学者吞米桑布扎仿印度文字创制藏文字，并邀请印度、大唐等周边国家的佛教大师拜为导师，带头学习佛教经典，主持修建寺院和翻译佛经，创建和颁布了一整套利国利民的行政制度和法律法规，始终用行之有效的行政管理制度和法律制度推动了吐蕃王朝的向前发展。尤其是极力弘扬佛教，在佛教“十善法”（不杀生、不偷盗、不邪淫、不妄语、不离间、不恶语、不绮语、不贪、不嗔、不邪见）的基础上

---

① 吐蕃赞普时期制定的《神教十善法》具体内容参见豆格才让：《试论佛教对藏区社会价值体系的影响》，来源于中国民族宗教网：http：//www. mzb. com. cn/html/report/1512395614 - 1. htm；杨士宏：《吐蕃法律的文化渊源》，载《中国藏学》2003 年第 2 期；何小荣：《浅谈藏族古代法律的伦理渊源》，载《西藏民族学院学报（哲学社会科学版）》2007 年第 1 期。

② 参见豆格才让：《试论佛教对藏区社会价值体系的影响》，来源于中国民族宗教网：http：//www. mzb. com. cn/html/report/1512395614 - 1. htm；杨士宏：《吐蕃法律的文化渊源》，载《中国藏学》2003 年第 2 期。

制定了《神教十善法》，其具体内容为：1. 不许杀生造罪；2. 不偷抢大于针线的财物；3. 不邪淫；4. 不许谎言；5. 不许挑拨人和；6. 不可恶言咒骂；7. 不许散布谎言；8. 禁贪欲；9. 禁害人心；10. 不做违背因果之事。

《神教十善法》的主要内容是以佛法倡导之“善”，寻求与吐蕃社会相适应的法律切入点，将佛教提倡的“十善”直接转化为“人法”，制定了吐蕃王朝建政初期的首部成文法，说明吐蕃社会完成了从部落联盟到国家政权的过渡。①

第二节

吐蕃赞普时期制定的《入教十六净法》

松赞干布为了统一人们的意志，从“人本主义”出发，提出了“治人”的“言”、“行”及“内心世界”的三大要素，即“治身”、“治言”、“治心”，符合佛教所主张的皈依“身、语、意”三宝宗旨的“人法”条文。《神教十善法》并不完善，它没有契约、婚姻家庭、财产分割与继承等方面的社会内容，只是一种公众性的行为规范，所以不能完全适应吐蕃社会的发展需求。在《神教十善法》制定不久，松赞干布从规范构成社会的最小分子——人和家庭出发，再次颁布了《入教十六净法》（又作《人伦道德十六净法》），即：1. 敬奉信仰三宝（佛、法、僧）；2. 求修佛教正法；3. 敬重报答父母恩情；4. 敬重有德有知识的贤者；5. 尊重高贵敬重老人；6. 利济乡邻；7. 令言直心要有小心；8. 善待亲朋和意深亲友；9. 追随高尚大德，高瞻远瞩；10. 饮食有节，货财安分；11. 追认永记旧恩；12. 借债如期偿还，升斗斤两禁伪诈；13. 慎戒嫉妒；14. 不听邪说，自持英明主见；15. 温语寡言；16. 担当重任，心胸宽宏。《入教十六净法》对人们从敬事佛法、修身养性、崇尚孝道、慈善仁义、尊重知识、积极精进、勤俭节约、知恩当报、取财有道等16个方面提出了更

① 参见豆格才让：试论佛教对藏区社会价值体系的影响 - 中国民族宗教网 - （http：//www.mzb.com.c）；豆格才让：《试论佛教对藏区社会价值体系的影响》，来源于中国民族宗教网：http：//www.mzb.com.cn/html/report/1512395614 - 1.htm；杨士宏：《吐蕃法律的文化渊源》，载《中国藏学》2003 年第 2 期；何小荣：《浅谈藏族古代法律的伦理渊源》，载《西藏民族学院学报（哲学社会科学版）》2007 年第 1 期。

加具体、更加接近社会生活的道德规范。①

第三节

吐蕃赞普时期制定的《法律二十条》

古代吐蕃历史上，原始苯教大师与佛教大师们所颁布的宗教法律都是以当时的伦理道德法律法规而言的，如吐蕃松赞干布时期制定颁布的《入教十六净法》和《神教十善法》等，是当时治理吐蕃政权，维持社会秩序的重大法律。

当时号称松赞干布有300名大臣，以赤吉那青仁桑、拉孜西布旦桑等为主的100名大臣处理内部政务，以奇布本桑赞等六人为主的100名大臣处理外交政务。他们从汉地和木雅引进工艺和算术，从印度引进佛经，从蒙古和尼泊尔学习烹饪，从霍尔和格萨尔地方引进法规。总之，在统一了周边各国之后，松赞干布觉得自己是护法之王，认为自己的庶民百姓应从身语意三方面遵守“十善法”。杀人者赔千，偷盗者一赔八加偷盗物，邪淫者罚款，妄语者以赌咒制服。在制定上述四条法律的基础上，继续弘扬佛法，倡导要报恩于父母，敬仰学者，尊重名门及老人，邻里之间要互相帮助，对亲朋要诚信，要遵从圣旨并谨慎，提倡做好人好事并持之以恒，不贪图财物，要知恩图报，要及时还贷，不短斤少两，不妒忌别人，不轻信个别朋友的坏计谋，自己要有主见，说话要平和，话不要多要深沉，心胸要宽宏豁达。以上述《入教十六净法》为基础，另又制定了《金轭法》和《岭华翰》，并由吞米等大臣做了补充。从此，奖励好人好事，惩罚打架斗殴，以法抑强，保护弱者。将卫兵分为四部：发展农业，兴修水利；厘定度量衡，制定丈量耕地面积的标准；马分优劣；为民众教授文字等。从而建立了良好的社会风尚，使“十恶”得到了遏制。大兴“十善法”，使广大吐蕃民众享受到了幸福生活。并将《法律二十条》刻成文字，并由国王和诸臣签名盖

① 参见豆格才让：试论佛教对藏区社会价值体系的影响－中国民族宗教网－（http：//www.mzb. com. c）；豆格才让：《试论佛教对藏区社会价值体系的影响》，来源于中国民族宗教网：http：//www. mzb. com. cn/html/report/1512395614－1. htm；杨士宏：《吐蕃法律的文化渊源》，载《中国藏学》2003年第2期；何小荣：《浅谈藏族古代法律的伦理渊源》，载《西藏民族学院学报（哲学社会科学版）》2007年第1期；杨士宏：《藏族传统法律文化研究》，甘肃人民出版社2004年版，第10页。

章，像日月光辉普照藏区。①

《法律二十条》的具体内容为：1. 杀人者偿命，斗争者罚金；2. 偷盗者除追还原物外，加罚八倍；3. 奸淫者断肢，并流放异地；4. 谎言者割舌或发誓；5. 要虔信佛、法、僧三宝；6. 要孝顺父母，报父母恩；7. 要尊敬高德，不与贤俊善良人及贵族斗争；8. 敦睦亲族，敬事长上；9. 要帮助邻里；10. 要出言忠信；11. 要做事谨慎，未受委托，不应干涉；12. 要行笃厚，信因果，忍耐痛苦，顺应不幸；13. 要钱财知足，使用食物与货物务期适当；14. 要如约还债；15. 要酬德报恩；16. 斗秤要公平，不用伪度量衡；17. 要不生嫉妒，与众和谐；18. 不要听妇言，自有主张；19. 要审慎言语，说话温雅，讲究技巧；20. 要处世正直，是非难判断时，对神发誓。②

第四节

吐蕃赞普时期大小寺院的宗教法规

吐蕃赞普时期苯教和佛教大师们经常参政议政，在实行“政教合一”制度下各大小寺院在自己的辖区内，以宗教的名义所颁行的戒律和佛教法律，以及管辖其部属和教民的其他带有佛教性质的法律法规，都属于吐蕃赞普时期的宗教法律范围。吐蕃赞普统辖的地方机构千户和百户及五大翼、18 个地区的势力范围、61 个千户等所属各基层组织在遵循世俗法的同时，按照历代赞普和苯教与佛教大师们的旨意制定了有关尊奉佛法、维护僧人利益的诸多法律法规。

藏族自苯教和佛教大师们以宗教的各种理论思想普法讲法以来，几乎全民信仰宗教，从远古的多神崇拜到信仰苯教，再到邦国时期信仰本土原始苯教与从外引进的佛教，到了吐蕃松赞干布开始独尊佛教，吐蕃后期和现在都是藏传佛教为主，故藏族的

---

① 杨士宏：《吐蕃法律的文化渊源》，载《中国藏学》2003 年第 2 期。

② 参见佟德富、班班多杰：《佛教对藏汉文化影响之比较研究》，载《青海社会科学》1987 年第 2 期；班班多杰：《论藏传佛教前弘期》，载《法音》1997 年第 1 期；严玉明、王文东：《藏传佛教的传统伦理教育体系之探讨》，载《西藏民族学院学报（哲学社会科学版）》2003 年第 3 期；彭宇文：《关于藏族古代法律及法律文化的若干思考——借鉴梅因〈古代法〉进行的研究》，载《法学评论》2004 年第 2 期。

历史与宗教紧密相关，遍布于藏区各地的大大小小的藏传佛教寺院成为各自统辖区的政治、经济和文化中心，也成为当地实行“政教合一”统治的核心力量。在历史上，吐蕃僧侣集团直接参政议政，有时直接成为“政教合一”制度的领袖，向全国颁布各种宗教法规的习惯发端于西藏地区，并逐渐扩展到藏区各地。从西藏《哲蚌寺法律条文》、《拉萨祈愿大法会的坐次法规》、《敏珠林寺的法律条文》、《止贡绛曲林寺的法律条文》等，创立了甘南《拉卜楞寺议仓的惩罚条例》以及遍布藏区的各大小寺院为了发展管理而颁布的各种法规条例来看，吐蕃赞普时期的伦理道德法律和宗教法律很发达。藏区各大寺院据此可以设堂审理属民和属部的世俗与僧侣及寺院的各种纠纷案件。历史上比较有名的大小寺院不但审理涉及僧人和寺院及当地平名百姓的各种案件，寺院还设立监狱，用以囚禁罪犯。

吐蕃赞普时期和割据时期的广大藏区具有历史悠久、影响深远、内容丰富的伦理道德法规和宗教法律，详见于吐蕃最早的成文法《十善法》《神教十善法》《入教十六净法》《法律二十条》《吐蕃三律》，《吐蕃三律》即《狩猎伤人赔偿律》《纵犬伤人赔偿律》《盗窃赔偿律》中详细记载各种有利于吐蕃寺院僧侣发展的法律法规和行政规章制度，以及各地寺院为了管理本寺而规定的寺规和规范僧侣的各种戒律。

藏文史料记载，公元6世纪以前，吐蕃各氏族、部落以“苯”、“仲”、“德乌”治理政事，作为普遍遵守的规范。“苯”是苯教，是藏族地区固有的一种原始宗教；“仲”为故事、神话之意；“德乌”指的是谜语。藏史《贤者喜宴》中说：“苯”、“仲”、“德乌”使“藏族有所开化”。这句话高度总结了古代藏族宗教、文化、政治、法律的发展历程。

藏族古代或吐蕃赞普时期法律的产生经历了从伦理道德和原始苯教等多种习惯文化发展演变为习惯法，再到成文法的过程。但是，由于古代西藏地区和其他藏区在社会发展和自然条件以及地理位置等方面千差万别的特殊性，使吐蕃政权在古代西藏颁布的《法律二十条》等所有古代法律及与之互动的法律文化和法律精神，在具有浓厚的本土宗教色彩的同时，呈现出了相对独立性和宗教的广泛渗透性、发展的稳定性或僵化性、法律制度及法律文化现象的多元性、法律语言的哲理性等特点，具有不断增加厚重的佛教伦理思想的概括性与通俗性等特性。松赞干布时期，由外域传入的佛教取代了相对滞后的原始苯教，成为占据统治地位的宗教理论思想，为颁布一系列成文法的统治阶级的统治和法制改革提供了重要的理论思想和实践经验。① 全民信仰宗教的藏族人为达到普度众生，大慈大悲，解脱人们于苦海之中，拯救灵魂到达幸福圆满的彼岸，视佛教为万物生命与精神思想和谐发展之核心，把苯教大师、佛教大德高僧等利济民众的贤能贵人视为人生之导师和伦理道德楷模。从此，藏族民众牢固地树立了坚定信奉世间任何典章制度和法律政治制度的信念，藏族所拥有的宗教、文化、政治、经济、人伦道德、法律思想等的特殊性，使得他们也只能依附于藏族这种博大精深的文化理论思想，也只有这样他们的生活和信仰才有更伟大的意义。因此，吐蕃赞普时期开始形成的“政教合一”制度下的政权，始终也离不开吐蕃固有的伦理道德法和苯教法以及佛教理论思想的基本原则。②

① 彭宇文：《关于藏族古代法律及法律文化的若干思考——借鉴梅因〈古代法〉进行的研究》，载《法学评论》2004年第2期；刘艺工：《藏族成文立法的演变及特点探议》，载《文化学刊》2010年第4期；穆赤·云登嘉措：《藏区习惯法“回潮”问题研究》，载《法律科学（西北政法大学学报）》2011年第3期；后宏伟：《藏族习惯法中的调解纠纷解决机制探析》，载《北方民族大学学报（哲学社会科学版）》2010年第3期。

② 吐蕃赞普时期制定的《入教十六净法》、《法律二十条》、吐蕃赞普时期大小寺院的宗教法规等具体内容参见杨士宏：《吐蕃法律的文化渊源》，载《中国藏学》2003年第2期；韩锋：《吐蕃佛教文化中的儒家文化——以唐蕃关系为主线》，载《佛教艺术与文化国际学术研讨会论文集》，2007年7月2日；郑炳林主编：《佛教艺术与文化国际学术研讨会论文集》，三秦出版社2009年版；何小荣：《浅谈藏族古代法律的伦理渊源》，载《西藏民族学院学报（哲学社会科学版）》2007年第1期；佟德富、班班多杰：《佛教对藏汉文化影响之比较研究》，载《青海社会科学》1987年第2期；班班多杰：《论藏传佛教前弘期》，载《法音》1997年第1期；严玉明、王文东：《藏传佛教的传统伦理教育体系之探讨》，载《西藏民族学院学报（哲学社会科学版）》2003年第3期；彭宇文：《关于藏族古代法律及法律文化的若干思考——借鉴梅因〈古代法〉进行的研究》，载《法学评论》2004年第2期；刘艺工：《藏族成文立法的演变及特点探议》，载《文化学刊》2010年第4期；穆赤·云登嘉措：《藏区习惯法“回潮”问题研究》，载《法律科学（西北政法大学学报）》2011年第3期；后宏伟：《藏族习惯法中的调解纠纷解决机制探析》，载《北方民族大学学报（哲学社会科学版）》2010年第3期。

第七章

吐蕃赞普时期的刑事法律[①]与诉讼制度

①特参见阿旺：《吐蕃法律综述》，载《中国藏学》1989年第3期。另外，特此说明：关于对吐蕃赞普时期的刑法体系、刑事法律的内容及基本原则、刑法的罪名、刑罚种类等体系框架方面的开创与资料汇总者以及最有贡献者，当之无愧是阿旺先生。当年才26岁的阿旺先生师从著名历史学家苏晋仁先生获得硕士学位，并于1989年在《中国藏学》第3期上发表了题为《吐蕃法律综述》这篇对藏族法制史乃至中国法制史和世界法律文化颇有影响的文章以来已有25年有余，这期间无人超越该文中对吐蕃法律核心问题的研究水平。藏族法制史中关于吐蕃时期的刑事法律的体系、内容、原则及刑罚的种类等方面的研究范式好像以阿旺先生的观点已经形成某种定式，后来民族法方面的著名专家徐晓光先生所著的《藏族法制史研究》（2001年4月由法律出版社出版）、著名藏学家杨士宏先生编著的《藏族传统法律文化研究》（2004年7月由甘肃人民出版社出版）等研究吐蕃法律文化的学者，都在参考或直接引用阿旺先生这篇文章的内容和观点。这篇文章对晚辈的启发和帮助也很大，特此感谢阿旺先生为中国藏学和中国法学研究事业所做的伟大贡献。尤其是对吐蕃刑事法律的基础研究和藏族法制史的学术研究发展奠定了重要基础。借此机会也要感谢恰贝·次旦平措先生、张济民先生、徐晓光先生、杨士宏先生、何峰先生、刘艺工先生、多杰先生、甘措女士、牛绿花女士、淡乐荣女士、王立艳女士、孙镇平先生等对藏族法律文化的基础研究工作所作出的贡献，如没有他们所做的努力和贡献，晚辈今天学习藏族法制史的机会也无从谈起。再次感谢他们。

近几年来，从事研究藏学的诸学者，通过分析和研究吐蕃王朝时期的政治、经济、文化、历史、法律、军事等上层建筑，及其对当时的吐蕃王朝社会究竟进入到何种社会制度问题，各抒己见，发表了一系列文章，得出了诸多不同的结论。在此，笔者亦欲通过吐蕃王朝时期的刑事法律制度与诉讼制度作些粗浅的分析研究，来对当时的吐蕃社会已经进入法制化的历史事实，发表自己的管窥之见，以求教于方家。总而言之，吐蕃王朝时期的刑事法律制度与诉讼制度文化是我国传统法律文化的重要组成部分，她植根于中国古代社会特殊的国情和青藏高原这一藏民族本土的文化土壤之上，具有中华民族法制文明因时定制和与时俱进的历史价值，也具有受到中国古代社会政治、经济、宗教、民族传统和习惯等诸多文化因素的影响，在中外法律文化史上堪称独树一帜，是最值得我们挖掘、扬弃、继承、珍视的宝贵财富。

吐蕃赞普时期的刑事法律制度与诉讼制度是古代藏族传统法律文化的重要组成部分，它源远流长、自成体系、博大精深，时至今日，仍在影响着藏族社会生活的方方面面和中国法制现代化的进程。包括吐蕃赞普时期的法律制度在内的古代藏族传统法律文化与中国传统法律文化是本土的一座巨大的法治思想宝库，都是我中华民族土生土长的本土优秀民族文化的重要内容，它们都对当前我国的依法治国方略与建设法治中国的国家治理现代化战略既有积极影响，也有消极影响，我们应当“取其精华，弃其糟粕”，把那些积极向上的因素如至今引领藏族刑事法律慎用死刑和限制死刑，并从源头杜绝了冤假错案的藏族赔命价刑事法治理念等融入当代中国法治文化中来，为建设社会主义法治国家和造福广大人民群众的依法治国事业服务。从而更加自信地推进依宪治国为核心的本土法治社会之路，必将为全面推进依宪执政、民主立法、文明执法、公正司法、全民守法、建设社会主义法治国家，实现“两个一百年”奋斗目标和中华民族伟大复兴中国梦注入新的磅礴力量。

第一节

吐蕃赞普时期刑事法律原则及犯罪的规定

关于吐蕃赞普时期立法的原则，据藏史记载，松赞干布制定了一个名叫“噶椎钦波周”的法规，“噶椎钦波周”是藏文的音译词，翻译成汉文确切的含义为“六大议定”之意。它有6项内容：一是维护国王安全，再作贡献；二是弹压豪强，扶持奴隶；三是不许奴隶变为豪强，妇女不得涉政；四是守卫边界，不跑马圈占民众田园；五是镇伏敌人，养护百姓；六是行十善，弃十不善。其实，所谓六大议定，与其说是一部法典或法规，不如说是指导整个吐蕃赞普立法的一个纲要，或者说是吐蕃赞普时期的立法原则。从藏史记载看，松赞干布立法的范围比较宽泛，不仅指具体意义上的法律制度，而且包括狭义的政治和军事规范，同时还涉及宗教、经济等方面的保障措施。① 从大量的藏族史料来看，吐蕃赞普时期的刑事法律原则如同吐蕃立法原则一样比较宽泛而笼统，主要讲“不能违反国家主权和政权体制以及赞普的根本旨意；不能迫害国相及各级文武百官的基本利益；不能侵犯人身安全和财产安全。进一步强调赞普是吐蕃赞普之政治和军事、经济和法律等领域的最高总指挥官，它直接代表着国家的权力，谋反赞普以及违抗赞普的诏令和敕令，任意违背或触犯刑法者，判处最严厉的刑罚。”② 所以，吐蕃赞普时期只要违反吐蕃赞普主权和谋反赞普以及违法犯罪的行为都归入刑事犯罪的范畴，可以执行刑罚权。

一、刑事法律原则

（一）关于刑事责任年龄和能力

吐蕃第三十二（三）代赞普松赞干布、第三十四代赞普贡松贡赞、第三十八代赞普赤松德赞等都是13岁继王位开始治国理政，第三十五代赞普芒松芒赞3岁继位、第四十代赞普赤祖德赞12岁登基开始治国理政等事实和藏族传统习惯法认定男女15岁皆为承担刑事责任的法定年龄。故吐蕃赞普时期关于刑事责任年龄的规定大概在13至15岁。如《纵犬伤人赔偿律》规定：“不论何种方式致死，为尚论善后事，须惩治放狗者之罪孽，将其成年以上之男子杀绝，成年以上女子放逐”。③ 敦煌古藏文文献P. T. 1283《礼仪问答写卷》（古藏文原文及汉文译解）第39：“弟问：人若犯罪，惩处上有别否？兄云：有别。年轻时所犯之罪不应记恨于心；思想成熟之人犯罪，证

---

① 何峰：《论吐蕃法律的渊源、形式和立法原则》，载《中国藏学》2007年第1期。

② 叶拉太：《吐蕃时期政治制度研究：以古藏文文献为中心》（藏文），民族出版社2010年版，第175页。

③ 王尧、陈践：《敦煌吐蕃文献选》，四川民族出版社1983年版，第36页，载P. T. 1073号。

据确凿，应该记仇。主奴、父子、官民之间，记恨是当否？可依前面所说行事。”①可见，当时吐蕃刑事法律以行为人成年与否、思想成熟与否，主奴、父子、官民之间怎样承担刑事责任一事规定的比较详细。但多大年龄作为承担刑事责任的标准不太详细。以上吐蕃赞普时期的刑事法律具体规定了承担刑事责任的重大问题，以及当时应该达到什么样的刑法年龄才能构成犯罪等理论问题，对当今我国刑事法律立法的完善具有重要意义。

（二）区分故意犯罪和过失犯罪

吐蕃赞普时期的刑事法律从犯罪论与刑罚论思想上进行判断分析。在犯罪原因论上，吐蕃刑事法律反对简单主观方面采取的只要犯罪必须惩罚定论的意思决定论，而主张区别犯罪原因的根据和条件。将其行为分为故意和过失，故意实施的危害行为承担刑事责任，过失行为以法律有规定者才负刑事责任。如敦煌写卷《狩猎伤人赔偿律》规定：“受害人无论身亡与否，放箭人发誓非因挟仇而有意杀害，由担保十二人，连同本人十三人共同起誓，如情况属实，其处置与《对仇敌之律例》同。”② 按当时《对仇敌之律例》的规定，因血族复仇而杀人者不但无罪，不受任何惩罚而被社会目为英雄，受到奖赏，赢得尊敬。③ 如放箭人过失伤人或致人死亡，应以血族复仇对待，视为无罪。相反，如是挟仇有意杀人，则要“查明实情，若受害人系中箭身亡，则将放箭人处死。”④当时查明故意才构成犯罪，这是吐蕃赞普时期刑事法律的一项重要原则，但某些特定行为按吐蕃官民的身份高低，主要维护吐蕃王室贵族等奴隶主阶层的最大利益，过失也要定刑论罪。如《纵犬伤人赔偿律》规定：“尚伦波罗蜜告身以上者本人及与其命价相同者之人，被‘大藏’以下，平民以上之人放狗咬死，或放狗惊骇牦牛等上之人，堕地身亡，对放狗者惩罚，不论何种方式致死，为尚论办善后事，须惩治放狗者罪孽，将其成年以上之男子杀绝，成年以上之女子逐出，财产、牲畜，全部赔与死者尚论一方。”⑤

从以上吐蕃赞普时期特别规定的赔命价、赔血价、狩猎、纵犬等的法条或所涉及

① 王尧、陈践译注：《敦煌古藏文文献探索集》，上海古籍出版社 2008 年版，汉文译解第 387 页，藏文原文第 402 页。

②④ 王尧、陈践：《敦煌吐蕃文献选》，四川民族出版社 1983 年版，第 11 页，载 P. T. 1071 号。

③⑤ 王尧、陈践：《敦煌本吐蕃法制文献》，载《甘肃民族研究：增刊》，1983 年版，第 2、19 页。

构成犯罪的一些基本条件和刑事惩罚的各种程序机制可以看出，在吐蕃赞普时期，刑事犯罪实际上不但是指思想成熟之成年人故意（或过失）实施的法律所禁止的危害行为，而且反映了比较发达的刑事惩罚措施过多地维护着吐蕃王室贵族的基本权益，还比较直观地反映出吐蕃赞普时期游牧狩猎为主的生活大环境，另外，解释了富有奴隶制社会特点的赔命价与赔血价的发展全貌。这一切对一个有着千年历史的高原少数民族来说具有重大的意义。因为它紧跟着人类文明的历史步伐不但走向了文明社会，而且在政治文化与经济法律方面取得了独一无二的成就。

（三）共同犯罪

吐蕃法律中的共同犯罪是指 2 人以上的犯罪行为，它是吐蕃赞普时期刑事法律重点惩罚的对象。对于参加共同犯罪的成员，则按照他们在共同犯罪中所起的作用，分别定刑论罪加以刑罚。如《盗窃追赔律》规定：“若一人偷盗价值二两七雪二南姆（黄金）以下，三两以上之实物者诛”。“若盗窃价值四两（黄金）以下，三两（黄金）以下之实物，为首者诛，次者驱至近郊，其余一般偷盗者分别赔偿。”① 根据共同犯罪人在共同犯罪过程中实际所起的作用，吐蕃赞普时期的刑事法律把共同犯罪的成员区分为主犯、从犯、其他参加者 3 种，并且对这 3 种人规定了相应的处罚措施。以上吐蕃赞普时期的刑事法律对共同犯罪的认定和惩罚方面讲，当时的刑事法律已经达到我们现代刑法所必有的两个原则。一是吐蕃赞普时期的刑事法律当时已经达到了适用刑法平等的原则，其具体要求是：对刑法所保护的合法权益予以平等的保护；对事实犯罪的任何人，都必须严格依照法律认定犯罪；对任何犯罪人，都必须根据其犯罪事实与法律规定量刑；对被判处刑罚的任何人，都必须严格按照法律的规定执行刑罚。二是吐蕃赞普时期的刑事法律当时已经达到了罪刑相适应的原则，其基本含义是，刑罚的轻重应与犯罪的轻重相适应。罪刑相适应，是适应人民朴素的公平意识的一种法律思想，是罪与刑的基本关系决定的，是预防犯罪的需要。总之，奴隶制时期的吐蕃赞普的刑事法律非常发达，这在整个人类法制发展史上来说是一大文明贡献，更是我中华多民族法系所独有的法治文明的先进性。

---

① 王尧、陈践：《敦煌吐蕃文献选》，四川民族出版社 1983 年版，第 11 页，载 P. T. 1075 号。

（四）鼓励自首与举报

在吐蕃赞普时期制定的法律中虽然很少看到关于犯罪嫌疑人自首及鼓励举报的相关条文，但在司法实践中却有自首者减免刑罚，举报者予以奖励的具体个案。如吐蕃赞普时期的大相琼普补赛斯蔡用阴谋诡计准备杀害松赞干布时被赞普松赞干布发现，后来他承认了自己的谋反罪行而自尽，死前命令儿子额热吴琼永远要忠于赞普，并说他死后将其头颅割下双手献给赞普引以为鉴，以此请求赦免他的全家及亲朋，后来松赞干布看到属下自首请罪的壮举而感动赦免了他的全家及亲朋。① 再如《格萨尔王传》和藏族的民间故事以及格言、谚语、部落习惯法中鼓励自首与奖励举报者的例子非常之多，在此不加论述。

（五）株连原则

株连九族，就是一人犯死罪，家族成员与其共同承担刑事责任的刑罚制度。在古代称为“族”，故“族”者，即意味着由一个人的死罪扩展为家族成员的共同死罪。这一违背人性、情理以及古代统治者自己津津乐道的恤刑原则的暴虐刑制在中国古代长盛不衰的根源，实在是中国传统法律中一个令人深思的问题。这种古代刑法史上非常盛行的刑事责任上的株连制度，在奴隶制吐蕃赞普时期也非常盛行。它是一种不但把刑罚强加在被认为有犯罪行为的人身上，而且也施加于仅有法定的连带责任关系而本人并无犯罪行为的人身上，如《狩猎伤人赔偿律》中规定：“查明实情，被害人系中箭身亡，则将射箭人处死，并绝其后嗣。其所有奴户、库物、牲畜、妻室均由被害人和告发人平分。”② 此外在《纵犬伤人赔偿律》中也有类似的规定。如《狩猎伤人赔偿律》中规定：吐蕃猎人打猎时看到有人（主要是儿童、老人、妇女）遭到野牦牛和野犏牛③的攻击或伤害时，见死不救者和在近旁之人若不想救者

---

① 叶拉太：《吐蕃时期政治制度研究：以古藏文文献为中心》（藏文），民族出版社 2010 年版，第 176 页。

② 王尧、陈践：《敦煌吐蕃文献选》，四川民族出版社 1983 年版，第 11 页，载 P．T．1075 号。

③ 野牦牛和野犏牛：主要指青藏高原当时的吐蕃特有的牦牛和犏牛中的公牛而言，古代吐蕃赞普时期此种动物驯化未久，有些还没有驯化，所以野性很大的此种动物时有伤人的，陷于牦牛身下或遭到犏牛伤害主要反映这一事实。

要株连①，这种扩大刑事责任的范围，株连无辜的奴隶制时期的法律制度，是吐蕃赞普时期的刑法极端严厉和涉及内容非常宽广的具体表现，这在中国古代各民族文化中不足为怪，如在开明辉煌的大唐也盛行株连原则，《唐律》中规定“谋反”、“大逆”两罪，父、子年十六以上一同处死，其他亲属均免去死刑，只是按其亲疏关系，或收、或流。然而到明、清时，又有族刑株连的范围得以扩大的历史记载。所以，我们用当今废除死刑与人权法治至高无上的文明眼光审视古代残酷的刑法制度时，那确实是一些恶法，得不偿失。

二、犯罪

在吐蕃法律中，当时较为重要的社会问题都纳入刑法的调整范围，因此犯罪的种类繁多。根据史料记载。当时吐蕃赞普时期刑事法律规定的犯罪主要有以下几种：

（一）侵犯吐蕃赞普等统治阶级根本利益的犯罪

吐蕃赞普时期，赞普独揽国家的政治、经济、文化、军事、立法、司法、审判等一切大权，居于至高无上的统治地位，因而任何违反赞普意志的言论或对其不忠的行为都是不可饶恕的罪行，要受到吐蕃刑事法律的惩罚。

（二）侵犯统治阶级根本利益的犯罪

任何奴隶制统治阶级类型的刑事法律，首先都将侵犯统治阶级根本利益的行为规定为犯罪，吐蕃赞普时期的刑事法律也不例外。吐蕃法律严格维护赞普及其王室贵族的权威和基本利益，对任何人，包括统治阶级内部成员侵犯最高统治利益的行为都予以严厉惩罚。

（三）侵犯他人人身安全方面的犯罪

吐蕃赞普时期的刑事法律规定的侵犯人身安全犯罪包括杀人和伤害两种。按照吐蕃当时的刑事法律规定，杀人和伤害主要由故意构成。如《狩猎伤人赔偿律》规定：“大尚论本人和同大尚论命价相同之人，被大藏以下、平民百姓以上之人因狩猎等射

---

① 王尧、陈践：《敦煌本吐蕃法制文献》，载《甘肃民族研究：增刊》，1983年版，第17页。

中，中箭人无论身亡与否，放箭人起誓非因挟仇有意射杀，……如誓词属实，其处罚与《对仇敌之律例》同。查明实情，将伤人者及其子孙一并杀之，以绝其嗣”。① 又如《纵犬伤人赔偿律》规定：“尚论波罗弥告身以上者其本人，及与其命价相同者之人，被‘大藏’以下、平民以上之人放狗咬死，或放狗惊骇骑牦牛等之上之人，堕地身亡，对放狗者之惩罚，不论何种方式致死，为尚论办善后事，须惩治放狗者罪孽，将其成年以上之男子杀绝，成年以上女子逐出，财产、牲畜，全部赔与死者尚论一方。”②从以上敦煌本《吐蕃法制文献》中讲到的资料来看，吐蕃赞普时期的犯罪种类和惩罚措施比较多，而且非常重视保护人身安全。

（四）侵犯他人财产方面的犯罪

历史上奴隶制阶级统治者都清楚地认识到，要稳定社会秩序，首先是打击贼盗犯罪。中国内地古代法律从战国时的《法经》就有“贼”篇、“盗”篇，以后历代法律都订有“贼盗律”，以此来打击贼盗犯罪，保护私有财产，维护社会稳定。③ 吐蕃赞普时期的刑事法律也是如此，制定了《盗窃追偿律》，专门惩治盗窃行为，除规定一般的处罚尺度外，还根据被盗者吐蕃王室贵族的身份和盗窃地物品价值的大小规定不同的处罚标准：①若盗窃价值四两（黄金）以下，三两“黄金”以上之珠宝，首犯诛，次犯短程流放，其余一般盗窃者罚令追赔。②若一人盗窃二两七雪（相当于“钱”）二南姆（相当于“分”）黄金以下，二两以上之珠宝则诛。二人合伙行窃则判令追赔。若偷窃价值一两七雪二南姆（黄金）以下，一南姆以上之珠宝者，将其盗来之物全部判令追赔。(印章)。③窃贼潜入赞蒙（王后）、夫人、小姐及女主人与尚论以下，百姓以上诸人住房、土房、牛毛帐篷、库房、地窖及旅客住处诸地，若钻入盗贼行窃未遂被抓，若钻入价值二两（黄金）以上地被抓，将为首之人发配远方，其余人按偷盗二两（黄金）财物之罪惩治。如钻入价值二两（黄金）以下……，按偷盗半两（黄金）财物惩治，对抓住盗贼者，赏以被流放窃贼之牲畜及赔偿物，务须依法行赏。(印章)④等等。

吐蕃赞普时期的刑事法律规定的保护财产之刑法制度较完备，处罚程序和事实依据都很详细，不得不说当时刑法的高度发达。对较为轻微的盗窃行为也有相应的处罚

---

①②④ 王尧、陈践：《敦煌本吐蕃法制文献》，载《甘肃民族研究：增刊》，1983 年版，第 7、19、19—20 页。

③ 徐晓光：《藏族法制史研究》，法律出版社 2001 年版，第 42 页。

标准，如《狩猎伤人赔偿律》规定，“野兽被箭射中后，拔箭偷窃者，偷一箭罚两箭。从地上拾箭不算偷。如认识箭主交还原主”。①

（五）侵犯妇女人身权利和破坏家庭关系的犯罪

吐蕃赞普时期的刑事法律涉及面宽泛，虽然是奴隶制时期古代的法律，但当时就非常重视保护妇女的人身权利和家庭关系，严禁强奸、通奸等严重危害妇女身心健康和破坏家庭关系的行为，将采取阉割等非常严厉的酷刑。如《吐蕃简牍综录》记载：“淫人妻女，触及刑事大法，元帅及悉编掣逋（观察使、御史）应将犯人处以绞刑。”②《王统世系明鉴》也记载：“对通奸者折断其肢体，流放到其他地方。”③ 从以上资料中可以看出，吐蕃赞普时期为了保护妇女的人身权利和家庭关系以及婚姻关系的稳定，有着通奸者折断其肢体和流放荒郊野外流刑等法律内容相当严厉而丰富。这些在当时的奴隶制社会也是非常难得的。

第二节

吐蕃赞普时期的刑罚种类

从关于吐蕃社会的藏汉文史料记载看，吐蕃赞普时期的刑罚种类繁多，体系庞杂。

一、死刑

死刑是剥夺罪犯生命的刑罚，是刑罚中最严厉的惩罚方式。吐蕃赞普时期的法律中规定执行死刑的主要目的，不仅在于严惩罪犯本人，并对所有的社会成员起到法律威慑和惩前毖后的教化作用。

---

① 王尧、陈践：《敦煌本吐蕃法制文献》，载《甘肃民族研究：增刊》，1983 年版，第 18 页。

② 王尧、陈践：《吐蕃简牍综录》，文物出版社 1992 年版，第 69 页。

③ 萨迦索朗坚赞：《王统世系明鉴》，辽宁人民出版社 1985 年版，第 61 页。

据史料记载，吐蕃赞普时期的刑事法律规定的死刑惩罚方式主要有绞刑、砍头、碎裂肢体、剥皮、活埋、绝嗣等几大类。

（1）绞刑。如上述《吐蕃简牍综录》中有关惩治奸淫妇女的记载。

（2）砍头、碎裂肢体。藏文史料《贤者喜宴》记载："为使十善之王法严厉而牢靠，幻化的监狱恐怖可畏，那些行十恶而不反悔者，则被令人畏惧的刽子手逮捕，并将头、四肢及手足砍断剁碎……"①

（3）剥皮。《贤者喜宴》记载，对行十恶不悔改者，"舌及眼球（灌以）熔化之铜水，还须剥皮"②。赤松德赞时僧相阐卡贝云被陷害与王妃有不正当的关系，被处以剥皮的刑罚。在西藏和四川及青海等地的有些部落组织把这种刑罚一直沿用到民主改革前。

（4）活埋。《贤者喜宴》记载，在赤松德赞时期，舅臣玛祥仲巴杰由于反对赞普推行佛法，被投入坟穴中活埋。有关活埋的记载虽然一鳞半爪，据此可以印证吐蕃赞普时期法律确有活埋的刑罚。

（5）绝嗣。绝嗣作为一种刑罚主要是扩大执行死刑的范围，即株连九族等时常用的最严厉法律。不仅犯罪者本人要被执行死刑，其子孙后代也要受株连被处死。此法在吐蕃赞普时期的司法实践中使用较为广泛。《敦煌古藏文文献探索集》P．T．1287 赞普传记六中记载："父王囊日论赞被进毒遇弑而薨逝，王子赤松赞幼年亲政，对进毒为首诸人等断然尽行斩灭，令其绝嗣。"③ 又如《狩猎伤人赔偿律》也规定："……查明实情，将伤人者及其子孙一并杀之，以绝其嗣。……"④吐蕃赞普时期盛行苯教和佛教，又特别重视"十善法"等原因，总的来说死刑的比重还小，主要是赔命价解决刑事案件。但是触犯十恶重罪者和十恶之首罪等，严重侵犯赞普政权和杀死王室贵族以及高僧大德的犯罪行为时，动用死刑。

二、肉刑

肉刑是一种破坏人体组织完整性，损害器官机能的最残酷的刑罚。吐蕃赞普时期刑

---

①② 巴卧·祖拉陈哇：《贤者喜宴》摘译，黄颢摘译注，载《西藏民族学院学报》1981 年第 2 期。

③ 王尧、陈践译注：《敦煌古藏文文献探索集》，上海古籍出版社 2008 年版，汉文内容第 112 页。

④ 王尧、陈践：《敦煌本吐蕃法制文献》，载《甘肃民族研究：增刊》，1983 年版，第 7 页。

事法律对罪犯大量适用肉刑，名目繁多。包括断肢、挖眼、割舌、劓、黥、笞、鞭等。

（1）断肢（包含刖刑）。断肢是将罪犯四肢致残的直接侵害人身的严酷刑法。《王统世系明鉴》记载："奸淫者，断其四肢之手足，流放他乡。"① 《大桑耶寺志》也载："赤热巴金执政期间，……以手恶指僧人者断其手指……"②《汉藏史集》中记载："他（指热巴巾）对出家僧人的敬奉达到了这样的程度，有些人在随便交谈时用手指对僧人指指点点，国王就下命令说：'对我供养的僧人不能这样做'，命令把指点僧人的手指砍掉"。③ 另据《新唐书·吐蕃传》载，"其刑，虽小罪，……或刖劓"，说明刖刑在吐蕃是存在的，它是一种砍掉脚的酷刑。

（2）挖眼。《旧唐书·吐蕃传》记载："吐蕃用刑严峻，小刑剜眼鼻，……"《土工抢村户人家饭食处置之法》规定："……如抢饭食，挖去双眼，罚作村民的'驮畜'。"④《贤者喜宴》说当时"挖出的眼睛等等堆积如山"。在赤松德赞时期，曾废除过这种酷刑，但到赤祖德赞时又将其恢复。规定："对于僧人不准这样行事（即对目瞪手指僧人而言），对这种人挖其眼，断其指。"⑤

（3）割舌。《王统世系明鉴》记载："对说谎的人拔断其舌头。"《汉藏史集》也有"说谎离间者拔去舌头"的记载。

（4）劓刑。《新唐书·吐蕃传》记载："其刑，虽小罪……或刖劓。"即使犯有一般的小罪，也免不了受劓刑。另据《汉藏史集》记载："奸淫者割去鼻子"。

（5）黥刑。黥刑的使用对象主要是奴隶，特别是对吐蕃赞普时期在军事扩张中从周边地区掠夺来的奴隶施用这种刑罚。《因话录》卷四《谭可则》条云："元和十五年，淮南裨将谭可则因防边为吐蕃所掠……先是，每待华人其无所能者，便所在役使辄其面，有之艺者，则涅其右臂，以候赞普之命。得华人为吏者，则呼为皇仝：可则晓以文字，将以为知汉书舍人。……凡在蕃六年，……视其臂一字尚存，译云"天子

---

① 巴卧·祖拉陈哇：《贤者喜宴》摘译，黄颢摘译注，载《西藏民族学院学报》1981 年第 2 期。

② 转引自东噶·洛桑赤列：《论西藏政教合一制度》，民族出版社 1985 年版，第 9 页。

③ 达仓宗巴·班觉桑布：《汉藏史集》，陈庆英译，西藏人民出版社 1999 年 3 月版，第 108 页。

④ 王尧、陈践：《敦煌吐蕃文献选》，四川民族出版社 1983 年版，第 11 页，载 P. T. 1071 号。

⑤ 巴卧·祖拉陈哇：《贤者喜宴》摘译，黄颢摘译注，载《西藏民族学院学报》1981 年第 1 期。

家臣”。①

（6）笞刑、鞭刑笞刑即用笞杖捶打犯人，它是一种较轻的刑罚。《狩猎法》规定：“放跑野兽，对放跑者之惩罚为：放跑一头公牦牛，笞四十板。放跑一头母牦牛，笞二十板。放跑一头野驴，笞四十板。放跑一头岩羊、盘羊、藏羚羊，笞八板。放跑一头黄羊，笞六板。对猎人夫长和十人首领的惩罚为：立即笞以适当之板数。”②

（7）鞭刑，在吐蕃赞普时期的刑罚中鞭刑是配合主刑的一种附加刑，也能单独使用，是一种较轻的刑罚。《贤者喜宴》中有使用这种刑罚的例子：“达热路厌恶佛法，他将藤鞭甩在地上，说道：‘建造神殿一事，此系佛都之事也，我不喜好此事。我本身崇信苯教’。因此，赞普降谕道：（你）违背了我的御旨，兹将达热路恭驱往北方。’随即两个吐蕃属民用草绳（将达热路恭）捆起，并以带刺的鞭子抽打，然后发配北方”。

三、流刑

流刑是古代社会将罪犯流放到边远蛮荒之地的一种比较严厉的刑罚。吐蕃赞普时期，由于流刑地点一般是荒野人稀的边关地区，处以流刑被认为是对罪犯的严厉惩罚。如《盗窃追赔律》规定：“警蒙、夫人、小姐、女主人及尚论以下，百姓以上之住房、土屋、牛毛帐篷、库房、地窖及旅客住处诸地，钻入盗贼生窃未遂抓者，将为首者驱往远方。”③此外在《敦煌吐蕃历史文书》“大事记年”中也有许多关于流刑的记载。如：及至虎年（714）仲巴岛彭工放逐……及至蛇年（717）车骑长尚，墀聂年洛被放逐……

关于流放的地点，吐蕃赞普时期的法律中没有明确规定，一些案例中有所记载，如“达热路恭被驱往北方”④。“王了藏玛被流放到门域地区”等。据此，我们可以推知，现在西藏的阿里地区以及今天的门隅、洛隅等荒野人稀之地，就是当时执行流刑的地点。⑤

① 转引自阿旺：《吐蕃法律综述》，载《中国藏学》1989 年第 3 期。

②③ 王尧、陈践：《敦煌吐蕃文献选》，四川民族出版社 1983 年版，第 11 页，载 P．T．1071、1075 号。

④ 巴卧·祖拉陈哇：《贤者喜宴》摘译，黄颢摘译注，载《西藏民族学院学报》1981 年第 2 期。

⑤ 参见阿旺：《吐蕃法律综述》，载《藏学研究》1989 年第 3 期。

四、财产刑

（1）没收财产。这是对罪犯的经济处罚，属于财产刑。《狩猎伤人赔偿律》规定："红铜告身者以上，其本人及与其命价相同之人陷于牦牛身下，因大藏以下、平民百姓以上之人（未）救而被牦牛伤害致死，对其见死不救者之惩罚为：给其挂狐皮，将懦夫处死了事。妻室与库物、牲畜、奴户就地留下……牲畜之半全归受害人与告发人平分。"① 这些记载中，都有类似没收财产的规定。

没收财产是吐蕃赞普时期经常使用的一种刑罚，其目的是要从经济上消除罪犯继续犯罪的可能。

（2）罚金。罚金也是一种经济处罚或财产刑，吐蕃赞普时期社会等级森严，罚金的数额要根据被害人的身份地位来确定。吐蕃王室贵族和与之命价相同者以下等论告身而定，很悬殊。总之，罚金的数目因双方的告身地位差异而不同。

五、剥夺告身

剥夺告身是削夺受罚人担任国家官吏及由此获得经济上利益和法律特权的一种刑罚。《贤者喜宴》说：告身本身意味着可以充任哪一级官吏，可以拥有多少奴户、土地、园林，可以享有哪些法律上的特权，因此，剥夺告身实际上就是剥夺充任官吏的政治权利，剥夺了全部奴户、土地、园林，剥夺了各种法律上的特权，所以它被看成是一种重罚。背叛是常被剥夺告身的根据，如《恩兰·达札路恭纪功碑》规定："论达札路恭子孙后代，当其手执盟誓文书，或因绝嗣（无子继承），或遭罪遣，亦不没收银字告身"②。论达札路恭子孙后代和有成就的大德高僧以及贡献极大的英雄大将等少数人据此享有不被剥夺告身的特权，而大多数官僚与僧侣犯罪是要剥夺告身的。

六、劳役刑

罚劳役属于吐蕃赞普时期刑罚中徒刑的一种，罪犯常被强制从事极为繁重的苦

① 王尧、陈践：《敦煌吐蕃文献选》，四川民族出版社1983年版，第11页，载P．T．1071号。

② 王尧：《吐蕃金石录》，附录3，第203页。

役，这种刑罚经常与其他肉刑并科使用，如“……对行窃罚中者惩治之法为戴上长一‘小栲’，厚一柞之颈枷。刑官于其长盖印加封，责以大板，罚劳役修城一月。……劳役未满死去，由其长兄（长子）戴上颈枷（代服劳役一月）”①。

七、羞辱刑

自古非常盛行崇尚英武讽刺懦夫的吐蕃民族政治军事理念中，对于贪生怕死、行为怯懦之辈，头挂狐皮作为一种奇耻大辱的刑罚来惩罚罪犯是吐蕃赞普时期刑罚独特之处。常用于军事法律中，效果很明显。《新唐书·吐蕃传》记载：“败懦者垂狐尾或首示辱，不得列于人。”吐蕃崇尚勇武，对于贪生怕死、行为怯懦之辈给他们挂上狐尾或狐皮，以示羞辱。挂狐皮虽没有肉体上的痛苦，但被处罚者在精神上所受的痛苦却远甚于肉体上的折磨。《狩猎伤人赔偿律》规定：“尚论陷于牦牛身下致死，惩治懦夫为挂狐皮……”②

第三节
吐蕃赞普时期的刑罚特点

一、在犯罪的认定上，注重刑事惩罚问题而缺乏承担刑事责任的具体年龄

吐蕃赞普时期的刑事法律具体规定了承担刑事责任和法律后果的重大问题，但当时应该达到什么样的法定年龄才能构成犯罪等理论问题，只考虑一个人是否成熟懂事等主观判断。所以，吐蕃赞普时期的刑事法律注重行为事实而忽视对法定年龄及其他因素的考虑，定罪过宽且笼统。某些杀人、伤害罪的认定，法律主要以行为人主观上

①② 王尧、陈践：《敦煌吐蕃文献选》，四川民族出版社 1983 年版，第 11 页，载 P．T．1075、1071 号。

有无故意为标准，有时出于故意伤人或杀人均处以死刑，而不考虑行为是否造成了相应结果（死亡、伤害及伤害的具体程度）和行为人的动机等主客观因素。如《狩猎伤人赔偿律》："……中箭人无论身亡与否，放箭人起誓非因挟仇有意射杀，……（如因挟仇有意放箭）查明实情，将伤人者及其子孙一并杀之"的规定，就反映了这一点。

二、盗窃罪的处罚方法复杂多样，注重惩罚社会底层的人群

（1）认定盗窃罪无量的要求，如《盗窃追赔律》规定："赞蒙、夫人、小姐、女主人之财物，和尚论以下、百姓以上之财物被盗，对行窃者惩治之法为戴上长一'小枋'……"盗窃上述物主的财物，不论数额大小，都以盗窃罪论处。

（2）以经济赔偿刑为主，并兼以其他刑罚。按藏族传统，一般是偷一罚多倍数，这对绝大多数贫苦农牧民百姓来说也是较重的惩罚。盗窃数目较大的或盗窃时严重惊吓王室贵族者也要处以死刑、流刑、劳役刑和侮辱刑等。

（3）盗窃等级身份高的人所在之地财物。主要维护吐蕃统治者的财产权，即使偷盗未遂，也以该地所有财物价值的大小作为量刑的标准，犯罪者需要承担不相应的刑事责任，因为等级身份高的人拥有大量财物和权势而随处受到法律保护。总之，吐蕃赞普时期的盗窃领域的刑事法律重点保护了王室贵族及后宫的财产所有权。

（4）处罚连及亲属，因偷盗处以服劳役的，劳役期限未满死去等有些规定过于严厉。

（5）奖励检举者，重罚狡辩抵赖。规定对抓获盗贼的"务须依法行赏"，知情人告密后，偷盗者还狡辩的"罚交三十倍"。这一条立法思想对当今法治具有借鉴意义。

三、轻罪重罚与罚过其罪兼财产刑

吐蕃赞普时期的刑事法律有时任意扩大死刑、肉刑适用范围，许多较轻微的过失犯罪有时处以死刑和肉刑，并且有的轻微犯罪也处以与重罪相同的刑罚。如《纵犬伤人赔偿律》中规定："故意放狗咬死他人与放狗惊骇骑于牦牛等上之人，使其坠地死亡，都要将放狗者处死。"《狩猎法》规定："如抢饭食，挖去双眼，作为村民的'驮畜'。"如杀人赔偿命价和伤人赔偿血价以及相应的医疗费除外，附加的经济补偿等轻缓的刑事理念应当鼓励借鉴。

四、刑罚种类繁多与手段残酷兼重视程序

如前所述，吐蕃赞普时期的刑罚有绞刑、绝嗣、砍头、挖眼、割舌、剥皮、流放、驱逐等，根据统治者意志施加于吐蕃人民身上。其中碎裂肢体、剥皮等方法，给罪犯临死前造成难以忍受的长时间痛苦，其残酷性更甚。当时的肉刑较发达，将近十种之多，大多数是残害人的肢体和器官，使人终身残废，造成巨大痛苦的刑罚。并且肉刑的适用非常普遍，许多轻微的犯罪，也要处以肉刑，如用手指点僧人的行为，要处以砍掉手指、挖掉眼睛等刑罚，主要特殊情况时使用。吐蕃赞普时期刑法的严酷性等问题我们只知其一而忽视其二。吐蕃赞普时期的刑事法律是奴隶制吐蕃社会现实的反映。从大量史料记载看，吐蕃赞普时期正值新旧交替之际，吐蕃全境统一伊始，战乱、动荡不止，百废待兴，采取严酷的刑法手段不是当时的唯一目的，主要是为了震慑那些重犯并治理正常的社会秩序之所需。尤其是怎样分配猎物以及见死不救者的惩罚规定，对惩罚共同犯罪中的主谋而追求刑法平等的原则和罪刑相适应的原则，保护每个人的人身安全和财产权，保护妇女权益和维护家庭婚姻的稳定而严惩强奸者和通奸者的具体程序与措施，还有鼓励自首与举报者进行奖励等我们应当借鉴肯定。总之，吐蕃赞普时期规定的刑事法律的实体内容与程序规则，犯罪的规定与相关的惩罚措施等促进和巩固了吐蕃赞普更加文明的方向发展。

五、吐蕃赞普时期赔偿法的特征

吐蕃赞普在松赞干布后期制定的三种国家法律即：《敦煌古藏文写卷》P. t. 1071号《狩猎伤人赔偿律》、P. t. 1073号《纵犬伤人赔偿律》和P. t. 1075号《盗窃追偿律》①，这三份重要的律例文献中，制定了相当完备的以经济赔偿来解决刑事案件的法律制度。其中的《狩猎伤人赔偿律》比较全面地反映了吐蕃社会各阶层的政治地位和经济关系以及告身制为基础的赔偿标准，并详细记载了赔偿命价和

---

① 陈践、王尧：《敦煌本藏文文献》（藏文），民族出版社1983年版，第12—63页。该书收入《敦煌古藏文写卷》P. t. 1071号《狩猎伤人赔偿律》、P. t. 1073号《纵犬伤人赔偿律》和P. t. 1075号《盗窃追偿律》等三部法律的古藏文原文，关于吐蕃佛教戒律禁止杀生和吐蕃刑律禁止杀人为主的赔偿命价血价之法律内容相当丰富，赔偿之实体法与程序法也比较具体。

血价的刑事法律及承担刑事责任的标准，当时的命价和血价的高低，通常依据加害人与被害人双方在告身制度下的特定身份和政治地位的高低来确定赔偿金钱的具体数额。

第一，吐蕃赞普时期的赔偿命价和血价中，具有严格的等级及身份的规定，不同阶层在运用赔偿命价和血价时其标准有了较大的区别。

第二，在吐蕃赞普时期，刑罚的使用比较规范。刑罚的种类有死刑、肉刑（笞板、挖眼）、驱逐、有期徒刑和劳役以及流放偏远地方等。这些与同时代的其他民族的法律基本相类似外，具有吐蕃独特的刑罚特点，如对懦夫行为罚挂狐皮，向公众宣布其懦夫以此惩罚懦夫小人，对英雄奖励虎皮袍等要求和提倡臣民要见义勇为，伸张公平正义。

第三，妇女地位极其低下，表现在承担民事责任方式中除了以实物、马匹赔偿和划价为黄金来赔偿外，还有以妇女来赔偿或奖赏。但在严惩强奸猥亵妇女者和牦牛身下救出妇女的立法精神来说，吐蕃赞普时期的刑事立法具有法治和伦理道德精神。

第四，从证据的使用和取证方式来看吐蕃奴隶制社会时期的神示证据制度和封建时期的法定证据制度并存，如：证人共同向神宣誓其作证的内容为事实的神示证据的内容和口供之上的法定证据制度。

第五，吐蕃三大法律《狩猎伤人赔偿律》、《纵犬伤人赔偿律》、《盗窃赔偿律》中有非常丰富的刑法制度和刑事诉讼以及三大诉讼法律的内容，是吐蕃赞普时期比较完整的刑事法律内容，也是吐蕃赞普时期最值得称赞的法制成果。

第四节

吐蕃赞普时期的诉讼制度

一、大权决断总法

到司法机关去控告的双方人员都有触犯法律的情况时，按照控告双方所犯罪行的大小必须判决，触犯法律的控告双方之两种不同的惩罚一起执行。故大权决断总法中规定了吐蕃赞普时期的司法判决与诉讼制度方面的法律内容。所有藏汉文藏族史书对该法律内容进行了简单的记载。

二、国库内部法律

到法院来控告的双方人士都占理时，为了维护双方的利益而做出公平承担法律责任的判决称为国库内部法律，这样的判决不但满足了控告双方的利益，而且也满足了审判这类案件之法官的心愿，这种判得结果叫双方公正、三方欢喜的司法判决在当时比较盛行。

三、敬强护弱之法或据两造申诉判决之法

在法庭上，对诉讼双方的呈词（两名控告者）进行真伪分析后，必须公正合理大胆地判决，既照顾到有权势者的利益又兼顾贫弱者的利益，这是一部诉讼法典，主要规定了司法官要保持中立公正判决，维护司法正义之法典。所有藏汉文藏族史书对该法律内容没有详细记载只有零散的内容。

四、调查取证

《大权决断总法》《国库内部法律》《敬强护弱之法或据两造申诉判决之法》以及吐蕃三大法律即《狩猎伤人赔偿律》《纵犬伤人赔偿律》《盗窃赔偿律》中有相当丰富的刑事法律内容为主的诉讼内容。主要有重视调查和取证，司法官的职责与公正执法，无法取证时采取发誓来神明裁判，补充立法的完善。

1. 取证方式及对证据制度的分析

吐蕃赞普社会时期的人们因射箭而导致他人受伤害，不论他们的身份是相同还是身份等级不同，都以命价决断。“无论丧命与否，放箭人发誓非因挟仇而有意射杀，可由十二名公正且与双方无利害关系的担保，连同事主本人共十三人，共同起誓”等，这种取证和运用证据的方式符合古代神明裁判做出的证据制度。神明裁判方式的证据制度是奴隶社会时期典型的证据制度，但是为了确定案件的本质即故意杀人或伤害人与过失行为导致了对方身亡或伤害的后果，包括行为人在内十三人共同起誓。从

担保形式来看，远远超出了神明裁判证据的范围。

2. 抓获野兽应分得之标准

（1）数人对一个猎物中箭后分配方式的规定。

《狩猎伤人赔偿律》规定：在狩猎中，由于几个人一起狩猎，对猎物的分配上发生纠纷，如何解决类似纠纷制定了相应的法律，如猎物的大小和实际射箭的先后次序以及射中的具体位置等规定了获得猎物身体部位的那部分肉或皮、骨架等的分配方式方法非常完善。具体讲，一头牦牛（一般指公牛）以射六箭为计算，头一箭射中者得牦牛的右侧下部肉、右边的牛皮、全部肋骨、尾巴、心脏、胸脯、舌、一半血和筋胳。第二箭中者可得左侧下部肉及皮、一半血、内腑、膀胱和四肢筋。第三箭中者得右侧上部肉。第四箭中者得左侧上部肉。第五箭射中者得后肢，第六箭射中者得前肢。

一头母牦牛以三箭为计算。头一箭射中者得左侧下肢肉一拃，弧形割下，右边的牛皮、尾巴、心脏、胸脯、舌、一半血、肛门和筋胳。第二箭射中者可得左侧下部肉及皮、一半血、内腑、膀胱、脊椎下部位肉和四肢筋。第三箭射中者得颈部骨头和四蹄。麝和野驴以下，羚羊以上，以两箭为计算。头箭射中者得皮、心脏、胸脯、舌、一半血和筋胳等。第二箭射中者得颈部皮子、大肠、内腔的膀胱、肝、一半血和脊梁肉等，以上规定详细又具体，规定了打猎过程中发生纠纷的解决方式，这样避免了因为共同捕杀猎物而引起的纠纷。

（2）野兽被箭中，是谁射的箭，其判断的依据作了规定。

在前面我们知道由于射的箭及箭的先后次序不同而获得猎物的肉不同。那么如何区分也成为关键的问题。该法规定，谁的箭射中了，从动物身上能够看到，射箭者按先后次序分配。该法规定，在区分时不能以手中握箭为依据，必须以射中及先后次序为依据。为了避免有人偷箭，而说成是自己的，又作了射中的箭不能偷窃，如果发现一人偷箭，应偷一箭罚两箭的规定。当然，如果箭从地上拾的就不算偷，知道箭的主人后还给失主即可。

（3）故意放走围起来的野兽的处罚。

吐蕃《狩猎伤人赔偿律》是一种刑民一体、实体与程序没有划分的法律，同时也是把道德的内容用法律的方式规范人们行为的一种规范性法律文件。对违法者的惩罚来看，除了上述民事部分外，有驱逐、笞板、挖眼、徒刑、死刑等刑罚。从证据的运用上，主要具备了神示证据制度的特点，也可以看得出法定证据制度的萌芽。从上述特点看出，吐蕃法律属于诸法合体，法律制度不够完善，但是从当时的历史来分析，无疑对解决纠纷及维护统治阶级的利益起到了积极的作用。

第五节

吐蕃赞普时期的司法制度

吐蕃赞普时期的行政组织与军事组织划分成五大翼、18 个军政机构、61 个千户、三尚四伦、英雄三大军部等。另外，和平时期临时组成的吐蕃议事会议机构及以上行政组织和军事组织在自己的权限范围内，都具有侦查、监督、执法、逮捕、控告、审判等司法权。吐蕃赞普时期的司法审判大权与制定法律等严格执行赞普的命令以协商为基础，尚和伦的意见伴随着严密的议事会议制度发挥作用。根据吐蕃三十六种大法的规定，当时的吐蕃赞普制定了国家军政机构和地方军政机构的组织法。中央到地方的最高统帅是吐蕃赞普政权，吐蕃中央行政机构中最重要的组成部分恭论系统即朝中的三尚四伦辅佐赞普主持日常国政，他们分工负责议政、立法、判事、主兵等。吐蕃中央行政机构中的另一个重要组成部分即囊论系统，主要负责吐蕃赞普时期国家的内政事务，包括财政、税收、统计、预算、民事、赞普的饮食起居、国库的开支、王宫的安全保卫等等。

吐蕃赞普时期占领河陇之后，在这一地区设立了青海、鄯州、河州、凉州、瓜州 5 处节度使，吐蕃占领下的河陇地区在节度使衙署有节度使、大司法长、都护（悉编）、节度使辖境都僧统等官员负责审案。敦煌吐蕃文书 P. T. 1089 号《吐蕃官吏呈请状》记载凉州节度使衙署内有“大司法长”一职，这应是主管凉州节度使辖境内司法诉讼的最高官员。吐蕃文书 P. T. 1078 号《悉董萨部落土地纠纷诉状》记载瓜州节度使衙署大理法司审理沙州悉董萨部落窦廓庸与王贵公兄弟土地纠纷案件。P. T. 1081 号《关于吐谷浑莫贺延部落奴隶李央贝事诉状》记载河州节度使衙署大理法司审理张纪新与慕瓦罗部落、莫贺延部落关于奴隶李央贝归属的诉讼纠纷。P. T. 1084《博牛诉讼状》由理刑官主持审理张夏夏与李登奴之间的购牛纠纷。这里的瓜州、河州节度使衙署大理法司和理刑官也就相当于凉州节度使衙署的大司法长，吐蕃在西域也设有法官，新疆出土的吐蕃简牍记有“任命尚论悉诺热为法官”。他们似乎主要负责民事案件的审理，是吐蕃刑部尚书的下属官员。①

吐蕃赞普时期的第三个权力组织是司法官员组成的喻寒波系统，其职责掌管吐蕃国家司法事务的职官系统，属下一百名大臣，负责各类案件的审理和法律编纂及执法等相关的司法事务。还参与吐蕃国家的一切行政、司法、审判大事。吐蕃赞普时期从中央到地方的喻寒波系统是执行法律和承担司法审判的任务，他们为国家征收赋税和执行各种法律外，其中最重要的职责是公正执法，公平正义地审理案件。另外，吐蕃中央和地方的行政、立法、司法各级官员同天下兵马都元帅，还有吐蕃基层政权机构为五个如的如本即地方军政一体的首脑，负责如内的行政、司法和军事事务，五个如的如本即地方军政一体组织下有很多千户和百户等，与上级其他官员合作负责各自辖区的包括执法、司法在内的各种事务和军事法规等任务。

纵观吐蕃赞普时期的法律，是维护赞普的权威和政权的稳固，打击危害封建统治的犯罪行为，进而为保护吐蕃民众利益的重要工具。其利用原始苯教与佛教统一和教化民众的思想，规范人们的言行。藏族本土宗教苯教的传承与后期引进外来的佛教自不断传入青藏高原以后，在藏区得到了广泛传播。随着藏传佛教为主其他教派为辅助的崭新的本土化藏族宗教思想形成后，政教合一制度给整个藏区社会，包括政治、经济、教育等各方面以极大影响，在法律制度方面也是如此，都以佛教理论思想为立法依据，在法律条文中浸透了神权法观念和教法教化思想。传统佛教认为“最高最好的族姓是王族，其次是贵族，”这无疑提供了吐蕃封建国家建立后王权统治的理论依据。

吐蕃赞普时期的法律制度或藏族法律文化是客观社会历史环境的产物，有其客观性，然而研究者有其主观能动性，有其主观偏好和个人兴趣，现有的研究成果已经受到不同程度的意识形态的影响。在研究藏族法制文化的思考中，正确处理主观性和客观性的关系，严格把握第一手藏文史料及第二手资料的价值判断关系等对于科学地研究藏族法制文化具有举足轻重的意义。一方面，我们需要对藏族法制怀有一种对文明历程的正确理解，对藏族法制富有感情、充满关爱和客观因素进行评价分析；另一方面，我们应恰当而发自内心的表达情感，避免个人价值观的强化和泛化。尽量排除时代意识形态和偏激思想观点的干扰，在此基础上，注重通过研习珍贵藏文文献和考古发掘及田野调查相结合的方法获取第一手资料，了解实情，才能保证吐蕃赞普时期的法律制度在内的藏族整体法制文化研究的科学性。我们应当尊重和理解藏族古代社会已经拥有见死不救法律、赔偿命价的方式废除死刑、杜绝冤假错案等法律的客观存在

---

① 参见陆离：《吐蕃统治河陇时期司法制度初探》，载《中国藏学》2006 年第 1 期。

和自然流变，尊重藏族人民在青藏高原用辛勤劳动创造的一切人类文明成果，而非主观图解、率性而一世的愚昧为之。

综观我国古代社会各朝推动法律制度，不难看出，历朝历代的统治者都十分重视各领域的立法，并希望运用法律武器惩治贪腐在内的各种犯罪，确保官吏清廉，依法治国，这就形成了我国古代社会以治国理政为主要内容、独具特色的廉政法律制度与执法为民的法治精神。特别是唐代和吐蕃赞普时期，对司法人员徇私枉法如何治罪等各民族的精英们遵循了“国君死社稷，大夫死众，士死制”的中华法制文明理念，而且历朝历代的治国为民的各种立法，律文简约，规定细密，组成了一张令贪官污吏望而生畏的恢恢法网，虽然在实施的程度上各有差异，但对于维持吏治，发挥着官僚以身作则执法为民应有的作用，保证国家机器的正常运行和社会安宁起到了一定的积极作用。

“以史为鉴，可以知兴替”，这是古人对于历史和人类文明史的价值做出的千古不朽的判断。这条古训也影响着我们从事法制史研究的取向。“我一直认为中国法制史学研究的虽然是过去，但面对的却是现在和未来。在四千多年的中国法制文明历史中，蕴含着丰富的治国、理政、明法、卫民方面的历史经验，科学地对其加以总结，对于建设社会主义法治国家具有重要的意义。”① 正是基于这种理念，使中国法制史学泰斗张晋藩先生引领的团队和他指导的弟子们学习钻研藏族法制史等中华 56 个民族丰富多彩的法制历史文化时，重在传承和发扬中国法制历史经验借鉴的主题。因为，中国法制历史经验借鉴的主题成果都是我中华民族优秀的法文化成果，历史雄辩地证明了中华民族优秀的法文化成果是中华各族共同缔造的，凝聚着汉族为主的藏族等各少数民族的法律智慧。尽管不同的民族在不同的时代对中国法制的贡献有所不同，但都反映了其作为中华民族大家庭一员的历史责任。②

综上所述，对包括吐蕃赞普时期的法制文化在内的藏族文化和历史知识进行全方位的深入研究解读，不但可以为弘扬中华民族文化增添活力，同时对传承民族精神，凝聚民族力量，加强民族团结，夯实民族经济，推动小康社会，维护一个强大的中国社会稳定具有一定的现实意义。当下我们不忘本地传承发扬历经数千年而从未中断过的包括吐蕃赞普时期的法制文明在内的中华法制文明的历史经验，使我中华法律思维、法律智慧、法律理性乃至法治图景能够为全面推进国家治理现代化的依法治国方

① 张晋藩：《镜鉴心语：法史研究中的古与今》，厦门大学出版社 2012 年版，前言部分。
② 张晋藩：《镜鉴心语：法史研究中的古与今》，厦门大学出版社 2012 年版，第 137 页。

略、建设社会主义法治国家继续发挥作用，以实现传承和传播中国古代优秀法制文明的原有价值。因此，要推进史无前例的“法治中国”建设，就需要以本土化的法治基因培育56个民族共同缔造的中国法治的社会根基为立足点，重建适合中国本土的价值观体系，重塑世界视野下的中国体制机制，重组适应中国国情、民情的社会结构和塑造公民性品格，以此推动社会主义“法治中国”或法治国家的早日实现。

第八章

吐蕃赞普时期的民事法律[1]

①特参见阿旺：《吐蕃法律综述》，载《中国藏学》1989年第3期。徐晓光：《藏族法制史研究》，法律出版社2001年版。许多研究吐蕃法律文化的学者，都在借鉴阿旺先生这篇文章之内容和观点。

历史上的吐蕃赞普王朝，随着统治区域的扩张，把自己统辖的农业区域从西藏扩大到青海、甘肃、四川、云南等地适宜农耕的河湟区域。尤其在吐蕃王朝强盛时期，曾经向西域进军，与中亚民族、突厥各族、大唐王朝统治下的甘肃陇右安西四镇发生战争；多次发兵到青海，最后征服了吐谷浑；然后又动员吐蕃王朝大部分的主要兵力，争雄西域。经过几代吐蕃赞普的努力，通过东西两线（东线经吐谷浑、白兰故地、柴达木、阿尔金山，过鄯善、且末而入西域；西线经羊同、勃律、护密，过葱岭而入西域）的包围，在咸亨元年（670），吐蕃赞普王朝第一次占领了西域的安西四镇，此后的170多年间，整个西域都在吐蕃王朝手中。① 这一时期吐蕃赞普王朝统治下的农业区域非常辽阔，随之而来的是众多的民族、文化、经济结构的新一轮调整，吐蕃赞普命令贤臣立即制定比较详尽的法律制度和行政措施，不但推动了当时的农业和经济发展水平，也促进了军队的强大和政权的巩固。

农业和经济的发展不但催生了比较完善的民事法律制度，也推动了一个民族乃至一个时代的法制文明的进步。美国著名的法人类学家霍贝尔认为，“农业文化在法律的发展中有着特殊的作用，‘真正严密的法律是随着农业部落的发展而发展起来的。’其原因在于，‘农业经济出现以后能够维持较大数量的人口生存在单个的公社以内。更重要的是许多公社之间加强团结，从而保持平衡。’这就使人际关系复杂化，而农业劳动中土地的固定使用，产生了动产和不动产，从而产生了相应的人的法律，这使‘实体法就变得非常重要’，‘这也迫使存在于社会之中的司法机构越来越健全，越来越专门化了’。‘这样一来，法律就在不断地发展，其影响也不断扩大’”。②

作为古代吐蕃赞普时期法律体系中重要的组成部分，吐蕃社会的民事法律有着自身独特的内容。作为维护本民族经济基础和民事权利，为维护一定的所有权制度和可能产生的商品关系、婚姻关系、财产继承关系等领域的法律规定，能够体现出以调整其所有制关系和其所反映的人身关系和财产关系的重要内容。主要是由吐蕃赞普社会高层通过赞普诏书和各机关或各级官吏针对吐蕃全局的经济、人身、婚姻、财产领域的民事纠纷案件的处理规则，以及通过藏族古代社会特有的议事会议制度中盟誓后宣布的决定或法规演变而来，另外由地方各级官吏针对各自的统辖区处理大小事务时，

① 参见王尧：《从敦煌文献看吐蕃文化》，原刊于《南京栖霞山石窟艺术与敦煌学》2002年10月。

② 〔美〕霍贝尔：《原始人的法》，严存生等译，法律出版社2006年版，译者前言部分第7页。

征求吐蕃中央君臣意见后制定的各种民事领域的习惯法，还包括诸法合体的各种法典和契约表现出来的内容等，构成了吐蕃赞普时期法律体系中具有藏族本土法文化特色的民事法律制度。

第一节

吐蕃赞普时期民事权利的主体与客体

一、民事权利的主体

吐蕃赞普时期的民事主体的权利是由其在吐蕃赞普时期社会生产关系经济关系中的地位所决定的。它和其他民族和地区的古代民法一样，吐蕃赞普时期的民事法律也有自然人和法人的区分，但主要是团体和个人的划分。团体主要有吐蕃赞普家族、王室、贵族集团、部落、寺院、千户、百户、奴户等；个人则有赞普、官僚贵族、宗教领袖、农牧业者、手工业者等。

（一）团体

1．赞普、王室和贵族集团

赞普、王室和贵族集团及参政议政的高层僧人集团代表着吐蕃王朝政权，赞普、王室和贵族及参政议政的高层僧人集团是全吐蕃最大的土地、牧场、庄园、寺院、最低等级的奴隶等生产资料和生产关系的所有者，土地、牧场、庄园、寺院、最低等级的奴隶等的所有权归赞普、王室、贵族、参政议政的高层僧人集团所有，并始终保有对土地、牧场、庄园、寺院隶属财产的处分权，可以随时撤回分给其他有功之贵族官僚和农牧民的土地和牧场。

2．部落

吐蕃赞普时期的部落早已从氏族血缘组织演变成地域组织和部落组织，部落间的联系不断增多，以部落或部落群体为单位进行牲畜饲养、人口交换、劳动力的再次分配等比较普遍。部落或部落群体的生产资料牧场、庄园、土地、奴仆等是由赞普和王室授予的，通过部落组织的需求和中央及地方各级官员分配给平民和各等级的奴隶耕种，向吐蕃赞普中央到地方各级行政组织交纳赋税，上交乌拉、完成差役。

3. 寺院

吐蕃赞普时期的寺院也占有大量的土地和奴户，贮存大量粮食，财物，良田厚利任其占夺，寺院参与商业贸易和借贷、放债。寺院的所有权主要集中在宗教领袖手中。8世纪后半叶，赤松德赞率先用分封庄园的传统方法，赐给寺庙一定限额的农田、牲畜、财物等供养外，又赐给每名出家人7户人丁，并会盟誓约，勒石立碑，成为定制。① 这主要是为了稳定吐蕃王朝时期的寺院秩序，也是对参政议政的宗教领袖的一种尊崇和重视，最终目的是为赞普政权和王室贵族利益效力。大多数情况下，寺院享有独立的管理系统和组织体系，一般不派差税、不受世俗法律惩处的特权。由于寺院得到赞普王室的扶持，寺院和僧侣集团成为特殊的另一套政教合一的法人或经济财团，在效忠赞普与王室贵族的基本权益的前提下，一直享受免除赋税、差税、兵役、劳役等的特权，而且是受中央赞普、王室贵族和臣民及供养的特殊社会组织，具有相对多的自治权，包括遇到寺院和僧人相关的切身利益的诉讼纠纷时，寺院还有较大的司法审判权。

4. 奴户

这是吐蕃王朝时期赞普、王室和贵族赐给中央及地方的其他各级官僚贵族庄园时，随牧场和土地而安置的以“户”为单位的农牧民。他们是一般的平民，大多数是身份低下的贫苦奴隶，吐蕃时期的奴隶按照当时的经济状况分类很多。吐蕃王朝赞普、王室贵族，“与这一集团相对立的便是平民、耕奴、庸、武士等。尽管这个被统治阶级又划分成 许多阶层，但他们始终处于被压迫和被剥削地位，他们和统治集团之间有着不 可逾越的鸿沟。《狩猎法》明显规定，其一，大论等赔偿命价相同之人彼此因射箭而伤或亡，亡则不必以命相抵，赔偿银一万两，伤则赔偿银五千两。其二，大论本人以及与其赔偿命价相同之人，被‘大藏、以下、平民百姓以上之人射中，不论是否死亡，均将被告之子孙一并杀之，以绝其嗣。不仅在同一法律关系中对不同等级的人，特别是对所谓的‘践民’适用不同刑法，而且在其他社会关系中对于不同等级的人同样持之以不平等”②。一般当原主人犯法被处以死刑的平民和奴隶，其原主人

① 巴卧·祖拉陈哇：《贤者喜宴》摘译，黄颢摘译注，载《西藏民族学院学报》1981年第2期。

② 仁青：《吐蕃法律初探》，载《西藏研究》1983年第4期。

的产业无人继承时，平民和奴户有权选择新的主人，这在《狩猎法》中有诸多的规定。一般平民与奴户在主人占有生产资料，而且不完全占有其人身权的条件下，已不是权利的客体，他们已经有了自己的生产工具和自己的经济收入。①

（二）个人

1. 赞普

吐蕃赞普时期赞普是国家的代表，是特殊的民事权利主体，赞普有自己的府库，是国家财富最大的拥有者。

2. 贵族官僚

赞普、王室将一些牧场、土地、牲畜、奴隶等赐给贵族官僚，一部分作为在职时的薪俸田。国家也把奴户所用的生产工具褒奖给贵族功臣，为其牧业和耕种土地，有效管理牧场牲畜和土地等主要生活战备资料。他们一般是吐蕃王朝各级官吏、各地寺院的宗教领袖、农牧场主、部落头人、万户长、千户长、百户长等，他们的牛羊成群，占地广阔，经常以雇工放牧和农耕、出租牲口和牧场及奴隶等作为主要的经济发展形态和经营方式。

3. 农牧民

“西藏畜牧业的发展大约有几千年的历史，从有史可考的文献记载和考古发现的资料两方面来看，如 从昌都卡若遗址和拉萨曲贡、昌都香贝石棺葬等遗址中出土的大量骨制工具，如骨锥、骨针、骨斧等器物，以及牛、羊、马、鹿、獐、猪、鸡、犬齿等动物骨骼的发现，说明西藏早期畜牧业的发展是从狩猎业发展起来的。”②

吐蕃赞普时期，农牧民主要是相对一般平民而言的，是吐蕃封建社会中数量最大的民事权利主体，他们在民事法律关系中占重要地位。但吐蕃统治下农牧民的人身是不自由的，国家可以把他们赏赐给贵族功臣，也可以通过部落组织进行管理和奴役。农牧民从部落农田官那里领得国家的一份土地和牲畜从事农牧生产，所谓“分群以牧，分田以耕”，就必须向国家和各级贵族寺院承担兵役、赋税和劳役，他们是国家赋税的重要承担者。对大多数农牧民来说，通过王朝的管理，他们不仅领有一块牧场、

---

① 王尧、陈践译注：《敦煌古藏文文献探索集》，上海古籍出版社 2008 年版，第 328—329 页。

② 次旺：《从吐蕃篡鲜的劲殉鲜习俗探 吐蕃王朝叻朝的畜放业》，载《西藏大学学报》2003 年第 1 期。

土地和一些牲畜，而且有生产工具、房屋和帐篷等生活资料，有自己的经济收入。

4. 庸奴

在藏文木简中有耕奴受田的记载。对贵族官员来说，耕奴受田可以保证其取得比一般农民多的土地和牲畜。藏语中“庸奴”是与武士相对而言的，在战时从事随军的后勤工作，平时专门从事农牧生产和家务劳役。他们领有一小块土地，已经不是奴隶，人身关系上已摆脱了人格奴性。在完成了地租和徭役的情况下，维持着自己的经济生活。庸奴虽然从经济关系的客体变成了主体，但民事权利能力受到严重的限制，仍然受王室和贵族的随意分配。

5. 手工业者

吐蕃赞普王朝建立以前，吐蕃社会就完成了畜牧业与农业的分离，农业和畜牧业中有人专门从事手工业生产。金、银、玉、宝石、铜制品、铁制工具在古代吐蕃社会生产和生活中得到广泛使用。尼泊尔赤尊公主和大唐文成公主、金城公主入蕃，将印度和中原的各种民族手工业技术传给藏地。到后期，尤其是中原的工艺技术，如纺织、制墨、造酒、冶铸、造纸、竹编、水磨、蚕、碾、奶制品加工技术也不断传入吐蕃地区。公元7至8世纪中后期，尼泊尔、波斯、西域、印度等国的手工业技术和冶炼业及门域木工制作相继传入吐蕃社会。这些手工业技术的互动交流，很大程度上有力地促进了吐蕃王朝社会手工业的快速发展。吐蕃王朝时期，各行业都有一批具有专门技术行业资质的工匠，他们一般以家庭或部族为单位世代相传，为当时的王室、官僚贵族及僧人寺院等各级吐蕃领主服务，那时有的手工业制造兵器作坊还由吐蕃当局直接管理。他们有特定的地位和收入，享有一定的权利，同时也承担繁重的义务。简言之，吐蕃王朝社会里，手工业成果主要体现在军事、生产与生活等几个方面。①

二、民事权利的客体

吐蕃赞普时期牧场、土地、牲畜、雇佣奴隶经营的一切生产商或资料及所有权归吐蕃赞普和王室贵族所有，所以分得的田地和草场不得买卖，不能进入流通交易领域。更重要的是，在吐蕃赞普时期自觉形成的游牧生产生活习惯对高原土地、牧场的保护作用绝不亚于现在的环境保护法。从古代西藏农牧业生产所处的状况来看，青藏

① 陈庆英、高淑芬主编：《西藏通史》，中州古籍出版社2003年版，第61页。

高原的农牧业都处在完全依靠自然阶段，农业和畜牧业的相互依赖，适应了古代西藏河谷平原少、绝大部分地方为高寒草原的环境特点，充分发挥了草场和农田各自在青藏高原上人们生产生活中的作用，同时也减轻了古代藏民族对具有脆弱生态环境的草原和农田的过度开发，从客观上保护了藏民族赖以生存的青藏高原之环境基础。这种在特殊环境下形成的自然的本民族生活、生产习惯法规则，促成了古代藏民族延续至今在青藏高原的生态平衡和环境保护习惯规则方面做出了突出的贡献。

古代藏族农牧区传统经济的主体——畜牧业一般是依赖水草而频繁移动的游牧业。因为西藏高亢的地势、寒冷的气候使其广阔的草原上植被极为稀疏，大多数草原植被覆盖率较低，植株高度低，产草量少，因此，为保证畜牧业的顺利发展，只有频繁的、及时的搬迁放牧。在古代，这一生产方式就已出现，《旧唐书》《后汉书》中就说“所居无常，依随水草”，“其人或随畜牧而不常厥居”。

随水草、随季节搬迁放牧是高原游牧生活的基本特点。藏民族在长期的畜牧生产实践中，总结出了一套具有科学价值和实践意义的游牧方法，人们根据海拔高度、地形条件、风力大小、草质好坏、水源充沛、牲畜适宜、气候适当、生活便利等，将天然草场按季节进行划分，对不同的草场确定不同的利用时段，调整了高原畜牧业随季节变化为主，春夏秋冬不断迁移的生活、生产关系，使高原上的草场都能够得到充分的利用和休养生息，防止了条件好的牧场过度的放牧，而条件差的草场的不予利用，使西藏草场资源得到了最大限度的利用和开发。传统的放牧制度以冷季（冬春）和暖季（夏秋）两季转场为主，也有春秋转场用的短期过渡性牧场。各地有不同的牧谚传播这种游牧的规律，藏北有“春放水边，夏放山，秋放山坡，冬放滩”；藏南则有“春季牧场在山腰，夏季牧场在平坡，秋季牧场在山顶，冬季牧场在阳坡”。藏东北牧区则有“冬春季放滩，夏秋季上山”。在传统的游牧生活中，轮流放牧还不能完全解决藏族农牧区畜牧业特别是冬季畜牧业牧草缺乏的问题，为此，藏族牧民普遍实行冬宰和秋季储草，以减轻冬季草场的压力，帮助畜群度过冬季难关。

这种传统牧业冬宰的习惯在藏区已有悠久的历史，在吐蕃王朝以前流行在雪域的原始苯教曾进行较大规模祭祀。按照《空行益西错杰传》的记载，这种宗教每年秋天要进行“鹿角祭”，将许多公鹿一起杀死，取血肉献祭，冬天要举行“本教神祭”，将牦牛、绵羊、山羊等公畜各三千头杀死，将牦牛、绵羊、山羊等母畜各一千头活活肢解，以血肉献祭①。这一大规模的“本教神祭”，不管其在本教中的含义如何，从

① 东嘎·洛桑赤列：《论西藏政教合一制度》，民族出版社 1986 年版。

客观上起到了对畜牧业的保护。因为大量的冬宰可以解决冬季饲草缺乏的困境，使畜群安全过冬。特别是，宰杀的公母畜比例为3∶1，事实上提高了畜群中母畜数量，使牧业生产在夏秋季节牧草肥美之时能得到更迅速的发展。这一“本教神祭”的做法和传统牧业生产中冬宰极其相似，应该说冬宰习惯和“本教神祭”都是适合西藏当地特殊的牧业生产环境、保护牧业生产得到持续发展的手段之一。当然，西藏干旱的气候条件，使肉类在冬季极易风干，风干后的肉能较长时间的保存，也为冬宰的普遍施行提供了可能性。这种生活方式减少了藏民族从自然界获取资源的数量，从而也就保证了尽可能少的改变环境的原生性，使人和环境长期的和谐相处。①

在吐蕃赞普王朝之前，根据当时的户籍资料和注定的申状，能进行民事流转的财产主要有牲畜、粮食、布匹、衣服、草料、宅舍、作坊和劳动工具等。吐蕃王朝时期的财产流转逐渐扩大到经济商贸领域，作为商品交换的还有金、玉、银、铜、铁、丝织品、器皿、宗教法器等。吐蕃赞普时期在统辖区颁布各种法律的同时，制定了详细而发达的度量衡制度，以保证商品交换的等价便利，促进经济的发展。金银货币是财产的标志，进入贸易、贮存、借贷过程，钱贷为贮存和流转的重要财产，牲畜、农牧民工具、青稞和各种手工艺品成为整个吐蕃赞普时期的商品，这些必然成为吐蕃民事法律为主的其他各部门法保护和调整的民事权利的客体。总之，吐蕃赞普时期民事权利客体方面的立法具有一定的法理学意义。

第二节

吐蕃赞普时期的物权法律制度

一、土地、牧场的所有权和占有权

吐蕃赞普时期民事法律中规定的物权制度是以土地和牧场及狩猎场的所有权为核

① 参见朱普选、朱士光：《西藏传统文化中蕴涵的环境保护因素》，载《西藏民族学院学报（哲学社会科学版）》2004年第7期。

心的。吐蕃赞普时期，实行土地和牧场赞普、王室贵族所有制，赞普、王室将土地和牧场赏赐给贵族官僚及有功之臣，通过奴户为其耕种，负担向国家交纳赋税和向贵族交纳地租的义务。吐蕃赞普时期政权十分明显的特点之一是特意分封功臣，通过赞普与被分封的领主举行盟约的方式来巩固其政权。被分封的土地的所有权仍然在赞普王室手里，即实行土地赞普王室所有制。如《尚蔡邦江浦建寺碑》记载："设或一时尚·聂多子嗣断绝，一切所辖之土地，所领之属民不再收回，亦不转赐他人，均增赐为此神殿之顺缘，如此颁诏矣。"① 这样，当时的一般农牧民可以从赞普、王室和贵族等各级领主那里领得一定数量的牧场、土地和牲畜从事生产，但也要对王室和贵族承担赋税和劳役。一般农牧民草场、田地的分配、生产的组织、赋税、劳役的征收都由部落或相应的组织承担。吐蕃赞普时期各级行政组织都设有"牧场官"和"农田官"以及"会计官"，专门管理草场、土地事务。赞普王室以保有其对土地、牧场的处分权而转移其占有、使用、收益之权的方式，把所有从赞普、王室领受土地和牧场的封建领主掌握在自己手里。吐蕃赞普时期的王室土地所有制体现在以下几个方面：

第一，各级贵族官僚占有牧场、土地等大量生产资料是受吐蕃赞普政权限制的，往往根据贵族与王室的关系和功劳的大小而有差异。在占田和牧场数目、占田和牧场的授予与收回上，占田和牧场的使用必须服从赞普政权的安排上，都由赞普王室来决定。

第二，中央及地方的各级行政组织分给官僚享用草场和田庄，并通过牧场和土地征税作为一定的收入来源，官吏退职可以贵族的微分继续享用经营，但中央及地方的各级行政组织有权随时收回和分配给其他有功之臣。在从吐蕃各地部落或部落中拨出一部分牧场、土地给地方官员进行分配，又指派固定的奴户为其放牧和耕种开发，其收获归官员，作为担当官职的薪俸，有时还要上供赞普与王室贵族。

第三，将一部分牧场、土地、林园、牲畜分给平民甚至身份低贱的奴隶，使吐蕃赞普政府参与和指挥对奴婢的管理和剥削。

第四，所分牧场、土地、牲畜等生产资料由吐蕃王朝时期的各级行政组织登记造册，归入档案，并据此征集赋税。《吐蕃简牍综录》62 号简中记载："兔年秋，统计尚论所属民户从事农事者，哪些田赋已交，哪些田赋未交，赋欠者唱名登记。"②

① 《吐蕃金石录》，中央民族学院语文系藏语组编译，第 155 页。

② 王尧、陈践：《吐蕃简牍综录》，文物出版社 1986 年版。

二、其他财产所有权

另外，还有其他财产主要包括牲畜、奴隶、布绢、粮食及农牧收获物和货币等的调整管理。吐蕃赞普时期财产所有权的取得，主要有褒奖、封受取得、继承取得、孳息取得、买卖取得、断入取得等。

三、契约制度

吐蕃赞普时期随着农牧业经济的快速发展，私有制也有了较大的发展。尤其是吐蕃赞普政权占领敦煌后，由于该地处于当时商贸枢纽地段和丝绸之路的交通要地，商品交换相对发达，又是一个农业高度发展的地域，所以，在敦煌发现的吐蕃文书中各种形式的契约非常丰富。

1. 吐蕃赞普统治敦煌期间的契约结构

（1）契约的时间。

吐蕃统治敦煌时期的契约把每件借贷的日和月进行了认真的标注，甚至是一些简单的付款或共券也不例外。在所有的官方文献中，契约时间的表达方式如下：年号/甲子纪年/月/日。如：P. 4053V°2f. 1：天宝十三载（754）。或者 P. 3192V°2：大中十二年（858），动产质。①

（2）借贷者。

在时间之后是请求立契人的名字："某某，XX 地方人，为无线用，遂于某某人边上举取钱 X 文。这清楚地表明他是恳求者，是他表示借意，也是本契约订立的缘由。"②

（3）借贷的原因。

借贷的原因可以多种多样，但"在一件枯燥而程式化的文书中，陈述某人申请借贷的原因，似乎是多余的。事实上，这并不是细枝末节的小事。写上原因是为了明确

---

① 参见〔法〕童丕：《敦煌的借贷：中国中古时代的物质生活与社会》，余欣、陈建伟译，中华书局 2003 年版，第 10 页。

② 〔法〕童丕：《敦煌的借贷：中国中古时代的物质生活与社会》，余欣、陈建伟译，中华书局 2003 年版，第 10 页。

双方的力量对比关系”①。

（4）保人。

在敦煌契约中，对于担保义务履行的人，有两种不同的称呼：“保人”和“口承”（口头或私人担保）。②

（5）契尾格式与署名者名单。

2. 吐蕃赞普统治敦煌期间的契约的分类

（1）借钱契约；

（2）借绢契约；

（3）借地契约；

（4）借粮契约；

（5）借牲畜契约；

（6）买卖契约；

（7）消费契约；

（8）雇佣契约；

（9）请负契约；

（10）有息和无息契约。

吐蕃赞普时期的契约采用两种形式：一种是书面的契约。《木简》中有这样的记载：“这团毛线已在‘乞力德’前过称，有十五两多，我摁了指印交与‘乞力德’。证人拉乡部落之……盖章。‘乞力德’也特地摁了指印。”③ 可见，双方对签订契约是十分细心谨慎的。契约首先在双方当事人合意之下写成书面文字，由双方当事人摁手指印以示契约得到了双方承认，并且，还要有证人作证并盖章。从这段记载中还看出，它可能是代理人写给被代理人的一封信，说明自己与另一当事人“乞力德”的交易已办妥。可见，当时已有了代理制度。另一种契约形式是口头契约。一般价值较小的物品的借贷和当面成交的买卖契约都用这种形式。例如，“向棚洛借垫子一张”。“向超拉借缎子一匹”。④关于买卖契约的记载更常见，这里不一一举例。我们从《木简》中看到的契约关系主要是借贷方面的契约关系，而这种契约关系主要是民间互通

---

①② 〔法〕童丕：《敦煌的借贷：中国中古时代的物质生活与社会》，余欣、陈建伟译，中华书局2003年版，第11、12页。

③④ 录自《吐着简族综录》第56、45页。

有无的主要方式，但没有看到多少债务偿付多少利息的记载，可能当时的借贷是无息的。① 另外，当时契约的种类有买卖契约、借贷契约、雇佣契约等多种形式。由此可以看出，吐蕃王朝时期的契约制度很发达。

"例如 P. 3569V°、P. 3274V°和 P. 3348V°写本上的'军仓'资助'豆卢军'。吐蕃时期的一件文书（P. 2763 +2654）提到了官仓发放的谷物借贷；但其受益人似乎都是一些押衙。唯一一份提供个人的便物历来自一个'廨仓'（P. 3370），但它在吐蕃时期之后，而且还是由僧人制订的。"②

吐蕃赞普时期的契约、经济纠纷等民事法律资料在敦煌文献汉藏两种文字记载颇多，比如在著名藏学家王尧先生的论文《从敦煌文献看吐蕃文化》中的经济文书部分写道：

"敦煌藏文卷子里有丰富的经济文书，各种契约、书函等，反映了敦煌一带的经济发展状况。P. T. 997 号是一份《榆林寺庙产牒》，详细地列举了瓜州著名的榆林大寺所属的寺庙财产和民户。P. T. 1297 记述了宁宗部一位名叫夏孜孜的向沙州著名大寺永寿寺借粮的详情：

宁宗部落之夏孜孜因无种子及口粮，濒于贫困危殆，从永寿寺三宝与十方粮中，商借麦及青稞八汉硕。还时定为当年秋八月三十日，送至永寿寺之掌堂师与沙弥梁兴河所在之顺缘库中。到时不还，或单独出走，借一还二。即或从孜孜家中牵走牲畜，抄去衣服用具，径直从团头手中夺走也无辩解，更无诉词。若孜孜不在。着其子夏冲赍照前项所述交来。中证人王悉道和周腊赍盖印，同时，孜孜自愿承担，印章加签字。（下有圆形印章四枚）

敦煌一带久经战火，生产受到严重破坏，非短时间休养生息可恢复。吐蕃占领该地后，社会虽然已基本稳定，但生产和生活却只能按照传统方式在原有轨道上进行，出现借粮度荒的现象在所难免。敦煌佛寺利用救灾之际，扩大了自己的影响，成为民间借贷中心。寺庙贷出的粮食均未见有利息的记载，足见吐蕃时期寺庙经济特点。贷粮人有'论嘘律藏卜''沙弥贝扬''论绮力赞''论诺卜赞'等有身份地位的吐蕃人，甚至连赫赫有名的洪辩大师（即《大唐沙州译经三藏大德吴和尚邈真赞》P. T. 4660 -25 和P. T. 2913 文书中的主人公），官居僧统之职也曾借贷。大概是和借粮无

① 仁青：《吐蕃法律初探》，载《西藏研究》1983 年第 4 期。

② 〔法〕童丕：《敦煌的借贷：中国中古时代的物质生活与社会》，余欣、陈建伟译，中华书局 2003 年版，第 89 页。

息，人们乐于利用这些粮食有关。文契中出现的部落名称有‘宁宗’‘阿骨萨’等，证明在瓜沙一带部落制度已经成为社会上公认的组织结构。契约中没有出现银钱借贷，可能和瓜沙陷于吐蕃后唐币不流通，民间只能以粮食作为交换手段有关。这与汉文文书中大量出现的‘便麦’‘便粟’的契约相一致。我们还可以再列举一些经济文书：P. T. 1111是一份有关瓜沙地区的粮食库存及开支清单，P. T. 1203、1104、2127，均为民间借贷文书，P. T. 1086猪年购房基契，P. T. 1094鸡年博牛契，P. T. 1297虎年借马契，P. T. 1096鸡年制匾契，P. T. 1297收割青稞雇工契。对以上文书的深入研究，大致能勾勒蕃占敦煌时期的经济关系和状况。”① 这种借贷类繁多的契约制度不但证明了吐蕃王朝时期具有发达的经济和民事法律，也反映了当时吐蕃赞普统治下的敦煌地域之农业经济非常繁荣的景象。

第三节

吐蕃赞普时期的侵权行为

吐蕃赞普时期民事法律中的侵权行为制度是在各种不同性质的行为交错及各种不同性质的赔偿方法交叉使用中逐步产生的。许多民事侵权行为和制裁方法是由犯罪行为和处罚方法分化而来的，从这一点上讲，吐蕃赞普时期的侵权行为制度也很发达。在各国古代法律中，刑事上有故意和过失之分，凡是故意伤害人身和财产的，皆引起刑事后果，有时附带民事后果。但过失就不同了，有些刑事上的过失逐渐演化成民事上的过失。吐蕃赞普时期的部门法律根据不同人的等级身份，规定了赔偿命价与赔偿血价的经济赔偿制度，有些是刑事附带民事责任，有些就是由民事赔偿方法解决的。

① 王尧：《从敦煌文献看吐蕃文化》，载于《南京栖霞山石窟艺术与敦煌学》2002年10月版。

一、侵权行为负担民事责任的依据

1. 起誓与盟誓等神明裁判形式下侵权人的民事责任

《狩猎伤人赔偿律》很多条款都规定："……因狩猎等射中，中箭人不论死亡与否，放箭人起誓非因挟仇有意射杀，可由十二名担保人，连同事主十三人共同起誓。如誓词属实，其处罚与《对仇敌视律》相同，不必以命相抵。"① 说明区分故意和过失是决定刑事惩罚或民事制裁的重要依据，而重要的诉讼程序环节就是起誓和担保人做担保。敦煌吐蕃写卷书 p. t. 1096 号《亡失马匹纠纷之诉状》载，一使者将马放在巴尔高驿站，但笼区长官、驿丞等将马抢走，放在驿站，托词丢失，不还马匹。司法机关责令被告，"汝等起一洁白之誓（即真实之誓言），谓'我等绝未盗马'。敢起誓就照价赔偿，不敢起誓，依法制裁。"② 起誓就按民事方法制裁，不敢起誓则处以刑罚。这类侵权行为负担民事责任的依据具有一定的法理学理论基础，应该进行深入研究。

2. 违法不作为

这是吐蕃赞普时期的法律对应作为而没有作为的行为追究其相应的民事责任的制度。如《狩猎伤人赔偿律》规定，当有人受到牦牛等动物的侵害时，在场的人都有救助的义务，而不能见死不救，否则须承担相应的民事责任。对前去采取救助行为人之作为的认定并不以达到目的为标准，"……无论是尚论陷于牦牛身之下或平民陷于牦牛身下，一方将牦牛引开，或用毡片逗引走，或用绳牵走，或驱打逐走，无论试图用何法引开，逼近牦牛而未能救成，以致陷于牦牛身下者死去。死则死矣，救而未成，不应惩罚"③。以致被救者死去，救而未成，不应负民事责任。在见死不救或连带责任等方面，这类是否造成侵权的认定依据也颇有法理意义。

二、对侵权行为的民事制裁

1. 杀人赔偿命价与伤人赔偿血价并付医药费、食品费

吐蕃赞普时期非常发达的赔命价作为刑事附带民事制裁或尊重生命权的文明法律

---

①③ 王尧、陈践：(敦煌本《吐蕃法制文献》译注)，载《甘肃民族研究：增刊》1983 年 8 月版，第 8、17 页。

② 王尧、陈践译注：《敦煌古藏文文献探索集》，上海古籍出版社 2008 年版，第 279 页。

制度，在吐蕃赞普时期的法律中规定得非常周详。偿付受害人医药费和食品费属于刑事附带民事制裁的直接义务，《狩猎伤人赔偿律》规定："因狩猎射箭，一人中流矢身亡，射箭人务需赔偿相应的命价。议定后，按应该赔偿之数付给，身中流矢而亡，付给一只肉羊作为医药、食品之用"。还规定："无论是给死者之命价，还是给伤者医药、食品银，不管是谁，缺一两将处以死刑。"① 这种民事制裁是以严厉的刑罚为后盾的。总的来讲，吐蕃赞普时期非常完善的赔命价制度，证实了当时刑法理论思想的进步和民事赔偿及侵权责任追究制度等方面先进立法与司法理念，我们应该借鉴或继续深入研究。

2. 赔偿

这种财产制裁应属于民事制裁，但吐蕃赞普时期的赔偿渗透到了各部门法领域。如《贤者喜宴》载："盗窃王室财物偿百倍"，盗窃王和寺院之财物偿80倍，盗属民财物偿8倍等，前述《亡失马匹诉状》中"敢起誓，照价赔偿"，都是有关财产制裁的规定，都说明了当时赔偿制度之发达，经济性刑罚或轻刑化刑法理论与司法实务的发展方面，具有借鉴意义。

3. 给付检举费、援助费

这是由上述侵权行为引发的民事赔偿问题，是吐蕃赞普时期提倡法律要伸张正义的标志。吐蕃赞普时期的这种法律规定及立法精神，使鼓励人们揭发非法行为，一般用赔偿金钱或财物、牲畜的一半奖励告发者，以示法律和正义的畅通。《狩猎伤人赔偿律》规定，大尚论等命价相同之人射箭，被射中未死，射箭人赔偿五千两，受害人、告密人平分。赔偿金的一半是侵权者给付检举人的。给付援助费的目的是鼓励人们相互救援，树立见义勇为之法律与道德的双重正义。《狩猎伤人赔偿律》援用吐蕃习惯规定："被救者要将已女作为礼物相酬，无女则以妹相酬，无女无妹而不受则需赠银或赠马"。对援助赔偿的具体问题，法律规定的很细致，如在牦牛身下救人，援救者和被救者俱亡，给援助者送葬时送优厚的物品。被救者未死，则以一定数额的银两为报酬。还规定：一人陷于牦牛身下，无论救助者是多少人"均按法律规定将应得之银两悉数分完了事"②。

①② 王尧、陈践：(敦煌本《吐蕃法制文献》译注)，载《甘肃民族研究：增刊》，1983年8月版，第14页。

第四节

吐蕃赞普时期的婚姻家庭法律制度

人类从自己的经济生活中看到了近亲婚姻的恶果，远亲结合的益处。人类智慧开明地把这一法则也运用到自己的婚姻生活中，以使婚姻健康圆满。吐蕃赞普时期的婚姻法律制度也不例外，以往的吐蕃社会时期至现代藏族社会严禁血缘家族通婚，既使过了五服也不行。乱伦者不齿于人类，受到家族严厉的惩罚，或处死或驱逐出家园，永远不许在邻近地域出现。整个社会唾弃乱伦现象。

在以往的吐蕃社会和藏区社会里，男女交际较自由，性生活也不受大的限制，婚姻很少受经济条件、部落隶属、地域环境的影响，这就为健康圆满的婚姻创造了良性循环的环境。而人格平等、生命平等，又为男婚女嫁和招赘上门铺平了观念方面的坦道。赘婿及私生子不受社会的歧视，生男生女社会地位平等、经济权力平等，寡妇和老姑娘不遭社会舆论的非议，这种健康的婚姻氛围促成了婚姻的健康文化传统。从人类学的角度来认识，藏族人头脑健全、骨骼发育完善，心态开朗明净，极少痴呆和先天性畸育，身体素质较好。这都得益于牧业经济对婚姻生活的影响。①

一、婚姻形式

吐蕃赞普时期社会的婚姻形式是多种多样的，除了一般的聘娶婚、买卖婚外，还有原始婚姻的遗存，如抢夺婚、一夫多妻、一妻多夫等。抢婚是指未征得对方和亲属的同意，用抢夺的方法强娶女子为妻。从史料中反映出，吐蕃赞普时期的人们在其占领区经常用抢夺民女的手法来达到与女子婚配的目的，这类婚姻形式当时比较常见，由此产生的法律诉讼案件也不断增加，同时也引起吐蕃王朝时期占领区统治者长官们

① 参见尕藏才旦：《高原地理与青藏文化圈》，载《西北民族学院学报（哲学社会科学版）》1996 年第 3 期。

的重视，为此召开专门的会议并发布告示，以禁止或取缔这种抢夺民女为婚的行为。① 敦煌吐蕃写卷文书。P. t. 1083 号卷子，即是这类告示中的一件。其内容如下：

亥年春，大论于陇州会议上用印颁发之告牒。兹据唐人一部落使秉称：此前，沙洲汉户女子每为发，孙波（部落）及个别尚论以婚配为名，抄略而去，（实则）多沦为奴婢。反己属赞普之子民均一向上峰呈报，不得随意抄掠，应加“通颊之女子，不予别部落婚配，而允于部落内部婚配”云云等，据此（尔后）不准无耻之辈持印牌前来择配，而允其自行择偶。

告牒如上，用印发出。②

史料中也反映出当时不但有抢婚还有买卖婚姻的形式，它是将女子作为婚姻关系的客体，用财物作为价金购买或对于债权人以债务折抵换取债务人的妻妾、女儿为己妻妾以及当做奴婢使唤的行为。如敦煌吐蕃写卷书 p. t. 1077 号卷子中就有这样的记载。当时的吐蕃赞普社会底层，人们因无力偿还债务，而被迫将自己的妻室、子女卖给债权人为妻的事常有发生。③

二、婚姻范围

吐蕃社会时期已排除族内近亲婚姻关系，严格实行族外婚姻制度，这从吐蕃王朝时期的姓氏上能得到印证。当时的吐蕃人通常在自己的名字前贯以姓氏，如娘氏、蔡帮氏、韦氏、农氏等。它表示在一个部落或家族婚姻集团内存在着不同的氏族成员，采用不同的姓氏。藏语称“若（骨血）”等相同姓氏的人，他们之间不能通婚，说明他们原本为同一血族，是同一氏族的后代。这些相同氏族成员之间严禁通婚。④

（一）父母的主婚权

吐蕃赞普时期的婚姻必须遵从父母之命，非常重视父母的主婚权。他们的话不能违抗，否则会被认为“不孝”。遵从父母之命是当时吐蕃社会习俗和家规的要求，也

①③④ 参见阿旺：《吐蕃法律综述》，载《敦煌古藏文文献论文集》（下册），才让等主编，上海古籍出版社 2007 年版，第 452、452、453 页。

② 王尧、陈践：《敦煌吐蕃文书论文集》，四川民族出版社 1988 年版，第 45 页。

是当时的习惯法和家法族规所严格要求的，因而父母的同意与否也成为缔结和解除吐蕃人婚姻关系的法定前提条件。父母做主成立的婚姻，子女不得擅自改变。

（二）法律公开确认一夫多妻制

一夫多妻是吐蕃赞普时期，王室贵族阶层社会普遍存在的一种婚姻关系。赞普、王室贵族及官吏大多数实行一夫多妻的婚姻关系，并得到了当时吐蕃法律的认可。《狩猎伤人赔偿律》中的亲属范围包括“妾媵”。

对吐蕃社会妇女来说，必须严守贞操，并且用严刑约束。《贤者喜宴》说：“继之，得有流言飞语道：‘王妃及戒心好的尼姑同阐卡贝云有染’，于是（赞普）遂口谕；‘当以法律制裁’。其时王妃与戒心好的尼姑极为痛苦，因而自杀身亡。”①

以上这种婚姻制度对男子来说，多娶妻妾得到法律确认，而对妇女则强调严守贞操，对当时的妇女来说社会地位低下，确实没有公平可讲。

（三）填房制度

填房制度又称“转房制度”，是原始公社群婚制的残余，是吐蕃赞普社会婚姻形态中的一种婚姻法律特征。在吐蕃赞普时期，填房婚姻或转房婚姻制度具有它本民族的典型特征。如吐蕃法律文书《敦煌吐蕃文献选》P．T．1071卷对此有明文规定：“绝嗣之家，其妻室有父则归其父，无父则归其兄弟近亲。”② 以上文献资料说明妻子在丈夫死后，其家人为了更好地抚养安排与前夫留下的子女，为了给子女留下一份亲情等人文关怀，以及为了避免家庭财产的分割，为了本氏族男方家庭财产免遭损失，可以把这些妇女和儿女连同其家产作为一种特殊的财产来继承。如果仍有生育能力，就必须填房或转房给死者的同胞兄弟或近亲。填房制度或这种转房制度是原始社会时期群婚制的残余，在吐蕃赞普时期，这种填房或转房制度已经改变性质。因为妻子是男方用钱财物娶来的，丈夫死后，自然应该在家族或血缘关系的部落内部转让，使男方家族或家庭的财产不会受到损失。这种填房制度或转房制度一旦形成，转房之事男性认为理所当然，对被填房或转房的女子而言是一种应尽的义务。总之，这种婚姻制度不仅在吐蕃赞普时期比较常见，而且在民主改革前后期的西藏、青海、四川、云

---

① 巴卧·祖拉陈哇：《贤者喜宴》摘译，黄颢摘译注，载《西藏民族学院学报》1981年第1期。

② 王尧、陈践译注：《敦煌古藏文文献探索集》，上海古籍出版社2008年版，第327页。

南、甘肃等藏族农牧区依然少量存在。这种婚姻制度重在维护家族内部的财产和延续及巩固整个本家族的实力。①

三、亲系

吐蕃赞普时期特别重视亲系关系。亲系是指人类亲属之间的血缘关系，其分类已经在吐蕃赞普时期的法律中有明确的反映。直系血亲或旁系血亲、父系和母系、尊系和卑亲等。从吐蕃赞普时期的法律反映出，吐蕃早已有亲系的概念，并对亲系进行分类。且一些法律关系的发生，也是依据亲属关系为前提而存在的。如《狩猎伤人律》规定："银告身尚论本人与银告身者之祖，父及颇罗弥告身尚论子侄及叔伯昆仲，无告身者诸人及继母、儿媳、妾媵、未婚之妹等，被别人因狩猎射中，赔偿相同。"②

从上述吐蕃赞普时期规定的法律条文中，亲属可作以下分类；

（1）直系血亲和旁系血亲。直系血亲指具有直接血缘关系的亲属即生育自己和自己所生的上下各代的亲属，法律条文中的祖、父、子等都是直系血亲，而旁系血亲指具有间接血缘关系的亲属，即非直系血亲而在血缘上和自己同出一缘的亲属，如未婚之妹等。

（2）尊亲属和卑亲属。尊亲属是指辈行在己位之上的亲属，如祖父母、父母、继母、伯、叔、姑等，卑亲属是指辈行在己位以下的亲属，如子侄、未婚之妹等。

（3）男系亲和女系亲。亲属关系以男性为中介联络的，称为男系亲，如伯叔父。亲属关系以女性为中介联络的，称女系亲，如母亲之兄弟，藏语称"阿相"。③

四、亲属关系在法律上的效力

（1）行政法上的效力。吐蕃赞普时期，官吏的选拔，告身的授予以及其他荣誉的获得，都与亲属关系有着密切的联系。血缘关系是继承各种特权和门第的依据，在吐蕃时期母系娘舅就可以执掌大权，如藏族大相蔡邦萨专权等。据《吐蕃金石录》记

---

①③ 参见阿旺：《吐蕃法律综述》，载《敦煌古藏文文献论文集》（下册），才让等主编，上海古籍出版社 2007 年版，第 453、454 页。

② 王尧、陈践：（敦煌本《吐蕃法制文献》译注），载《甘肃民族研究：增刊》，1983 年版，第 8 页。

载："论达札路恭之子孙后代，无论何时，地久天长，赐以大银字告身，永作盟书证券，固若雍仲。赞普后事每一代之间，诏令'大公'之子孙中一人充任内府官员家臣以上职司，并可常侍于赞普驻牧之地。"① 再如《敦煌本吐蕃历史文书》载："义策之一子将受绝不低于金字告身之封赐，………"②

（2）刑事法律上的效力。在吐蕃赞普时期不但官吏、有功之臣享有法律上的特权和资格，同时这些特权也荫及他们的整个家族亲属，而且官位、告身、立功等越高，亲属关系扩延的范围就越广，吐蕃赞普时期的法律所赋予的特权也就越多。③ 如《恩兰达札路恭记功碑》规定："苟'大公'之子孙对赞普陛下不生二心，其他任何过错决不处于死刑，若被依法判处任何刑罚时，亦予以原料处减轻一等而加以保护。"④以上吐蕃赞普时期的这种亲属关系在刑事法律产生效力而加以保护的事实，这是很多民族在古代特权下创设的一种根深蒂固的刑法权，至今影响着我们的法治进展，值得深入研究。

（3）诉讼法上的效力。在吐蕃赞普时期的奴隶制社会里，在适用法律上也因亲属身份有许多特别程序和特别规定，亲属间互相告发检举的规定就是其中之一。⑤ 如："若我之兄、母、弟及子孙之中有任何一人产生异心时，立即向赞普袒露其有异心，决不跟产生异心之兄弟为伍；其他人若对赞普心怀二志，我定将此事袒露。"⑥ 这样的例子比较多见，尤其是臣民为了忠于吐蕃赞普，诉讼法上产生这种效力，臣民主要以盟誓和实际行动向赞普保证他们的忠心。

第五节

吐蕃赞普时期的财产继承法律制度

人类社会的继承制大约产生于私有制社会时期，处在奴隶制时代的吐蕃赞普也是

①④ 转引自杨士宏：《藏族传统法律文化研究》，甘肃人民出版社 2004 年版，第 40、41 页。

② 王尧、陈践译：《敦煌本吐蕃历史文书》（藏文），民族出版社 1980 年版。

③⑤ 参见阿旺：《吐蕃法律综述》，载《敦煌古藏文文献论文集》（下册），才让等主编，上海古籍出版社 2007 年版，第 454、455 页。

⑥ 王尧、陈践译注：《敦煌本吐蕃历史文书》（藏文），民族出版社 1980 年版，第 139 页。

如此。但由于吐蕃所实行的法律具有诸法合体的特征，其继承范围也就不能形成一个相对独立的部门法显得那么完善。因而只能从各部门法律条文中零散地规定继承方面的约定俗成之习惯法律。① 如《狩猎伤人赔偿律》中规定："另一半奴户、牲畜留给其子女、妻室。如无子则归其父，无父，其奴户之半，不能予其兄弟近亲。妇人与牲畜之半则予其亲近兄弟。"②

分析以上法律条文内容，我们可以发现，吐蕃赞普时期的法律对继承人的范围、继承的顺序、标的都做了规定，其大致可以分为传统的亲系财产继承和其他财产继承。③

一、继承人的范围

依据当时吐蕃赞普时期的法律规定，父母、子女、兄弟、妻室、近亲都在继承人的范围之内。

吐蕃赞普时期的法律中明确了父母遗产的法定继承人是子女的相关规定。

子女与父母的亲情、经济、抚养、赡养的相互关系和责任义务，子女未成年之时，一般由父母照顾培育抚养，受父母监护和教育。子女成年后，一般要承担起赡养父母的法定责任。吐蕃社会里如果丈夫死去，按规定妻室完全可以继承已故丈夫遗留的遗产，这种民事法律规定符合人类进步的继承权制度和婚姻家庭法律关系。

父母与子女之间的抚养、教育等的关系，也确定了子女的遗产父母可以继承的法律关系。

兄弟姊妹近亲之间，是旁系血亲中最近的亲属关系，他们也有承担未成年弟妹的抚养责任和教育义务。因而吐蕃赞普时期的法律将兄弟姊妹等近亲属也规定到继承人的范围。④

二、继承的顺序

吐蕃赞普时期的法律详细规定了继承的顺序。如子女和妻室优先继承；第二继

①③④ 参见阿旺：《吐蕃法律综述》，载《敦煌古藏文文献论文集》（下册），才让等主编，上海古籍出版社 2007 年版，第 455 页。

② 王尧、陈践译注：《敦煌吐蕃文献选》，载 P. T1071 号。

承者才是父母，最后的继承者才是兄弟姊妹等近亲属。这是因为，吐蕃赞普时期，妻室既有继承丈夫遗产的权利，也负有转房的义务。如其拒绝转房，其继承遗产的权利也随之被剥夺。这种继承权有利的保护了妇女的财产权，不得不说是一种进步。①

三、继承的标的

在吐蕃赞普时期的继承法律规范中，继承的标的不仅限于财产、王位、告身，官职及相应的特权也都被视为继承权的标的。②

第六节

吐蕃赞普时期的债权债务

吐蕃赞普统治敦煌期间的粮食借贷能够比较详细地反映敦煌社会的某些债权债务关系。吐蕃统治敦煌时期的“债权人（谷仓和富人）及其顾客（农民、僧人和寺院），他们各自的角色是出借方和借贷者。这可以让我们在某种程度上明确双方在敦煌社会中所处的地位、个人和集体之间关系的性质，以及某些佛教机构的经济作用和社会影响力。”③

经过对吐蕃赞普统治时期敦煌地区的粮食借贷的分析，结果有四种不同的债权人，其中有三种债权人是机构组织④。把这些债权人分类如下：

1．都僧统司的仓库

这是敦煌地区佛教界的监护组织，吐蕃赞普统治敦煌时期的一个重要的债权人。

2．寺院的谷仓

这是敦煌当时的一类债权人，是某些寺院的佛账所，它掌握着佛物与常住财产的

①② 参见阿旺：《吐蕃法律综述》，载《敦煌古藏文文献论文集》（下册），才让等主编，上海古籍出版社2007年版，第455、456页。

③④ 〔法〕童丕：《敦煌的借贷：中国中古时代的物质生活与社会》，余欣、陈建伟译，中华书局2003年版，第51页。

管理权。

3. 仓司及其顾客

是常住处，各寺院自己的组织，也享有放债的权力。

吐蕃赞普统治敦煌时期的众多寺院在规模、人数和财产方面有很大的差异。“在吐蕃占领初期，沙州有9所僧寺和3（或4）所尼寺。有些是古老的（大云寺、龙兴寺、灵图寺和开元寺是僧寺，灵修寺和大乘寺是尼寺），其他是新建的，或至少是只在这一时期以后的写本中才被提及”①。

4. 私人和债权人

是当时的一种债权人，主要指当时的一些私人、僧尼、世俗官员等个人。

通过对吐蕃赞普统治时期敦煌地区的粮食借贷的分析，结果有四种不同的债务人，当时在敦煌社会里，“绝大多数的粮食借贷者的社会经济阶层是固定的，即从事农业的人。它不仅包括两类农民：寺户和百姓，也包括一些称为僧的和尚”②。

吐蕃赞普时期已经有了商品交换和债务关系，在敦煌藏文写卷中有各种用途和形式的契约。法律规定由契约而发生的债务和因损害赔偿而发生的债务。债权人和债务人双方以牲畜、粮食等一定债务关系为内容，由协议双方确定权利与义务的关系。表现在形式上有口头性债权债务关系，也有书面协议。在敦煌吐蕃写卷中，有各种用途和形式的契约。编号为P. T. 1095的写卷是敦煌出土的吐蕃文献之一，原件已流落至国外，现收藏于法国巴黎国家图书馆。无标题，字体为藏文楷体。全文共13行、27句、222个藏文字符。P. T. 1095号写卷是迄今尚未公开发表的一件敦煌吐蕃文书，是一份购牛契约书。该契约条款完备、债务关系明确，既有担保人，也有吐蕃高官做证人，涉及三个民族、两个部落，都是学术界未曾重视过的新问题。契约反映了8世纪左右吐蕃统治敦煌时期的民间商品交易活动和民族关系，以及藏语文的通用语地位。敦煌出土的吐蕃文献P. T. 1095号写卷古藏文汉语译文如下：

“兔年仲冬时节，在吐谷浑玛噶朵金部落之森努鼓布处，王广星购买了一头牛，其毛色和角状为：黑牛长角、胸肚花亮。此牛今后若被他人错认或

① 788年的S. 2729写本，就是依照惯例编制的这一时期的僧尼籍，即寺院人数的登记；见藤枝晃1959，第293—295页；转引自〔法〕童丕：《敦煌的借贷：中国中古时代的物质生活与社会》，余欣、陈建伟译，中华书局2003年版，第61页。

② 〔法〕童丕：《敦煌的借贷：中国中古时代的物质生活与社会》，余欣、陈建伟译，中华书局2003年版，第65页。

由此发生任何大小纠纷，概由努鼓布担当。若发生纠纷而使此牛无从辨认，则将能顶替此牛且大小相仿的一头牛，或将产下两个牛犊之后的所生牛犊作为抵偿，立即呈送给广星。如努鼓布不在，照上述承诺，由其弟森夏苴结应诺担保。证人伦拉桑拉顿、王习塞、安星塞、张辛辛等立契约盖印，牛主和应诺人按指印。如此交易之余，若有反悔者，则先反悔者要向未反悔者立即支付4克青稞，一并承诺。”①

吐蕃赞普时期不但已经有了商品交换和债的关系，各种法律也规定允许富豪在民间放债②，从而进一步把债的关系纳入法律调整的范畴。这样民事法律中的债权债务关系和相应的民事问题在吐蕃赞普时期的社会有了较大发展。这些契约在一定程度上反映了吐蕃债的法律制度。从吐蕃法律上看，债的来源主要有两类：即由契约而发生的债和因损害赔偿而发生的债。

在形式上既有口头契约，也有书面协议。在各种契约文书中，借贷契约占绝大多数，契约中主人也就是债权人把牲畜、粮食、垫子、缎子等都作为借贷的对象放贷给债务人。契约签订后，出借人也就是债权人把借贷物交给借用人或债务人，借贷期满，借用人（债务人）要将借用物返还给出借人（债权人）。在借贷物中有一类属于种类物，如粮食等一类消费品，借出时即转移该物的全部所有权，借贷期满后，借用人（债务人）可以用同类、同数量的粮食还给出借人（债权人）。还有一类借贷物属于特定物，即出借时只能转移该物的使用权，而不能转移其处分权，借贷期满，必须将原物返还出借人（债权人），这类物品包括马、垫子、缎子等。第二类是买卖契约，它也是当时契约的一种主要形式，买卖的对象一般以动产为主，如牲畜、粮食等。P. Tlo86、P. T1296 两个卷子都属于此类契约。但是，吐蕃的买卖契约与其他形式契约有不同之处，买卖契约中规定了较为完备的条款，包括：契约的标的、数量和质量、价款或酬金、支付标的和支付价金的时间、地点和方式、违约责任等。第三类是承揽契约，即承揽人一方完成定做人所交付的工作，定做人一方接受承揽方完成的工作成果的协议。③

总之，吐蕃赞普时期的财产继承制度与债权债务以及经济类民事纠纷的诉讼制度

---

① 详见卓玛才让：《敦煌吐蕃文书 P. T. 1095 号写卷解读》，载《西藏研究》2007 年第 1 期。

② 巴卧·祖拉陈哇：《贤者喜宴》摘译，黄颢摘译注，载《西藏民族学院学报》1981 年第 2 期。

③ 详见阿旺：《吐蕃法律综述》，载《中国藏学》1989 年第 3 期。

等，从法律制度设计层面考虑的更为周详，它既能维护当时吐蕃王朝统治阶级的整体利益和社会秩序，又能考虑到吐蕃社会中个人的权利和利益。这些立法思想与法律制度对当今我国与世界的法治建设都具有一定的借鉴意义。

TUBO ZANPU SHIQI FALÜ DE BENZHI TEZHENG
JI LISHI DIWEI

第九章

吐蕃赞普时期法律的本质特征及历史地位

藏族，这个勤劳、勇敢、睿智的民族，在漫长的历史征程中，创造了极其深远和独特的法律文化。在历经千年而绵延不绝的发展过程中，它一直焕发着强劲的生命力，深深地根植于藏族独特的本土文化土壤中，不但构成了藏民族独具特色的法律思维与法律制度，而且还不同程度地影响了其他民族和国家。吐蕃赞普时期在藏民族的整个发展过程中是一个非常重要的阶段。它的法律文化影响深远，独具魅力。它既受到吐蕃本土习惯和苯教文化的熏陶，又受到中原佛、道、儒、法等文化和印度佛教与法文化的深刻影响，具有自身的本质特征及显著的历史地位。深入研究吐蕃赞普时期法律的本质特征与价值属性及其当代价值和历史影响，是探究藏族古代法律思想与法律文化及其价值作用演变过程的源泉所在。

第一节

吐蕃赞普时期的法律源于多种东方文化

吐蕃赞普时期的法制与法律文化既是藏族历史文化的重要组成部分，又是中国传统法律文化中最值得深入研究的重要的法文化内容。在研究内容的广度和纵横比较以及深入探索各部门法之间的关系问题等领域应当进一步加强。换言之，吐蕃赞普时期的法制及法律文化本身所蕴涵的现实意义与学术价值跟迅速发展的国家法学研究相距甚远。这个重要的学术问题必须引起法学界的高度关注，严格意义上讲，从中外法文化、法理学，民族法学，藏学，法制史等重要学科对吐蕃赞普时期的法制及法律文化的研究还不够深入全面。因此，我们要倍加珍惜党和国家给予我们研究中国各民族灿烂文化的大好时机，高度尊重和深入研究吐蕃赞普时期法制及法律文化的当代价值，对其中的许多问题要进行深入细致大规模地调查研究，这对丰富发展中国法文化和推动藏族等民族地区法治建设具有重大的意义。

吐蕃赞普时期的法制，它的实质内容具有文化的多种功能和层次性，它既是一种为了世界万物生命永存继续轮回的博爱思想精华之善治宗教，同时兼有一定的社会体系、哲学思想、生活方式和坚持尊重大自然规律的自然法特征。它是传承发扬藏传佛教思想和藏区社会生产生活的“脊梁”，是“善待世界万物的大慈大悲的大乘佛教精神”——这是藏族文化的文明价值所在，也是藏传佛教等藏族伦理文化秉持天地和谐、万物和谐、人与自然和睦共存的新自然法的哲学实质。

在以往的远古时代，青藏高原上的“藏民族对世界的早期认识，自然是凭自觉的。在狩猎、放牧的生产实践中，在对周围生存环境的观察了解中，他们看到物类不同却都具有与庞大生物一样顽强的生命力，从而认识到生命的全面价值、生命的竞争能力，认识到生命并无贵贱高低之分，生命的价值不在于外形、体重、大小长短，而在于内涵。所有生物各有所长，各有所短，最根本的在于自己能否适应环境、驾驭环境，每个生命在大自然面前是平等的，大自然对每个生命的待遇也是公平的。高原冷酷严峻的自然环境，又使每个生命都面临优胜劣汰的选择。只有顽强的创造力，才能使生命之树常青。生存下来的生命都具备了同等的素质，生命是平等的。这种对生命价值观的升华，可能只有在狩猎和牧业生产中才能直接领略其真谛。这种生存环境的多种特殊原因的客观存在迫使藏民族作为生产者不得不认识，不得不适应，并在此基础上调整自身的思想观念，利用行之有效的方式方法寻找自己的生存条件，规范自己的言行举止，达到本民族自身发展繁衍的最大目的。正是基于这种思想观念的认识，早期青藏高原藏族社会的宗教、禁忌、习惯、道德、法典、伦理、风俗等均朝这方面汇集，以此为基础。深刻地理解和读懂了万事万物之生命平等、尊重生命、公平竞争的思想观念成为高原藏族人民宇宙观的重要组成部分，这种文化精神与思想理念奠基了远古藏族社会政治上实行民主的盟誓制与议事会议制、军事上奉行公正的民主裁定制、法律上趋向于维护生命为核心的人格平等价值观，藏族民众人人在社会生活中有发言权和参与权以及健康宽和的氛围。同样对待大德高僧、贤能人才、大公无私者也不拘贫富高低，允许各领风骚、自由发展，这种海纳百川、有容乃大的社会氛围又为藏民族生产力的发展、社会组织的活力、经济文化的发展、科技教育的进一步推动起到了积极的促进作用。以上这种与大自然和谐一致而超脱一切的思想精神理念，还为佛教文化在青藏高原的传播、弘扬打下了坚实的基础，与佛教的伦理哲学思想‘生命平等’的主张不谋而合，为佛教教义深入藏族民众的内心深处铺垫了令其他民族羡慕不已的道路，”① 佛教文化与藏民族固有思想理念的融合，一方面培育了藏民族珍爱生命、反对死刑、赔偿命价、尊重法制的价值追求；另一方面，也塑造了藏民族维护民族平等、社会和谐、国家昌盛的社会责任感和历史使命感。

根据现有的藏汉史料和考古发现以及科学研究的结果表明，公元6—7世纪的藏

① 参见尕藏才旦：《高原地理与青藏文化圈》，载《西北民族学院学报（哲学社会科学版）》1996年第3期。

族社会正处在吐蕃部落联盟政权中的苯教文化即将与分别从印度和中原传入的佛教文化激烈争斗，逐步融合大一统的吐蕃赞普建立之际。在这一社会转型时期，原始宗教和多种伦理习俗崇拜的固有文化精神，充斥着青藏高原的藏族古代文化圈，而当时藏族各部落正处在相互征战融合的邦国时代。藏传佛教与本土苯教文化的兴起和松赞干布统一藏族部落的历史，最终结束了远古藏族四十小邦或十二大邦长期战争互不隶属的状态，使社会步入了新的文明史，实现了远古藏族分散的部落的联合并建立起统一的地方性民族国家，这在藏族历史乃至中国历史上是一件具有划时代意义的重大事件。

到了公元633年（唐贞观七年）第三十二代藏王松赞干布继承前人的事业，开拓疆土，最后终于统一了青藏高原的诸多藏族部落，建立了强大的吐蕃赞普政权。赞普松赞干布的功绩中对藏族社会发展影响最大的有两件事：一是创制藏文文字，制定成文法律；二是巩固王权，制定完善的职官和发达的行政法律制度。藏王松赞干布着手建立了吐蕃社会管理体制和法律条文，合称为《吐蕃基础三十六制》，确立了人等制度，尤其是《吐蕃基础三十六制》的刑法部分吸取佛教“五戒、十善”的思想原则，明确规定了不杀生法，法律禁止杀人、伤人，凡杀伤人的，要以死命价与活命价两种方式赔偿结案。此外，吐蕃赞普时期松赞干布又依照佛教的《十善法》，制定了各氏族、部落都应统一遵守的国家法，在《吐蕃法律二十条》的第一条中明文规定的“争斗者罚款，杀人者以大小论抵”等刑事法律部分，以及芒松芒赞时期制定的《狩猎伤人赔偿律》、《盗窃追偿律》、《纵犬伤人赔偿律》等法律规范中多次规定了财产刑处罚，而且一次又一次地突出了不杀生法律内容。可见，吐蕃赞普政权当时是以佛教的伦理道德原则作为思想基础，把佛教思想、伦理道德和法律紧紧地糅合在一起，用法律的强制力量来推行吐蕃社会的伦理道德规范，复用伦理道德的基本准则强化吐蕃赞普时期法律的规范作用。① 这就充分解答了吐蕃赞普时期的法制、政治、军事等文化与藏族传统社会的伦理道德和藏传佛教教义开始融为一体，同时规定了抑恶扬善、操行正道的伦理道德行为和宗教法规。吐蕃赞普时期的法制内容及藏族传统法律文化以《十善法》为总的立法依据，奠定了《赞普准则之法》、《纯正世俗十六条及十恶法》的宗旨。另外，吐蕃赞普以《十善法》的基本原则为依据，逐步制定了影响后世藏族法制文明的行政法律、军事法律、民事法律、物权、契约、侵权行为、婚姻家庭、财产继承等的具体法律内容，这些内容几乎囊括了中华传统法律文化所涉及的等级特权

---

① 孙镇平：《清代西藏法制研究》，知识产权出版社2004年版，第32—33页。

法的一切内容和特征，这就决定了吐蕃赞普法制及后世藏族法律文化是宗教礼仪、伦理道德规范和世俗习惯法规范融为一体的特点。包括赞普的诏令、盟誓制度、王室贵族颁布的法律和法令、调整藏族人民行为规范的口耳相传、世代相袭的习惯法和民间法的内容也涉及了实体和程序等诸多方面。所规定之法律结构严谨、文字简明、注疏精确、内容完备、程序分明，相继规定了一系列“因时、因地、因俗制宜”而著称于世的法典。吐蕃赞普法制及藏族传统法律文化在内容上主要有三大类：即等级特权的王法为代表的国法，宗教戒律250条为主要内容的宗教法，吐蕃普通民众人身和财产方面的民法和伦理道德法，内容涉及善待奴隶、重视证据、审查证人资格、验收审判程序、司法体制、诉讼制度、证据制度、执行制度、审判习惯、监狱制度等具有接近现代法制意义的各种成文法。其中最发达的是藏族的刑事法律文化，尤其是藏族本土化的伦理道德思想和藏传佛教不杀生精神为核心的赔命价刑事法律文化。而这种吐蕃赞普时期的法律所确定的制度，一直被后世封建农奴制法律所沿用和继承。吐蕃赞普时期制定实施的藏族“赔命价”习惯法不仅历史悠久，而且体系和内容非常完整。

第二节

吐蕃赞普时期的法律主要以佛教理论作为立法的指导思想

吐蕃赞普时期的法律以藏族固有的苯教文化、传统习惯、伦理道德以及佛教的“五戒十善”为立法原则，吐蕃赞普建立初期，松赞干布率领文武百官依据《十善法》制定了吐蕃赞普治国理政的一系列法律法规和伦理道德准则，包括《法律十五条》、《七大法律》和《人伦道德十六净法》等。吐蕃赞普初期的立法指导思想与大唐赞普最初的立法思想有着相似性，如明法慎刑，以宽仁治天下；德礼为本、刑罚为用；法条简约，保持稳定；人有所犯，一断于律等。在吐蕃赞普与大唐赞普只要触犯五戒、十善、五刑、十恶内容者，从国家法层面依法定刑，但当时实行宽减刑罚的政策，这是中国刑法制度的重大变化，反映了社会的发展和汉藏法制文明的进步。古代吐蕃赞普时期的松赞干布主持制定的所有成文法律和芒松芒赞时期制定的所有成文法律以及赤松德赞时期制定的成文法律都以伦理道德和佛教戒律为主要指导思想，《西藏王臣记》载，“法王赤热巴坚又运用先祖在世时制定法律之绳，束缚上下贵贱等人之心，使其不致成为野马，任性奔驰。由于执法甚严，使邦土安宁，法治事业，普及诸方。……谓王之法律能依教法而行，而诸上下臣民，又能听从王命，故得此安乐也。此言颇合实际之情。至于所谓法律，据西藏耆宿者言，世俗政事，大体内容有三十二制，其中第十九制为根本大法，大法中有《王位最尊法》《金色鹿形法》《赞普范例法》《审讯定案法》《三宝宗教法》《王妃内廷法》等分为六法。凡恶者罚，善者赏，强项者压之低头。”①吐蕃赞普时期颁布的法律法规中还包含了大量有关父母、老人、恩人、贤才、大德高僧、妇女、儿童以及善待平民百姓等伦理道德准则内容，强调了弱势群体权益的保护，如吐蕃赞普《基础三十六制》根本大法之一的《六大政要法律》中明文规定要“奉行十善，舍弃非十善”。吐蕃赞普时期始终没有改变《十善法》、“法律二十条”、“人伦道德十六净法”等作为立法的依据和基本原则，要求藏族民众遵行守法，使历代吐蕃赞普同全国臣民均奉行不悖。

第三节

吐蕃赞普时期重视以诸法合体的法律手段全面调整社会关系

吐蕃赞普时期颁布制定的《法律二十条》和《基础三十六制》等根本大法中既有行政法、刑法、民法、诉讼法、军事法、道德法、宗教法、盟誓等各种习惯法律关系的内容，又有经济法、统计法、度量衡标准法、税法、婚姻法律关系的内容；既有程序法的规定，又有实体法的规定；既有调整吐蕃赞普统治阶级赞普君臣与被统治阶级百姓和奴隶等之间的法律关系，也有平民百姓与奴隶和再奴等被统治阶级之间的法律关系，又有调整君臣间、王室与贵族间、中央与地方官吏之间种种的规范和统治阶级内部关系的法规。从立法上讲，随着吐蕃赞普政权的稳定，吐蕃社会遵照执行的《十善法》《法律二十条》《人伦道德十六净法》上升为法律推广到世俗社会，这样一方面可以通过国家法律推崇和提倡佛教，另一方面又可以把原始苯教内容和佛教思想

① 五世达赖喇嘛：《西藏王臣记》，刘立千译注，西藏人民出版社1991年版，第47页。

内容作为巩固自己统治的一种强有力的手段。吐蕃赞普时期的《法律二十条》几乎每一条都贯穿着佛教教义内容、道德准则和伦理规范的宗旨。如直接规定崇信佛教的内容有："要虔信佛、法、僧三宝"（第5条），"要行笃厚，信因果，忍耐痛苦，顺应不幸"（第12条），"要处世正直，是非难判断时，对神发誓"（第20条）等。吐蕃赞普时期的法律大量利用佛教经典戒律统一人们的思想行为，将佛教信仰习惯与伦理道德标准上升为法律法规以强化人们的言行举止，推动了吐蕃赞普社会的稳定发展。

在总结吐蕃赞普时期的法律思想后，吐蕃赞普中央集权制一直推行的诉讼法律方面起誓的举证制度，以及强调证据属实的十二人或多人作证发誓等神明裁判制度，盟誓会议诉讼程序等得以建立。吐蕃赞普时期的民法中开始区分书面契约和口头契约，还积极倡导提高诉讼效率，相应的司法制度也日渐发达。这些法律制度对巩固吐蕃赞普的政权统治和社会的稳定发展以及促进民风淳厚方面发挥了极大的作用。

第四节

吐蕃赞普时期逐渐否定苯教，全面重视佛教思想内容在社会生活中的作用

吐蕃赞普时期随着政权的进一步巩固，统治者开始认识到原来西藏固有的苯教已经不适应政治统治的需要，古代吐蕃赞普时期的文化同其他民族的传统文化一样，当时的佛教中也有部分内容认为"最高最好的族姓是王族，其次是贵族，佛教可以普度众生，解脱人们于苦海之中，拯救灵魂"等思想，提供了吐蕃赞普国家政权建立后王权统治的理论依据，成为吐蕃赞普提高王室权力的思想武器。由此，在古代吐蕃社会佛教得到了统治者的信仰和提倡，佛教的"五戒、十善"演绎成法律条文作为立法的依据和指导思想。

为了加强和巩固吐蕃赞普时期的政权，松赞干布开始起削弱了苯教的影响，它是守旧势力所支持的西藏传统宗教，他对佛教实施了以国家法制原则扶持的措施，先后为尼泊尔公主、文成公主修建了大昭寺、小昭寺、十二神殿以及查拉路甫石窟等。但这些石窟寺院在当时仅仅作为供奉佛像、佛教教义的宗教场所，并没有佛教僧侣住持，当然也没有合乎佛教戒律的仪式规范，更无法谈及僧侣集团的形成了。在吐蕃赞

普赤松德赞的大力倡导下，以桑耶为基地，大力弘扬佛教，分别从印度请来莲花生、寂护等传教大师，还从大唐和周边国家以及民族地区邀请了许多知名高僧进行深入的佛法交流。他还亲自主持兴建了桑耶寺，该寺院是吐蕃赞普第一座拥有佛、法、僧三要素的寺院。它修建完成后由精通五明的寂护作亲教师，为巴色朗、藏勒竹、麻仁钦却、昆鲁益旺波、巴赤协、恩兰吉娃却央、白若杂纳等7人剃度，并举行了庄严而神圣的受戒仪式。藏族历史上最早的以佛教戒律受戒的出家僧人就是他们，在历代的藏文文献中一般被称作“七觉士”。继“七觉士”之后，在吐蕃赞普中后期也出现过不少具有坚定信仰和智慧思想的人出家为僧。时隔不久，吐蕃赞普政权的三大法王之一赤松德赞以国家制定法形式做出了维护寺院及僧人的宗教法规的规定：凡是出家的僧人，生活的一切所需都可以从国库中直接支取，并且免除该僧一切差役。这些法规使吐蕃赞普首次出现了不同规模的僧人集团，并由此建立了僧伽制度和颇具规模的僧人专修场所。

吐蕃赞普时期佛教僧侣集团的出现，使得教法与民法初步分离，同时，向寺院的高僧主持管家等赋予了审判决断寺院和僧人涉及的各种案件。在中国大唐历史上，唐赞普初期，因为引进佛教文化的缘故，唐朝也同吐蕃赞普一样，在国家法层面上，王、公、贵族、官僚、豪富、大佛道寺院主持管家等大地主阶层居于支配地位。这个时期，唐蕃两朝的农民、编户、庶民、佃客、部曲、不同等级的贱民等都是社会生产的基本承担者。“自吐蕃社会以国家法意义上的僧人集团形成以来，僧人集团、俗人集团在政治、宗教之间所反映的社会现象，则始终成为藏族社会无法回避的两大课题。当时，吐蕃赞普时期的民法着重于规范俗人社会，而僧人在当时的社会上处于一种特殊的地位则很少受到‘民法’的约束。而‘教法’则有僧、俗两个守法主体，俗人以《十善法》为主，以‘善’来衡量‘天理良心’，使佛法成为人们的道德法规。久而久之，在民间形成二法并用的现象。僧侣是一个比较封闭的社会团体，则以不同的修行次第受不同的戒律约束。当吐蕃法律不断完善，佛法不断普及之际，”①僧侣集团开始受到王室贵族的大力支持，逐渐重视佛教理论思想进行立法建制，促进了吐蕃赞普时期所规定的国法、教法与民法初步分离，相应的财产权制度和民事法律制度也日益得到发展。

---

① 参见杨士宏：《吐蕃法律的文化渊源》，载《中国藏学》2003年第3期。

第五节

吐蕃赞普时期法律以等级森严的特权法重点保护中央集权、赞普权位

吐蕃赞普时期制定颁布的成文法律中，赞普、王室贵族、各级大臣、高层宗教集团人士、中央与地方各级官吏等不同等级适用不同法律标准。吐蕃赞普时期以君臣官僚为核心实行等级制度，主要维护赞普、王室贵族、各级大小官吏、王权亲信及宗教人士等上层社会的权益。这种严密的等级关系从吐蕃赞普时期的金、银、玉、铜、铁的告身制度，以及吐蕃时期的赔命价和赔血价按身份高低来判断赔偿数量的大小等可以看出等级特权法的基本规律。吐蕃赞普时期的法律宗旨与唐律相近，贵贱有等、亲疏有分的思想，不仅赋予吐蕃赞普政权下的王室、贵族、官僚、大德高僧法律上的种种特权，就是普通人也以财富身份确定罪名和量刑，盛行同罪异罚。这时期，为了强有力地维护统治阶级利益，吐蕃赞普和大唐赞普在国家法内容中，具体规定了谋危社稷、侵害集权制国家利益的谋反、谋叛等重大犯罪行为，被列为刑法十恶的主要内容。侵犯皇权和赞普权力之大不敬等罪名内容、伪造皇亲国戚及贵族大寮的玺符、制书等均属严重犯罪，一律判处死刑等非常严厉之酷刑。从吐蕃赞普时期颁布施行的《吐蕃三律》可以发现以下原则：①吐蕃社会以佛教不杀生为基本立法指导思想规定的赔命价只适用于过失情况，对故意杀人则不适用；②案件中的致害人与受害人身份彼此相近时，首选赔命价的方式解决；③案件中的致害人身份高于受害人时以赔命价了结，但第一要维护好吐蕃赞普皇亲国戚的基本利益，若致害人身份明显低于受害人时，则不论受害人是否死亡，致害人一律处以死刑，还要株连子孙，抄没家产；④案件中的致害者和受害者的身份高低不同，命价的数目相差悬殊，从一万两到十两不等的赔偿标准。这一切证明了大唐赞普与吐蕃赞普社会的法律内容中具有诸多维护统治阶级利益的思想基本原则。

吐蕃赞普时期的法律与唐律一样极力提倡皇权、父权，以“君为臣纲、父为子纲、夫为妇纲”作为立法与执法的主导思想，把维护赞普权、父权、夫权作为法律的根本目的和任务。吐蕃赞普时期的《十善法》《法律二十条》《人伦道德十六净法》

《基础三十六制》《六大政要法律》等有关侵犯赞普权力、危害其人身安全、有损其权威尊严的罪名遍布各篇，但处死刑相对唐律少，而赔命价、血价这些等级森严的赔偿罪名和刑罚使用多而好比唐律中的死刑，其相关的条文不止几十条。吐蕃赞普时期的法律还有一点与唐律也非常相似，根据家国相通、治国必先齐家的儒家理论，确认和维护家长在家庭中的统治地位和“孝以事亲”的伦常道德是吐蕃赞普时期法律的又一重要任务，但它还有一个任务是维持供奉吐蕃社会寺院及僧人。赞普赤松德赞时期，考虑到自己在世时如不规定桑耶寺的寺院和堪布僧人的生活供应数量，自己死后就可能无人照应，于是打算给寺院300户寺属民户作为供养，给每一僧人7户百姓等。吐蕃赞普时期的法律还确认男女在家庭生活中的不平等地位，赋予男性以婚姻的决定权，对于夫妻间打斗伤害行为，加重对妻子的惩罚，使之置身于夫权的控制下。吐蕃赞普时期贵族、官僚无论地位高低，一旦犯罪，均可以享受与之相应的特殊照顾，有罪而赦免，重罪而轻刑，具有唐朝法制内容中八议、请、减、赎、官当、免官等的属性，这一系列规定充分显示了唐律与吐蕃赞普法制保护贵族、官僚的特权性。即便是无官无爵的普通百姓，也有良贱、尊卑身份的差别，这种差别直接影响罪名的成立和量刑的轻重。吐蕃赞普时期的法律如典型的吐蕃三律等与唐律颇有相似之处，处理亲属之间的法律关系则完全以告身制度或男权为中心划定亲属的范围和远近。

第六节

吐蕃赞普时期的法律注重赞普权力至上，维护封建土地与财产制度，严惩侵犯公私财产的盗窃行为，重教化和慎刑罚的同时，主张罪刑相适应原则

吐蕃赞普时期君臣王室贵族是最大的土地所有者，赞普将土地、牧场、牲畜等生产资料分封给大小功臣，领主们再以同样的方式将土地、牧场、牲畜分配给小领主，小领主再把土地、牧场、牲畜交给“庸奴”耕种，当然土地等生活生产资料的分封是以交纳赋税和服劳役为前提条件的，故当时社会的等级森严与利益不均衡问题非常严重，盗窃行为也比较猖獗，相应的刑法也比较发达。吐蕃赞普时期为了更好地维护上

流社会的利益以及稳定社会秩序，经常严惩侵犯公私财产的盗窃行为。吐蕃三大法律《狩猎伤人赔偿律》《纵犬伤人赔偿律》《盗窃赔偿律》中对此作了详细规定，尤其在《盗窃赔偿律》中有严惩侵犯公私财产的盗窃行为的刑法内容。

从以上几个方面不难看出，吐蕃赞普时期的法律和中原唐朝法律在本质上具有很多相同点，都把神权、族权、夫权与政权结合在一起，来服务于自己的统治。王权与族权相结合，贵族之家与国家相通，族权作为王权的重要支柱，使专制统治得以维持；国王的权力还借助神权得以加强，用佛法教义统一思想，并用法律与道德强化人们的思想和行为。随着尊重生命权之佛教思想深入传播，最初野蛮不文明的刑法开始有了轻缓化的发展趋势，见死不救之法律和赔命价等慎刑原则逐渐被人们认可并得到较大的发展。确认以男权为中心的社会统治样态，便于国家对基本细胞家庭的管理，更有利于王权的稳固。正因为夫权、族权、神权对巩固吐蕃赞普政权的专制统治有着直接的作用，因此作为王权统治的有力工具，法律也必然着力于维护夫权、族权和神权及佛教的权力。此外，反对死刑等重刑，强调宽仁慎刑，也是吐蕃赞普时期的法律遵循佛教与儒家思想一贯的主张。

吐蕃赞普时期的法律“源于佛教思想与儒家礼仪综合为出入”，佛学思想变成了吐蕃赞普时期的法律之灵魂，吐蕃赞普固有伦理道德规范披上了法律的外衣，如《十善法》《法律二十条》《伦常道德十六净法》等，从而使吐蕃赞普时期的法律成为教法、国法、民法等诸法合体之大法，巩固政教兼并下的氏族部落等级制度，就成为吐蕃赞普时期的统治者谋求长治久安的工具。

第七节

吐蕃赞普时期法制的当代价值及其历史影响

从现有的汉藏资料为视角，历史上吐蕃赞普时期已经制度化、法律化、成文化的“赔命价”习惯法不但曾作为古代藏族社会的制定法存在过，至今为藏区社会的稳定发展发挥着积极的作用。因为，有了吐蕃赞普时期丰富的成文法制的传统基础，后世历代的藏族地方法律，例如元代藏族地方政权制定的《十五法典》中的第9条、明末清初西藏地方政权时期颁布的《十六法典》中的第9条、清朝时期五世达赖喇嘛主持颁布施行的《十三法典》中的第七条都按照制定法的方式明确规定了吐蕃赞普时期颁布施行以来的“赔命价”制度的具体内容。吐蕃赞普时期制定后延续至今的“赔命价”这一藏族古老的法律制度由习惯上升为成文法律，并伴随着法律的权威而被更多的人所认可和接受。作为藏族法制文明的主要内容，藏族“赔命价”习惯法，千百年来，经久不衰，它已经在广大藏区扎下了深厚而牢固的根基，这个法制成果是藏族同胞世代相传、不离不弃的法制传统，它是藏族法治文明中的精华。它广为流传，自古以来就成为处理整个藏区即青海、西藏、甘肃、云南、四川等藏族聚居区的部落之间、村落之间、个人之间发生各种纠纷而导致杀人、伤害等命案时常用的一种刑事习惯法。基于以上论述，藏族赔命价正是定型于吐蕃赞普松赞干布执政后创立藏文文字颁布成文法律之时，完善于元明清，普及于民主改革时期的广大藏区和今天的藏区社会，尤其是藏族的《十三法典》一直沿用到新中国成立后的1959年西藏民主改革之前。① 从赔命价的性质和它在藏区社会长时期所发挥的实际作用看，这种典型的刑事习惯法在未来的藏区社会还会长期存在，并对藏区社会的稳定发展发挥更大的作用。

我国古代的边疆各少数民族和西方的日耳曼民族曾在历史上广泛地使用赔命价来解决杀人、伤人等纠纷案件。因而赔命价习惯法由来已久。我国赔命价的源头可以追溯到古代血亲复仇的习俗。血亲复仇是原始公社时代要求人们遵守的一条原则，即认为本氏族或部落的某一成员受到伤害等于具有血缘关系的全体氏族或部落成员受到伤害，因而他们都有义务为之报仇；而加害者即使为一人，与加害者有血缘关系的氏族或部落成员均负有罪责而应受到集体报复。这是一种以血缘纽带为基础的氏族或部落一体化的观念。到了原始社会末期以及进入文明时代以后，血亲复仇逐渐为支付赔偿金所代替，但在许多民族的早期社会中仍然保持这种原始遗风。我们看到，吐蕃赞普社会时期一方面仍然存留着这种血亲复仇的习俗，另一方面支付赔偿金的命价制度也早已出现。② 从古到今在少数民族法律文化中表现最为突出、影响最为广泛的是藏族习惯法中的赔命价。

从藏族赔命价习惯法的来源来看，笔者查证的大量藏文资料显示，这一制度最早的文字记载始于藏族部落社会的第一个赞普聂赤赞普之子目赤赞普时代，恰好目赤赞

① 参见国务院办公室：《西藏自治区人权事业的新进展》，载《国务院公报》1998年第6号，第282页。

② 参见王尧、陈践译：《敦煌本吐蕃历史文书（增订本）》（藏文），民族出版社1992年版，第177页。详见敦煌文献P·T·1071卷子译释。

普执政的时代是藏族原始文化苯教空前发达的时代。当时，目赤赞普作为远古藏族部落社会的第二个赞普非常推崇原始苯教文化，从各地广纳贤才，修建了大量的苯教寺庙和佛塔，培养了很多学者和有识之士，全面推动了苯教文化时期藏族部落社会的政治、经济、文化的发展，巩固了信仰苯教文化人的政治权力和社会地位，并从法律上初次规定信仰苯教人为神族的后裔，而且法律上明确了神族后裔的生命和财产受到侵害时，实施侵害的部落民众不但有义务供出凶手并要赔付数额巨大的赔偿金作为命价，偷盗者和抢劫者必须按照一百倍、一千倍的价码向神族后裔苯教人赔偿，并向全社会公布了这项法律。① 这一结论是根据笔者所掌握的藏文资料得来的，这样我们首次断定藏族赔命价的渊源可以追溯到藏族本土文化原始苯教蓬勃发展的时期，也就是说藏族第一个赞普聂赤和第二个赞普目赤父子执政的时期已经有了赔命价的习惯，其时间约在西汉武帝在位期间（前 141 年—前 87 年）。② 随着藏族原始苯教文化的蓬勃发展，信仰苯教之人神族后裔们在政治和宗教两方面的权利大增，开始大胆干涉反对苯教文化的部分藏族部落的政治、宗教、风俗习惯和领地，引起了周围部落群体的极大不满和反抗。这个时代虽然藏族部落社会分割为“十二小国”、“四十分帮”，但苯教文化渗透到部族的战争、迁徙、融合的整个过程，这样的历史大背景下藏族赔命价的思想弘扬到整个藏区，最典型的例子是松赞干布没有统一整个藏族部落社会之前，松赞干布之父赞普德日念则之前的达日念则时期藏族部落社会已经有了运用命价的习俗。③ 这时候正是公元 7 世纪前的自然崇拜、神灵的等级分化、佛教与苯教长时间的斗争融合，逐渐吸收佛教之精华而开始尊重世上所有生命的古代藏族社会，这个时代正处于公元 5 世纪至 6 世纪之间，我国历史上恰好是 420 年到 581 年的隋唐时期。所以，藏族赔命价确立于公元 7 世纪前的古代藏族吐蕃部落社会时期。

总括上述，内容丰富、程序严密的具有伦理法属性的吐蕃赞普时期的法制及藏族传统法律制度，应该归属于法制史学和法理学以及民间法学和民族法学的研究范畴。藏族传统法律文化包括《赞普准则之法》、藏族《十善法》和《法律二十条》，以及历代赞普颁布的诏令、命令、刻石盟誓、佛教教义，藏区各部落制定的条例规范等形式为法源而形成的法律规范及其体系也属于藏族传统法律文化的范畴。这种藏族传统

① 有关问题的详细分析，参见巴丹杰桑布：《详述佛教发展明灯》（藏文），中国藏学出版社 1986 年版，第 143 页。

② 有关问题的详细分析，参见东噶·洛桑赤列编纂：《东噶藏学大辞典》（藏文），中国藏学出版社 2002 年版，第 934 页。

③ 高瑞：《吐蕃古藏文文献选读》（藏文），中央民族大学出版社 1995 年版，第 234 页。

法律文化充分体现在其伦理道德和佛教思想的内在联系以及外在结构上，在没有出现规范统一的文字和没有形成大一统的地方政权的时期，吐蕃先民们主要以人世间的民间故事、神话故事、原始苯教信仰以及格言诗、训诫诗、格萨尔英雄史诗等口耳相传的方式记录，藏族习惯法和传统法律文化理念伴随着它特有的文化的不断传播而发扬光大。尤其是藏族先民们进入文明社会之前至之初的原始文化主要概括为“仲”、“岱”、“本”三阶段以多形式多种类的习惯载体传承方式记述，随着广大民众以这种群众性、广泛性、文学性、艺术性和娱乐性的本土传承形式准确无误地规定了藏族人的基本信仰与义务，固化了“仲”、“岱”、“本”三阶段的原始文化与青藏高原藏人以及世俗社会中的各类人际法律关系，铸造了藏民族共同的藏文化精神和民族心理，逐渐实现了文化上的认同与融合。藏族传统法律文化在法的表现形式、逻辑结构以及立法程序、审判方式等方面具有共同的伦理、宗教、习惯禁忌、文化相互渗透的特点，在政教合一的吐蕃赞普政权时期，原始文化信仰和吐蕃最早的佛教戒律经典《十善法》及《善行标准十六条》是吐蕃赞普政权的根本法，在当时的吐蕃赞普社会里具有宪法的历史地位，本土藏传佛教法与世俗法的紧密结合是藏族社会的基本法律形式，这种藏族法律意识至今影响着藏区社会。时至今日，在藏区民间自发组织的法外调试制度以解决各类刑事、民事、婚姻等多种社会纠纷，具有其一定的法律文化根源。完备而独特、广泛而丰富的法律体系、藏族传统法律文化不仅历史悠久，而且经久不衰。它不仅是世界法律文化的珍贵遗产之一，同时也是东方印度法系和中华法系中仅存完整的法律文化财富，它彰显了藏族文化与中国法律文化的博大精深。展现了藏族法律文化包罗万象和丰富多彩的核心价值理念。对青藏高原生态环境的保护是藏文化与藏族法律文化最不能忽视的重要内容之一，它用藏族独特的宗教信仰和禁忌文化、伦理道德、部落习惯法以及生活习俗等多种方式维护和治理着人类最美好的赖以生存的家园，提供了全人类在环境资源与生态保护的法制建设方面可以吸收和借鉴的经验。

吐蕃赞普时期的法制文化之所以具有如此巨大的魅力与影响，不仅在于它重在践行尊重世上所有生命及自然规律的基本法则，并对青藏高原的人伦关系和整个人类社会的道德文化起着保护的作用，并促进其发展；同时在于它具有极大的包容性和延续性，能够不断地依据藏传佛教精神为而不争、顺其自然的自然法伦理思想，遵从时代和外部环境的变迁规律，与道法自然，一切按照大千世界的自然规律进行可持续发展是相通的，就这样不断增强和充实自身的活力，因而它经久不衰，至今仍充满着勃勃生机。

在吐蕃赞普时期法律文化的主导下形成发展的藏族传统法律文化的实质在于，它以伦理、禁忌、宗教经典或习惯法法典形式规定了人类社会的基本模式，涉及政治、经济、法律、教育、生命权保护和环境资源的拯救等各个领域，长期以来藏族人民的精神世界和世俗生活协调完美地发展成为佛教戒律化、伦理化、道德化、法律化，使藏区社会制度被誉为原生态“理想的社会制度”，无忧无虑的藏族人生活方式也被描述为“完美的生活方式”，这是藏区现实的社会制度和生活方式对藏传佛教信仰和秉承藏文化模式的整个藏区社会的最简朴的一种客观描述，强调其丰富的人文精神。吐蕃赞普时期法律文化主要来自藏传佛教戒律文化。“藏传佛教戒律文化是藏族文化最重要的组成部分，也是藏族文化真正的价值实践所在。佛教自 7 世纪传入藏地以来，藏传佛教的哲学思想和价值体系作为藏族精神文化的主体和核心，引导、影响着藏族文化的方方面面。‘戒律存则佛法存，戒律灭则佛法终’，藏传佛教戒律既是藏传佛教发展的制度保证，也是藏传佛教思想的具体体现，故而在庞大的藏文化体系中占有举足轻重的地位，具有特殊的作用和意义，其影响广泛而深刻。从藏族成文习惯法规与藏传佛教戒律之间的内在关系可以看出，藏族法律无论在内在指导精神还是外在表现形式上，都受到了佛教戒律的直接影响。借助法律这种强制手段，佛教的行为规范在藏族人民身上打下了更加深刻的烙印。人们逐渐习惯于以佛教思想的好恶来评判一切，从而形成了慈悲为怀、宽容相待、诚实公正的社会风气，‘封山封林、禁猎野生动物’的规定使藏地成为一个生态平衡、人与动物和谐相处、未受人为污染的良好生态环境。文章基于法律多元的事实，应用宗教学、人类学和社会学的方法，认为习惯法是客观存在的，在依法治国的道路上必须充分关注习惯法及其固有特点，为和谐社会的建设给予习惯法中的优秀成分以合理的发挥空间，否则会造成对法治资源的无知与浪费，不利于法治建设的最终目的。”① 吐蕃赞普时期法律文化之所以具有如此广泛的影响，并成为 21 世纪全世界研究关注的焦点，因为它是一种源远流长、千姿百态的原生态宗教与伦理习惯结合的最完美的珍爱生命和充满人文关怀的世界万物最需要的文化。吐蕃赞普时期法律文化不仅是藏族文化学说的缩影，而且还是藏族人生活方式的最典型的体现，是藏文化和藏传佛教本身的精髓和核心。而对异域文化的兼容与吸收以及使异域文化逐渐成为藏族文化和法律文化是吐蕃赞普时期法律文化充满勃

---

① 参见索南才让：《试谈藏族成文习惯法规的历史渊源与藏传佛教戒律之间的关系》，载《宗教学研究》2007 年第 2 期。

勃生机的又一个原因。吐蕃赞普时期法律文化不仅包括藏族固有的部落习惯和吐蕃赞普的行政惯例，而且还不断吸收和糅合了印度、远古周边民族国家、中原汉族为主的各民族的习俗，使藏族伦理道德与印度、中原伦理道德的哲学糅合达到了顶峰。印度政教合一、中原的政体同藏族地方性政体糅合，使唐宋元明清制定了因时因地制宜的少数民族法奇观，对中国边疆的稳定和中华民族的统一大业奠定了坚实的基础。

总而言之，内容丰富、体系完整的吐蕃赞普时期法律文化是中华法系中不可分割的灿烂文化，它的价值与地位在中华法系中不容忽视，应当重视和发扬光大，它必定会丰富和发展中华法系。属于中国优秀法律文化的藏族传统法文化对整个中华民族的法律文化是一种重要的补充，“对各少数民族习惯法的规范和完善，”① 以及各种民间法积极适应社会主义法治建设并推动国家法的统一实施起着不可估量的作用，对培养和影响中国法律人才对现行社会主义法律制度的完善与倡导法治精神采取什么态度都有着重要的意义。

再如唐朝与吐蕃赞普为代表的传统中国法律文化中，“正是因为有了德主刑辅的模式存在与无讼目标的召唤与法制文明的倡导，才造成传统中国对待争讼特别是民事争讼，不论是依据国法还是按照家法族规，都以调解与调判为重要的解决纠纷的方式。因此，很久以来，以和谐为目标的调解与调判成为中国的司法传统”②。我们应当提倡和传承这样的司法传统，例如，在今天的藏区发生民商事、刑事、行政案件后大多数不通过现代司法程序或国家制定法，而是通过权威高僧、德高望重的老人会议及主持公道的部落后裔用和解、调判、赔偿道歉或者用刑事纠纷领域的赔命价与赔血价的藏族本土民间调解机制来实现以无讼为价值追求的和解。这种本土化解决纠纷机制既能快速地平息矛盾，又可以维持当地稳定的社会秩序，对促进藏区社会关系的和谐、维护藏区社会稳定与发展、解决各种复杂疑难案件、节约地方司法机关的司法成本等方面发挥着积极作用。例如普及于藏族地区，并为废除中国死刑的刑事法治理论方面作出独特贡献的藏族赔命价习惯法等，都发挥着无讼是求、调处息争的现代法治效力。事实上，对于交通不便、信息闭塞、自然环境恶劣、司法资源非常缺乏，现代法治意识淡薄的广大藏区，这类民间法调解机制或习惯法调判模式的准司法制度的存

① 参见南杰·隆英强：《论法文化视域下藏族传统法律文化在中国传统法律文化中的价值与地位》，载《当代法学》2010 年第 2 期。

② 参见张中秋：《中西法律文化比较研究》，法律出版社 2009 年第 4 版，第 352—353 页；另参见南杰·隆英强：《论法文化视域下藏族传统法律文化在中国传统法律文化中的价值与地位》，载《当代法学》2010 年第 2 期。

在，有其一定的社会背景和文化习俗，尤其当出现国家司法无法及时救济时，更有必要，这也符合当代法治的基本精神。藏族传统法律文化中也有许多良法，如吐蕃赞普时期官员及地方官吏在履行公务时要亲自携带行李和食物，并且不得吃住在百姓家中和随意拿人钱物，如果真有需要必须向百姓按价付钱，以及禁止各种形式的扰民等法律文化无一不是良法，这种良法是法治文明时代所急需的。而在中原汉族法律传统为主体性和统一性的中国传统法律文化中也蕴涵着以法治官、明职课责等依法行政和问责制的现代法治理念。因此，在认同汉藏这两种法文化体现的法治核心思想与基本精神的同时，更要使它们各自的法治思想原则发挥更有效的作用。

由此可见，吐蕃赞普时期的法制文明与历史上的所有传统法律文化都是人类优秀文化中的重要文化，一个民族一个国家步入文明和谐的现代化社会时不能没有法律文化，更不能忽视或遗忘优秀的传统法律文化。因为，优秀的传统法律文化不仅涵盖了一定社会的文化、历史、政治、经济、宗教、伦理、习俗、教育、民族、环境、哲学、神学、人与自然和谐等方面的基本原理、基本精神、基本理念，以及人类所需的基本制度和政策原则，还包括统治阶级历来维护其经济基础和政治统治而宣扬的“神学”与“天理”。正如吐蕃赞普时期与大唐赞普时期的法制文明为代表，藏汉法律文化共同遵循的天道、国法、人情三者协调统一的哲学思想那样，所体现的引礼入法、伦理刑法为主导、德主刑辅、家法族规、家族伦理和宗教法律意识等方面的内容。法文化即法律文化或法治文化的通称，是以特质的文化为背景并体现其民族精神和时代风尚的法律传统的总称，它包括法律精神、法的价值、立法原则、法律规范与法律渊源以及司法制度、原则和程序在内的法律文明成果。① 在徐晓光教授所著的《藏族法制史研究》一书的“序”中，中国法制史和中国法文化方面具有杰出贡献的中国法制史泰斗张晋藩先生指出：“吐蕃赞普时期的法制文明及藏族法文化是中华法文化总体覆盖下的一部分，弘扬中华文化也应包括弘扬藏族法文化在内，这些藏族法文化的因质在今天藏族地区的法律实践中仍然起着重要作用，有很多有益的东西值得吸取。”② 张晋藩先生在中华法律文化的经典著作《中国法律的传统与近代转型》（第三版）一书中开宗明义地指出：“自从中华民族进入文明时起，在中华大地上便孕育了包括汉

① 参见马玉祥：《伊斯兰文化与中国法文化的比较研究》，载《西北民族学院学报》（哲学社会科学版）2000 年第 1 期；另参见南杰·隆英强：《论法文化视域下藏族传统法律文化在中国传统法律文化中的价值与地位》，载《当代法学》2010 年第 2 期。

② 徐晓光：《藏族法制史研究》，法律出版社 2001 年版，序第 2—3 页。

族在内的众多的民族。中华法系是各族人民共同缔造的，凝聚了各族人民的法律智慧，是各民族的法律文化与法制经验相互交流与吸收的结果。"① 由上可见，吐蕃赞普时期的法制及藏族传统法律文化和中国传统法律文化都是具有悠久历史并继续影响人类社会进程的两种优秀文化，既具有重大的传统性与智慧性，又具有一定的开放性与兼容性。作为两种不同地域时空的法文化自然源本于特定的母体法律文化或本体法律文化并成为这种大法律文化系统的一个重要组成部分。② 这种法律文化不仅决定于一定的社会经济基础，并以独立的上层建筑意识形态作用于这一社会的经济关系及其他社会关系，而且又受到政治上层建筑的主导作用以及民族、宗教、伦理、对大自然的尊重与敬畏等其他观念形态的影响。以研究吐蕃赞普时期的法制文明及藏族传统法律文化和中国传统法律文化的共性为基础，从比较研究的视角，审视这两种古老法文化各自的传统背景、历史价值及实践意义。研究过程中我们发现，原来这两种法律文化都具有很大的包容性和兼容性。尤其是吐蕃赞普时期的法律文化与藏传佛教和藏族苯教伦理思想相互融合的大背景下，藏族本土文化不断发展。探究吐蕃赞普时期的法律文化及其在当代法治社会中的价值内涵，不仅对促进社会主义法治建设的进程以及藏区社会的稳定发展具有一定的现实意义，而且对于法治化进程中为中华民族的伟大复兴而正在努力的各项事业的蓬勃发展具有划时代的指导意义。

以吐蕃赞普时期制定的《十善法》《十六清净人法》《法律二十条》《六部大法》为代表的吐蕃法典，与吐蕃部落联盟时代的苯教教义和佛教之"五戒"和"十戒"、"十善"思想高度结合，是藏族法制史和中国法制史上的经典之作，被后代长期沿用，并对周边地区的国家和民族如大唐、印度、阿拉伯、突厥、回鹘、泥婆罗、波斯等的法律也曾产生了一定的影响。

中国历史上唐末五代时期战乱频繁时，曾经辉煌强盛的吐蕃赞普政权也走向崩溃，吐蕃赞普政权的这种分裂崩溃和群雄割据的局面从842年开始一直延续到13世纪初，历经400余年。但分布在青藏高原上的吐蕃各个群雄割据之政权，仍然注重于吐蕃赞普时期制定颁布的法律的实用性，这种法制文明的进程从未间断过，在吐蕃法制的基础上也发展出一些颇具特色的内容，如《十五法典》《十三法典》《十二法典》

① 张晋藩：《中国法律的传统与近代转型》，法律出版社2009年版，第355页；另参见南杰·隆英强：《论法文化视域下藏族传统法律文化在中国传统法律文化中的价值与地位》，载《当代法学》2010年第2期。

② 参见南杰·隆英强：《论法文化视域下藏族传统法律文化在中国传统法律文化中的价值与地位》，载《当代法学》2010年第2期。

《十六法典》等成文法与各种宗教伦理法，不仅对于以后宋、元、明、清时期和民国时期逐步形成相对稳定的藏区部落制社会的延续发展具有积极作用，而且对于新中国执政以来，在藏、滇、川、甘、青等创建民主和谐的一个自治区和十个自治州及两个自治县之中国特色社会主义道路的民主法治建设事业也产生了积极的影响。

总之，吐蕃赞普时期的法制文明中既有中华法系之特点和精神，也有东方印度法系和中亚阿拉伯法系的因素，是中亚法制史和世界法制史上不容忽视的人类重要的法制文明。它既反映了一个民族文化之伟大精神和思想，也丰富和推动了中亚及世界法制文明史的发展。

第三编
独具特色的藏族法律文化

DISANBIAN
DUJU TESE DE ZANGZU FALÜ WENHUA

ZANGZU FAWENHUA ZAI ZHONGHUA FAWENHUA ZHONG DE JIAZHI YU DIWEI

第十章

藏族法文化在中华法文化中的价值与地位

藏族传统法律文化是整个藏文化的重要组成部分，是藏族传统伦理习惯等形成发展的典型的藏族本土性宗教伦理习惯相互作用的法文化，博爱的伦理判断、约定俗成的风俗习惯、全民信仰藏传佛教与青藏高原的社会态度等有机结合的生活方式的总和，体现了藏文化的博大精深和藏族传统法律制度的精髓与核心，是中华法系的重要组成部分。代表中华法系的中国传统法文化是以儒家伦理思想为主导法源的中原传统法律思想与各种法律制度的总称，中华法系源远流长，诸法合体，体系独特，内容丰富，对古今中外的法文化历史影响深远。站在中国法治建设新的历史起点上，深入研究这些本土性传统法文化，不仅为现阶段藏区社会的稳定发展有所裨益，而且可以为发展社会主义民族立法，促进民族区域自治法的有效实施，丰富中国法文化的研究内容和范围，推动21世纪的中国法治建设都具有举足轻重的意义。

中国各民族传统法律文化的研究是中国本土法学研究的基础，“传统的更新与改造也是现实及未来法律发展的基础和平台。认真地对待传统法，不仅是对历史的尊重，而且也是对现代和未来的珍惜。一个多世纪以来，传统法在中国常常被视为法治的绊脚石而受到责难，对历史和传统的误解和偏见，既有碍于学术的发展，也有碍于我们对历史传统所应有的自信。因此，从以往的束缚中解脱出来，重新解读中国传统法，不仅是学术的需要，也是时代的需要”①。中国社会多元性文化的形成发展，决定了家族法和少数民族法以及民间习惯法等法律文化的多元化与层次性及其结构性与地域性的基本特征。只有扎根于中国土壤的藏族传统法律文化与中原汉族法律传统为主体性和统一性的中国传统法律文化的深入研究，才能挖掘出本土法律文化得以积淀酝酿下来，进而属于本民族法文化且唯一成为治理本土社会秩序的良法对策。

基于上述论证，当今中国社会的法史学与法理学、民族法学与历史法学、法社会学与法人类学、民间法与民族习惯法等应该加强研究汉藏传统法律文化。因为，藏族传统法律文化与中国传统法文化有着很多优势与共同点，主要表现在：两种法文化产生的时代背景与人文精神的共性；体现的文化氛围与哲学思想的共性；体现的文化内涵与表现形式上的共性；体现的体例与结构上的共性；体现的法的价值、功能与效益的大同；体现法治现实主义核心思想与基本精神的大同。它们互为包容，相互推进，共同发展的过程中必定会推动中国法制史学科和课程体系的构建，尤其对于法律史学研究课题的拓新与深化，中华民族依法治国的法治建设事业都有着十分重要的价值。

---

① 参见吕丽、张姗姗、刘晓林、冯学伟：《中国法律史学发展30年理论创新回顾》，载《法制与社会发展》2009年第1期。

在中华法系蓬勃发展的大背景下，探索藏族法律文化与中国社会主义法治现代化相适应相协调的方式与途径，不仅对促进社会主义法治建设的进程以及藏区社会的稳定发展具有一定的现实意义，而且对于法治化过程中为中华民族的伟大复兴而正在努力的各项事业的蓬勃发展具有划时代的指导意义。

第一节

法律文化概述

法律文化是一个相对宽泛的概念。从广义上讲，法律文化是指人类社会历史实践过程中所创造的规范人类社会物质财富和精神财富的总和；从狭义上讲，法律文化是指社会的意识形态，承载世界人民理想对于政制进行规训的文明制度形态，以及与之相适应的规范人类世界各种制度和行为准则的规则体系。法律文化作为一种社会历史现象，每一社会都有与其相适应的法律文化类型及其法治的价值形态，并随着人类社会物质与精神文化的发展而不断丰富发展。作为一种规范政制的意识形态，法律文化是一定社会政治和经济的反映又对其给予巨大的影响与作用。法律文化在阶级社会中既具有鲜明的阶级法律属性，又具有民族性并随着民族的产生和发展而形成各种不同质的民族法律文化形态。法律文化的历史过程也是人类文化那样一个吸收、融合与沉淀积累的过程，因而法律文化又具有历史传承性、独立性与开放性的特点。法律文化在英美法系等西方国家中独特地表现了它的私法文化属性，而在古老的大陆法系国家或中国古代以及吐蕃赞普时期，却充分体现了法律文化的公法属性，这就是汉藏法律文化的传统属性。由此可见，法律文化是人类文化中的重要文化，一个民族一个国家步入文明和谐的现代化社会时不能没有法律文化。因为，法律文化不仅涵盖了一定社会的文化、历史、政治、经济、宗教、伦理、习俗、教育、民族、环境、哲学、神学、人与自然等方面的基本制度和政策原则，还包括统治阶级历来维护其经济基础和政治统治而宣扬的“神学”与“天理”，正如藏汉法律文化那样天道、国法、人情三者协调统一的哲学思想，引礼入法、伦理刑法为主导、德主刑辅、家法族规、家族伦理和宗教法律意识等方面的内容。“法文化即法律文化或法治文化的通称，是以特质的文化为背景并体现其民族精神和时代风尚的法律传统的总称，它包括法律精神、法的价值、立法原则、法律规范与法律渊源以及司法制度、原则和程序在内的法律文明成果。”① 藏族传统法律文化和中国传统法律文化都是具有悠久历史并继续影响人类社会进程的两种优秀文化，既具有重大的传统性与智慧性，又具有一定的开放性与兼容性。作为两种不同地域时空的法文化自然源本于特定的母体法律文化或本体法律文化并成为这种大法律文化系统的一个重要组成部分。这种法律文化不仅决定于一定的社会经济基础并以独立的上层建筑观念形态作用于这一社会的经济关系及其他社会关系，而且又受到政治上层建筑的主导作用以及民族、宗教、伦理、对大自然的尊重与敬畏等其他观念形态的影响。研究藏族传统法律文化和中国传统法律文化的共性，从比较研究的视角，审视这两种文化各自的传统背景、历史价值及实践意义，研究两种文化都具有的兼容性，在中原文化和藏传佛教与藏族苯教伦理思想相互融合的藏族本土文化相继发展的大背景下，探索藏族法律文化与中国社会主义法治现代化相适应相协调的方式与途径，不仅对促进社会主义法治建设的进程以及藏区社会的稳定发展具有一定的现实意义，而且对于法治化过程中为中华民族的伟大复兴而正在努力的各项事业的蓬勃发展具有划时代的指导意义。

第二节

藏族传统法律文化的属性及其价值

藏族传统法律文化既是藏文化的重要组成部分，又是中国传统法律文化中最值得深入研究的民族法文化组成部分。在近现代中外文化研究历史上，关于藏文化的研究主要集中在藏族历史、经济、政治、语言、民俗、宗教、文艺、伦理、道德、哲学、军事、藏传佛教以及青藏高原生态保护和继承藏族传统教育理念等学科领域，虽然也发表了一些藏族法律文化方面有价值的研究论文及零散的著作，但笔者始终觉得还是不够深入，或者说藏族传统法律文化本身所蕴涵的学术价值与现实意义跟丰富发展的国家法学研究现状相差太远，也很不协调。应当引起学界的关注。严格意义上讲，从

① 参见马玉祥：《伊斯兰法文化与中国法文化的比较研究》，载《西北民族学院学报》（哲学社会科学版）2000 年第 1 期。

中外法文化、法理学、民族法学、法制史以及法律思想史的角度对藏族传统法律文化的研究不够深入全面。由此可见，党和国家提倡大力发展研究中国各族人民优秀灿烂文化的伟大旗帜下，我们要尊重和重视对藏族传统法律文化及藏族法制史中的许多问题进行深入细致大规模地调查研究。这对丰富发展中国法文化具有重大的意义。

藏族文化并不是专指藏传佛教为主的民族宗教活动文化，它的实质内容具有文化的多种功能和层次性，它既是一种为了世界万物生命永存继续轮回的博爱思想精华之善治宗教，同时兼指一定的社会体系、生活方式和坚持尊重大自然规律的自然法特征。成为藏传佛教生活和社会生活“脊梁”的是“善待世界万物的大慈大悲的大乘佛教精神”——这是藏文化文明或藏传佛教等藏族伦理文化的哲学实质。藏族人及其本土文化的起源，有多种学说，比如“藏族，是中国多民族国家的古老成员之一，分布在西藏、青海、甘肃、四川、云南等省、区，有其悠久的历史和文化。藏区已发现和发掘出新旧石器时期和铜石并用时期等各个不同历史阶段的文化遗址多处。1979 年，考古发掘的西藏昌都卡若遗址，是距今四五千年的历史遗址。在聂拉木、定日、申扎、林芝、墨脱等地区也发现和发掘了不少古文化遗址。说明西藏地区在七千年至两万年前，就有人类在这里繁衍生息。青海、甘肃等地区发现的都属于新石器时代晚期的新石器及彩陶文化遗存物”。①“藏文历史书籍多谓西藏固有之民族系猴与罗刹鬼之后裔，这虽有神话色彩，然而与‘上帝造人’说、‘女娲造人’说比起来，更为朴实，而且反映古藏族经历了漫长的原始社会阶段，经历了由猿到人的历史时期。藏文史料《贤者喜宴》《西藏王臣记》等关于西藏远古时期面貌的记载与现今的科学考察分析十分吻合。从远古时代西藏的地理环境及自然条件来看，当时完全有生产人类的可能。从 1956 年开始发现古人类文化以来，不断证明西藏高原自古就有人类活动。据推算：林芝人的活动时期为 8000 年至 5000 年间；卡洛遗址为 4700 年左右。这些都证明西藏高原人类源远流长，他们就是现代藏族的祖先。”② 但无论如何，根据现有的藏汉史料和考古发现以及科学研究的结果表明，公元 4700 年左右至 5000 年间在青藏高原这片古老神秘的土地上已经有了藏族祖先及他们的本土文化。公元 6—7 世纪的藏族社会正处在原始氏族制度和苯教文化即将与分别从印度和中原传入的佛教文化

① 参见 http：//zhidao. baidu. com/question/4460477. html，最后访问时间为 2009 年 6 月 12 日。

② 参见 http：//bbs. voc. com. cn/topic－684831－1－1. html，最后访问时间为 2009 年 6 月 12 日。

激烈争斗逐步融合大一统的吐蕃赞普建立之际，在这一社会转型时期，原始宗教和多种伦理习俗崇拜的固有文化精神充斥青藏高原藏族古代文化圈，也是藏族各部落正处在相互融合的时代。藏传佛教与本土苯教文化的兴起和松赞干布统一藏族部落的历史迅速结束了远古藏族四十小邦或十二大邦长期战争的状态，使社会步入了较好的文明史，实现了远古藏族分散的部落的联合并建立起统一的民族国家，这在藏族历史乃至中国历史上是一件具有划时代意义的重大事件。

到了公元633年（唐贞观七年）第三十三代藏王松赞干布继承前人的事业，开拓疆土，最后终于统一了青藏高原的诸多藏族部落，建立了强大的吐蕃赞普。赞普松赞干布的功绩中对藏族社会发展影响最大的有两件事：一是创制藏文文字，制定成文法律；二是巩固王权，制定职官和行政制度。藏王松赞干布着手建立了吐蕃社会管理体制和法律条文，合称为《吐蕃基础三十六制》，确立了人等制度，尤其是《吐蕃基础三十六制》的刑法部分吸取佛教“十善法”的精神明确规定了不杀生法，法律禁止杀人、伤人，凡杀伤人的，要以死命价与活命价两种方式赔偿结案。还有吐蕃赞普时期松赞干布又依照佛教的“十善法”，制定了各氏族、部落都应一体遵守的王法《吐蕃法律二十条》，其中第一条中明文规定的“争斗者罚款，杀人者以大小论抵”等刑事法律部分，以及芒松芒赞时期制定的《狩猎伤人赔偿律》《盗窃追偿律》《纵犬伤人赔偿律》等法律规范中多次规定了财产刑处罚，而且一次又一次地突出了不杀生法。可见，吐蕃当时是以佛教的道德观念作为思想基础，把道德和法律紧紧地糅合在一起，用法律的强制力量来推行道德规范，复用道德的精神力量强化法律的规范作用。① 同时规定了抑恶扬善、操行正道的伦理道德行为和宗教教规。藏族传统法律文化以《十善法》为总的立法依据，《王朝准则之法》《纯正大世俗十六条及十恶法》的宗旨为主要依据和法源的独特的宗教世俗法系，统领了藏族刑事法律为主，逐步制定了行政法律、军事法律、民事法律、物权制度、契约制度、侵权行为制度、婚姻家庭制度、财产继承制度等几乎囊括了中华法系所涉及的等级特权法特征的一切法律文化的详细规定，这就决定了藏族法律文化是宗教礼仪、伦理规范和世俗法律规范融为一体的特点。包括赞普的诏令、盟誓、王室颁布的法律和法令、调整人们行为规范的口耳相传、世代相袭的习惯法和民间法，涉及实体、内容与程序。所规定之法律结构严谨、文字简明、注疏精确、内容完备、程序分明，相继规定了一系列“因时、因地、因俗制宜”而著称于世的法典。藏族传统法律文化在内容上主要有三大类：即等

① 孙镇平：《清代西藏法制研究》，知识产权出版社2004年版，第32—33页。

级特权的王法为代表的国法，宗教戒律250条为核心的各种宗教仪式的寺规教法，保护水源、湖泊、山林、禁忌文化等敬畏大自然的习惯法为主，善待奴隶、重视证据、审查证人资格、验收审判程序、司法体制、诉讼制度、证据制度、执行制度、审判习惯、监狱制度等具有接近现代法制意义的各种成文法。其中最发达的是藏族的刑事法律文化，尤其是藏族本土化的伦理道德思想和藏传佛教不杀生精神为核心的赔命价刑事法律文化。这种吐蕃时期的法律所确定的人等和命价制度，为后世封建农奴制法律所继承。藏族的“赔命价”习惯法不但历史悠久，而且内容相当完整、系统。

从现有的藏汉资料来看，历史上“赔命价”习惯法不但曾作为藏族的制定法存在过，至今还影响着广大藏区社会。藏族历代的地方法律，如元代帕竹政权绛曲坚赞统治藏族时期制定的《十五法典》中的第九条、明末清初噶玛丹迥旺布统治时期制定的《十六法典》中的第九条、清朝初期五世达赖喇嘛命令第巴索南饶丹制定的《十三法典》中的第七条都按照制定法的方式明确规定了“赔命价”的内容。这些法律使“赔命价”由习惯上升为法律，并伴随着法律的权威而更加深入人心。千百年来，它在藏区扎下了深厚的根基，它是藏民族世代相传，根深蒂固的习惯法、传统法。它广为流传，并逐渐成为整个藏区包括西藏、甘肃、青海、四川、云南等藏族居住地的藏族部落之间、个人之间处理杀人、伤害等纠纷的一种习惯法。① 以上论述为前提，藏族赔命价正是定型于吐蕃赞普松赞干布执政后创立藏文文字颁布成文法律之时，完善于元明清，普及于民主改革前后期的广大藏区和今天的藏区社会，尤其是藏族的《十三法典》一直沿用到新中国成立后的1959年西藏民主改革之前。② 其实赔命价作为藏族习惯法中最具典型的刑事习惯法在藏区很活跃，一直沿用到现在。所以，从赔命价的性质和它在藏区社会长时期所发挥的实际作用看，这种典型的刑事习惯法在未来的藏区社会还会长期存在，并对藏区社会的稳定发展发挥更大的作用。

赔命价习惯法由来已久，我国古代的各少数民族和西方日耳曼民族曾广泛使用赔命价来解决杀人、伤人纠纷。我国赔命价的源头可以追溯到古代血亲复仇的习俗。“血亲复仇是原始公社时代要求人们遵守的一条原则，即认为本氏族或部落的某一成员受到伤害等于具有血缘关系的全体氏族或部落成员受到伤害，因而他们都有义务为

① 参见邹敏：《少数民族习惯法与国家制定法的调适——以藏族“赔命价”习惯法为例》，载《西北第二民族学院学报》2007年第4期。

② 参见国务院办公室：《西藏自治区人权事业的新进展》，载《国务院公报》1998年第6号，第282页。

之报仇；而加害者即使为一人，与加害者有血缘关系的氏族或部落成员均负有罪责而应受到集体报复。这是一种以血缘纽带为基础的氏族或部落一体化的观念。到了原始社会末期以及进入文明时代以后，血亲复仇逐渐为支付赔偿金所代替，但在许多民族的早期社会中仍然保持这种原始遗风。我们看到，吐蕃社会一方面仍然存留着这种血亲复仇的习俗，另一方面支付赔偿金的命价制度也早已出现。"① 从古到今在少数民族法律文化中表现最为突出、影响最为广泛的是藏族习惯法中的赔命价。所谓藏族赔命价，是指在藏族农牧区社会发生杀人案件后，受害人家属向侵害人或其家属索要一定数量的财物或是金钱的赔偿；侵害人或其家属则以给付相应的财物或金钱，并就此达成双方的和解。"命价"在此可以理解为与被害人性命价值相当的等价钱财。

从藏族赔命价的来源来看，笔者查证的大量藏文资料显示，这一制度最早的文字记载始于藏族部落社会的第一个赞普（藏王）聂赤赞普之子目赤赞普时代，恰好目赤赞普执政的时代是藏族原始文化苯教空前发达的时代。当时，目赤赞普作为远古藏族部落社会的第二个赞普非常热衷苯教文化，从各地广纳贤才，修建了大量的寺庙和佛塔，培养了很多学者和有识之士，全面推动了苯教文化时期藏族部落社会的政治、经济、文化的发展，巩固了信仰苯教文化人的政治权力和社会地位，并从法律上初次规定信仰苯教人为神族的后裔，还从法律上明确了神族后裔的生命和财产受到侵害时，部落民众不但有义务供出凶手并要求索取数额巨大的赔偿金作为命价，偷盗者和抢劫者按照一百倍、一千倍的价码必须向神族后裔苯教人赔偿的法律向全社会公布。② 这一结论是根据笔者所掌握的藏文资料得来的，这样我们首次断定藏族赔命价的渊源可以追溯到藏族本土文化原始苯教蓬勃发展的时期，也就是说藏族第一个赞普聂赤和第二个赞普目赤父子执政的西汉汉武帝时期武帝在位期间（前 141 年—前 87 年）已经有了赔命价的习惯。③ 随着藏族原始苯教文化的蓬勃发展，信仰苯教之人神族后裔们在政治和宗教两方面的权利大增，开始大胆干涉反对苯教文化的部分藏族部落的政治、宗教、风俗习惯和领地，引起了周围部落群体的极大不满和反抗。这个时代虽然藏族部落社会分割为"十二小国"、"四十分帮"的苯教系统化几乎同部族的战争、

① 王尧、陈践译：《敦煌本吐蕃历史文书（增订本）》（藏文），民族出版社 1992 年版，第 177 页。详见敦煌文献 P·T·1071 卷子译释。

② 有关问题的详细分析，参见巴丹杰桑布：《详述佛教发展明灯》（藏文），中国藏学出版社 1986 年版，第 143 页。

③ 有关问题的详细分析，参见东噶·洛桑赤列编纂：《东噶藏学大辞典》（藏文），中国藏学出版社 2002 年版，第 934 页。

迁徙、融合的一个过程，但整个藏族部落群体的政治导向还是深受藏族先民们对其进入文明社会之前至之初的原始文化“仲”、“岱”、“苯”的指导，这样的历史大背景下藏族赔命价的思想弘扬到整个藏区，最典型的例子是松赞干布没有统一整个藏族部落社会之前，松赞干布之父赞普德日念则之前的达日念则时期藏族部落社会已经有了运用命价的习俗。① 这时候正是公元7世纪前的自然崇拜、神灵的等级分化、佛教与苯教长时间的斗争融合，逐渐吸收佛教之精华而开始尊重世上所有生命的古代藏族社会，这个时代正处于公元5世纪至6世纪之间，我国历史上恰好是公元420到581年的隋唐时期。所以，藏族赔命价确立于公元7世纪前的古代藏族部落社会。

总括上述，内容丰富、程序严密的具有伦理法属性的藏族传统法律制度是藏族法律传统或法文化的专门称谓，属于法制史学和法理学以及民间法学和民族法学的范畴。凡是以藏族《十善法》和《法律二十条》以及《王朝准则之法》、历代赞普颁布的诏令、命令、刻石盟誓、佛教教义及藏区各地部落制定的条例规范等形式为法源而形成的法律规范及其体系均属于藏族传统法律文化。这种藏族传统法律文化充分体现在藏族伦理道德和佛教思想无孔不入的独特的内在联系与外在结构上，在没有统一规范的文字和未形成大一统的地方政权而处在历史传说时代，吐蕃先民们当时主要以神话故事人世间的民间故事、原始苯教信仰以及开创格言诗、训诫诗、格萨尔英雄史诗等口头传承的历史记述作用固定的形式记录传播，而且苯教与佛教相互冲突融合为主，与其他藏族的习惯、禁忌、伦理文化发展的同时，藏族习惯法或传统法律文化理念也伴随着这些文化的不断传播而发扬光大。尤其是藏族先民们进入文明社会之前至之初的原始文化主要概括为“仲”、“岱”、“苯”的三阶段以多形式多种类的习惯载体传承方式记述，并依靠广大民众以这种群众性、广泛性、文学性、艺术性和娱乐性的本土传承形式准确无误地规定了藏族人的基本信仰与义务，固化了“仲”、“岱”、“苯”三阶段的原始文化与青藏高原藏人以及世俗社会中的各类人际法律关系，铸造了藏民族共同的藏文化精神和民族心理，逐渐实现了文化上的认同与融合。藏族传统法律文化在法的表现形式、逻辑结构以及立法程序、审判方式等方面都具有共同的伦理、宗教、习惯禁忌文化相互渗透的特点，在政教合一的吐蕃赞普政权时期，原始文化信仰和吐蕃最早的佛教经典《十善法》及《善行标准十六条》是吐蕃赞普政权的根本法，是宪法，本土藏传佛教法与世俗法的紧密结合是藏族社会的基本法律形式，这种藏族法律意识至今影响着藏区社会。时至今日，在藏区民间自发组织的法外调试

① 高瑞:《吐蕃古藏文文献选读》(藏文)，中央民族大学出版社1995年版，第234页。

制度以解决各类刑事、民事、婚姻等多种社会纠纷是有一定的法律文化非常发达的根源。完备而独特、广泛而丰富的法律体系、历史久远而经久不衰的藏族传统法律文化不仅是世界法律文化的遗产之一，也是东方印度法系和中华法系中唯一仅存完整的活生生的法律文化财富，它向世人昭示了藏族文化及中国法律文化博大精深的法文化背景和以现有的55个少数民族中独树一帜为基础，展现了藏族法律文化包罗万象的核心价值与理念实质。还有淋漓尽致地对青藏高原生态环境的保护是藏文化与藏族法律文化中最不能忽视的重要内容，它以藏族独特人性的宗教信仰和禁忌文化、部落习惯法、伦理道德、生活习俗等多种方式治理维护着全人类最美好的生存家园，提出了全人类在环境资源与保护法制建设方面可以吸收和借鉴的经验。

藏文化之所以具有如此巨大的魅力与影响，不仅在于它重在践行尊重世上所有生命及自然规律的基本法则，并对青藏高原的人伦关系和整个人类社会的道德文化起着保护的作用，并促进其发展；同时在于它具有极大的兼容性，能够不断地依据藏传佛教精神和为而不争、顺其自然的自然法伦理思想，遵从时代和外部环境的变迁，不断增强和充实自身的活力，因而它经久不衰，至今仍充满着勃勃生机。

在藏文化的主导下形成发展的藏族传统法律文化的实质在于它以伦理、禁忌、宗教经典或习惯法法典形式规定了人类社会的基本模式，涉及政治、经济、法律、教育、生命权保护和环境资源的拯救等各个领域，精神世界和世俗生活协调完美的藏族化、法律化，使藏区社会制度被誉为原生态“理想的社会制度”，无忧无虑的藏人生活方式也被描述为“完美的生活方式”，这是用社会制度和生活方式对藏传佛教信仰和秉承藏文化模式的客观描述，强调其丰富的文化内涵。尤其是藏传佛教戒律文化是藏族文化最重要的组成部分，也是藏族文化真正的价值实践所在。佛教自7世纪传入藏地以来，藏传佛教的哲学思想和价值体系作为藏族精神文化的主体和核心，引导、影响着藏族文化的方方面面。“戒律存则佛法存，戒律灭则佛法终”，藏传佛教戒律既是藏传佛教发展的制度保证，也是藏传佛教思想的具体体现，故而在庞大的藏文化体系中占有举足轻重的地位，具有特殊的作用和意义，其影响广泛而深刻。从藏族成文习惯法规与藏传佛教戒律之间的内在关系可以看出，藏族法律无论在内在指导精神还是外在表现形式上，都受到了佛教戒律的直接影响。借助法律这种强制手段，佛教的行为规范在藏族人民身上打下了更加深刻的烙印。人们逐渐习惯于以佛教思想的好恶来评判一切，从而形成了慈悲为怀、宽容相待、诚实公正的社会风气，“封山封林、禁猎野生动物”的规定使藏地成为一个生态平衡、人与动物和谐相处、未受人为污染的良好生态环境。文章基于法律多元的事实，应用宗教学、人类学和社会学的方法，认为习惯法是客观存在的，在依法治国的道路上必须充分关注习惯法及其固有特点，为和谐社会的建设给予习惯法中的优秀成分以合理的发挥空间，否则会造成对法治资源的无知与浪费，不利于法治建设的最终目的。① 藏文化之所以具有如此广泛的影响并成为21世纪全世界研究关注的焦点，就因为它是一种源远流长、千姿百态的原生态宗教与伦理习惯结合的最完美的文化。藏族传统法律文化不仅是藏族文化学说的缩影，而且还是藏族人生活方式的最典型体现，是藏文化和藏传佛教本身的精髓和核心。而对异域文化的兼容与吸收以及使异域文化的藏族文化化和法律化是藏文化充满勃勃生机的又一个原因。藏文化不仅包括藏族固有的部落习惯和吐蕃赞普的行政惯例，而且还不断吸收和糅合了印度、远古中原汉族为主的各民族的习俗，使藏族伦理道德与印度、中原伦理道德的哲学糅合达到了顶峰。印度政教合一、中原的政体同藏族地方性政体糅合，使唐宋元明清制定了因时因地制宜的少数民族法奇观，对中国边疆的稳定和中华民族的大一统事业奠定了坚实的基础。

总而言之，内容丰富体系完整的藏族传统法律文化是中华法系中不可分割的灿烂文化，它的价值与地位在中华法系中不容忽视，应当重视和发扬光大，它必定会丰富和发展中华法系。属于中国优秀文化的中国法律文化与属于藏族优秀文化的藏族传统法文化，对整个中华民族的法律文化制度则是一种重要的补充，起着指导作用，对各少数民族习惯法的规范和完善，以及各种民间法积极适应社会主义法治建设并推动国家法的统一实施起着不可估量的作用，对培养和影响中国法律人才对其现行社会主义法律制度的完善与倡导法治精神采取什么态度都有着重要的意义。

第三节

中华法系与藏族传统法律文化的共性及其地位

我们在中华法系与藏族传统法律文化的共性及其地位问题的探索研究时，必须明

① 参见索南才让：《试谈藏族成文习惯法规的历史渊源与藏传佛教戒律之间的关系》，载《宗教学研究》2007年第2期。

确探索研究的目的。正如张晋藩先生指出，“我们研究中国法律传统的目的，就是为了正确认识法律在漫长发展中如何不断地完善自己，以及它在社会的进步当中所处的位置和价值；就是要从固有的法律传统中总结出滋润五千年中国历史的理性思维的成果。对传统的反思越深刻、批判得越彻底，越能准确地撷其精华，弃其糟粕，增强法律发展的规律性的认识，提高中华民族的自豪感与自信心，在复兴中华民族的伟大事业中创造出反映新时代特色的中华法系”。① 中华法系中的中国传统法律文化源远流长、博大精深，中华各族人民共同创造了光辉灿烂的中华法文化和中国法律制度的悠久历史。中国传统法律文化与藏族传统法律文化以及中华民族都起源于中华大地，而中原汉族法律传统为主体性和统一性的中国传统法律文化的形成与发展既呈现多元区域性态势，又呈现向以黄河流域及长江流域，主要向中原内向汇聚及中原文化地域向中华大地四面八方辐射的不平衡发展态势。自夏、商、周降至秦和汉、到三国两晋南北朝、再到隋唐和宋辽金以及元与明乃至大清帝国的终结，上下五千年的历史和以汉文历史典籍为主、包括各少数民族的历史文献在内，史料浩瀚，丰富多彩，记载并凝铸了特有的中国传统法律文化的哲学内涵及其独树一帜的中华法系的特点。中国传统文化背景下的法文化集中体现了世界东方中华民族的法律智慧与精神，是世界公认的五大法系中最灿烂的法律文化，并丰富和推动了世界法制史文明向前发展，它的价值与地位长时期地傲然自立于世界法律历史之林，是任何民族任何国家所不能替代的。体现中国法文化精神的中华法系有两千多年的历史，最初是诸法合体、礼刑糅合、民刑不分、结构独特、内容相当完备的封建法系。尤其是中国法律文化与法律制度发展演进历史不仅悠久，“而且从未中断，因此辗转相承、严格清晰，形成了特点鲜明，充满了中华民族的智慧与创造力的传统，如引礼入法，礼法结合；以人为本，明德慎罚；权利等差，义务为本；法尚公平，重型轻民；恭行天理，执法原情；法自君出，权尊于法；家族本位，伦理法治；以法治官，明职课责；纵向比较，因时定制；统一释法，律学独秀；诸法并存，民刑有分；立法修律，判例为补；援法定罪，类推裁断；无讼是求，调处息争。”② 这就是中华法系全面伟大的法文化精神价值所在，也是深受中国法文化的哲学理念而经久不衰的藏族传统法文化的价值所在。在中华民族文化历史发展演进的过程中，藏族传统法文化在内的藏文化及各民族的文化都受到过中国法文化在内的中国文化的熏陶，尤其是唐宋元明清时期的藏族文化和藏族传统法

① 张晋藩：《中国法律的传统与近代转型》，法律出版社 2009 年版，前言第 2 页。

② 张晋藩主编：《中国法制史》，中国政法大学出版社 2007 年版，序言第 1 页。

律文化，不仅在历史上受到过中原汉族法律传统为主体性和统一性的中国传统法律文化的疏导与深刻影响，而且在现有的历史古迹与浩如烟海的资料中也能证明汉藏文化的大交流及大融合的真实历史，这也是中华民族史上属于独一无二的民族文化历史。中国法文化和藏族传统法律文化在佛教教义、伦理道德等很多方面反映了以儒家学说为理论基础的中国文化的内涵，祖宗崇拜与“敬天”并重的原则，宗法社会等级制度以及在宗法等级制度下的“礼治”和“天罚”论，使神权、族权与政权融为一体，并为政权服务的历史在藏族历史中举不胜举。在漫长的封建社会里，中国整体文化氛围和藏族地方性吐蕃赞普的政权也是在封建的自然经济形态和大一统的专制主义中央集权统治下形成的，继承文化遗产或吸收外来文化是有条件的、有选择性的，其取舍的标准是以是否符合当时的社会需要和政治文化传统的特点。因而藏族文化或藏族法文化在整体氛围上最接近于中国文化或法文化。中国古代的思想家和政治家们注重人生观、实践哲学以及伦理道德的修养，这一点藏族古代的思想家和政治家也如此。现在研读浩如烟海的藏族传统文化典籍时，没有一个典籍不讲藏族伦理道德及佛法教义思想，而且还讲了忍让、团结、谦虚、德性善意的行为规范和道德准则以及浩繁的戒律，也无不透露出儒家、道家、释迦牟尼以及高僧大德的精神。例如孔子就十分讲究等级名分的划分和对“仁”的修养，提出了“克己复礼天下归仁”的主张，针对奴隶制即将崩溃的局面，孔子疾呼“礼乐征伐自天子出。”他一生奔走就是为了恢复周礼，因而在他作为中国古代一位伟大的思想家、教育家的同时，他又是没落奴隶主贵族阶级的代言人和奴隶制统治的维护者。中国文化氛围的另一特点是古代先贤们不热衷于探究事物本源和人类归宿之类的命题。在宗教的精神生活上，古代中国人民的信仰是多元化的，甚至把孔子创立的儒家学说也作为一种宗教来信仰，在长期的封建制下，道、儒、释三教并立，没有形成一个全国性统一的宗教，也没有凌驾于宗教之上的教权，也从未存在过真正意义上政教合一的中央政权。皇权至上往往被涂抹上浓重的神权主义的种种色彩。在人们的精神世界内，对神的认识具有直观性和功利主义的特点，而不是在冥冥的哲学思辨中去领悟和感受，对神的祈祷所常有的功利性，是出于对自身现状的不满而采取的期望与寄托，并非纯精神、纯理性的认识，具有非理想主义，这是封建统治者长期的极权统治和精神禁锢，以及人民脆弱的自然经济基础所使然。中国法文化所具有的“神权法”思想自夏有朝之日即已产生。夏启继位后在讨伐有扈氏时以代行天意的口吻声称：“天用剿绝其命，今予惟恭行天之罚。”（《尚书·甘誓》）把自己打扮成秉承“天命”、执行“天罚”的天子。殷商的统治者干脆把自己的祖先说成是“天命玄鸟，降而生商”，使其祖先与上帝的关系进一步密切化，殷商奴隶主贵族从血缘上找到了充当上帝代理人的合法依据，为垄断神权找到了借口。在这种神权思想的绝对统治下，在强权政治的支配下，殷商的刑罚表现的极其野蛮、残酷。“神权法”到了西周时有了新的发展，西周统治推翻了殷商政权，又批驳了殷商祖先在血缘上充当上帝代理人的谎言。与此同时却又说自己“受命于天”，所谓“昊天有成命，二后（文王、武王）受之。”（《尚书·梓林》）紧接着创立了“皇天无亲，唯德是辅。”（《左传》僖公5年引《周书》），“天命”归周，周王成了“天之元子”，于是“君权神授”和“以德配天”的说教，使西周政权以“德”为媒介与神权直接联系起来。

宗法思想是夏商周与神权思想并行的另一精神支柱。“宗法”是以血缘为纽带调整家族内部关系，维护家长、族长统治地位和世袭特权的行为规范，是氏族社会末期父系家长制的传统习惯。西周的宗法制是和分封制紧密结合的，周天子是全族之主，奉祀全族的始祖，被称为“大宗”，其同母兄弟与庶兄弟则封为诸侯，称“小宗”；每代诸侯也由嫡长子继承父位，他的诸弟封为卿大夫，则为“小宗”，以此类推，在天子、诸侯、大夫等各贵族之间，除政治上的上下级关系外，又加上层“小宗”服从“大宗”的宗法关系，以便于用血缘来巩固其统治，用族权来加强政权。相传在周公旦的主持下，在对西周以往宗法传统习惯加以汇总而制订出一整套以维护宗法等级制为中心的行为规范就是周礼。

在法文化的表达方式上，中国奴隶制社会以维护宗法等级制度实行“礼治”和“明德慎罚”原则，在“亲亲”、“尊尊”下奉行“礼不下庶人，刑不上大夫。”（《礼记·曲礼上》）

中国自秦始皇统一六国后，废除分封制，建立了中央集权的君主专制。在封建制度下，其统治形式是土地国有制、地主土地所有制和农民个体所有制三位一体的封建土地所有制体系。由于宗教在经济上没有实力和商品经济不发达，因而在中国也不存在与君主相抗衡的教权和城市市民等级。这就决定了中国封建制国家形式基本上是大一统的君主专制政体，并承袭奴隶制时即已形成的宗法制度，采取君权与族权紧密结合的政治统治。在法的指导思想上，自西汉董仲舒提出“罢黜百家，独尊儒术”以来，历朝都以儒家思想为立法指导思想，甚至以儒家经典作为断案的根据。汉儒董仲舒开创的“春秋决狱”即以孔子的《春秋》作为审判案件的依据。在法的内容上，中国封建法直接或间接出自君主的旨意，即“前主所是著为律，后主所是疏为令”。

表现在法的内容上突出保护君权和族权，历代被视为“十恶不赦”的大罪，基本上是保护君权和族权的。在法的表现形式上中国封建法主要表现为统一的成文法典的形式，并采取诸法合体、以刑为主的法律结构。在执法和司法方面，中国封建社会依然是行政与司法不分，皇帝集立法、行政、司法于一身。中央设置的专任司法的官吏、机关一般也置于行政官吏的管辖之下，地方上则由行政官吏兼管司法，没有自上而下的法院系统。① 总括上述，中华文化与藏族文化、中国传统法律文化与藏族传统法律文化从内容到实质精神都有着很多相似之处，也能充分反映出它们之间千丝万缕的因果关系。

由此可见，藏族传统法律文化与中国传统法文化有着很多共同点，主要表现在：两种法文化产生的时代背景与人文精神的共性；体现的文化氛围与哲学思想的共性；体现的文化内涵与表现形式上的共性；体现的体例与结构上的共性；体现的法的价值、功能与效益的大同；体现法治现实主义核心思想与基本精神的大同。它们互相包容，相互推进，共同发展的过程中逐步形成的这种内联系与天然的共性很值得我们去深入研究。

一、两种法文化产生的时代背景与人文精神的共性

藏族传统法律文化中的不成文的习惯法和伦理法以及原始苯教自然崇拜等禁忌法律文化产生的时间相当早，现有藏文史料只记载了苯教文化产生时间可以追溯到公元一世纪左右，苯教前的文化历史没有详细记载，但藏族成文法的产生具有详细记载是藏王松赞干布时期。“世界上各民族的发展历史都一样，都曾经历过漫长的原始社会，藏族也毫无例外。在漫长的原始社会里，藏族‘其吏治，无文字，结绳齿木为约’，今天难以再现当时的详细全貌。因此，关于苯教起源的时限，也只能参考后世苯、佛教徒的追述以及原始宗教产生的社会根源等方面去考察。”② “苯教”是藏族原始文化的总称。它形成于藏族的原始社会末期。在公元七世纪佛教传入藏区之前，苯教文化统治着整个藏区。据藏文史书载“第二十七代赞普之前，由仲（说唱故事）、德乌

---

① 这段精辟的论述转引自马玉祥：《伊斯兰法文化与中国法文化的比较研究》，载《西北民族学院学报》（哲学社会科学版）2000 年第 1 期。

② 参见 http：//blog. sina. com. cn/s/blog_ 4ffdd07f010094y5. html，最后访问时间为 2009 年 6 月 13 日。

（谜歌）和苯（苯教）护持国政”。苯教文化的形成和发展经历了漫长的历史过程，在此过程中，它不断吸收和融合了周围邻边地区的民族文化，逐渐从封闭的地域文化走向开放的跨界文化，从单一的民族文化演进为多元的复合性文化。最终形成了集原始藏人的人生礼仪、信仰理念、建筑艺术、医药天文等一体的藏族原始文化。① 根据这一点，藏族原始苯教前的习惯行为规则文化就更早。所以，藏族法律文化的雏形大致也产生于公元前世纪社会转型时期，以游牧业与农业并重的社会经济条件下所产生的宗教文化形态。而且，到公元6世纪时，藏族先民的部落群经过数千年的迁徙、发展和分化组合，形成大大小小的数十个部落联盟。其中分布在西藏地区的有所谓“四十小邦”，由四十小邦又合并为“十二小邦”，在漫长的历史长河中藏族部落长时间的战乱后，藏族在藏王松赞干布的带领下于公元7世纪终于建立了吐蕃赞普政权。“吐蕃建政之后，藏汉各族在政治、经济、文化等方面的交往，有了很大的发展，吐蕃与唐朝的接触日益频繁，藏汉关系友好。公元641年赞普松赞干布与唐文成公主联婚，公元710年赞普祖赞墀德又与唐金城公主联婚，两公主先后将唐朝的文明和中原地区的先进生产技术传入吐蕃，唐蕃之间使节往来不绝，吐蕃派遣子弟赴长安学习，并迎请唐朝儒者和工匠艺人来到吐蕃，这对于密切藏汉关系，推进藏族社会的发展，都发挥了积极的作用。”② 而中国法文化大致产生于“传说中的炎、黄时代，也就是部落联盟时代，大致存在于公元前三千年左右。在中国的中原地区，存在着大大小小几百个部落。经过数百年部落之间不断的联盟、战争和融合，形成了华夏民族。在战争和治水等社会性活动中，部落联盟的组织也逐渐强化，最终进化成为第一个有组织的国家形态——夏。中国传统历史观中，夏商周三代一直被确信为中国最早的三个王朝，并被儒家推崇为礼教的黄金时代。”③ 无论如何，这两种传统法律文化都产生于中华大地的时空，它们都渗透着等级森严的封建社会的法律思想基本原则。并且分别以母体和子体的两个系统在相同的时代背景经历了法源于天说、皋陶造律说、法源于定分止争说、法源于习惯说、刑起于兵说的共同法源和人文精神。还有这两种法文化都深受《唐律疏议》的熏陶，从唐宋元明清到近代，甚至今天我们深入研究这两种传统法

① 参见 http：//www. xici. net/b861460/d64875282. htm，最后访问时间为2009年6月13日。

② 参见 http：//www. seac. gov. cn/gjmw/wtjd/2004－07－10/1171171737526045. htm，最后访问时间为2009年6月13日。

③ 参见 http：//www. tianya. cn/publicforum/content/no01/1/72398. shtml，最后访问时间为2009年6月13日。

文化时天然清晰地看出，注释方法上，采用言简意赅的立法精神上，解释法律的内容程序上，对体例编排和篇目分明与严谨合理的逻辑关系上，在坚持和融会贯通法理学的基本精神等诸多方面有着惊人的相同点。

二、体现的文化氛围与哲学思想的共性

通过史料，“我们发现儒家伦理思想对少数民族传统社会的影响既有显性方面也存在着大量隐性的一面。一方面，从少数民族的统治阶层出发，它感到儒家伦理思想对自身的统治有帮助的时候，出于需要主动地吸收，这往往也被史料所记载，如敦煌出土的公元8至9世纪的古藏文文献中，有许多用藏文翻译的《论语》《左传》等儒家的典籍以及唐朝的《唐律》等。同样，在新疆吐鲁番出土的文书中也有不少这样的作品。大量地翻译儒家的典籍，其目的不外乎是要借鉴儒家的思想文化和唐朝的律例。从史料上看，松赞干布时期佛教经典输入吐蕃还较少，佛教亦尚未成为吐蕃的国教，显然不可能按照佛教精神来制定法律。事实上，从内容看，这20条律例中，我们看到更多的是儒家伦理的东西，如尊亲敬上、孝顺父母、非礼勿行、言行忠性等内容，这些律例受儒家文化的影响较为明显。”① 尤其是《儒家伦理思想与藏族传统社会》这本力作中，“大量的事实论证说明了儒家及其伦理思想对藏族传统社会的浸润和影响是广泛存在的事实。儒家伦理思想对藏族传统社会的影响不仅是中央王朝为了维护其统治，凭借统治权力，利用政治、经济、文学艺术、教育等各种途径和手段，向藏民族进行灌输和渗透儒家思想文化的结果；也是藏民族在其文化发展过程中，自身向中原文化靠拢的结果；是汉族民众在与藏族民众长期的民间交往过程中，促使儒家文化及其伦理思想直接在民间产生影响的结果。”②当然，从另一个方面来说，藏族的伦理思想也具有许多普世性，具有人类追求美好合理的生活所要求的主要内容，这是藏汉两个民族的伦理思想能够交流和相互影响的深层基础，但是这种交流和影响又要借助藏汉之间的地理、政治、经济、文化的联系，结合长期的积累才能建立发展起来。而这种交流和相互影响的机制确定以后，其所产生的作用又往往超出伦理道德本

①② 转引自陈立华：《〈儒家伦理思想与藏族传统社会〉评价》，载《中国藏学》2008年第4期。关于详细论述参见余仕麟、刘俊哲、李元光、魏新春：《儒家伦理思想与藏族传统社会》，民族出版社2007年版。

身的范畴。① 综上概括，藏族文化和藏族传统法律文化深受儒家伦理思想及德主刑辅或儒法合流的封建正统法律思想的影响极为明显，这是其他少数民族法律文化中很难看到的。我们还不难发现，儒家学说的核心部分即是儒家的“三纲五常”、“天地君亲师”道德伦理学说。“礼治”与“法治”相结合的法律传统、“德政”与刑罚相结合的治国方策、“人”与“法”相结合的法体理论，这些都代表着其他法系所无而中华法系所独有的内容和特征。因此，它们不仅仅属于封建正统法律思想的范围，而应属于整个中华法系的本质特点。综上所述，藏族传统法律文化与中国传统法文化体现了相同的文化氛围与哲学思想。

三、两种法文化体现的文化内涵与表现形式上的共性

两种法文化是儒家佛教文化或藏传佛教与法律文化的统一，是道德伦理学说与官方法制思想的结合，是“礼治”与“法治”相结合的法律传统，也是“德政”与刑罚相结合的治国方策，更是掌握君权与军权的王室贵族“人”与“法”相结合的法体理论，虽然两种法文化的内容与效力、地位与价值不同，但它们都维护着各自领域的封建土地、财产制度，严惩侵犯公私财产的盗窃行为；共同维护着各自的封建皇权的权威和政权的稳固，打击危害等级森严的封建统治的犯罪行为；也维护着封建王朝与吐蕃赞普政权下的婚姻家庭关系及族群部落的血缘关系，最终奋斗大而稳固的高度集权主义思想下的政权；利用佛教经典和礼仪伦理道德思想统一人民的思想，规范下属及民众的言行，最终追求大一统的封建政权王国。而且非常主张宗法等级制度下的“礼治”、“人治”与“法治”的糅合。而在“君权神授”和“皇权至上”，使皇帝成为唯一和最高的立法、行政和司法权威者的理念不谋而合。还有法律的表现形式有公议和类比、习俗、判例、律、令、格、式、科、比、例等，尤其是唐宋元明清时期吐蕃地方政权和中央王朝的大臣、军民间的盟誓、集体会盟举不胜举。两者对法律内容的重视程度也大致相同，先是重视刑法为主的公法内容，逐步才重视民事等司法领域的法律制度。由此断定，两种法文化体现的文化内涵与表现形式上有很多共同点。这也是中原汉族法律传统为主体性和统一性的中国传统法律文化与藏族传统法律文化紧密相连、相互包容、协调统一、互为借鉴发展的主要原因。

---

① 参见陈立华:《〈儒家伦理思想与藏族传统社会〉评介》，载《中国藏学》2008 年第 4 期。

四、两种法文化的体例结构与司法制度方面的大同

“中国具有悠久的法制传统，在漫长的历史发展过程中，以法典为表现形式的国家制定法始终处于正统地位，其中尤以刑法典突出，并在各种法律渊源中起着支配和指导作用。每一个新建王朝的统治者，在立法之初，都能够认真地考察前朝法制的得失利弊，从中汲取经验和教训，并结合现实统治，形成了新的立法思想和立法原则，进行必要的法制改革。这一传统的沿袭，在客观上也造就了中国传统法律法典的体系化、系统化。”① 比如吐蕃赞普时期的各代赞普对藏族法典体例结构上格外重视。相继创立了《吐蕃基础三十六制》《十善法》《吐蕃法律二十条》《狩猎伤人赔偿律》《盗窃追偿律》《唆犬伤人赔偿律》《王朝准则之法》《纯正大世俗十六条及十恶法》《十五法典》《十六法典》《十三法典》《六六大计法》《度量衡标准法》《伦常道德法》《敬强扶弱法》《判决势力者的法律》《内库家法》《行动军事的管理制度》《大臣等官员的权利义务地位制度》《农牧管理法律制度》等。吐蕃的司法制度也相当完善，比如噶厦、基巧公署、宗等司法制度，调查、起诉、追诉、审判等详细的诉讼制度，被害人陈述和被告人供述、证人证词、勘验报告和有关物证等详细的证据制度，执行机关的职责、执行手段、执行程序等藏族地方性执行制度，藏族从吐蕃赞普到地方司法机关备有的监狱和刑具制度无不反映藏族法律文化中的各种制度。而中原汉族法律传统为主体性和统一性的中国传统法律文化中的体例结构与司法制度更是全而广，制定的淋漓尽致，它体例新颖、内容广博、文字生动、格调清新，中国法文化诸法合体，体例特异，礼刑不分到分，民刑不分到分，使得中华法系在历史上独树一帜，在宗法等级制度下存在了千年之久。中国封建社会的司法制度反映了皇权至上的原则。皇帝总揽立法、司法、行政等一切大权，是最高司法长官。秦朝的中央政府称为朝廷，在皇帝之下由丞相、王公九卿组成中央官僚机构。皇帝亲理狱讼，天下之事无大小皆决于上。御史大夫位列三公，相当于副丞相，其下为御史中丞、侍御史，以察举非法、举劾违失、理大狱、治疑案为职责。九卿中的廷尉“掌刑辟”审理皇帝交办案件和地方移送的大案要案。死刑案一般实行由县、郡至中央的三审终审制。地方由行政长官县令、郡守兼理司法，除疑难案件须送廷尉复审外，其余均可自行裁决。

① 参见 http://fzs.cupl.edu.cn/scholar_c/zhangjinfan/zhangjinfan_d_2.htm，最后访问时间为2009年6月14日。

审判主要根据口供，实行拷问制度。自秦、汉至魏、晋、南北朝，中央国家机关实行三公九卿制；隋唐以后改为三省六部制，形成了大理寺、刑部、御史台三大司法机关。至元朝仍沿袭唐、宋体制，改大理寺为宗正府，御史的地位提高到和中书省（行政）、枢密院（军事）三足鼎立的地位。除官方享有特权外，佛教僧侣也享有特权，其诉讼案件由宗教管理机关宣政院审理，形成了宗教与世俗权力并行的特殊的司法制度。① 以此为前提，两种法文化的体例结构与司法制度方面也有很多共同点，尤其是唐朝以来的吐蕃赞普在法典和法律体例结构与司法制度方面，大量借鉴并吸收了中原汉族法律传统为主体性和统一性的中国传统法律文化的体例结构与司法制度模式。所以，两种法文化从体系安排到内容规定，再到程序规范到司法改革制度就有了天然的联系与共性。

五、两种法文化所体现的法的价值、功能与效益方面的共性

藏族传统法律文化在唐朝时借鉴和应用《唐律疏议》的法律思想改革创新了自身的法律概念、法的价值、功能与效益。包括吐蕃在内的中国古代的法哲学和法学思维基本上是由儒家学派与法家学派的法律思想融合而成的，这两种对立统一的法律思想体系的融合与协调发展在法的价值体系与功能上已经基本体现了，因为在“尊君”的大前提下二者具有一致性，只是各自运用不同的政治、伦理观去论证和辩护而已。儒家封建正统法律思想与藏族传统法律文化所追求的法的价值既是法律文化所阐释的人类正义与宇宙真理又是人类对大自然之法度的评价与认知，是主体关于客体中原礼法结合与藏族伦理习惯法的超越的绝对指向。法律正义价值的超越绝对指向的意义，使法律文化本身的价值具有精神追求、崇高信仰的意义。构成中华法系文化的基本价值包括稳定社会秩序对于人类社会无讼宁人的价值意义、效益及作为法的价值的效益、自由和作为法的价值的自由、平等及平等的法律价值、人权及人权的法律化以及法律的正义等内容，在藏传佛教和汉传佛教的宗教仪礼和行为规范中都有相应的规定。而且藏族等级森严的法律文化观念与中国法文化的内容关注法律的秩序价值外，更注重的是强制性地维护封建社会的王室贵族的权益而轻视普通百姓的基本权益。从立法、行政与司法行为从来是高成本地追求效益的，因宗法等级制度是以血缘为纽带、以等

① 转引自马玉祥：《伊斯兰法文化与中国法文化的比较研究》，载《西北民族学院学报》（哲学社会科学版）2000 年第 1 期。

级为标准的。自由、平等与正义与专制主义政权格格不入，是同封建法相对抗的要求，故中国古代法文化建立在法自君出的理论基础上，所以不可能完全体现人民的自由、平等、人权，以及体现正义的精神。而在维护王权为核心组成的公共利益往往高于一切，平民百姓及其基本公平正义价值与整个私权利往往是形同虚设，或者说私人权益没有得到有利的保障，但它始终保证了大一统国家的正统封建法律文化的主导地位，并对大国的稳定发展延续传承下来了，这既是汉藏传统法律文化的共性及整个中华法系所独有的公法属性，又是中国法理学的独特功效，这更是英美法系等其他国家的法律文化所难以实现的中国本土的法哲学思想。

六、两种法文化体现的法治现实主义核心思想与基本精神的大同

每一个民族和国家都有自己独特的法律思维和法律资源优势，尤其是汉藏传统法律文化中蕴涵的法治思想更值得我们去深入挖掘。例如，古代藏族先民，为了巩固和发展吐蕃政权，藏王松赞干布和芒松芒赞执政的不同时期，都引进了唐朝的律令和具体制度，他们都多次效仿《唐律疏议·明例》篇开宗明义："德礼为政教之本，刑法为政教之用，犹昏晓阳秋相须而成者也。"的核心思想，再结合吐蕃固有的法律文化，从法律层面上把藏族先民的伦理道德和印度法文化中的佛教教义吸收规定为政教之本。大力弘扬佛教教义并以此作为吐蕃立法的指导思想。从宋朝蕃汉关系立法活动上，也可以看出中原法文化与藏族法文化的频繁交流融合。"宋朝对蕃部统治政策相适应，统治者也注意用法律手段配合政策的实施，在认可蕃部部分习惯法的同时，还着力于'以汉法治蕃民'，专门订立了一些具体法规，确立了蕃汉民族间法律适用的基本原则。"比如"传统司法审判中国家制定法与成例、断例（典型司法案件汇编）相结合，官方成文法和民间习惯相结合的'混合法'模式也为世人所称道。实践证明这种模式在社会生活中有相当的合理性。人类的社会生活是复杂多变的，人们的行为也是多层次的，一次想要制订一部囊括调处某种社会关系所有社会行为的法典几乎是不可能的，而传统司法的'混合法'模式则较好地解决了这一问题。这一模式强调在司法过程中法律有明文规定的，法官可比照使用类似的成例、断例；在民间风俗和习惯不违背国家制定法的前提下承认其相对的法律效力。这样的模式一方面可以'以例补律'，使现有法律体系尽可能适应社会的发展变化；另一方面，成文法与民间习惯

相结合，既维护了国家法律的权威性，又使当事人真心接受判决，易于执行，可以收到较好的社会效果；同时司法过程中把民间习惯、成例、断例、国家制定法有机联系起来，既有利于补法之不足，又为新的法典编纂和法令制订积累了宝贵的实践经验。从西方司法实践来看很多民商事案件的审理，也都承认习惯的相对效力，大陆法系吸收判例法的经验，英美法系借鉴成文法的立法模式，两大法系在法律渊源上日渐趋同，这些都从侧面反映了中国传统司法中'混合法'模式的合理性。譬如，古代法官责任制度、团结制度和法官审判可以参照成例、断例等制度在当代有其值得借鉴的地方。简易灵活的'马锡五审判方式'对今天的司法实践，尤其是在法治各项配套机构和制度严重滞后和不健全的广大老少边穷地区有着极其重要的现实意义。"① 再如传统中国法律文化中，"正是因为有了德主刑辅的模式存在与无讼目标的召唤，才造成传统中国对待争讼特别是民事争讼，不论是依据国法还是按照家法族规，都以调解与调判为重要的解决纠纷的方式。因此，很久以来，以和谐为目标的调解与调判成为中国的司法传统。"② 这样的司法传统我们应当传承和提倡，譬如，藏族社会发生民商事、刑事、行政案件等大多数不经过国家制定法或现代司法程序，而是德高望重的老人会、权威高僧以及主持公道的部落后裔以和解、调判、赔偿道歉以及刑事纠纷领域的赔命价与赔血价的藏族本土民间调解机制来达实现无讼中的正义和和谐中的调解。这种传统本土化的纠纷解决机制能够快速地平息矛盾，及时地维持当地的社会秩序，对调整藏区社会关系，维护藏区社会稳定和发展，及时解决藏区各种复杂疑难的案件，节约地方司法机关的司法成本等确实发挥着积极作用。比如藏区很普遍而且中国废除死刑的刑事法治理论方面作出贡献的藏族赔命价习惯法等，都有着无讼是求、调处息争的现代法治效力。再说，交通不便、信息闭塞、自然环境恶劣、司法资源非常缺乏，现代法治意识淡薄的广大藏区，盛行这类民间法调解机制或习惯法调判模式的准司法制度的存在有它一定的社会背景和文化习俗，而且国家司法无法及时救济时很有必要，这也符合当代法治的基本精神。藏族传统法律文化中反映的依法治理吐蕃赞普官员及地方官吏，履行公务时他们要自己携带行李和食物，一般不得在百姓家中吃住和随意拿百姓钱物，如真需要必须向百姓付钱，严禁任何形式的扰民。中原汉族法律传统为主体性和统一性的中国传统法律文化中的以法治官、明职课责等体现了依法

---

① 参见赵天宝、刘振宇：《传统司法制度价值的一点反思》，载《西南政法大学学报》2008年第6期。

② 转引自张中秋：《中西法律文化比较研究》，法律出版社2009年第4版，第352—353页。

行政和问责制的现代法治思想。正如柯勒所强调："法学家的使命就是发现并且构造这些存在于特定时空条件下的文明的法律前提，并由此给出一种评价性的理论，指出立法应符合的理论状态，从而使法律体系的资料得以通过法律著作、法学教育和司法判决发展并被适用。"① 所以，我们要认同汉藏两种法文化体现的法治现实主义核心思想与基本精神的同时，也要充分运用它们各自的法治效能。

第四节

主要结论

藏族传统法律文化与中国传统法文化的价值与地位研究的命题是一个法学与史学、哲学与伦理学、民族学与法理学、法社会学与法人类学、民间法与民族习惯法等多种学科相互交叉的研究范式，"其内容涉猎更为广泛：政治学、社会学、民族学等方面的内容也常常出现在中国传统法文化的研究中。中国传统法文化的研究主要可以分为两大部分：一是对传统法文化进行'复原'，即弄清传统法文化的基本事实，在充足、翔实的资料基础上，尽可能客观地陈述传统法的整体构造、特点和社会作用，并探讨其发展规律。二是对传统法文化进行多视角的理论分析，探讨其在现代社会中的更新与改造，使传统法文化中的优良因子融于现代法中。因此，中国传统法文化的研究不仅具有重要的学术价值，而且也具有重大的理论价值和现实意义"②。以此为前提，藏族传统法律文化在中华法系中的价值与地位的研究也是非常必要的，因为，藏族传统法律文化是中华法文化总体覆盖下的重要组成部分，是中国所有少数民族法律文化中最独特的法文化之一，在整个中华法系中也有举足轻重的价值与地位。

就学术价值而言，中国传统法文化具有五千年的发展历史，形成了独树一帜的中华法系。众所周知，中国传统法文化在历史上对东南亚地区法律的形成和国家发展有着深远的影响。但自清末修律后，传统法逐渐瓦解，大量的传统法文化的资料也成为

---

① 转引自顾培东：《也论中国法学向何处去》，载《中国法学》2009 年第 1 期。

② 参见 http：//www. cass. net. cn/file/200302215186. html，最后访问时间为 2009 年 6 月 13 日。

故纸，堆放在图书馆，鲜有人问津。随着时间的推移，在历史上曾持续盛极的传统法文化在人们的心目中愈来愈模糊，以致误解丛生，淹没了历史的真相。比如，将中国古代的法局限在“刑”的范围内，认为中国古代法制简单，法的观念狭隘落后等等。其实，早有学者指出：“如果将礼法结合起来研究，对传统法文化的评价将不会再作如是观。还历史真实面目，给五千年中国传统法文化以正确的评价，澄清各种误解正是中国传统法文化研究的学术价值的集中体现。”① 同样，学界也不要把藏族传统法律文化简单理解成一般的少数民族法律，其实藏族传统法律文化也有它自身的优点，尤其是中原汉族法律传统为主体性和统一性的中国传统法律文化的点播疏导下已经发展了数千年，至今还在藏区社会和国家司法实践中发挥着巨大的作用，确实值得我们关注和深入研究，因为它是中华法系不可丢弃的宝贵知识财富，它将会促进中华法系大而全的现有学术理论价值。

“就理论价值而言，通过对中国传统法文化的研究，可以总结法的发展规律，对不同国家和民族法律产生的环境和法的特征进行归纳，预测法的发展方向，寻找出最适合自己国家和民族的发展途径。比如‘法的现代化’是一个中西方法学研究共同感兴趣的热点话题。而对这一问题的深入探讨离不开对传统法文化在近代转折的研究。1840 年后，大量的西方法学著作被译成中文，引发了学界对传统法文化的反思。20 世纪初期清末的修律活动，更是直接以西方的法律制度为模式。尽管当时的人们将‘现代化’与‘西化’等同起来是历史的必然选择，而且这种选择全面开启了中国法的现代化进程，功不可没。但是随着时间的推移，历史的变迁，‘现代化’等于‘西化’受到越来越多的质疑。一是因为：一个社会、一个国家、一个民族的发展自有其规律，传统可以被改造、被更新，但无法被消灭。尤其在中国这样一个历史悠久、文化传统氛围浓厚的国度，传统的巨大影响是不以人们意志为转移的客观存在。二是因为：人们逐渐认识到西方的社会制度并非十全十美，更不是放之四海而皆准。西方现代化，尤其是法的现代化自有其传统及各种条件作为依托。其他国家和民族在仿效时必须要经过选择和适当的改造。三是因为：中国传统法文化中有许多优良的精神在法的现代化过程中必须加以弘扬，传统法文化经过改造可以成为中国法的现代化的基石。再比如，礼与法结合、教化与惩罚结合、道德与法律结合是中国传统法文化的显著特征，剖析这些特征形成的文化背景和历史作用，对这些特征进行必要的分析和改

① 参见 http：//www. cass. net. cn/file/200302215186. html，最后访问时间为 2009 年 6 月 13 日。

造，显然是形成具有中国特色的法治理论不可缺少的一环。”① 以此为中国法律史学术理论研究的目的和价值的话，藏族传统法文化中有许多优良的精神，在法的现代化过程中应当加以弘扬，这种优秀民族传统法文化经过改造可以成为中国法治现代化的基石。尤其是藏族习惯法之所以盛行不衰，有其重要的现实原因，稳定和发展现阶段藏区社会这个现实问题讲，它确实具有法治的战略意义。在藏族地区，“宗教神圣精神引导下，藏族同胞内心中有着深厚的珍爱神灵、敬仰自然的情怀，并由此形成了一系列有利于生态保护的风俗习惯。对雪山、草地、湖泊、水源和生灵的敬仰、保护及关爱构成了这些风俗习惯的主要内容。尽管这些情怀并非出于现代生态环境知识和法律意识，但它立足于生存经验，并借助宗教的形式，在人与自然的关系中形成了相互依存的神圣体验，关爱环境就是关爱自己。虽然这些生态保护的意识具有一定的自发性，并有遮蔽不住的粗陋与浅显，……同国家保护生态的意愿追求有着价值意义上的一致性。国家司法力量被视为是一种外来的介入，不具有亲和力而导致信任不足，权威性受到极大的挑战。如有些刑事案件在审理过程中虽然依靠强制力制止了‘赔命价’，对犯罪者执行的是短暂而最无奈的定罪量刑。虽一时结束案件，但多数纠纷并不会就此解决，复仇或索赔‘命价’的活动仍然会在纠纷者家庭或家族之间展开，甚至会在犯罪人服刑结束后开始。相反，在司法机关、地方基层组织主持下，由宗教人士、纠纷双方共同参与协商，灵活运用赔偿方法，不但满足了受害方‘赔命价’的要求，而且往往有利于彻底地解决纠纷，平息复仇”。② 综上所述，正是藏族传统法律文化的核心价值所在，也是它自身的法治内涵所在，确实值得我们去探索。

“就现实意义而言，对传统法文化的深入研究有利于确立人们的法治信念和道德信念，促进现代法观念的确立。因为理想中的法是社会公意的体现，是社会健康发展、人们幸福生活的保证，因此它应是东西方法文化优秀成分的结合，它所营造的社会应是一个不失正义和公正的和谐的社会———建立这样一个社会应是古今中外人类的共同理想。法学者只要坚持这样的法哲学理想，中国传统法文化的研究必将丰富现代‘法治’的内容，因为我们先人留给我们的优秀的法文化传统是人类文明的共同遗产。”③同样，藏族传统法律文化这份民族法文化遗产所承载的历史使命再次显示了它所富有的法治现实意义。

①③ 参见 http：//www. cass. net. cn/file/200302215186. html，最后访问时间为 2009 年 6 月 13 日。

② 参见衣家奇：《法治不适与民间自治》，载《山东大学学报》2009 年第 3 期。

综上所述，中华法系是中华各族人民共同缔造的真实历史，就能够注定和阐释藏族传统法律文化是中华法系的重要组成部分，它的丰富与发展必须建立在中华法系丰富发展的基础之上，因为中华法系是母体，作为子体的藏族传统法律文化必须依赖中华法系的权威疏导和学术理论的支撑才能够有自身的发展。在法制史和法文化领域，代表中华法系的中原汉族法律传统为主体性和统一性的中国传统法律文化具有母法的地位，而藏族传统法律文化就好比是民族法文化的代表，具有母法中必不可少的子法的价值与地位。

“少数民族习惯法与民间法的数量是庞大的，形式是多种多样的，不仅历史悠久，特色鲜明，而且密切联系社会生活，服务于社会生活，具有深厚的群众基础和较高的权威，在各族中实际起着相当有效的调整作用。它们的存在有其必要性与合理性，深入挖掘整理民族法律遗产，研究少数民族法制历史的发展规律，将会极大地丰富中华民族的法律文化宝库。同时也会增强我们对中华法系更深入的理解，使隐藏在历史烟尘中的明珠能够在世界法制舞台上熠熠生辉。”① 我们法学者始终要坚信法制史权威学者张晋藩先生的这一段精辟论述，我们才会进步。总之，研究法律史文化在内的一切文化，正如中国法制史著名学者和法律史界最权威的批判家为殊荣的倪正茂先生指出：法律史包括中国法律史，本质上是人类解放自身的历史。人类只是也正是在创造文化包括法律文化的活动中获得自由的。法作为人类活动整体的有机组成部分，在人类历史进化的各个阶段，其积极作用与历史功绩不可抹杀、不可否定、不可轻视。人类的历史实质上是争取自由的历史，包括利用法来摆脱人类自身的束缚。这种法学研究方法与精神，才能公正、深入、全方位地研究出藏族传统法律文化在内的整个中华民族法文化的价值与内涵，也只有这种精神能够推动中国法制建设与中国法治现代化的正规研究范式，更能阐释不同时期不同民族之法律文化的精华，只有这样才能更好地总结人类解放自身的历史事实。

---

① 张晋藩：《中国法律的传统与近代转型》，法律出版社 2009 年版，第 355 页。

ZANGZU FAWENHUA ZHONG DE PEIMINGJIA XIGUANFA
YU ZHONGGUO DE SIXING CUNFEI WENTI

第十一章

藏族法文化中的赔命价习惯法与中国的死刑存废问题

藏族习惯法中的“赔命价”制度是延续至今的一种古老的藏族传统刑事习惯法，是在早期藏族原始部落社会时期形成的重要的习惯法内容，在过去和如今的广大藏区特指发生杀人、伤害等致人死亡或因致人伤残造成一定损失的刑事案件而行为人承担一定的财产赔偿责任的刑事习惯法制度，是受害人家属向被告人家属索赔财物或迫使侵害他人生命、健康权的行为人承担一定的财产赔偿责任的一种古老的刑事法律制度，也是中国最典型的本土化“刑事和解”制度。近年来，国内学术界、法学界分别就针对“赔命价”制度陆续发表一些文章和著述，其中不乏真知灼见。但是“赔命价”制度是否具有它存在的价值和合理性以及在广大藏区产生的社会效果等，目前没有看到令人信服的研究成果。因此，笔者认为，从“赔命价”制度本身存在的原因、范围和本质以及对中国刑事司法制度将要产生重大影响的重要关系等原因有必要再一次深入探讨。尤其是国家制定法应适当利用“赔命价”制度等藏族本土习惯法的资源优势，进一步制定变通性和补充性的法律法规来完善藏族地区的法治建设，从而整合藏族等少数民族习惯法积极适应国家制定法彰显的现代法治精神，这种法学问题的研究及其解决，才能更好地维护藏区社会的稳定发展，才能加速推进中国法治建设的康庄大道。

藏族习惯法中的“赔命价”制度不仅存在于民主改革前的西藏农奴制社会和现代西藏地区的部分农牧区，而且广泛存在于青海、甘肃、四川、云南等凡是藏族部落社会活动过的地方，经久不衰，根深蒂固。在民主改革后按照中央的规定各地虽然采取措施开始了纷纷废除这项制度的政治法律运动，短时间内表面上看似乎废除了，但作为整个藏族部落社会根深蒂固的一种本土法律文化，这项制度并没有完全在清一色的农牧区藏族聚居区消失。现如今，藏族赔命价习惯法一定程度的复苏和青海、甘肃、四川的部分农牧区从古到今从未间断的客观原因看，它确实有存在的合理性和少数民族法文化的特殊性以及与国内外法学理论相符的超前性立法思想，因为藏族赔命价中的很多司法理念不仅符合当今世界法学家深入研究的恢复性司法的理论与实践的双重价值，还开创了中国本土化的经济分析法学思想。因为，“经济分析法在理想的社会环境的模式基础上，集中分析社会成本的原因和性质，并研究如何通过法律手段将其降低到最小限度，实现社会效率”。① 只要从藏汉双语的原始资料和实地调查入手深入研究藏族赔命价的学者不难发现，藏族赔命价始终维护广大藏区生产生活秩序的同时，最大限度地争取最小的社会成本和最大的社会效率。所以，没有深入研究藏文化

---

① 钱弘道：《经济分析法学》，法律出版社 2005 年版，第 7 页。

和藏族法律史的少数人盲目批判和否定以及不成熟的偏激的评价尚为过早，针对藏族地区盲目否定这项制度会严重违背法律科学发展观的精神，最终也会影响社会主义中国法治化道路的顺利进行，在短时间内无法彻底改变它。因为，“赔命价”制度毕竟是一个民族在特殊的时空当中千百年来奉行的一种文化积淀，它是根深蒂固的，沿用至今从未消失。为了遵循中华民族文化的大发展大繁荣，我们一定要面向世界和未来法治化的进程，充分利用民族法文化的优秀资源服务全国、深入挖掘藏族等少数民族原生态民族法文化研究成果，传承与促进少数民族民间法文化的抢救、保护、开发和利用，繁荣哲学社会科学，推动中国特色社会主义民主法治文化建设，为藏族等少数民族地区繁荣稳定和经济社会发展服务。我们审视并探索那遥远既往的藏族部落社会，这种制度对当时的社会稳定、维护农牧民群众的日常生活秩序方面确实发挥过积极的作用，并产生过很大的影响，藏族社会的今天也如此。为了努力整合藏族本土法律文化所包含的资源优势和其固有的刑事法治的功能属性，我们有必要对藏族赔命价习惯法进行深入研究。

第一节

“赔命价”制度的含义及其历史渊源

从藏族原始的本土文化苯教和藏传佛教以及藏族固有的伦理属性讲，“‘赔命价’或‘命价’，藏语称为‘什吨’或‘索什吨’。本意为‘千’的数词，可能取意于‘千金难买一人生’或‘千金人生’，通常理解为赔命价的一种足够数量，在藏族社会传统文化中它确实有佛理中与同音的‘空’的概念。藏族社会历史上之所以用‘什吨’表示命价，有其深远的文化内涵和思想根源。诚如《十五讼解卷龙吼》中所解释的一样，为何将命价称为‘什吨’，其回答是既然‘什吨’是‘空’的意思，那么取得命价并不能变富，支付命价也不能变穷”。① 这是从藏传佛教宗教法和藏族伦理道德法角度理解的命价之含义。简而言之，它具有伦理刑法和“刑事和解”等很多优秀

① 恰白·次旦平措：《西藏历代古代法选编》（藏文版），西藏人民出版社 1989 年版，第 63—64 页。

的功能。在藏族习惯法中，所谓“赔命价”是指杀人、重大伤害致死等刑事案件发生后，双方当事人为缓解或消除矛盾，不经国家法的程序，而是由加害方主动提出赔偿或被害方要求赔偿，然后各自聘请有地位、有声誉的商谈代表，对被害人的伤残程度和导致死亡的原因及死者的身份进行议定，由加害方向被害方给予钱财赔偿的具有法律效力的约定俗成的习惯法。

从历史渊源上看，“赔命价”制度在藏区由来已久。据考证，藏族习惯法中明文规定的成文形式的“赔命价”源于公元7世纪的《法律二十条》。该法明确规定：“杀人者抵命”。后来在藏区蓬勃发展的藏传佛教文化得到历代王朝进一步的推崇，促使形成了尊重世上所有生命、博爱、仁慈、为他人行善为核心思想的影响，加之为了拯救苦难深重的病态社会，以及及时解决道德素质低下而遭受困苦的人们的问题，藏族传统文化和藏传佛教保护世上所有生命的作用发挥到了极点，从同态复仇的“杀人者抵命”逐渐演变为“杀人者赔命价”这种惯例。《西藏古代法选编》藏文文献中有明确记载：“蒙古族和藏族分别推行一种制度规则，蒙古族推行杀人者偿命的制度，但藏族虔诚信仰藏传佛教的缘故，认为杀人者偿命的结果在很大程度上使杀人者和受害者双方的家属蒙受痛苦。所以，藏族社会推崇杀人者‘赔偿命价’的方式代替杀人者偿命的这一做法。”① 还有敦煌出土的《礼仪问答写卷》中规定了吐蕃时期藏族人民的道德原则和道德修养方法，其中对吐蕃时期的同态复仇、杀人、伤人方面规定的各种伦理刑法，元代时期萨迦派政权又把蒙古法律和吐蕃原有的法律为基础制定了《十五法典》，还有明朝藏巴汗政权的《十六法》和清朝初期的藏区《十三法典》，都对死刑问题进行探索，最后根据贤王十善律的优良传统，重在强调杀人者只要求赔命价，而不允许杀人者抵命的超脱思想。当时规定经济赔偿为主要处理手段的伦理刑法原则贯穿于藏区社会始终。从此“赔偿命价”制度随着广为流传的藏传佛教思想的不断巩固和发展，在藏族社会中形成了根深蒂固的以经济赔偿解决杀人案件的文化积淀和具有伦理法文化的特殊习惯规则。笔者认为，藏族社会奉行这一制度的根本理由有：其一，命案范围不能继续扩大或避免发生新的命案遭受更大的损失和痛苦。其二，及时恢复加害人、被害人、藏区社会之间正常的利益关系的平衡，既恢复正义功能，又稳定了广大藏区的社会秩序。

---

① 恰白·次旦平措：《西藏历代古代法选编》（藏文版），西藏人民出版社1989年版，第63—64页。

第二节

“赔命价”制度存在的原因和范围及其本质

首先，从藏族部落习惯法制度的特点看，藏族习惯法中的“赔命价”制度虽然带有等级森严的农奴制习惯法特色，但对当时的社会整体水平相比其体系已经相当完备。现代文明社会里，还有这般生命力极强的这种习惯法制度的主要原因是由于藏族地区特殊的地理环境，长时间经济不发展、信息闭塞、教育落后、交通不便、人口素质不高以及传统禁忌、宗教信仰、习惯法根深蒂固等诸多因素所造成的。也就是以上原因造成了过去和现代藏区社会适用国家法的成本过高的历史困境，有时国家法很难及时产生实际作用和效果，故藏族群众充分利用国家法来维护和保障其合法权益的时机很大程度上受到了限制。由此在广大藏区社会出现了私了刑事案件的民间习俗，这种民间的藏族本土习惯法的纠纷解决机制为藏区社会的稳定和及时解决杀人等刑事案件方面起了一定的补充和规范作用。藏族赔命价习惯法这一制度的综合功能“在经济分析法学看来，社会成本的存在为法律干预社会经济生活提供了理论依据。法律的目的就是使行为的社会成本缩减到最低限度，从而实现最佳社会效率。”① 所以，藏族赔命价作为典型的刑事习惯法，它彻底解决了“刑罚轻缓或严刑峻罚，既影响公正，又影响刑罚效率。”②的弊端和不足。而且从刑罚是社会对罪行的要价角度看，藏族赔命价刑事习惯法的功能和效率，完全符合“绝对必要、公正适度的刑罚才能保证刑罚的投入达到充分、必要的投入最佳临界点，实现刑罚效率最大化”。③这种法的实用价值对当今刑事法治建设来说是难能可贵的。另外，藏区“赔命价”制度既具有中国刑法的伦理属性和藏族本土敬畏万事万物生命之宗教法律属性，又具有藏族原始苯教文化和藏传佛教禁止一切杀生的保护生命的彻底平等观的基本属性，以上多种原因促使它在广大藏区社会重现生机与活力。

从不断完善法的制度层面上讲，藏族赔命价刑事习惯法可以说是对国家成文法的有益补充，有其合理科学的一面，主要表现在被害人利益保护的同时兼顾了犯罪人的

①②③ 钱弘道：《经济分析法学》，法律出版社 2005 年版，第 7、224、224 页。

社会复归问题。法制变革的社会过程中，“赔命价”制度的一些不合理因素虽然阻碍了社会主义司法程序的正常进行，这种法社会现象是在社会转型过程中出现的历史重复和有待改进的新的法律问题，不足为怪。人类社会哪一种政治制度和法律制度不是为统治阶级和被统治阶级服务的，只不过文明程度的大小或所得价值利益的高低、公平和民主成分的多少不同而已。过去藏族社会的草场或耕地的大部分为部落、农牧民村寨公有，人人有份，他们是部落、农牧民群体的最高利益，任何人不得侵犯，否则将受到最严厉的制裁。同时，法律还保护每个人的私有财产不受侵犯，无论是谁的财产，若被别人偷盗或抢占，法律就要追究当事人的责任。法律还保护部落全体成员的人身安全，如果发生打架斗殴、伤害等案件致人死亡的，对有关人员要严厉惩处。如今广大藏区出现以上类似的事件时首选的还是民间调节机制，这就是“赔命价”制度在藏区社会继续存在的一个重要原因。所以，在我国长期坚持依法治国民主法制建设的历史发展过程中，“赔命价”制度逐渐会适应国家法，最终被国家法所认可或吸收其精华，并能制定出补充和变通性的具体法律法规来调整藏区的社会关系乃至中国内部的社会关系。

从现代中国法治建设的大局看，“譬如，到底什么样的司法理念和诉讼模式才是适合中国国情的？优良的法律文化传统与民众心理怎样才能反映到我们的司法改革中去？传统中国在综合为治与多元纠纷解决机制/制度方面的经验能否为我们所借鉴？思考这些问题，目的是为了用中国思维、中国方法来解决中国问题，从而能使我们走上一条真正符合中国国情的法治之路”。① 再针对藏族赔命价等少数民族习惯法的法学研究问题时，我们中国的法学家必须用中国思维推动我们的司法运行机制，特别要重视藏族传统法文化的代表赔命价等少数民族法文化在内的中国法制史和中国本土的法理学问题的关注与深入研究，因为我们中国必须站在中华56个民族的立场上才能很好地展开中国特色的法治研究与法治道路，“因此，法史学与法理学的功能虽有所不同，但它们都是法学的基础学科，两者经纬交织构成法律科学大厦的理论基础和骨架。显然，要夯实法律科学发展的基础，离不开对法史与法理的重视”。②从这个天经地义的哲理上讲，现阶段中国法治建设道路中必须把现有的国家法积极推行和不断补充完善的大前提下，一定要重视研究各少数民族的习惯法和优秀的传统法文化并吸收其中的精华来推动国家法与中国法理学以及中国法制史学科的向前发展。这样的法学

①② 张中秋：《原理及其意义：探索中国法律文化之道》，法律出版社2010年版，第165、148页。

研究理念和中国法学思维比狭隘的国家法观念与盲目大批移植和翻译西方法学式的中国当下法理学研究强几百倍。

其次，从“赔命价”制度存在的现状来看，它广泛存在于西藏、青海、甘肃、四川、云南等凡是藏族部落社会活动过的地方。所以，它存在的范围是很广的，这也是“赔命价”制度存在的基本特征和原因之一。尤其是居住在高海拔、生存环境非常险恶的牧区人民的日常生活及生产活动等方面产生过积极作用，因为他们居住的特殊环境只能依靠藏族部落传统的习惯性法律来解决急需解决的各种纠纷，在这种特殊的环境下依赖“国家法律来及时解决调整各项纠纷是不切实际和不太理想的选择，最大的原因是当今国家法有限的资源不能及时解决偏远藏区很棘手的势态严重的刑事案件。何况在共和国前进的历程中我们司法工作的精英们耳闻目睹过现实生活中可以见证的一个事实：有时司法工作人员不得不在马背上驮着国徽去我国的一些偏远地区执行审判工作，即司法实践中出现的“马背上的法院”。这种现象充分说明了少数民族等有些偏远山区的各种案件及时得不到正常的司法救济，从而可以联想到偏远地区正确实施国家司法工作谈何容易，在少数民族地区搞好权威统一的法制建设更是难上加难。所以，藏族地区这种特殊的情况造就了藏族“赔命价”制度为主要特征的习惯法必然存在的历史根源和思想根源。甚至这种现实情况造就了其类似制度在广大藏区长时间赖以存在和发展的根本原因，并受到藏族社会的广泛接纳和社会成员的普遍遵守。

再次，从藏族部落法律制度的本质看，有些学者认为，“赔命价”制度明确划分人的等级制度违背了法律面前人人平等的原则，更多地维护了农奴主阶级和有身份有地位的少部分人的特权和利益，同时也谈到违背了当今国际社会通行的刑法制度以及“赔命价”在本质上属于公权而非私权，不允许当事人自由处分等观点。笔者认为，这种观点是不太符合实际情况的，因为以上情况只是藏族奴隶制社会时期的现状，不足为怪。这种观点仅仅反映了西藏农奴制法律中反面的一部分，它不能代表西藏、青海、甘肃、四川、云南等整个藏区习惯法中广泛存在的法文化的优秀要素，更不能说明它对当今藏区社会所产生的积极因素。作为学者不能忽视的一点是，我们应该站在法律实践和客观事实的基础上，理性地去思考和评判事物发展的客观规律，这也是最起码的学术宗旨。总揽世界各国法律发展的轨迹和各民族习惯法或成文法发展的痕迹，哪一种法律制度不是维护统治阶级利益的？可以说每一种法律制度至少经历过由少部分人控制到对大部分人有利的发展过程，再到人人不平等向人人平等而维护公平正义的发展历程。人类社会的法律制度从古罗马到21世纪的今天，都遵循了这种短时间内难以改变的法律运行的游戏规则，根据大赫国际日本支部死刑存废论名单，以1996年10月为准，事实上废除死刑的国家有15个，全面废除死刑的国家有58个，这种事实可以足够证明，藏族习惯法中的“赔命价”制度根本没有违背国际社会通行的刑法制度，而且更加证明藏族佛教的人道主义核心思想和伦理刑法的优点，杀人偿命更是世上极大的罪恶，尊重人的生命，并在尊重人道主义原则的前提下，正确指导废除死刑论上做出了伟大的贡献。我们坚信中国全面创建和谐制度的社会主义法治建设进程中藏族习惯法必定会适应国家法。

藏族习惯法中的“赔命价”制度在本质上属于行善、尊重每个人的生命权和最低限度的保护人权的共同道德是完全存在的。“藏族对杀人行为的认识受到佛教极大的影响，也就是说对先前这种‘最低限度的道德’的强化。按照藏传佛教理论，人若想修成正果——超俗涅槃，在六道中首先要修成人身，所以，非常珍视人的生命，反复强调‘生命如宝再寻难’，因而格外仇视杀人行为，不仅如此，对死刑的适用也作了限制。这种限制主要体现在：首先，摆正了命价与死刑的关系，以命价为主，死刑为辅；其次，以命价取代死刑，从而减少了死刑的适用。现代人类社会不仅认识到杀人行为的野蛮和残酷以及不人道，而且把死刑也列入废除的范围。就是说任何人都无权用任何一种方式，包括用立法的方式剥夺他人的生命。从这个意义上讲，藏族部落法确立命价制度是不无道理的。”① 众所周知，真正系统学过藏族文化和了解藏族传统文化的人，不难悟道出藏民族以佛教伦理为道德规范，换言之，藏族浩如烟海的传统文献古籍和历史典章以及传统学者的著作中，无处不谈伦理道德，信仰佛教和恪守伦理准则是藏族部落法律走向成熟规范的重要原因，其中涉及禁止性、义务性、责任性、许可性和引导性的规范较多、甚至保护动植物以及维护生态平衡，极力要求达到人与自然以及社会各项制度和谐发展的先进理念和富有伦理法精神的例子不胜枚举。对“赔命价”制度为主要特征的藏族部落习惯法持积极态度者认为：藏族部落习惯法是历史上形成的，是藏族风俗习惯的一个重要方面，是藏传佛教为主的宗教仪规的特殊表现形式，它代表着一个民族在历史长河中形成发展的文化精髓和坚定不移的信仰精神，因此，不能轻易地否定它。而且，大部分群众和常年在基层工作的干部认为，这是藏民族自古传承并沿用下来的规矩，好比中国儒家文化讲究的仁义道德精神那样，主要是消除仇恨，团结一心创建和谐人伦关系的一种最佳途径。杀人、伤人案件进行赔命价、血价之后，加害方以钱抵命，保住了生命；而受害方获得经济补偿或得

① 张济民：《寻根理枝：藏族部落习惯法通论》，青海人民出版社2002年版，第333页。

钱养伤。从此双方和解，有利于社会安定。赔了命价，不再追究被告人的刑事责任，否则，被害人一方寻机报复，将会酿成新的刑事案件。若一旦追究，就一定给被告人刑辩的权力。然而，只要有国家、有法治、有犯罪的追究，就要有刑辩。从这个意义上讲，藏族社会沿用至今而永久不衰的“赔命价”制度中，蕴涵的伦理刑法的辩护是对人权、对民主和对法治的捍卫。它的存在恰好证明了中华民族法文化的优点，也对中国特色的法理学开创了新的研究领域，这种制度还在广大藏区产生着巨大的影响，将来也会有的。这种藏族法文化长时期的积淀和发展，是与藏族人全民信仰藏传佛教文化密不可分的，同时也符合中央对少数民族地区的犯罪分子进行少捕少杀的法制政策和现代法治的精神。

第三节

“赔命价”制度积极适应社会主义法治建设的建议

第一，对现行国家法与藏族习惯法中的“赔命价”制度的冲突进行深入调查研究，要充分认识这个问题的重要性和立法必要性。国家司法机关应当积极引导“赔命价”的索赔数额，按被告人实际的经济水平而定。立法上除了公正的司法机关为主导，纯粹有慈善用意的宗教界人士和当地人本着纯慈善协调的角度积极配合外，其他任何人无权干涉此类案件。因为藏族习惯法当中的“赔命价”有着很深的社会根源和思想根源，否认它的存在是行不通的，既要承认它的历史作用和对当今中国法理学所产生的实际价值，又要承认它目前和以后一个相当长的时间内还会继续存在的客观事实。所以，首先我们要承认它，然后才能改变它，这就要求我们在执行现行法律的过程中，采取一些特殊的政策，制定一些特殊的规定，妥善解决与少数民族根深蒂固的具有伦理属性的本土文化相关的各种关系来体现我国社会主义民主法治的基本原则。

第二，充分运用《刑法》第 90 条、第 36 条和“两少一宽”等政策，在尊重国家法制统一实施的基础上，针对民族地区执法中遇到的实际问题，制定一些能够充分体现民族自治区、自治州、自治县的各级司法机关适应少数民族地区的变通和补充的规定来维护该地区的社会秩序。这种立法或自治条例、单行条例必须具有针对性、可行性、适用性。为了合情合理地解决藏族地区的命价案件，原、被告双方都要尊重国家法的同时必须积极配合国家司法机关。

第三，关于“赔命价”的审判和具体操作，立法中要明确规定适合国家司法机关出面解决命价纠纷的必须由国家司法机关来具体处理，如确有涉及当地民族习惯、宗教信仰、伦理道德、禁忌文化习俗的赔命价案件确实需要当地民间组织和活佛以及老人会主持调解的我们一定要维护它的社会效果的基础上的法律效果即最终的双重效果，除此之外，藏族赔命价案件解决过程中基层组织只能起协助办案的作用，再也不能让贪图名利的个别宗教人士和部落头人后裔以及有权有势之家族/宗族势力等干涉，违者依法追究法律责任，并呼吁藏族地区的司法机关和有关政府职能部门以及广大群众在长时期内加强监督。还有重要的一点是，藏族的文化习俗和道德信仰以及习惯法，它们在维持社会秩序、培养社会角色和传递民族文化等方面起着十分重要的作用。但常与现代法治精神有着格格不入的一面，其主要表现为藏族习惯法与现行的国家制定法的规定不一致甚至对立方面。它既有民事方面的冲突和矛盾，也有刑事方面的差异，诉讼程序的规定以及各种案件在具体操作等方面两者也是各有不同。所以，我们一定要坚持国家法适当利用藏族习惯法的本土资源优势，藏族习惯法也要积极适应国家制定法的基本精神和一定程度的弹性来完成现代法治精神所提倡的各项要求。

第四，借鉴关于处理“赔命价”案件中的合理因素和成功经验，不断在藏族地区推行和加以法制化，若有严重干扰国家司法机关正常办案的个人或集体应该从严处理，决不手软。同时加强普法宣传，使普通藏族公民懂民族法和用民族法，促进藏族等中华民族法律观念的生成和内化。

第五，完善法制的形式合理性，提升民族法制现代化的水准。所有藏族公民现代法律素质的提升对促进藏民族自身的现代化乃至民族法制现代化是不可或缺的。坚持继续推动国家法为核心的基础上吸收藏传佛教人道主义的思想，逐渐对生命神圣不可侵犯和杀人十恶不赦的人道理念转化为法律的理性化甚至引导法律的信仰理念，为了慎杀少杀，可以在藏区逐渐尝试以赔命价取代死刑制度的试点工作，从而减少死刑的适用，并对今后中国的死刑废除论上做一些尝试性的基本法治贡献。

第六，整合藏族本土法治资源，促进藏民族习惯法完成现代国家法的转型。在藏族地区适用国家法时，国家制定法应利用藏民族习惯法的本土法治资源优势。同时要充分考虑其民族性特征，比如藏族地区由于经济不发达、信息闭塞、教育落后、交通不便、人口素质不高以及传统禁忌、宗教信仰、习惯法根深蒂固等因素。也要看到，在实践中广大藏区的农牧民群众，选择运用“赔命价”为主的方式来解决藏区社会的刑事命案，甚至个别地方解决行政案件时也大量运用习惯法的现实问题。“因此马克斯·韦伯认为法律现代化过程实际上是法律的理性化过程，而其理性化往往表现为法律的形式化。韦伯的观点为民族法制现代化提供了前行方向，亦即把重点放在法律的形式化上。”① 正因为法律的这种形式化确证，藏族习惯法在维护和稳定藏族地区社会秩序方面还是起了一定程度的积极作用，其实质是国家法的有益补充。所以，笔者认为，在广大藏族地区要尊重国家法的统一性和严肃性的同时，极力推动国家制定法应利用“赔命价”制度为主要功能的藏族习惯法的优势和作用，进一步制定变通和补充性的法律法规来完善藏族地区的法制化路径。还有藏族习惯法也应该积极适应国家制定法彰显出来的现代法治建设的要求。这在一定程度上会满足藏族等少数民族社会成员对国家制定法的内在需求，也会避免民族社会成员对国家制定法的抵触。这是我国政府长期以来所倡导的巩固各民族平等团结共同繁荣的阳光政策，也是构建民主、法治、文明、富强的我国社会主义和谐社会的历史使命。

第四节

主要结论

综上所论，我们可以肯定的是，藏族习惯法当中的“赔命价”制度，不仅遵循了出于肯定对人权以及尊重人的生命和人格尊严，而且履行了《世界宣言》所倡导的对保护每个人的生命权和废除死刑的人道主义精神，这种理念和文化精神，尤其对中国现代刑法学的发展和将要发展的民族法学以及未来中国的死刑废除论等方面都将会产生重大而深远的影响。在人类社会的历史发展进程中，“事实上，国家法在任何社会里都不是唯一的和全部的法律，无论其作用多么重要，它们只能是整个法律秩序的一个部分，在国家法之外、之下（特别是民间法），还有各种各样其他类型的法律，它们不但填补国家法遗留的空隙，甚至构成国家法的基础”。② 以之为前提，我们应该要坚持倡导符合时代潮流的法哲学理念。著名法制史专家中国人法律观念的文化解说

① 参见向开、黄修桌：《试论民族法制现代化的路径选择》，载《中南民族大学学报》2006年第5期。

② 参见梁治平：《清代习惯法：社会与国家》，中国政法大学出版社1996版，第35页。

家霍存福教授指出："中国的法律一旦减弱了它的包袱色彩（诸如对杀人者不处以死刑），在目前将会是怎样一种情形。然而潮流呢？中国总要赶上时代潮流、追随文明大势。中国人无论如何不能总是浸泡在报复的苦水中、烘烤在复仇的火焰上。"① 所以，藏族赔命价模式给了我们很多希望与启发，我们中国特色的现代法治理念与废除死刑的刑事法治变革离我们越来越近，因此，藏族原生态的赔命价制度等任何一种制度的存在没有得出权威性的论证结果之前，有必要大胆地去探索和开拓创新，这样才能挖掘出"赔命价"等藏族习惯法中存在的真实价值和它在法治社会发展过程中所起的作用，我们坚信藏族赔命价制度将要对中国废除死刑的理论和实践做出它应有的贡献。

---

① 参见霍存福：《复仇·报复刑·报应说：中国人法律观念的文化解说》，吉林人民出版社2005年版，第6页。

ZANGZU PEIMINGJIA XIGUANFA DUI WOGUO XINGSHI SIFA DE KENENG GONGXIAN

第十二章

藏族赔命价习惯法对我国刑事司法的可能贡献

多民族国家法律文化协调发展的法治理念是中国特色社会主义法治建设的重要保障。研究并不断开拓少数民族习惯法与本土民族法文化的内容具有重大的理论与实践意义。世界各国的法理学已经认可并大力赞扬本土民族法文化效能的今天，作为多民族国家应肯定藏族赔命价刑事习惯法等少数民族刑事习惯法对国家法治建设的积极作用。毫无疑问，藏族赔命价刑事习惯法等少数民族刑事习惯法中确实存在着某些不尽如人意的因素，但我们更应该肯定那些跟国家法遵循着不同的法治理念而在司法实践中顽强地表现着法的正义、保持着它极强的法治作用来保障和维护着司法资源相对薄弱一方的社会稳定，并且在刑事被害人国家补偿制度、刑事和解不起诉制度、寻求被害人和加害人合法权益的双向保护、及时恢复原被告双方的正义及经济伦理价值、保障人的生命权、减少死刑和限制死刑、慎用死刑和废除死刑以及民族地区的团结稳定与经济社会和谐发展等方面确实发挥着难能可贵的作用。

秉持民族平等、公平正义、团结民主的法治精神是人类法制文明演进过程中，始终不可或缺的法哲学思想，然而非常重视法律的生命有机体理论之全球法治资源多样化和公开化的时代，有些司法机关和司法工作者通过强制适用我国的所谓刑事制定法来压制或排斥藏族等少数民族习惯法的积极因素，甚至革除或破除藏族赔命价刑事习惯法彰显出来的法治精神的效用，这种做法是不符合中国法治政策的，法学者应从经验事实和注重多种本土法文化资源的实际效能出发，把社会主义法治建设与藏族等民族习惯法的关系研究问题作为国家法与少数民族本土法学资源协调发展的重点和基础，应该真正从法学各学科交叉和结合本土化法学资源的社会主义法治建设的大局出发，用行之有效的研究范式来充分证明藏族赔命价刑事习惯法对我国刑事司法和中国法治建设的积极作用和实际意义。民族团结与社会稳定相当重要的现阶段，我们必须充分尊重藏区等中国各民族本土化法治资源，这样的法治理念下才能更好地制定出公信力和执行力很强的法律法规，从而更好地为社会主义法治建设服务，促使全面推动中国社会的繁荣富强与全球法治化国家的和平发展。

第一节

藏族赔命价习惯法的含义

藏族赔命价习惯法是藏族赔命价的基础上进一步命名的一种现代法理学理念所支持的法文化概念。藏族赔命价刑事习惯法由来已久，它是藏族社会特有的刑事习惯法，按照现代法的角度审视这一古老的法律规则时，严格意义上我们应称它为藏族刑事习惯法。这是因为，在藏族习惯法中，所谓“赔命价”又称作偿付杀人命价。它是藏族历史上形成发展起来的，并对藏族现实社会具有重大影响的一种法律制度。是指发生杀人、伤害致死案件后，双方当事人及其家属为了缓解或消除矛盾，不经国家司法程序，而是由加害方主动提出赔偿或被害方要求赔偿，然后各自聘请有地位、有影响的商谈代表，比如由原部落后裔及从事慈善事业的活佛等权威宗教人士、德高望重的村寨老人、藏族民间组织等出面讨论案情，并召集双方当事人的亲属对被害人的死因身份进行议定，由被告人向被害人家属赔偿相当数额的金钱和财物，由此了结草场纠纷等各种因素引起的重大刑事案件的民间习俗和做法。它不但具有刑事司法的协商性，而且作为当代法治社会广泛采用的一种社会运行机制必将得到丰富的理论资源的支持。

社会变革的法律模式中，“像法律现实主义一样，社会学法学的目标是使法律机构能够‘更完全、更理智地考虑那些法律必须从它们出发并且将被运用于它们的社会事实。’庞德的社会利益理论是为发展一种回应型法的模型而作出的更直接的努力。在这种理论看来，好的法律应该提供的不只是程序正义。它应该既强有力又公平；应该有助于界定公众利益并致力于达到实体正义”。① 我们坚信，只要合理利用藏族赔命价刑事习惯法等少数民族刑事习惯法中合理的确定性和法则的可预见性与适度的自由裁量相结合的司法正义养分，才能为我国刑事司法与少数民族刑事习惯法的协调发展提供有机统一的有效途径，也为我国刑事法治建设与全面推行中国特色的法治进程

① 参见〔美〕诺内特、塞尔兹尼克：《转变中的法律与社会：迈向回应型法》，张志铭译，中国政法大学出版社2002年版，第81—82页。

发挥更大的作用。

第二节

藏族赔命价习惯法的功能

“赔命价”这一典型的藏族刑事习惯法是从古至今藏族人民在解决杀人案件的社会实践中逐步形成的民族法律文化传统，是藏族宗教与现实社会要求结合的产物，也是当今民主与法治社会中必不可少的尊重生命权的中国本土化刑事司法的最新成果。首先，青藏高原的藏族人民普遍信奉藏传佛教，藏传佛教禁止杀生，所谓倡导的行为核心是改恶从善，发生伤害性命案件，杀人本来已是恶，又要杀人者以命偿命，这是罪孽。藏族社会赔偿命价的所得，大部分奉送布施，可以给死者请寺院宗教职业者进行超度、告慰亡灵。不仅如此，在藏族人看来，人的灵魂是不灭的，生死是可以轮回的，人死了还可以再次转生，因而即使是被判处死刑，也并不是严重的处罚。其次，高原藏族人认为赔偿“命价”所得能够安慰被害者的亲属、子女，有利于消除悲伤，有利于双方不结新的仇恨，不埋复仇的根源。随着历史上藏区地方政权的建立，这一处理社会纠纷的习惯成为法律。松赞干布时期的《法律二十条》、元末帕主政权时期的《法律十五条》、17 世纪五世达赖时期的《十三法》与《十六法》都对“赔命价”给予认同。“赔命价”作为一种法律文化，是高原藏族人历史地凝结成的一种生存方式，它根植于高原藏族人的超越性和创造性，是其价值和行为规范的体现，也是藏区社会运行的一种内在机理和图式。因而，“赔命价”习惯法形成后，对稳定人心、解决社会冲突、维护藏区的社会稳定起到了不可替代的作用。① 简言之，赔命价这一藏族刑事习惯法自始至终服务着广大藏区过去、现在和未来的社会稳定与发展。

孟德斯鸠认为，“一项规则，要成为好的法，不仅要适应于抽象的理性，而且还要适合于它所适用的社会精神。这种社会精神，是从多种因素中升华而来的”。②“西

---

① 转引自苏永生：《国家刑事制定法对少数民族刑事习惯法的渗透与整合——以藏族“赔命价”习惯法为视角》，载《法学研究》2007 年第 6 期。

② 参见〔英〕彼得·斯坦、约翰·香的德：《西方社会的法律价值》，中国人民公安大学出版社 1990 年版，第 20 页。

塞罗尝言：真正的法律是与自然相一致的正确理性；它适用于所有人且不变而永恒；它以其命令召唤人们履行义务，以其禁令使人们避免恶行。它的命令或禁令虽然于恶人全无影响，但对于善良的人们却从不失效。想要改变这一法律是种罪孽，试图取消它的任何一部分也不能允许，而想要全部将它废除则是不可能的。"① 所以藏族赔命价刑事习惯法不仅具有民族团结、维持社会秩序、传承司法正义的特殊功能，还能满足原被告双方（恢复双方正义）和司法机关（节省高昂的司法成本）的不同需要，并且为中国刑事法治现代化作出了贡献。衣家奇教授在调查中发现，虽然可以依靠国家强制力禁止"赔命价"，严格执行法律，对犯罪者定罪量刑，一时结束案件。但多数纠纷并不会就此解决，复仇或索赔"命价"的活动仍然会在纠纷者家庭或家族之间展开，甚至会在犯罪人服刑结束后开始。相反，在司法机关、地方政府主持下，由宗教人士、纠纷双方共同参与协商下，灵活运用赔偿方法，在一定程度上满足"赔命价"要求的做法却往往有利于彻底地解决纠纷，平息复仇。这说明合理地利用"赔命价"习惯法中的积极因素，有利于真正平息争端解决纠纷。② 2006 年和 2007 年发生在青海藏区的三个典型的案例③，充分引证了国家刑事制定法中的实体和程序内容在刑事司法活动中受到规避和搁置时，我们就选择具体、规范、方便、快捷、低成本的优势和更加尊重当事人意思自治的如同藏族"赔命价"有效地解决了国家法无法参与或心有余而力不足的案件。这种刑事和解的意义在于分享了一部分国家司法权，其宗旨在于通过赔偿或补偿被害人而彻底解决冲突，因而是传统刑事司法的有益补充。

---

① 转引自梁治平：《寻求自然秩序中的和谐》，中国政法大学出版社 1997 年版，第 350 页。

② 笔者在调查甘肃省甘南藏族自治州"赔命价"现象时发现，该州许多司法机关在处理索要"命价"的案件中，往往采取灵活的变通方法，满足被害方的"赔命价"要求。惯常的做法是在公安机关主持下，必要时邀请宗教人士和地方知名人士出席，就"赔命价"事宜在纠纷双方间进行调解，将"命价"数额把握在较合理的范围内，并责令双方不得反悔，不得复仇。然后再继续进行案件的审理，法院在审判中则会以刑事附带民事审判的方式确认事先商定的"命价"赔偿数额，并在量刑时充分考虑这些事实，相应作出适当的处罚。以上具体内容详见衣家奇：《"赔命价"——一种规则的民族表达方式》，载《甘肃政法学院学报》2006 年第 3 期。

③ 这是笔者在 2008 年 3 月 19 日跟西北民族大学多拉副教授谈起关于藏族赔命价的古藏文史料时，多拉兄长提供给我的资料，三个案例中两个案例就发生在多拉兄长的老家青海海南夏多乡郭壬多村。

2006年和2007年青海藏区发生的具有典型意义的3个“赔命价”个案表：

时间（年）	案情	司法处理	“赔命价”（元）	社会反映
2006	夏多乡郭壬多村丹增之子杀害久谢之子案	司法机关无介入	首付受害人家属现金6.5万元，暂欠4.5万元，限期1年内全部付清	在活佛和村民委员会的调解下双方家族永世和好，稳定社会秩序方面效果很好
2007	某乡派出所执法人员致死人命案	司法党政机关处于消极状态	受害人家属一次性支付现金18万元	当地政府和政法系统无奈之下邀请活佛采用“赔命价”机制平息纠纷，社会效果好
2007	某回族自治县执法人员致死人命案	司法党政机关处于消极状态	向受害人（回族）家属一次性支付现金60万元	受藏族文化习俗影响，当地政府和原被告（公安机关）双方采取“赔命价”的调解机制平息了纠纷，社会效果好

分析上述3个案例，我们可以发现：只有具体规范方便、快捷、低成本的优势和更加尊重当事人意思自治的如同藏族“赔命价”纠纷机制的存在，藏区各民族老百姓都会绕开甚至是抵制国家司法机关和国家刑事制定法的方式，作出他们自认为合情合理的“赔命价”裁判，这时基层党政机关、司法机关和政法系统等国家机关只能顺应百姓选择的本土化调解机制，在这种情况下，最终的结果表明，地处广大藏区的基层司法机关处于无奈和消极状态，而当地老百姓和涉及命案的被害人家属和加害人及其亲属是皆大欢喜，社会秩序也得到了极大的稳定，还有一点就是节省了国家司法机关一大笔经费。以上三个案件均发生在青海农区。

1. 在案例1中，根据全村百姓的意愿，当地司法机关没介入，而是在活佛的旨意下，村民委员会的老人进行调解，满足了受害人家属和加害人及其亲属的情感和心理需要，两家三代以内的男性相互握手拥抱，命价金额按照原被告双方的具体情况定为11万元，因加害人家庭收入状况，分两次支付，村民委员会的见证下剩余部分2007年全部付清，最终双方能够消除仇恨，平息矛盾，利于当地社会稳定，社会效果也好；

2. 在案例2中，由当地派出所所长及其他人员导致当事人死亡，受害人家乡的18个自然村的百姓共同谴责当地政府及派出所，最后县政府五大班子出面也无济于事，无奈之下，县政府聘请当地活佛解决纠纷，最终当地派出所所长为首向被害人家属赔偿命价18万元，之后，当地派出所所长及其他执法人员到现在没有说明被害人死亡的真实原因，但受害人家属及其当地百姓也再没有过问此事，“赔命价”后当地百姓的情绪得到了缓解。这说明，在藏区不仅是牧区，农区的“赔命价”也仍然发达；

3. 在案例3中，加害方是某回族自治县公安局执法人员，该案的被害人和主要加害人都为回族，案件发生在青海某回族自治县，该地区的人虽然信仰伊斯兰教，但地处藏族交界地区藏区80%的回族人通用藏语，学术上称他们为“藏回”，受藏族文化的影响。案件发生后该县大多数回族人强烈谴责县公安局及县政府，最后当地政府和原告家属以及被告（公安机关）双方采取“赔命价”的调解机制平息了纠纷，最终加害方县公安局及其主要执法人员向原告家属“赔命价”60万元，社会效果好。

以上3个案件有3个共同的特点：

第一，都是通过“赔命价”方式解决了当时非常复杂的刑事案件；

续表

第二，3 个案件都发生在农区； 第三，命价金额都比较高，最终的社会效果好，很大程度上节省了人力、物力、才力等国家司法机关过高的成本，并引证了在命案中藏族地区和藏文化影响较深的毗邻民族地区，选择“赔命价”这种刑事和解本土化的方式来解决纠纷比较普遍。恰恰相反，民众没有选择国家刑事制定法去解决他们的刑事案件。

通过分析发生在广大藏区赔命价刑事习惯法所解决的所有案例，我们不难发现：只有具体、规范、方便、快捷、低成本的优势和更加尊重当事人意思自治的如同藏族赔命价纠纷机制的存在，使藏区各民族老百姓都会绕开甚至是抵制国家司法机关和国家刑事制定法的方式，作出他们自认为合情合理的“赔命价裁判”机制，这时基层党政机关、司法机关等国家机关只能顺应百姓选择的本土化调解机制。在这种情况下，最终的结果表明，地处广大藏区的基层司法机关处于无奈和消极状态，而当地老百姓和涉及命案的被害人家属和加害人及其亲属均得到了法治的实惠，是最大的受益者，因为原被告双方能够及时获得赔偿并消除相互间的仇恨及犯罪产生的各种影响，更是避免了有些诉诸非常规的手段如上访、申诉甚至跟国家法发生严重冲突的私力救济，社会秩序也得到了极大的稳定，还节省了国家司法机关的一大笔经费。

第三节

藏族赔命价刑事习惯法对刑事司法领域的贡献

无论何时何地，规范每个人的行为准则并推动某个社会及调整整个人类的社会行为是藏族赔命价刑事习惯法制度与国家刑事制定法所奋斗的目标。两者之间客观地存在着一种相互依存、互相渗透的关系。基于这种关系，藏族习惯法中的“赔命价”进入国家刑事司法领域的研究视野，就显得十分必要。作为法律规范，无论是藏族习惯法中独具特色的“赔命价”，还是中国的刑事法律规范，最直接的作用对象是社会行为，二者都是通过影响人本身的行为和影响人们生存的社会关系而发生作用的。以之为前提，追求生活质量的罗马法学家罗道夫·冯·耶林所说，“当现行法由利益支配之时，新法要强行出台，经常非经过跨世纪的斗争不可，这种斗争达到顶峰，利益便采取既得权的形式”。①“也就是说，在历史上，法是人们自觉活动的结果，是在充满血腥气息的社会各阶级和阶层的斗争中发展的。每个阶级和阶层都极力使自己的利益或目的在法中得到确认。”② 为了弘扬公平正义的中国法治精神，为了推动中国刑事司法的发展，为了公正评价藏族赔命价刑事习惯法等少数民族刑事习惯法的价值功能，笔者坚持运用法治精神和法学真理，进一步解释藏族赔命价刑事习惯法在国家刑事司法领域中应有的贡献，主要有以下几个方面：

第一，藏族赔命价刑事习惯法发挥着刑事被害人及时获得赔偿的功能。

世界各国于20世纪50年代后相继制定并颁布了刑事损害赔偿法，在实践中被害人及其亲属得到了经济赔偿。但我国还处在怎样建立刑事被害人补偿制度及寻求解决该问题的途径和方案的尴尬境地。杀害4位大学生而轰动全国的马加爵案和砍死9男1女的又一大案邱兴华案中，被告人一无所有和他们的家境贫寒等原因使被害人及其亲属得不到相应的补偿。这样的情况下，被害人与犯罪人之间的矛盾始终无法根本消除，尤其是从感情上讲打击是致命的，从社会价值本位上讲，损失最为惨重者也是受害人家属，这些都是导致民众对刑法产生消极不认同的重要原因。更可怕的是在刑事案件中往往被害人或判处死刑的人是家庭的主要劳动力时，这种结局是非常残酷的，后果就不堪设想。相比之下，藏族赔命价刑事习惯法等少数民族刑事习惯法根据现实生活的具体情况，及时惩罚犯罪人的同时还在于对被害人及其家属进行财物或金钱的补偿，既能节省高昂的司法成本，又能及时安抚原被告双方及其亲属，重在强调恢复重建社会本位价值和被害人及其亲属与加害人共同维护藏区安全的生产生活秩序。由此可见，延续一千多年的藏族赔命价刑事习惯法等少数民族刑事习惯法，不但提供被害人获得补偿的有效途径，并且在建立我国刑事被害人补偿制度时，司法机关在限制死刑或控制死刑节约的资金反过来支持刑事被害人国家补偿制度的建设。无论怎样，我国刑事被害人补偿的对象、补偿的条件、补偿的效率、补偿的限制、补偿金的来源和运作管理、补偿金的形式和数额、补偿的机构和程序等一系列问题，藏族赔命价刑事习惯法等少数民族刑事习惯法按照自身的特点在此作出了应有的贡献。

第二，藏族赔命价刑事习惯法发挥着刑事和解不起诉制度的功能。

在藏族法制史和藏族现实生活中，财产责任十分发达，人身伤害案件的赔偿如

---

① 参见〔德〕耶林：《为权利而斗争》，法律出版社1994年版，第16页。

② 参见孙文恺：《社会学法学》（《西方法学思潮与流派》，吕世伦主编），法律出版社2004年版，第31页。

“赔命价”、“血价”，各种盗窃罪的罚赔，家庭婚姻纠纷赔偿如发生私奔、抢婚和离婚，没收财产和引起草山失火等其他过失行为均以财产为内容进行赔偿制裁，适用范围相当广泛，其分量和适用率几乎超过刑事责任。无论是刑事、民事的大小案件和包括行政案件，最终都要通过经济赔偿加以解决，起诉或检举到司法或政府机关的很少，这也是藏族习惯法的一大特点。①

“要想真正理解现实的成文法，必须首先研究和理解习惯法的地位和作用。萨维尼主张法的最好来源不是立法，而是习惯。只有在人民中活着的法才是唯一合理的法，萨维尼认为实在法是由习惯法派生出来的，而习惯法又是从‘民族精神’中生长出来的，习惯法是最有生命力的。”②“正是各少数民族的文化传统孕育了其刑事习惯法，少数民族刑事习惯法是少数民族文化传统的表现形式。而文化是‘人类生活的样法’，是历史地凝结成的生存方式。因而，文化不仅是功能性的而且还表达着生活的意义。”③藏族赔命价刑事习惯法等少数民族刑事习惯法，是在这种意义上评价和坚持推行我国民族地区非常流行的刑事调解机制的同时，反思西方刑事和解制度并倡导我国尽快建立刑事和解不起诉制度方面作出了切实可行的贡献，它始终遵循着“杀人者赔偿金钱或财物”的刑罚理念，注重对刑事被害人的赔偿和被害人及其亲属与加害人及其亲属之间的和睦关系。从而旨在弥补传统刑事司法的缺陷，推动传统刑事司法与恢复性司法之间产生相互渗透与整合的新的纠纷解决机制，即恢复性司法正义或罗尔斯倡导的正当的优先性和善的观念。尤其是藏族赔命价刑事习惯法在被害人与加害人在平等对话的平台上搭建而成的沟通协商机制，重在弥补犯罪给他们各自生活上带来的影响以及双方感情上造成的痛苦进行交谈的方式开始正当倾诉或发泄，旨在解决犯罪本身给双方带来的损害均以钱财赔偿。这样，被害人在精神和物质上可以获得双重补偿，而加害人也可以赢得被害人谅解和改过自新的双重机会。因此，藏族赔命价刑事习惯法等少数民族刑事习惯法遵循着平等地协商和解刑事案件而不起诉的理念，这种理念对我国尽快建立刑事和解不起诉制度的倡导与研究作出了很大的贡献。

第三，藏族赔命价刑事习惯法在寻求被害人和加害人合法权益的双向保护、及时

---

① 张济民主编：《诸说求真——藏族部落习惯法专论》，青海人民出版社 2002 年版，第 252 页。

② 参见程琥：《历史法学》（《西方法学思潮与流派》，吕世伦主编），法律出版社 2004 年版，第 24 页。

③ 转引自苏永生：《国家刑事制定法对少数民族刑事习惯法的渗透与整合——以藏族“赔命价”习惯法为视角》，载《法学研究》2007 年第 6 期。

恢复原被告双方的正义和经济伦理价值方面发挥着很大的作用。

寻求被害人、加害人合法权益的双向保护与及时恢复原被告双方的司法正义和经济伦理价值是当代刑事诉讼发展的必然趋势，也是建设社会主义和谐社会内在的法治精神所在。我们充分利用藏族赔命价刑事习惯法等少数民族刑事习惯法的功能和优势，来推动并创建我国刑事和解不起诉制度则兼顾被害人与加害人合法权益的双重保护功能，不但有助于加害人的矫正与回归社会，而且也有助于平复被害人的心理创伤，最大限度地恢复被犯罪破坏的社会关系的和谐性。制度法理学的代表人物之一，奥塔·魏因贝格尔把传统的正义理论归纳为六种说法，尤其是“第五种正义论是‘公平的理论’，即罗尔斯的社会正义理论，其核心是一种公平的分配。这种正义论有两个基本原则，首先是最大可能自由的原则，其次是机会平等原则”①。正好藏族赔命价刑事习惯法具备这两种正义原则，也就是这两种正义原则在藏族社会得以实现，才使藏区刑事案件中受害人家属要求赔偿命价和加害人及其亲属主动赔偿钱财的社会正义理论得到了一种公平的分配。从平衡理论角度出发，“当原有的平等和公正规则被打破时，被害人倾向于选择一种最为简单的方式来恢复他们所期待的平等。因此，平衡理论认为，如果一种平衡恢复方式成本越低，被害人选择该方式的可能性也就越大。如果社会规范允许宗教会议、老人会或其他的和解方式，被害人选择这种方式的几率非常大，例如农村存在大量刑事案件私了的情况”。② 所以，寻求被害人、加害人合法权益的双向保护与及时恢复原被告双方的司法正义和经济伦理价值，唯独藏族赔命价刑事习惯法在藏区活生生的个案中表现得最完美。从实践角度看，以藏族赔命价方式或刑事和解不起诉方式解决的刑事案件，其法律效果与社会效果都比较好。“被害人的权益得到最大限度的保障；加害人受到教育，付出代价，保住工作，双方矛盾得到化解。据统计，北京市顺义区人民检察院在2002年至2004年三年间以类似方式共办理24件案件。在这些案件中，双方当事人对处理结果均未提出异议，当事人家属及所属单位对处理结果也表示满意，未出现申诉上访和再次犯罪现象，而且侦查机关亦未提出复议复核要求。”③由上可见，藏族赔命价刑事习惯法在最大限度内恢复被害人及其亲属和加害人及其亲属的司法正义以及保障提高被告人诉讼地位方面具

---

① 参见徐爱国：《分析法学》（《西方法学思潮与流派》，吕世伦主编），法律出版社2004年版，第149页。

②③ 转引自方媛：《刑事和解不诉制度的倡导与研究》，载《贵州民族学院学报（哲学社会科学版）》2007年第6期。

有开创性的作用。

第四，藏族赔命价刑事习惯法在保障人的生命权、减少死刑和限制死刑、慎用死刑和废除死刑方面发挥着难能可贵的作用。德国历史法学的领军人物弗里德里希·卡尔·冯·萨维尼认为，“民族精神是法律的发展动力，法律只能是土生土长和几乎是盲目地发展，不能通过正式的理性的立法手段来创建。在任何地方，法律都是由内部的力量推动，而不是由立法者的专断意志推动。法律随着民族的成长而成长，随着民族的壮大而壮大，当这一民族丧失其个性时，法便趋于消失”。① 藏族赔命价刑事习惯法正是遵循着这种民族精神在广大藏区顽强地表现着，而且在党和国家的阳光政策下，它伴随着藏族文化的蓬勃发展充分展现了法律是土生土长和由内部的力量推动的事实。还证明了保护自然人享有一切权利的前提是生命权，在生命质量论上进一步强调了重视生命的必要性，人不仅要活着，更重要的是要活得幸福、有意义。当前我国刑法中首先强调的基本法治理念是，人权保障的刑法理念。我国刑法学家陈兴良教授认为，“刑法中的保障人权，并不是指保障一般人的权利，也不是指保障人民的权利，而是保障犯罪嫌疑人、被告人的权利。因此，当惩治犯罪和人权保障这两种刑法的功能发生矛盾冲突的时候，我们把哪个放在第一位？这是我们所面临的一个根本选择。我认为，在法治社会中应当把刑法的保障人权功能放在第一位，这是必然选择。只有在有效地保障人权这一前提下，我们才能充分发挥刑法的打击犯罪的功能。只有在法治社会中，刑法把人权放在首要位置，公民才有可能利用刑法约束国家权力，以保障个人的权利和自由”。② 这一点上，藏族赔命价刑事习惯法，不但保护了本民族同胞的生命权，更维护了当代刑法所提倡的保障人权制度的实践价值，并对少数民族人权的法律保护和保证国家以及社会的安定有序方面同样作出了贡献。

第五，藏族赔命价刑事习惯法在宽严相济刑事政策和公诉案件能够刑事和解的各项功能及正当性作用在中国刑事司法领域的可行性模式提供了理论与实践上的基础和条件。

在我国藏区，由于地广人稀、交通信息闭塞、司法资源非常匮乏、党性与作风优良的少数民族司法干部队伍和法律人才严重紧缺、藏族聚居区人民群众法治意识淡薄

---

① 参见程琥：《历史法学》（《西方法学思潮与流派》，吕世伦主编），法律出版社2004年版，第19页。

② 参见陈兴良：《当代中国刑法应该具有的三个理念》，载《检察日报》2008年3月17日第5007期。

和社会整体处于转型期等特殊因素，严重影响了刑事司法在维护民族地区的稳定发展与维护整个社会秩序方面的整体效能。正在构建和谐社会与确保稳定发展的民族地区，贯彻宽严相济政策和公诉案件刑事和解机制显得尤为重要。

针对上述法治环境的背景下，我国公、检、法机关开始探索并正在试点的公诉案件中鼓励当事人和解的办案模式取得成功的案例越来越多，这就雄辩地证实了藏族赔命价刑事习惯法科学合理、快速便捷地及时解决公诉案件刑事和解化司法制度改革在中国可行的模式与事实。

第六，藏族赔命价刑事习惯法促使公正理念的刑事简易程序证据规则与怀柔刑事政策方面发挥着极大的作用。

在活佛和村民委员会的调解下，藏区赔命价案件的双方家族能够坚持传统的公正理念而化解矛盾永世和好，稳定社会秩序方面效果很好；当地政府和政法系统的怀柔刑事政策引导下邀请活佛采用赔命价机制平息纠纷，社会效果好；受藏族文化习俗影响，当地政府和原被告（公安机关）双方采取赔命价的方式平息纠纷的案例数不胜数；基层农牧区百姓的意愿，当地司法机关不直接介入，而在活佛的旨意下，村民委员会的老人进行调解，满足了受害人家属和加害人及其亲属的情感和心理需要，两家三代以内的男性相互握手拥抱，命价金额按照原被告双方的具体情况而定，因加害人家庭收入状况，分几次支付，村民委员会的见证下剩余部分某年某月全部付清，最终双方能够消除仇恨、平息矛盾，利于当地社会稳定，在各民族团结与和谐发展方面发挥了极大的作用。

第七，藏族赔命价习惯法律化与藏族传统法律文化习惯化推动了中国刑事法治建设的广阔空间。

近年来，青海、四川、甘肃甘南藏族自治州等藏区不仅是牧区，农区的赔命价也仍然发达，这就充分引证了国家刑事制定法中的实体和程序内容在刑事司法活动中受到规避和搁置时，我们就选择具体、规范、方便、快捷、低成本的优势和更加尊重当事人意思自治的如同藏族赔命价来解决国家法难以参与或无法彻底解决的案件。

美国学者霍贝尔指出："法律的一个主要功能就是作为一个选择的规范，用它来保持法律制度与建立在其中的社会文化与基本公规的一致。"① 藏族赔命价刑事习惯法正是选择了从法律平衡到伦理平衡的一种尊重和保障生命的规范，所以就推行了社会文化与基本公规相一致的赔命价而反对死刑并抵抗国家刑事制定法的不人道。德国

① 参见〔美〕霍贝尔：《原始社会的法》，严存生译，法律出版社2002年版，第15页。

法学家拉德布鲁赫指出，“正是因为习俗自身把约束的外部的和内部的双重效力统一了起来，无论其是否只是通过虚构的方式，所以习俗才比道德和法律更具有威力”。① 由此可见，藏族赔命价刑事习惯法不仅仅具有法律性，更具有习俗性，这种习俗性“是深受藏传佛教不杀生观念的影响产生的，认为将杀人者杀死是犯罪孽，这虽然很难从现代刑法理念出发找出人道主义的充分根据，但其结果却在一定程度上比现代刑法更加人道，在实践中确实起到了限制乃至废除死刑的作用，符合现代刑事法治的基本要求”。② 这正是当代我国刑事司法必须借鉴的，也是跟西方国家在刑事司法领域有可能合作的最好途径。以之为前提，藏族赔命价刑事习惯法在尊重生命、保障人权、减少死刑和限制死刑、慎用死刑和废除死刑、节约国家司法成本以及反对所有酷刑和避免发生冤假错案等诸多方面发挥着国家刑事制定法难以发挥的现实作用。在当今中国，“生刑过轻，死刑过重”、“缺少中间环节”的情况已经形成了一个刑罚复仇的漏洞。如果正要解决这些问题，我国现存的藏族赔命价刑事习惯法等少数民族刑事习惯法与国家刑事制定法必须要衔接和互动，这样才能对我国刑法的发展方向、宽严相济的刑事政策、刑法谦抑性功能等方面发挥重要的作用。

综上所述，我们的观点是，对善良的少数民族习俗及其相应的调整机制，如藏族赔命价等少数民族刑事习惯法这种纠纷调解机制，不仅不能以国家法律调整机制来取代，而且要通过国家法律制度来保护其存在和发展。国家制定法并不能解决所有问题，反而只有很少的问题能够通过法律获得解决。以之为前提，我们应该善待藏族赔命价刑事习惯法等少数民族传统习俗，“通过完善自治立法，将符合当代法治精神的少数民族习俗纳入国家法律体系，通过改革司法，将符合当代法治精神的少数民族习俗纳入国家司法过程。严格地将，这两种方法并没有实质性分别，无非是要讲少数民族习俗纳入国家法治轨道，与我国现行民族法制实践的精神和具体的制度规则具有相当的一致性”。③ 这正是藏族赔命价等少数民族习惯法所期待的，在这里我要充分说明的一点是：藏族赔命价刑事习惯法对我国的刑事司法有多大的贡献当前很难作出权威性的论证结果，但我们必须重视它的存在和发展以及它在解决藏族群众无数个命案中发挥的积极作用。“少数民族的习俗在本质上应当属于民族自身发展的有机组成部

① 参见〔德〕拉德布鲁赫：《民商法论丛》，王朴译，法律出版社2005年版，第50页。

② 转引自苏永生：《国家刑事制定法对少数民族刑事习惯法的渗透与整合——以藏族“赔命价”习惯法为视角》，载《法学研究》2007年第6期。

③ 田钒平，王允武：《善待少数民族传统习俗的法理思考》，载《中国人民大学复印报刊资料 <民族问题研究>》2007年第10期。

分，政府不应该采取积极的干预措施，而应让少数民族自身在社会发展历程中不断改革和完善。这也是我国宪法对少数民族习俗的基本精神，具有相当的合理性。”① 这又正是藏族赔命价这一藏族刑事习俗所具有的本质特征，因为它是解决藏区刑事案件唯一有效的基本机制。所以，就藏族赔命价刑事习惯法等少数民族刑事习惯法在内的所有少数民族习俗如要得到真正意义上的善待，“最根本的途径在于充分发挥少数民族传统纠纷解决机制的作用。因为作为不同民族行为心理和行为方式的习俗，在很大程度上是不可能法律化的，即或要追求法律化，其可行的方法也只能是对习俗予以概括式的许可，很难转化为明确的行为规则，在其如此，倒不如给习俗以更大的生存空间，在习俗能够很好地调整和控制的领域，就由习俗调整”。②按照陈瑞华教授的观点，刑事政策机制失灵③时我们应当充分利用藏族赔命价刑事习惯法等少数民族刑事习惯法来解决国家法无法介入的刑事案件，并努力争取少数民族传统纠纷解决机制充分发挥作用的足够空间和机会。

第八，藏族赔命价刑事习惯法在维护藏区的社会稳定与法治建设方面具有举足轻重的作用。

从分析研究过的很多藏区赔命价案例和广大藏区已经发生的大量赔命价以及其他少数民族的赔命价案件都充分证明了国家法与少数民族习惯法，在社会功效上具有一致性，无论是我国刑法等国家制定法还是藏族赔命价等少数民族刑事习惯法其主要目的都在于解决纠纷、平息矛盾、维护社会秩序、促进安定。法治建设与法律全球化趋势越来越重要的当今社会，藏族赔命价刑事习惯法始终保持少数民族文化的重要性，始终坚持了民族团结、社会稳定的局面。全面总结藏族赔命价刑事习惯法的特殊功能将对中国的法治建设具有重要借鉴意义。中国法律在探寻秩序维持中的中国法文化因素和寻求中国特色的刑事法治要素时，藏族赔命价刑事习惯法已经指明了科学、民主、人权、法治的中国式刑事司法之路探索与理论精髓。在特殊时期国家制定法失灵时，应该推崇藏族赔命价等少数民族刑事习惯法是非常妥当的，也是对国家制定法的一种切合实际的补充。

总之，尽管还存在一些问题与不足，但是，实践证明藏族赔命价刑事习惯法等少

---

①② 田钒平，王允武：《善待少数民族传统习俗的法理思考》，载《中国人民大学复印报刊资料<民族问题研究>》2007 年第 10 期。

③ 有关这一问题的详细分析参见陈瑞华：《刑事程序失灵问题的初步研究》，载《中国法学》2006 年第 6 期。

数民族刑事习惯法在我国刑事司法领域中所发挥的作用是显而易见的。我们有理由相信，在即将带来更多法治真理和学术福音的几年里，必定会掀起刑事法治建设与中国法学研究的新篇章。只要坚持法治现实主义理念和实证主义研究的基本精神，中国民间法与民族习惯法内容肯定为我国目前的刑事法治建设和任重而道远的中国法治建设作出更大的贡献。

ZANGZU FALÜ WENHUA PEIMINGJIA XIGUANFA YU LUNLI XINGFA DE GUANXI

第十三章

藏族法律文化赔命价习惯法与伦理刑法的关系

藏族习惯法中的“赔命价”与“伦理刑法”作为上层建筑的成分，都是对少数民族地区的人或我们这个社会的整个人的行为加以规范、控制，并通过规范、控制这些地区的人们的行为来调整他们生存的整个社会关系。虽然二者之间存在诸多区别，但并非各自属于相互排斥的独立系统，而是客观地存在着一种相互依存、互相渗透的关系。藏族习惯法中的“赔命价”虽然带有藏族奴隶制社会等级森严的不公平现象和实体程序方面不完善的弊端，但与此同时它伴随着藏族独特的伦理文化属性，对青藏高原的人伦关系和整个人类社会的道德文化起着保护的作用，并促进发展；属于中国古代刑法的“伦理刑法”和属于藏族传统法文化的藏族习惯法中的“赔命价”，对整个中华民族的法律文化制度则起着重要的补充和指导作用，对各少数民族习惯法的规范和完善，以及各种民间法积极适应社会主义法制建设并推动国家法的统一实施起着不可估量的作用，对培养和影响中国法律人才对其现行社会主义法律制度的完善与倡导法治精神采取什么态度有着重要的意义。

第一节

赔命价及其对藏区社会的影响

自古以来，在整个国家和少数民族地区的社会领域，少数民族伦理习惯为主的民族习惯法行为规则和国家强制力保证实施的刑法，以及中国古代刑法即“伦理刑法”就不同程度地受到一定规范的制约。根据其表现形式和社会功能的不同，这种法律规范可以分为，纯属统治阶级统一制定的具有国家强制力保证实施的中国古代的“伦理刑法”或现代刑法等，代表国家法的法律规范和藏族习惯法中的“赔命价”等代表民间法的法律规范两大类。然而，作为规范整个中国古代社会的“伦理刑法”和规范藏区社会的“赔命价”这一习俗性民间法，两者并非各自属于相互排斥的独立系统，两者之间客观地存在着一种相互依存、互相渗透的关系。基于这种关系，藏族习惯法中的“赔命价”进入“伦理刑法”的研究视野，就显得十分必要。作为法律规范，无论是藏族习惯法中独具特色的“赔命价”还是代表中国古代独特法律意识的“伦理刑法”，最直接的作用对象是社会行为，二者都是通过影响人本身的行为和影响人们生存的社会关系而发生作用的。

藏族习惯法中的“赔命价”又称作偿付杀人命价。它是藏族历史上形成发展起来的，并对藏族现实社会具有重大影响的一种法律现象。是指发生杀人、伤害致死案件后，双方当事人为了缓解或消除矛盾，不经国家司法程序，而是由加害方主动提出赔偿或被害方要求赔偿，然后各自聘请有地位、有影响的商谈代表，比如由原部落后裔及其宗教人士、德高望重的村寨老人、藏族民间组织等出面讨论案情，并召集双方当事人的亲属对被害人的死因身份进行议定，由被告人向被害人家属赔偿相当数额的金钱和财物，从而达到平息草场纠纷等各种因素引起的命案纠纷，是藏族群众不按照国家实体法和程序法的相关规定，借用民间社会行为规范了结刑事案件的民间习俗和做法。

据史料记载，“公元7世纪，吐蕃赞普松赞干布执政后，为了加强其统治，建官制、立军制、定法律、创文字，形成了以赞普为中心的集权奴隶主贵族统治，即‘吐蕃政权’。作为藏族社会上层建筑的重要组成部分，继《十善法》后，第一部关于反映赔偿‘命价’的成文法——《狩猎伤人赔偿律》产生。在此之前，虽有残酷的刑罚，但没有这方面的成文法。《狩猎伤人赔偿律》规定，行为人在狩猎过程中因过失致人死亡的，无需以命相抵，赔偿一定数量的金钱即可。行为人如赔偿了‘命价’，可以免除处罚。但此时‘命价’的特点指向是‘过失’行为，并且仅适用于狩猎当中，而不包括‘故意’行为。随着历史的发展，赔偿‘命价’不仅适用于‘过失’，而且逐渐适用于‘故意’行为引发的命案。相传，五世达赖执掌西藏地方政权后，就制定过一部著名的《十三法典》，其中就有关于杀人赔偿‘命价’的一些规定”。①

以上原因注定了，不论是过去还是现在藏区社会中“赔命价”的普遍存在奠定了根深蒂固的历史性基础。藏族基本上是全民信仰藏传佛教的民族，在漫长的历史发展中，藏传佛教之精髓大乘文化精神渗透在藏族人民生活的各个领域，如“不杀生、不盗窃、不奸淫、不嫉妒、不愤恨、不愚知、不撒谎、不巧辩、不挑拨、不恶骂”等“十善法”的十项内容，已成为藏族风俗习惯的重要组成部分，很多宗教戒律基本成为规范藏族人民的行为准则。藏族社会的历代统治者为了进一步巩固政权和调整藏族社会的各种关系，又加强了伦理道德和宗教信仰对人民的统治，极力宣传宿命论、因果报应论，要求信仰传统苯教和藏传佛教的人们戒杀生害命，倡导“五戒”、“十戒”，推行符合因地制宜和宗教戒律的“杀人赔命价法”。现在由于以往部落的风俗习惯和生活方式以及特殊的地域性没有改变，大多数藏族民众受传统文化的影响根深蒂固，对习惯法的依赖性仍然存在，这就成为藏区习惯法中典型的赔命价得以保留和发

① 张济民：《诸说求真：藏族部落习惯法专论》，青海人民出版社2002年版，第308—309。

展的基础。赔命价的做法在当地成为惯例后逐渐上升为成文法，成为处理类似案件的依据。赔命价是藏区习惯法中特有的刑事处罚规则，在藏族许多地方的部落法中对赔命价都做出了类似的规定，而且规定的内容相当详细，比如命价的等级和程序以及结果等等，不仅平定纠纷而且给予受害人相应的救济，适应藏区民众日常生活习俗，对于稳定社会秩序起到了相当重要的作用。

随着时代的飞速发展和各项社会制度的变革，现代藏区社会形成了国家政治和国家法律与藏族社会的习惯禁忌、藏传佛教信仰、伦理道德、行为规范、党的宗教政策等混合在一起的局面，并与民族地区的成文法规相辅而行。就青海藏区来说，处理“赔命价”案件所采用的方法既有民间法与国家法效力的双重性，又体现党的民族宗教政策以及从藏民族心理、风俗习惯和宗教信仰方面等的多样性和可操作性，并具有如下一些特点：

第一，在司法机关处理此类案件时，命价往往已经赔过。有的被告方因赔偿命价的数额或高或低而引起的原被告双方对司法机关和民间机制的抵触情绪，有的还被部落头人后裔驱逐出出生地而迁居他乡。法院在量刑上只好对被告人给予从宽处理。其实在广大藏区社会，大规模恢复的“赔命价”的最终目的是消除原被告双方的仇恨，保证被害方损失的及时修复和充分体现加害人利益为中心的价值理念，同时它与国家法相比，大大降低了加害人的“犯罪标签”式影响。还有国家法资源相对匮乏的藏区社会来说，加害人可以更加自然地实现再社会化的过程，并有利于推动藏区社会的稳定和发展。赔了命价，不再追究被告人的刑事责任，也符合 1983 年中央对少数民族中的犯罪分子少捕少杀的政策精神。

第二，“赔命价”案件发生后，为避免事态的进一步扩大，引起更大纷争，当地各级党政领导、宗教人士往往积极参与，疏导调解，促使原、被告双方达成协议，以求社会稳定，在这里他们强调民族地区的特殊性的同时，始终坚持国家法的统一性、严肃性等普法教育。

第三，命价赔偿后有些被害人的家属，主动出面，要求司法机关对被告人给予从宽处理。

第四，赔命价的钱绝大部分以牛、羊及其他财物折价，主要用作念经、超度亡灵上，被害人亲属分文不留或很少部分用在生产、生活上。

第五，由此充分表明了赔命价在藏区社会至今还有顽强的生命力。对于这种现象，我们不得不考虑该习俗不但具有恢复正义和经济伦理价值，还蕴含着伦理刑法的内在价值。

“赔命价”为代表的藏族习惯法有着很深的藏传佛教彻底的生命平等观，以及它所广泛传播弘扬的因果报应论和一系列戒规戒律。“因果报应的理论认为，为善必得善报，为恶必得恶报，这是不可更移的定律。在保护众生生命方面，不杀生而爱生和救生的善报是：由于救生被视为诸功德中的第一功德，于是救生能够永断嗔恚恶习、健康长寿、死后转生于天道。”①“赔命价”具有很深的社会根源和思想根源，否认它的存在是不行的，既要承认它的历史作用，又要承认它目前和以后一个相当长的时期内还会继续存在。“赔命价”从藏族传统的伦理道德和藏传佛教的特殊性出发，揭示藏族习惯法的“基本精神”和藏民族的“伦理刑法”属性。

伯尔曼在《法律与革命》一书中写到：“讲西方法律传统，旨在以这样一种法律概念为出发点：法律不失作为一个规则体，而是作为一个过程和一种事业，在这种过程和事业中，规则只有在制度、程序、价值和思想方式的具体关系中才具有意义。从这种广阔的前景出发，法律渊源不仅包括立法者的意志，而且也包括公众的理性和良心，以及他们的习俗和惯例。”②

第二节

藏族习惯法中的赔命价与伦理刑法的属性

从整个中国法制史角度看，“中华法系是中国各民族法律原则和法律意识长期融合的产物。藏族法文化和中华法文化的关系也可以证明，藏族法文化是中华法文化总体覆盖下的一个方面，在中华法系中应有藏族法文化的位置”。③ 以之为前提，称中国古代法、中国法律的传统、中华法系为伦理法的概括性推论，能够证明藏族习惯法中的“赔命价”与作为中国古代刑法的“伦理刑法”都具有“伦理法”的属性。

根据史料记载，“由于吐蕃地处青藏高原这一特殊地域环境，要想维持其统治，吐蕃赞普必然要与中原唐朝和印度两个大邻邦保持良好的关系，这样法律文化的交流

① 刘俊哲：《藏传佛教生态伦理试析》，载《西南民族大学学报》2007 年第 2 期。
② 伯尔曼：《法律与革命》，中国大百科全书出版社 1993 年版，第 13 页。
③ 徐晓光：《藏族法制史研究》，法律出版社 2000 版序言，第 6 页。

和吸收成为自然。吐蕃统治者在制定法律时注意吸收佛教法文化和唐朝律令制度，并将其融入自己的法律中去，使吐蕃法带有很强的多种法文化交融的特点”。① 中华法系为“‘伦理法’观点之形成是学有渊源的，从分析手段和方法上看主要着眼于中国古代法的精神和法律规范的基本内容。瞿同祖先生在《中国法律与中国社会》中所称‘中国法律之儒家化’、俞荣根先生在《儒家法思想通论》中所称‘儒家之法是伦理法’，就体现了这种一脉相承的特征。”②

儒家思想对于中国古代法律的主导地位，学者是有共识的。“俞荣根先生则是较早地将儒家文化的法律概括为‘伦理法’的人。他首先阐明，‘伦理’是我国固有的范畴，与古希腊的‘伊苏’一词演化而来的‘伦理’截然不同。前者实指古代宗法社会中以血缘家族为基础的人伦尊卑等级秩序，亦称‘伦常’，即人伦常道。后者则主要指风俗、习尚，而不是家族人伦秩序。以之为前提，他认为从儒家之法的法哲学和法文化高度立论，儒家之法是伦理法。所谓‘伦理法’，是指以儒家思想为指导的中国古代政治和法律。它以家族主义伦理为基点，将宗法伦常作为法的精神或灵魂：君权是父权的延伸，国是家的扩大，体现家国一体和君父一体这样一种基本特点。……它所揭示的中国古代以儒家思想为指导的法思想的基本特质或基本精神，是宗法伦理和家族人伦的。儒家伦理法包括三个层面的含义：

第一，儒家伦理法是把宗法家族伦理作为大经大法的法文化体系；

第二，在这个体系中，宗法家族伦理被视为法的渊源、法的最高价值，伦理凌驾于法律之上，伦理价值代替法律价值，伦理评价统帅法律评价，立法、司法悉以伦理为转移，由伦理决定其弃权；

第三，在现实的社会生活和政治生活中，以伦理代替法律，伦理与法律之间没有明确的界限，宗法伦理道德被直接赋予法的性质，具有法的效力，从而形成法律伦理化和伦理法律化的双向强化运动。”③

根据俞荣根先生的以上观点，我们可以得出这样的结论：“赔命价”为典型代表的藏族法文化，既有我国“伦理”文化的特点，也有由古希腊的“伊苏”一词演化而来的“伦理”文化的双重特征。更确切地讲，“赔命价”为典型代表的藏族法文化，首先进行了古希腊式的“伦理”文化的历史演进，其次才是我国“伦理”文化的历史演进，即从而形成伦理法律化和法律伦理化的双向强化运动。从藏族古

---

① 张济民：《诸说求真：藏族部落习惯法专论》，青海人民出版社 2002 年版，第 117 页。

②③ 任喜荣：《伦理刑法极其终结》，吉林人民出版社，2005 年版，第 31、32—33 页。

代法律的历史演进看，我们不难证明笔者的大胆探索和从理想法出发的这种价值判断。

公元7世纪松赞干布建立吐蕃赞普以前，藏族部落中没有现在藏族通用的藏文文字，尚没有形成成文法，当时处在远古时代的藏族部落社会主要依靠“仲”、“岱”、“苯”等三种原始文化治理朝政，调整各种社会关系。当时的原始文化可以高度概括为：标志着以神化和传说为核心的“仲”；标志着以巫术、创业史诗和谜歌为核心的“岱”；经历了三大发展阶段的“苯”等三个文化时代。“苯”的第一阶段以巫术和泛自然崇拜为特征；第二阶段是第一阶段的系统化、神灵的等级化和分类化，社会内容和文化内容纳入崇拜对象，奉“贤惹米保且”教祖，认冈底斯雪山为圣地，实现了苯教由原始的混沌状态向成熟宗教的演变；第三阶段即佛教与原始苯教斗争融合的漫长过程，及其后形成的藏传佛教以及现代藏区的伦理道德、风俗习惯、宗教信仰、禁忌仪式、习惯法规范。之所以有了“原始状态的部落伦理文化为部落统治提供了基本的精神支柱，成为孕育法律的胚胎或种子，同时也是形成吐蕃法律条文的重要基础。正是依靠这些长期生产劳动中形成的伦理思想，藏族部落的基本秩序得以维护，社会得以发展。之后，各部落逐渐有了自己的习惯法规范，并在日常社会生活中开始起着主导作用。”① 松赞干布建立吐蕃赞普后，创立文字并吸收藏族原始文化中的伦理道德、风俗习惯、宗教信仰、禁忌仪式、习惯法规范，制定了大量的成文法，其中较有代表性的成文法有敦煌出土的《狩猎追偿律》、《纵犬伤人律》、《盗窃追偿律》以及世俗化的《十善法》、宗教化的《神教十善法》、主要规范人和家庭行为规范的《入教十六净法》、《法律二十条》、《王廷、衙署只管按制之法》、《十万金顶具鹿之法》、《王朝准则之法》、《据两造申诉判决之法》、《总法》、《内府管理之法》、《吐蕃基础三十六制》、《伦常道德法》等。仔细研读以上内容丰富、调整范围广泛的吐蕃法律文化，我们能够很清晰地发现吐蕃法律的伦理文化渊源。

从藏族古代伦理对法律的重要影响看，“吐蕃伦理是藏民族自身文化的主要内涵，是藏民族与其自然生存环境的共生现象，也是藏族先民与其自然社会对象相互作用与和谐相处的一种只是形式和生活行为规范，所以，吐蕃伦理有非常强烈的藏民族文化演进的性质。从观念形态讲，法律之缘起可以追溯到远古氏族部落的禁忌习俗和宗教仪式，社会的风俗习惯、大众舆论和知耻之心起着约束人们行为的作用。法律产生习俗。它的活力既来自于大多数人的承认，它的效力亦来自于深厚的社会基础所产生的

① 何小荣：《浅谈藏族古代法律的伦理渊源》，载《西藏民族学院学报》2007年第1期。

特定约束力，即它早已通过社会和文化转化为每一个人的心理强制，这是比有形的国家暴力强制要有效的多的保障。”①

以上论点科学地回答了藏族习惯法中的“赔命价”不但具有“伦理法”和“伦理刑法”的双重属性，而且肯定了它在藏区社会发挥的作用和继续存在的生命力。因此，笔者坚持认为，从“中国古代法是伦理法”的结论中完全可以得出“中国古代刑法是伦理刑法”的结论，因为所谓独尊儒术思想下产生的“中国古代法”，吸收了大量的伦理道德的规范，而且大量的伦理道德规范被直接转化为法律规范，并把伦理道德行为与统治阶级制定的传统刑法规范高度融合，由此强调“德主刑辅”观念下的刑法运行机制。以之为前提，笔者认为，从儒家德主刑辅之法的法哲学和法文化高度立论，儒家的德主刑辅之法是伦理刑法。所谓“伦理刑法”，是指以儒家思想为指导的家庭伦理与社会伦理为主要内容，加上罪之伦理化与刑之伦理化的中国古代德主刑辅之法也。从统治阶级等级特权范围不断扩大的特点看，唐律详细规定的赎刑制度和藏族习惯法中的“赔命价”都体现了不处以死刑而籍没家产等经济赔偿的做法。这也说明了中国古代法中普遍出现过赔偿命价的传统伦理刑法。为了巩固吐蕃政权，藏王松赞干布和芒松芒赞执政的不同时期，都引进了唐朝的律令和具体制度，他们都多次效仿《唐律疏议·明例》篇开宗明义：“德礼为政教之本，刑法为政教之用，犹昏晓阳秋相须而成者也。”的核心思想，再结合吐蕃固有的法律文化，从法律层面上把藏族先民的伦理道德和印度法文化中的佛教教义吸收规定为政教之本。大力弘扬佛教教义并以此作为吐蕃立法的指导思想。从宋朝蕃汉关系立法活动上，也可以看出中原法文化与藏族法文化的频繁交流融合。“宋朝对蕃部统治政策相适应，统治者也注意用法律手段配合政策的实施，在认可蕃部部分习惯法的同时，还着力于‘以汉法治蕃民’，专门订立了一些具体法规，确立了蕃汉民族间法律适用的基本原则。”② 以及与儒家经典《礼记》相媲美的藏族伦理礼仪的经典代表《礼仪问答写卷》中规定的各种伦理刑法，加之元代时期萨迦派政权统治把蒙古法律和吐蕃原有的法律为基础制定的《十五法典》，还有明朝藏巴汗政权的《十六法》和清朝初期的藏区《十三法典》，都对死刑问题进行探索，最后根据贤王十善律的优良传统，重在强调杀人者只要求赔命价，而不允许杀人者抵命。当时规定经济赔偿为主要处理手段的伦理刑法原则贯穿于藏区社会始终，并把这种藏族独一无二的伦理刑法规定为藏族政教之用。

① 何小荣：《浅谈藏族古代法律的伦理渊源》，载《西藏民族学院学报》2007 年第 1 期。

② 徐晓光：《藏族法制史研究》，法律出版社 2000 年版，第 125 页。

从以上论述中不难看出藏族的赔命价与中国古代法即伦理刑法充分体现了，“人类社会的进化中，先有伦理，后是法律的出现。在吐蕃社会的历史演进过程中，形成了藏族先民基本的、共同的伦理，也生成和发展了后来的藏民族固有的伦理体系和伦理准则。伦理具有约束力和自觉性，它依赖于人自身的良知。理与法律之间存在着相互渗透的关系，伦理现象具有丰富的法律意义。这主要集中体现在两个方面：

其一，某些伦理规范往往具有法律效力，这表明了伦理的法律性。

其二，吐蕃法律体现出吐蕃时期藏族先民的伦理精神，亦即法律的伦理性。在法律规范中，凝结着立法者关于善与恶、合理与不合理、正义与非正义的基本伦理价值判断。在吐蕃社会的发展过程中，社会的行为规则体系以其特有的方式影响着社会的生存与发展。社会与社会行为规则体系之间的关系，就构成了社会调整，社会调整有多种多样的体现形式，从而体现为相对独立的不同的社会规范体系，其中伦理调整和法律调整占有十分重要的地位。在社会调整系统中，伦理调整与法律调整二者相辅相成，相互促进，协调发展。”① 此种论点又一次证明了人类社会刑法等包括在内的法文化与伦理文化的共同作用，应当是规范整个人类社会行为的基本价值判断和法哲学的辩证统一。由此不难推断出藏族习惯法中的赔命价与伦理刑法的共同属性是法的伦理性。

第三节

藏族习惯法中的赔命价与伦理刑法的关系及其发展趋势

作为法律规范，无论是藏族习惯法中独具特色的“赔命价”还是代表中国古代独特法律意识的“伦理刑法”，最直接的作用对象是社会行为，二者都是通过影响人本身的行为和影响人们生存的社会关系而发生作用的。当然我们也要看到藏族习惯法中的“赔命价”与作为中国古代刑法的“伦理刑法”深层次的相互关系和作用。从调整对象上看，两者都具有通过人们内心的信念和思想动机活动的调整来影响人们外部

① 何小荣：《浅谈藏族古代法律的伦理渊源》，载《西藏民族学院学报》2007 年第 1 期。

行为伦理作用；又具备主要指向人们的外部行为，规范人们外部行为的法律的合法性，因此，二者都是内在调整与外在调整的有机统一。从调整范围上看，二者都体现了几乎覆盖生活生产的每一个领域和一切社会关系需要伦理调整的广泛作用；又具备只可能由国家评价和保障的社会关系，以及一般违背伦理行为而法律不能调整的局限性。因此，二者都具备广泛调整与局部调整的有机分工的功能。“从调整内容上看，伦理调整的意义在于要求个人对他人、个人对社会应当履行的基本义务，这种义务的改造并不以为人取得某种权利为前提条件；而法律调整的重心是对行为人的权利保障，它的主体内容是要求行为人行使权利与履行义务之间的一致性，没有无权利的义务，也没有无义务的权利。”① 因此，藏族习惯法中的“赔命价”与作为中国古代刑法的“伦理刑法”，二者是义务设定与权利保障的内在互动下形成的中国本土法的典范。“从调整手段上看，伦理调整主要建立在社会主义伦理认同和伦理评价的基础之上，它主要通过人们内在信念和社会舆论的谴责来保证人们对伦理规范的遵守；而法律调整则主要通过有组织的国家强制力来保证其实施，具有国家权威性，行为人对法律规范的违反，必然招致相应的法律制裁。”②以之为前提，笔者坚信，藏族习惯法中的“赔命价”与作为中国古代刑法的“伦理刑法”，除了古代封建法的色彩外，更重要的是二者具有现代中国法理学苦苦寻找的，指引功能、评价功能、预测功能、强制功能、教育功能等法的规范功能。所以，虽然二者之间存在诸多区别，但并非各自属于相互排斥的独立系统，而是客观地存在着一种相互依存、互相渗透的关系。并指引着未来中国刑事司法的发展趋势。

综上所述，笔者坚持认为，藏族习惯法中的赔命价与代表中国古代刑法的伦理刑法包括在内的中国传统法律文化中，既包含着形式多样、内容丰富的伦理道德等，至今为人们的行为规范以及调整整个社会关系起着积极作用的优秀要素，也包含了皇权专制暴政和等级特权的腐朽文化思想。之因为如此，法理、法史学界的学者们纷纷提出，面对历史和传统，应当去其糟粕、取其精华的辩证思维发展的完整表述，即中国法制现代化的资源选取或一种批判的学术态度。而绝对不是有失偏颇的有些偏激分子鼓吹的法学界的“复古”思潮。没有昨天的传统文化与历史教训，何来今朝成熟的开明思想和现代社会的文明和谐，更难预测明天的希望和未来的发展目标。判断中国传统法律文化的现代价值。必须仔细研读浩如烟海的中国传统法律文化，并吸收其中的优秀要素，开创中国未来法律文化制度法治化的有效模式。这是藏族习惯法中的赔命

①② 何小荣：《浅谈藏族古代法律的伦理渊源》，载《西藏民族学院学报》2007 年第 1 期。

价与中国伦理刑法未来的发展趋势，也是它们共同的最佳选择。

“中国古代刑法文化渊源流长，蕴涵丰富，从精神、制度到司法技术都对当代中国的刑事法制发生着或深或浅的影响。因此，刑法学的理论研究在比较借鉴的意义上，不仅应该关注西方成熟的理论和实践，而且应该将目光投向自身的传统”① 因为，藏族习惯法中的赔命价与中国伦理刑法中的伦理法律化和法律伦理化的核心原则，以中国传统伦理刑法的表现形式，遵循了国际社会通行的刑法制度原则。而且更能证明藏族习惯法中的赔命价自身的伦理刑法属性，决定了它带着本民族地区的传统性、现代性、现实性、人性，以及民族性在藏区社会经久不衰，根深蒂固地能够长时间存在（将要相当长的时间继续存在）的合理性与合法性。还有藏族习惯法中的赔命价习俗具有重要的两大价值：

其一，以人为本的价值理念——恢复正义；

其二，资源的合理调节，具有较高的经济伦理价值。综上所论，“赔命价习俗具有恢复正义和经济伦理价值。两大价值实现的途径存在于被害恢复与加害恢复两个基本方面。由于该习俗强调被害人利益保护的同时兼顾了犯罪人的社会复归，因此，对长期以来奉行报应正义的国家刑事法律制度产生了重大影响并直接导致了赔命价习俗的大规模的回潮。对照我国刑事法律制度的现状，国家、犯罪人与被害人之间利益失衡尤为显著。如果上述两大价值合理性能够得到社会的普遍承认，那么适当借鉴赔命价习俗的一些合理性因素应当顺理成章”。② 正是藏族丰富的传统伦理道德文化和藏传佛教的人道主义核心思想以及它自身的伦理刑法的优点，才使杀生和杀人偿命看作世上极大的罪恶（极其严重的犯罪），并重在强调尊重人的生命和尊重人道主义原则的前提下，正确指导广大藏区在废除死刑论上做出了伟大的贡献。藏族习惯法当中的“赔命价”习俗，不仅遵循了出于肯定对人权以及尊重人的生命和人格尊严，而且履行了《世界宣言》所倡导的对保护每个人的生命权和废除死刑的人道主义精神。这种民族法理念和法哲学精神，不仅对21世纪我国民族地区的社会稳定与各项制度的发展具有重大的意义，也利于促进民族区域自治法的完善发展，并能推动现在正在提倡的国家法与民族习惯法的互动效能。还对中国现代刑法学的理论创新和未来中国的死刑废除论，以及将要开创独具特色的中国法学崭新的理论体系等诸方面都将会产生重大而深远的影响。

---

① 任喜荣：《伦理刑法极其终结》，吉林人民出版社2005年版，序言第1页。

② 程雅群、景志明：《藏族赔命价习俗价值考析》，载《西藏民族学院学报》2006年第5期。

第十四章

噶丹颇章地方政权时期的法律

藏族的先民早在5000多年前就繁衍生息在青藏高原这块古老而神奇的土地上，到元朝时已逐渐形成为一个居住地域相对固定、语言大体统一，具有共同宗教信仰、共同生活方式、共同人文精神和共同心理素质的稳定共同体。藏族作为中华民族的一员，创造了独具特色、形式多样、内容丰富的法律文化。尤其是《十三法典》的编纂和问世，不仅关系到清朝藏区的政治、经济、文化等各种体制的发展，而且成为后期整个藏区立法的典范。其严谨的结构、简明的文字、精确的注疏、完备的内容，为广大藏区民众所信奉，沿用不废。认真解读这部古老的法律文献，我们可以发现它不仅是藏族法律文化的精髓，而且还有着巨大的法理学价值。它对未来西部藏族地区的立法和司法实践仍将有较大的启发。《十三法典》是在五世达赖喇嘛阿旺罗桑嘉措时期制定的，“它始终贯穿于藏族习惯法和成文法中，并一直沿用到新中国成立后公元1959年西藏民主改革之前”①。至今还影响着藏族社会的稳定与发展。②

《十三法典》形成于五世达赖喇嘛时期，是藏族法文化发展史上具有代表性的一部法典，它是古代藏区习惯法的集大成者，是一部“因时、因地、因俗制宜”而著称于世的法典。《十三法典》结构严谨、文字简明、注疏精确、内容完备，为旧时藏区稳定与发展发挥了重要作用。③

---

① 《西藏自治区人权事业的新发展》，载《国务院公报》1998年第6期，第28页。

② 参见南杰·隆英强：浅谈五世达赖喇嘛时期的《十三法典》，载《西北民族大学学报（哲学社会科学版）》，2005年第1期。

③ 参见黄全毅：《五世达赖喇嘛对西藏的治理和改革》，《西藏民族学院硕士论文》，2011年。

第一节

五世达赖喇嘛生平与《十三法典》产生的历史背景[①]

一、五世达赖喇嘛生平

五世达赖喇嘛阿旺罗桑嘉措（1617—1682）是藏传佛教系格鲁派大德高僧，为藏传佛教和西藏文化的发展及推动多民族国家的统一做出了伟大的贡献。

明万历四十五年（1617），阿旺罗桑嘉措出生于前藏山南琼结地方，属琼结巴家族，父名都杜绕登，母名贡噶拉则。其家系山南地区的一个封建主，也是帕竹地方政权属下的贵族，日喀则就是帕竹地方政权封给其家族的领地，他家世袭日喀则宗宗本职务。

公元1616年四世达赖喇嘛云丹嘉措去世之后，藏巴汗禁止寻找转世“灵童”，经过四世班禅罗桑确吉坚赞多方斡旋，最后在他的主持下才得以认定五世达赖。公元1622年，经过班禅罗桑确吉坚赞的认定和主持，六岁的阿旺罗桑嘉措才被迎入哲蚌寺

① 第十四章噶丹颇章地方政权时期的法律之第一节五世达赖喇嘛生平与《十三法典》产生的历史背景和第二节《十三法典》的内容及其顺序相关具体内容参见隆英强：浅谈五世达赖喇嘛时期的《十三法典》，载《西北民族大学学报（哲学社会科学版）》2005年第1期；黄全毅：《五世达赖喇嘛对西藏的治理和改革》，载《西藏民族学院硕士论文》，2011年；鱼目：《“伟大的五世”达赖喇嘛》，载《西藏旅游》2006年第4期；五世达赖：http：//www. baike. com/wiki/五世达赖；刘志群、彭措顿丹：《藏戏发展史综述（下）》，载《西藏艺术研究》1991年第4期；刘志群：《元明清时期的西藏文艺（下）》，载《西藏艺术研究》1999年4期；孙镇平：《清代西藏法制研究》，载《中国政法大学博士论文》，2000年；黄全毅：《五世达赖时期制定的十三法典的文化解读》，载《西藏民族学院学报（哲学社会科学版）》2011年第3期；车骐：《清朝中央政府治藏法律制度研究》，载《华东政法学院硕士论文》，2002年；边际：《通向天堂的阶梯——纪念西藏民主改革50周年》，载《人物》2009年第3期；牛绿花：《试论西藏政教合一体制下相关法律框架及其特点与启示》，载《西藏大学学报（社会科学版）》2009年第4期；刘艺工：《藏族成文立法的演变及特点探议》，载《文化学刊》2010年第4期。

供养。公元1625年，拜四世班禅罗桑确吉坚赞为师，受了沙弥戒。公元1637年又请四世班禅给他受了比丘戒。① 在四世班禅罗桑确吉坚赞和甘丹池巴贡觉群佩的教诲下，钻研佛教经典，广读经论，又师从当时的大学者昆顿班觉伦珠学习藏族传统文化经典大小五明学，年少时期已颇有成就。不久，他就担任哲蚌寺的第十五任赤巴，兼色拉寺第十七任赤巴。自五世达赖以后，历代达赖即为哲蚌、色拉两寺的当然赤巴，别人不得充任，故后来两者的寺主，均由达赖兼任。但当时格鲁派正受到地方政权和其他各派的迫害。公元1630年他被迫躲避到西藏的山南地区。公元1641年他和第四世班禅商议决定，派人去青海请求固始汗率领军队进入西藏，从而终于获得了解脱，并且开始在西藏建立格鲁派的政治势力，建立了以五世达赖喇嘛为首的噶丹颇章王朝（噶丹颇章是黄教主寺之一哲蚌寺的主殿名）。

公元1642年，噶丹颇章地方政权在哲蚌寺正式建立，其后该政权的主持者五世达赖阿旺罗桑嘉措，会同固始汗派专使到沈阳与清王室通好。固始汗“收吐蕃地十三万户之权力供养五世达赖”，五世达赖“以观音堂为中心，向东向西建立了白宫，以后又由第悉桑结嘉措在正中建筑了红宫及上下经殿房舍”（《卫藏通志》），同时也进一步加强、完善了政教合一制度。

公元1652年，五世达赖喇嘛应清朝顺治皇帝之邀，率领了3000官员和侍佣等浩浩荡荡前往北京进行访问，晋见清顺治皇帝，历史上第一次以金册金印被中央政府封为“达赖喇嘛”。在访问临近结束之时，五世达赖喇嘛被授予“西天大善自在佛所领天下释教普通瓦赤拉怛喇达赖喇嘛”之称号。达赖在蒙语中意为“广阔的海洋”。回到西藏后，他用政府赠送的金银建立了13座寺院，同时，又给全藏所有黄教寺院规定了常年居住的僧数，制定了黄教大小寺院严格的政教合一规章制度，如寺庙内部的组织机构、僧官的任免制度、喇嘛的学经程序、寺内纪律仪式等等。②

五世达赖喇嘛的晚年著书立说，主要作品有《西藏王臣记》、《相性新释》、《菩提道次第论讲义》和《引导大悲次第论》等。这些著作在藏传佛教界流传很广，并被公认为宗教经典。

---

① 参见鱼目：《“伟大的五世”达赖喇嘛》，载《西藏旅游》2006年第4期。

② 参见刘志群、彭措顿丹：《藏戏发展史综述（下）》，载《西藏艺术研究》1991年第4期；刘志群：《元明清时期的西藏文艺（下）》，载《西藏艺术研究》1999年第4期；孙镇平：《清代西藏法制研究》，载《中国政法大学博士论文》，2000年；鱼目：《“伟大的五世”达赖喇嘛》，载《西藏旅游》2006年第4期。五世达赖喇嘛_ 百度百科 –（http：//baike. baidu. c）；五世达赖：http：//www. baike. com/wiki/五世达赖。

五世达赖喇嘛于公元1682年圆寂于布达拉宫，享年66岁。

总之，五世达赖喇嘛大师的历史影响巨大，无论是政治，还是宗教以及藏族成文法的发展都做出了历史性贡献。五世达赖喇嘛阿旺罗桑嘉措被尊称为伟大的五世，建立起西藏噶丹颇章地方政权，在西藏的政教事务中，尤其在巩固祖国统一方面，立下了不朽的功勋。①

二、《十三法典》产生的历史背景

清朝初期，西藏地方习惯法的订立和《十三法典》的诞生与蒙古和硕特部进入藏区有着重大关系。明崇祯十年（1637），蒙古和硕特部固始汗进入青海。在固始汗进入青海之前，西藏教派矛盾异常激烈，第悉索南饶丹和四世班禅急召固始汗入藏协助，平息了教派矛盾。在当时特定的历史条件下，五世达赖喇嘛亲自委任第悉总理政务，限制了蒙古和硕特汗（即固始汗）在西藏的权力，蒙藏封建农奴主阶级在西藏建立了联合政权。这一时期，西藏的政治、宗教中心逐渐集中于拉萨，集中于五世达赖喇嘛一身。为了调整藏族和蒙古族的关系，巩固、加强西藏地方政权，五世达赖令第悉索南饶登制定法律，索南饶登死后又委任桑杰嘉措为第五任第悉，督促他进一步扩大第悉的权势；委任卫、藏封建领主为地方政府官员，领主管辖下的庄园，亦由第悉政权赐封。同时，要求加强并建立各种规章制度，修订法律，用法律调整寺院和地方政府的关系。为进一步确立格鲁派寺院领主在西藏的统治地位，促进政教合一制度的巩固与发展，五世达赖喇嘛决定吸收前人立法的经验，修订《十三法典》。由此，我们从利益冲突的制度分析及其现实意义的角度看，《十三法典》的制定确立了五世达赖在西藏政教舞台上的统治地位，也为清朝政府进一步统治西藏提供了良好的法制环境。所以，在当时的历史条件下制定《十三法典》也是西藏社会发展的必然。

《十三法典》的全称是“五世达赖喇嘛时期的颂词十三法”②，制定于五世达赖喇嘛时期。五世达赖喇嘛罗桑嘉措命令第悉索南饶登借鉴吐蕃、元代及帕竹时期制定的典章制度，并依其规定的法律总则，对第悉噶玛丹迥旺布时期制定的《十六法典》进

① 参见黄全毅：《五世达赖喇嘛对西藏的治理和改革》，载《西藏民族学院硕士论文》，2011年；五世达赖喇嘛_ 百度百科 - （http：//baike. baidu. c）；五世达赖：http：//www. baike. com/wiki/五世达赖。

② 恰贝·次旦平措主编：《西藏历代法规选编》（藏文），西藏人民出版社1989年版，第146页。

行了综合调整，删去了十六法中的第一条“英雄猛虎律”、第二条“懦夫狐狸律”和第十六条“异族边区律”。后又由第五任第悉桑杰嘉措对前言和个别篇目以及一些名词做了修订、补充和重新解释厘定，最后编纂成《十三法典》。该法典的形成和发展过程，是与藏族地区的社会形势及清朝政府的治藏方略紧密相连的，也是与清朝统治者民族立法经验的积累程度相适应的。因为我们打开中国历史和中国法制史就可清晰地看到一个不争的事实，在当时的中央政府管辖下，不管是藏区地方政权制定的各种法规，还是藏族社会根深蒂固的习惯法，都需要经过中央政府的认可，“特别是清朝前期和中期，对藏区进行‘因俗制宜’的同时，加强了行政管辖与司法管辖，保证国家法制的统一，西藏是中国领土的一部分，在维护祖国统一方面取得很好的成效”①。

清朝前期以五世达赖为首的西藏地方政府制定的《十三法典》删除了《十六法典》中的第一条、第二条和第十六条，完全是为了当时执政的需要。噶玛丹迥旺布时期制定的《十六法典》包括英雄猛虎律、懦夫狐狸律、官吏执事律、诉讼是非律、逮解法庭律、重罪肉刑律、警告罚锾律、使者薪给律、杀人命价律、伤人处刑律、狡诳洗心律、盗窃追赔律、亲属离异律、奸污罚锾律、半夜前后律、异族边区律。因为噶玛丹迥旺布时期西藏一直处于武力兼并的动荡年代，军事管理成为当时政权最为主要的政治需求。因此，《十六法典》把军事管理的法律，即“英雄猛虎律”、“懦夫狐狸律”和“异族边区律”置于法典之首尾。英雄猛虎律，是关于在政权遭受外敌进攻时，用和平或武力手段制伏敌人的一些措施。律令要求战时三军将士要服从命令，听从指挥。如果战争取得最后的胜利，所有参战人员就可获得“英雄猛虎律”的褒奖。懦夫狐狸律，是关于军队在遭受强敌进攻而无法克敌制胜时，用以避免失败的一些措施。异族边区律，是关于调整和解决西藏周边少数民族矛盾的法律，专用于西藏周边的门巴族、珞巴族和蒙古族等聚居地方的法律。

到了清初，五世达赖时期的西藏地方政权要比明末噶玛丹迥旺布时期明智得多，政局也较稳定，其政治制度、经济结构也有了进一步的完善和发展。因此，主张用“武力压服”的政策需求不太强烈，为了巩固相对稳定的社会秩序，则将立法的重点放在了其余十三种法律的进一步修订和实施上。从此，中国藏族法制史上被称为西藏

① 详见徐晓光：《藏族法制史研究》，法律出版社2002年版。

地方政府的经典成文法———《十三法典》，伴随着藏族法制历史的变革而诞生了。①

第二节

《十三法典》的内容及其顺序

"《十三法典》与《十六法典》比较，尽管在内容上大同小异，但在篇目的筛选、排列和实际运用等方面却有所不同。这反映了清代藏区统治者对法律篇目的具体认识和理解。《十三法典》对每个法律篇目的解释更加翔实、完整，所依据的资料丰富、可靠，不仅体现了统治阶级法律的观点，而且也反映了当时藏族社会的状况、价值观念、人伦关系、生产关系等。"②

《十三法典》是十三种法律、条例诠释的总称，其内容有：

（1）镜面国王律。该律是有关地方官吏在执行政务时应遵循的行为标准。本律条系统规范了官吏及其他公职人员（包括僧、俗）的行政准则，规定：凡任公职者，均须舍弃自私的恶习，以公务为主，尽力效忠于历代第悉。《十三法典》的制定者对《十六法典》中的第三条"地方官吏律"做了详细的解释后放在了《十三法典》的首位。从法律排列的顺序和编纂的意图看有两点：第一，噶丹颇章政权建立之后，为了逐步完善西藏地方政府的机构设置及其管理职能，强化对各级官员职守的监督。第二，为了完善当时的政体改革，更加强调了行政法律的作用，并提出了防止官吏腐败

① 参见孙镇平：《清代西藏法制研究》，载《中国政法大学博士论文》，2000 年；黄全毅：《五世达赖时期制定的十三法典的文化解读》，载《西藏民族学院学报（哲学社会科学版）》2011 年第 3 期；车骐：《清朝中央政府治藏法律制度研究》，载《华东政法学院硕士论文》，2002 年；南杰·隆英强：《浅谈五世达赖喇嘛时期的〈十三法典〉》，载《西北民族大学学报（哲学社会科学版）》2005 年第 1 期；边际：《通向天堂的阶梯——纪念西藏民主改革 50 周年》，载《人物》2009 年第 3 期；牛绿花：《试论西藏政教合一体制下相关法律框架及其特点与启示》，载《西藏大学学报（社会科学版）》2009 年第 4 期；刘艺工：《藏族成文立法的演变及特点探议》，载《文化学刊》2010 年第 4 期；淡乐蓉：《藏族"赔命价"习惯法与藏传佛教之关系及其流变》，载《全国外国法制史研究会学术丛书——法与宗教的历史变迁》，2010 年；淡乐蓉：《行动中的法——现当代藏族"赔命价"习惯法之实证分析》，载《民间法》2013 年第 1 期；何峰：《五世达赖喇嘛〈十三法〉探析》，载《政治学研究》，2004 年。

② 详见徐晓光：《藏族法制史研究》，法律出版社 2002 版。

的措施。

（2）听讼是非律。是两造对质，辨别是非曲直的法律。将此作为第二条的原因也有两种：第一，制定者提出了在稳固的政治体制中立法要严明、执法要公正的思想，从而使藏区社会保持稳定发展的势头；第二，从《十六法典》中吸收了“执法者审理案件要认真、谨慎，不要过早下结论。诬告者各以所告之罪反坐，如果两造都有一定理由则各自承担一半责任”的内容。处理诉讼的关键是辨别是非。所以把诉讼是非律从《十六法典》的第四位排到了《十三法典》的第二位。由此，可以看出五世达赖时期比较重视诉讼制度，为藏族社会的和谐与稳定营造了公平、正义之法律氛围。

（3）拘捕法庭律。该律是有关逮捕人犯、依法治罪的法律，规定：对违反法律者，首先要捆绑押解至执法机关，特别是在王宫前持刀打架、因饥饿行窃、不按领主旨意办事、向别人讨教坏主意者、顶撞上级等行为不轨者，均逃避不了本法的制裁；情节严重者要从重处罚，罪大恶极者要处以肉刑，或根据具体情况赔偿命价等。

（4）重罪肉刑律。该律是对犯人施以挖眼、砍足等摧残人身肢体的法律，规定：有危害社会和人身安全的犯罪都要施以肉刑，即挖眼、抽筋、割舌、投崖、溺死、屠杀等。制定这种法律的原因是，当时的统治者为了捍卫法律的尊严和社会的安定。

（5）警告罚锾律。该律是为了警戒犯人再犯罪过，责罚缴纳财物赎罪的法律，规定：犯法而不及施肉刑者，为杜绝再犯罪而警告；结伙杀人、报复抢劫、蓄意干坏事等严重触犯法律者，依其罪行轻重，罚15到80两碎银。制定这种法律的原因，是根据当时藏族社会的实际需要而制定的一种经济制裁法。

（6）使者薪给律。该律是藏族百姓对官府来人供应食宿等费用（脚力钱）的法律。规定：属民等应差使是对官吏的尊敬，但官吏、使者要注意自己的行为，不要扰民。制定这种法律的目的是为了更好地监督官吏廉洁自律。

（7）杀人命价律。该律是责令蓄谋杀人已遂者赔偿命价的法律，规定：凡蓄意杀人者，必须向死者家属赔偿命价，命价数额依被害人的社会地位和不同等级而定。各等级命价虽有具体规定，但实赔数额的多少可由有关人员协商决定。其原则是双方都能接受，做到既要被害人家属满意，又要加害人赔偿得起，目的是为了避免出现新的纠纷。

（8）伤人赔偿律。该律是责令斗殴伤人者根据被伤者伤势轻重而赔偿损失的法律（也叫赔偿血价），规定：按照等级划分，首先查明哪一方先动手，分清责任，无理一方要赔偿；其次是鉴定伤情，查清是内伤还是外伤，是否流血，是否裂口露骨，再依据伤势决定血价金额。血价因人的身份不同，赔偿金额也有所不同。本条是对第七条杀人命价律的补充。

（9）狡诳洗心律。该律是责令狡辩的诉讼双方接受神判，辨别是非的法律。诉讼双方以“山盟神证”，发誓赌咒、捞油锅、烧泥汤等神判的方式来明辨是非。制定本条的目的是对前八条的完善和补充，同时为后四条的制定起到一定的铺垫作用。

（10）盗窃追偿律。该律是对盗窃他人财物者依情节轻重，视受害人等级责令偿还赃物并加倍赔偿的法律，规定：同等级平民间盗窃，罚赔 7 倍到 8 倍或 9 倍不等的罚金；盗窃赞普财物罚赔原物之百倍的罚金；偷“三宝”（佛、法、僧）之财物罚赔 80 倍的罚金；对诬告他人盗窃者，同盗窃者一样对待；对捡到财物不归还失主者，将财物隐藏他处狡诈欺骗者，以退赃和赔新等法论处；因盗窃而被打死、打伤，一般不付命价、血价。此条法律是在前九种律条的基础上制定的，丰富了法律内容，补充了当时在司法实践中的缺憾。

（11）亲属离异律。该律是在调解亲属间的利益纠纷和离异时，责令理曲一方赔偿理直一方以及有关财产分割的法律。本条沿袭传统律文，夫妻离异如理在男方，女方则赔偿 18 钱黄金等物。此条是为了创建藏区社会民事调解制度的需求而制定的。

（12）奸淫罚锾律。该律是对与他人妻女或丈夫通奸者，科以罚金的法律，规定：与喇嘛、官人之妻通奸者处以重刑；如果女人勾引男人，只取一两罚金和以碗为主的三件或五件实物，不取未遂命价；如果有妇之夫被邻里有夫之妇玷污，对该女人处以茶等七件或碗等五件财物；对在客途发生的奸情及情节较轻的初犯者，一般不做处理。此条法律是根据当时藏族社会家庭婚姻状况的实际需要而制定的具有时代意义的婚姻家庭法。

（13）半夜前后律。该律是关于农牧业生产方面的法律。农牧民在生产活动中相互借用马匹、牦牛等驮畜或耕畜，如果死于借用者手中，要照价赔偿；如完好交还，过夜死亡，借用者无罪；若前半夜死亡，则由借用者赔偿；若死于鞍疮等因，则依具体情况做适当的赔偿。另外，该律对商业活动、田间管理等方面也做了比较具体的规定。此条例在最后是对前十二条法律的补充，说明在当时藏区社会的各种经济活动中，契约或借贷方面纠纷频仍，法律需求迫在眉睫。①

综上所述，五世达赖喇嘛和桑杰嘉措为了扩大第巴政府的权力，调整藏族和蒙古族的关系，巩固、加强西藏地方政权的不断完善和发展。《十三法典》囊括了藏区行政、民事、刑事以及军事等方面的法律关系的调整制度。首先在行政方面，用行政法在行政管理体制、官员的任命以及贵族财产分配等方面进行调整，规范行政系统，为统治权力的稳定和扩大奠定了坚固的内部基础，如《镜面国王律》，规定官吏应当遵守的法律，并对官吏的行政行为进行了规范以及对官吏违反该法的行为做了处罚规定。其次在民事法律关系方面，《十三法典》立法规定非常全面，主要是体现藏区农奴主、封建主阶级的利益和意志的，这种阶级利益和意志又集中反映了当时的经济关系。该法典系统地规定了农奴主土地、婚姻家庭、扰乱世风以及人们在生活中产生的各种法律关系。如《亲属离异律》对夫妻离异双方的法律责任和亲友之间的各种民事关系进行了规定，如继承、债权债务、抚养等；《奸污罚锾律》专门对男女双方的性行为进行了立法规定，与他人妻女或丈夫通奸、与喇嘛、官人之妻通奸等关系；《半夜前后律》对农奴相互间的借用生产资料主要是耕牛进行了规定，划分借用耕牛发生纠纷的责任时间界限，并确定由谁承担民事赔偿责任。无论是在婚姻家庭、亲朋好友还是借贷财物方面，《十三法典》的内容涉及保护农牧民权益非常稀少，最主要是对关系农牧民侵犯农奴主和地主阶级权益的行为进行处罚规定，其目的是为了维护统治阶级的基本生产资料所有权和政治特权，保障剥削者对农牧民的剥削和压迫。在刑事法律方面，藏区刑事法律规范占主要地位，通过对农牧民侵犯统治阶级的行为进行重罚来维护统治阶级的利益，用刑法来镇压被统治阶级的反抗，是公开维护统治阶级特

① 参见孙镇平：《清代西藏法制研究》，载《中国政法大学博士论文》，2000 年；车骐：《清朝中央政府治藏法律制度研究》，载《华东政法学院硕士论文》，2002 年；边际：《通向天堂的阶梯——纪念西藏民主改革 50 周年》，载《人物》2009 年第 3 期；牛绿花：《试论西藏政教合一体制下相关法律框架及其特点与启示》，载《西藏大学学报（社会科学版）》2009 年第 4 期；刘艺工：《藏族成文立法的演变及特点探议》，载《文化学刊》2010 年第 4 期；牛绿花：《藏传佛教宗教事务及藏区相关问题的法律化研究》，载《朝阳法律评论》2010 年第 6 期；淡乐蓉：《藏族“赔命价”习惯法研究》，载《山东大学博士论文》，2010 年；黄全毅：《五世达赖时期制定的十三法典的文化解读》，载《西藏民族学院学报（哲学社会科学版）》2011 年第 3 期；车骐：《清朝中央政府治藏法律制度研究》，载《华东政法学院硕士论文》，2002 年；南杰·隆英强：《浅谈五世达赖喇嘛时期的〈十三法典〉》，载《西北民族大学学报（哲学社会科学版）》2005 年第 1 期；边际：《通向天堂的阶梯——纪念西藏民主改革 50 周年》，载《人物》2009 年第 3 期；牛绿花：《试论西藏政教合一体制下相关法律框架及其特点与启示》，载《西藏大学学报（社会科学版）》2009 年第 4 期；刘艺工：《藏族成文立法的演变及特点探议》，载《文化学刊》2010 年第 4 期；淡乐蓉：《藏族“赔命价”习惯法研究》，载《山东大学博士论文》，2010 年。

权和等级制度的工具。《十三法典》整理和借鉴了以前法律对刑事诉讼程序规定的先进之处，进行总结和归纳，规范了刑事诉讼的程序步骤和双方当事人的权利义务和责任，如《听诉是非律》、《拘捕法庭律》等。在实体方面，《重罪肉刑律》、《杀人命价律》、《伤人赔偿律》是最主要的刑事法律，它规定了藏区人民之间杀人、伤害行为应当怎样处理和承担何种法律责任，具有刑事附带民事的色彩，除了承担刑事责任外，犯罪人还需要对被害人及其家属支付高额的赔偿金，目的是利用高额的金钱赔偿来惩罚犯罪人和警示没有犯罪的人，以达到预防犯罪的目的。因为人民生活在社会中，总是要和身边的人发生各种各样的联系，特别是家属和亲友的关系更密，如果犯罪人犯罪后要承担高额的民事赔偿责任，就会给家人和亲友带来沉重的经济负担，因而犯罪人不敢轻易实施犯罪行为。这种对犯罪人给以刑事处罚和承担民事赔偿责任的方法对后世的刑事立法具有深远的影响。在军事法律方面，《十三法典》对《十六法典》进行了借鉴和改进，对军事制度和战时军人的行为进行了规定，对藏区以外和后世的军事立法产生了很大影响。

第三节

《十三法典》的特点①

从法人类学和民族文化学的角度对我国西部边疆少数民族传统习惯法进行系统的考察，我们不难看出，法的形成与发展经历了图腾崇拜、各类禁忌、习惯规范，再由习惯上升到习惯法，最后为成文法的过程。《十三法典》是最好的证明。《十三法典》

① 第十四章噶丹颇章地方政权时期的法律之第三节《十三法典》的特点和第四节《十三法典》的社会影响及其意义具体内容参见南杰·隆英强：《浅谈五世达赖喇嘛时期的〈十三法典〉》，载《西北民族大学学报（哲学社会科学版）》2005年第1期；车骐：《清朝中央政府治藏法律制度研究》，载《华东政法学院硕士论文》，2002年；淡乐蓉：《藏族“赔命价”习惯法研究》，载《山东大学博士论文》，2010年；黄全毅：《五世达赖喇嘛对西藏的治理和改革》，载《西藏民族学院硕士论文》，2011年；淡乐蓉：《藏族“赔命价”习惯法与藏传佛教之关系及其流变》，载《全国外国法制史研究会学术丛书——法与宗教的历史变迁》，2010年；淡乐蓉：《行动中的法——现当代藏族“赔命价”习惯法之实证分析》，载《民间法》2013年第1期；何峰：《五世达赖喇嘛〈十三法〉探析》，载《政治学研究》，2004年。

具有鲜明的习惯法特征，它虽然不具备纯粹的国家法律的性质，但具有法的一般特征和功能，是对国家法律的有效补充。它具有权威性、规范性和强制性；对人们的行为起着指引、评价、教育、预测和强制的作用；具有规范、协调、整合、保护和约束人们行为的功能，有时还能弥补国家法的不足。藏区成文法的成型，是基于习惯法的发展，除此之外，在其发展历程中，还融入了中央政府对藏区制定的法律、各地方政权制定的法规、各区域性的部落习惯法和寺院寺规。这种国家法和地方法并存、世俗法和宗教法兼容的特征，是藏族法文化的最大特征。《十三法典》更是如此。中央政府和地方政权订立的《十三法典》具有条理清楚、适用范围广泛、法律效力强的特点，并存于藏区的部落习惯法则属于浅层和现象性的规范体系。在《十三法典》的控制系统中，各类规范要求的界限并不是泾渭分明、各自独立地发挥作用，而常常是互相交叉渗透、协同发挥法律效力。各类规范都有自己的功能和控制特点，分别从不同角度表明藏区社会向人们提出的警示要求。①

第四节

《十三法典》的社会影响及其意义

清初藏区的《十三法典》，经过几代第巴的修改、补充，使条文不断增多、内容不断丰富，从而形成了具有一定规模的藏区地方性法规，对藏区社会的发展和西藏地方政权的巩固曾产生过积极的影响。这些法律的运用，加强了对政治与宗教、地方与政府之间的法律调控力度，确立了格鲁派寺院和封建领主在西藏的领导地位，稳定了社会秩序；在调整蒙藏关系，巩固和加强西藏地方政权的同时，也对中央统一边疆的大业做出了划时代的历史贡献。

《十三法典》的制定和实施，标志着藏区法律走向成熟。《十三法典》的制定，以承袭往日立法的成果为内涵，以中央各封建王朝和周边蒙古族为主的其他少数民族法律为外延，构建了区域性法律体系。在中国法制史上，藏族法律是中华法系不可分

① 参见车骐：《清朝中央政府治藏法律制度研究》，载《华东政法学院硕士论文》，2002 年；南杰·隆英强：《浅谈五世达赖喇嘛时期的〈十三法典〉》，载《西北民族大学学报（哲学社会科学版）》2005 年第 1 期。

割的一部分，并占有一定的历史地位和发展空间。无论是立法思想、原则、篇章体例，还是法律内容（主要是指十三种法律），都是前人立法之集大成者，同时又有所发展和创新，使《十三法典》融中国封建法典之共性与自身的特点于一体，以“因时因地，因俗制宜”著称于世。它不仅对清政府治藏方略的施行起到了积极的促进作用，而且直接影响了后期藏区封建法制的发展，成为后期藏区立法的典范；它以其严谨的结构、简明的文字、精确的注疏、完备的内容，在21世纪的今天对广大藏区仍产生着影响。这种法文化的长时期积淀和发展，是与藏族人全民信仰藏传佛教文化密不可分的。

藏族《十三法典》的存续与发展有它自身的特点。西藏地处祖国西部的青藏高原，由于历史原因和地理条件的限制，在政治、经济、文化、信息等方面的发展相对滞后，宗教信仰、风俗习惯，以及长期形成的民族心理等因素至今仍影响着藏族群众的价值取向和区分善恶的标准，从而为传统法律文化的存续提供了生存的土壤和空间。由此，今天我们才能有机会解读和研究、探索和发现《十三法典》及藏族社会部落习惯法的来龙去脉。我们不妨从现在推想遥远的过去，这些法律在当时的藏族社会里一定发挥过重要的作用。它能遗存至今也就说明了《十三法典》在当时藏族社会有着重大影响。

从20世纪80年代到今天，在藏区的社会主义法治实践中，影响最突出的是《十三法典》之第七条“赔偿命价律”和第八条“赔偿血价律”。就青海、四川、甘肃等省的部分藏区来说，在司法机关处理伤害类案件时，往往遇到赔偿命价的问题。

案例一：青海贵德县森多乡1994年发生一起杀人案，被告将自家的牛羊折合人民币10多万元，赔偿了被害家属。而被害家属将10多万元的财物，除用以念经外，剩余的全部奉献给了20多家寺院，自己却未留分文。①

案例二：更藏多杰故意伤害（致人死亡）案。被告人更藏多杰，男，藏族，23岁，文盲，青海省黄南藏族自治州泽库县多福顿乡顿日村牧民。1986年11月1日晚，被告人更藏多杰与本村的南太加去嫖风，行至索乃账房附近，南太加在风墙处等候，更藏多杰进账房嫖专太日（索乃的女儿），由于专太日拒绝和索乃的阻止，引起更藏多杰的不满。更出账房后随手摸起一土块扔过去，打在账房上。索乃气愤，边骂边追，这时更藏多杰照着手电从地上拾起一块石头（重2.25千克）朝索乃打去，结果

① 张济民：《渊源流近：藏族部落习惯法法规及案例辑录》，青海人民出版社2002年版，第3页。

石头打在索乃头部（左眉弓中上7厘米处），引起其颅内溢血死亡。本案经泽库县公安局侦查终结，泽库县人民检察院审查起诉，泽库县人民法院公开审理，认为被告人更藏多杰无视法律，公然侵犯人民的人身权利，故意伤害他人致死。案发后又去搞攻守同盟，情节恶劣，后果严重。决定判处被告人更藏多杰有期徒刑12年。

赔偿命价情况：案发后，被害人家要求被告人家赔偿命价，后经多方调解，被告人家给被害人赔偿命价：羊115只、马2匹、牛2头，并向寺院购买了经卷等，总计逾万元。赔偿命价后，被害人家属联名投书司法部门，要求对被告人从轻处理。①

今天的藏区社会，已经发生或正在发生的不管是草山纠纷还是其他纠纷引起的杀人案件或伤人案件，仍然存在着司法机关和民间双重处理的现象。这种社会现象和法制观念给中国的司法机关和法学界、宗教界以及党政决策部门提出了很多需要深入思考的问题。其中，影响最大的是地方司法机构，在执行国家的某些法律、法规时，常常遇到一些干扰和困难。尤其在杀人、伤人案件中，“赔命价”、“赔血价”的传统做法重新恢复，与国家法律、法规的贯彻实施存在着冲突，也不同程度地向国家法律的严肃性和应有的权威性发起挑战。这种社会现象，是在社会转型期出现的历史重复，不足为怪，是传统习惯法根深蒂固的民族性、稳定性、群众性在起着作用。②

通过对《十三法典》的深入研究，可以挖掘出很多我国当下社会主义可以继承的立法思想。如杀人命价律、伤人赔偿律，其立法思想完全符合构建社会主义和谐社会和建设社会主义法治国家的理论思想，因为法律不是万能的，具有局限性，特别是刑事法律。刑法的目的是惩罚犯罪，保护人民的合法权益不受侵犯，但现在的刑法是以规定何为犯罪，犯什么罪，应给以怎样的刑事处罚，其中处罚措施基本是剥夺人身自由、生命和某些资格与权利，对犯罪人的财物处罚一般就是罚金刑和没收财产刑，但对犯罪人的财物处罚都要上交国库，基本不用于被害人的损害赔偿。被害人得到的只有犯罪人受到刑事处罚的心理安慰和少量的损害赔偿，特别是在伤害案件和杀人案件中体现得最为明显。这样的法律体系只注重国家对犯罪行为的责难，而不重视对被害人的法律保护，与依法治国和构建社会主义和谐社会的人权理念不相符。《十三法典》中的杀人命价律、伤人赔偿律更注重的是对被害人的合法权益的保护，被害人受害后

---

① 张济民：《诸说求证：藏族部落习惯法专论》，青海人民出版社2002年版。

② 参见淡乐蓉：《行动中的法——现当代藏族“赔命价”习惯法之实证分析》，载《民间法》2013年第1期；南杰·隆英强：《浅谈五世达赖喇嘛时期的〈十三法典〉》，载《西北民族大学学报（哲学社会科学版）》2005年第1期；何峰：《五世达赖喇嘛〈十三法〉探析》，载《政治学研究》，2004年。

可以得到高额的经济赔偿，从而保证其生活质量和损害的恢复，现在刑法理论界呼吁我国刑事立法应当补充本土化刑事和解制度的内容，在人民法院的主持下通过犯罪人与被害人之间就损害程度进行协商，达成一致的民事赔偿意见，从而达到刑事处罚价值的最大化；犯罪人除了要承担刑事处罚以外，还要担负沉重的经济赔偿。以高额经济赔偿来分担刑事处罚的立法，可以更好地惩罚犯罪行为人，更好地打击和预防犯罪。由此，笔者希望并呼吁有关部门的重视和正在蓬勃发展的共和国法学界的关注。特别是当下我国刑法学界正呼吁废除死刑制度，《十三法典》中关于刑事犯罪经济赔偿的思想和理念具有深远的参考价值。

首先，死刑案件中的民事赔偿是建立在一种各方面利益平衡基础上的诉讼制度。通过死刑案件的民事赔偿，被告人向被害人真诚道歉并积极赔偿，在减少被害人损失和精神痛苦的同时，往往可以获得被害人的谅解和宽恕，使其减少或者放弃要求法院判处被告人死刑的强烈主张，是抚慰和救济被害人最好的方法。

其次，被告人通过高额的经济赔偿，经济困难的犯罪人甚至四处借钱来减轻自己的罪孽，可以减少被告人的罪恶感和自责情绪，有利于犯罪人的教育改造。同时，犯罪人的积极悔过可以安抚社会群众的愤怒，得到人民群众的谅解和同情，可以加深了解人民法院对很多具有各种原因的案件不判处死刑的情况。被害人在得到高额的经济赔偿后，可以减少其对社会的怨恨和报复情绪。一个国家经济的快速发展，不仅需要一个稳定的国际环境，更需要有稳定和谐的国内环境，犯罪人与被害人的和解，减少了因双方的仇恨而导致再次犯罪的犯罪诱因，维护了社会的稳定，从而为我国深化改革、快速发展经济和构建社会主义和谐社会创造稳定的国内环境。

再次，可以提高法律的权威性和人民对法律的接受和遵守程度，特别是人民法院在司法实践中处理重大疑难案件的空间逐渐增大，能更灵活地适用法律解决案件，达到法律的最终目的。所以，《十三法典》的立法精神是符合尊重人权、废除死刑思想的。我们在提倡废除死刑的时候，应当吸收和继承该法的先进之处，再结合国内外的理论知识，为我国的废除死刑工程添砖加瓦。

综上所述，《十三法典》是五世达赖喇嘛统治西藏社会的重要工具，它无疑体现统治阶级的意志，自然也反映了五世达赖喇嘛的治藏思想：正确调处亲属离异、财产分割等亲属内部关系，严禁男女私通，防止外部不利因素介入，使每个家庭团结友爱，和睦相处。提倡邻里之间互相帮助，建立信任关系，避免经济纠纷，维护正常的生产和生活秩序，尽可能保证社会稳定。一般来讲，公私财产安全受法律保护，不容侵犯；各等级人员人身及生命安全也受到法律不同程度的保护，不容损害。尤其对世俗上层、宗教中上阶层人员的财产、人身和生命安全予以特殊保护；法律允许基层官吏向属民索取种种酬金酬物，借此保证他们优厚的待遇，从而使这两部分人成为其政治统治的阶级基础。在统治手段上软硬兼施，恩威并举，多管齐下。各项法律条款特别注重沿用传统，尽可能顾及各地习惯规范，因俗而治；充分考虑到藏族全民信教的实际，依靠佛教思想束缚民众手脚，用宗教理论解释行政行为，甚至用宗教仪式代替司法活动；一般情况下以罚代刑，通过高额赔偿形式的经济处罚，直接控制犯罪人员的生活乃至其生存；对那些破坏社会稳定和危害统治阶级的政治案件的当事人，施以各种残忍的酷刑直至死刑。整顿吏治，在对各级官吏给予优厚待遇的同时提出较高的要求，使他们保持较好的形象，以争取民心。我们认为，《十三法典》所反映的五世达赖喇嘛这些治藏思想，对当时西藏的社会安宁和经济发展起到了较大的作用，其有些内容对当今藏族社会的政治稳定也有一定的借鉴意义。①

总之，《十三法典》所折射出的诸多法律思想，给藏族人民的日常生活及生产活动带来了很大的影响，并受到藏族社会的广泛接纳和社会成员的普遍遵守，对地处偏远、交通不便、经济落后、信息闭塞和自然条件极其恶劣的藏区社会的发展起到一定作用的同时，也给我国的司法体制改革带来了极大的挑战。社会主义法制建设和进一步贯彻落实民族区域自治制度，是实现包括藏区社会在内的西部大开发战略目标的两个重要保证。笔者认为，基于西部大开发战略目标中制度文明和法治建设的需求，积极汲取传统法律文化之精华，不仅对21世纪我国民族地区的社会稳定与发展具有重大的现实意义，而且也利于西部大开发战略在广大藏区的顺利实施。②

---

① 参见南杰·隆英强：《浅谈五世达赖喇嘛时期的〈十三法典〉》，载《西北民族大学学报（哲学社会科学版）》2005年第1期；何峰：《五世达赖喇嘛〈十三法〉探析》，载《政治学研究》，2004年。

② 参见南杰·隆英强：《浅谈五世达赖喇嘛时期的〈十三法典〉》，载《西北民族大学学报（哲学社会科学版）》2005年第1期。

第十五章

清朝时期的藏族法制[1]

①第十五章清朝时期的藏族法制具体内容参见 南杰·隆英强：《探究中国本土法文化：清朝藏族法制的初步解读》，载《当代法学》2011 年第 3 期；陈庆英、冯智：《藏族地区行政区划简说》，载《西藏民族学院学报（社会科学版）》1996 年第 1 期；陈庆英、冯智：《藏族地区的行政区划》，载《中国西藏（中文版）》1996 年第 5 期；贾霄锋：《藏区土司制度研究》，载《兰州大学博士论文》，2007 年；贾霄锋：《明清时期藏区土司地区政治体制模式研究——以土流参治为核心》，载《青海民族研究》2011 年第 2 期；柏桦、冯志伟：《清代涉藏民刑案件研究与展望》，载《西南大学学报（社会科学版）》2013 年第 2 期；徐晓光：《中国多元法文化的历史与现实》，载《贵州民族学院学报（哲学社会科学版）》2002 年第 1 期。

清朝时期，藏族成文与不成文的法律制度逐步形成系统而独特的体系。从形式和内容上讲，当时的藏族法律制度与司法运作理念，是那个时代的一种符合中国国情的本土法制成就，引起清中央和各藏区僧俗联合、政教合一制统治者的广泛关注；其灵活性、合理性、法的实效性亦成为现实社会中的宝贵资源，其成功的立法经验与本土多元化司法运作机制的变通性策略也值得我们进一步认真研究。

清朝作为中国最后一个高度集权的封建中央王朝，统治中国疆域长达300多年。以满族为主体的清王朝入主中原以来，基本上能够顺从多元文化体制下的中国历史发展的大趋势，主动学习并逐渐接受汉族等各民族的先进文化和民族立法的基本理念，巩固了满族政权的统治地位，促进了多民族相互融合统一，推动了全国各民族社会稳定与经济发展。清朝一方面沿袭明朝等以往各朝各代的治边政策，一方面制定了自己的治边政策和理藩政策。从形式上看，它把边远少数民族地区基层组织纳入中央的直接统辖之中。从法制方面来看，清朝统治者不但继承了明代等前朝法制的优秀成果，而且对前期立法与司法的弊端予以纠正。为了在广阔的疆域内对边疆少数民族实行有效的司法管辖，清政府针对各少数民族的风俗习惯立法建制，在对各民族的风俗习惯、传统文化、多元性习惯法等效力进行认同的基础上，推行基层社会运用习惯法的高度开放与高度自治紧密结合的统治策略，针对不同的民族，进行了超前性、有针对性的民族立法。既奠定了清中央政权的司法统一化道路的坚实基础，又兼顾少数民族的特殊性而实施“因地制宜、因族制宜、因俗制宜”的法制政策。清王朝这种满族为核心力量的少数民族政权，对边疆少数民族的具体历史文化与社会形态比较了解，清朝推行的治边行政策略、民族立法与司法管辖等一系列掌控全国的政策，达到了史无前例的规模。尤其清朝是中国古代社会时期国家法与边疆少数民族习惯法加之各种民间法协调发展的高峰时期，对维护多民族国家的巩固与发展，保障藏族等边疆民族地区的稳定与整个国家的长治久安，夯实古代中华多民族共同缔造大一统的中央集权制国家，奠定了以往任何朝代无法比拟的坚实基础。这方面的成功经验值得我们认真总结和探究。这种探究对当下藏族聚居区等少数民族地区的科学立法与稳定发展，扩充中国本土法律文化对当今法律制度的推动作用，夯实中国法律史学纵横比较和跨学科交叉研究的思维定式，丰富中华法系的内容与中国特色的多元法律文化价值，全面推进社会主义民主法治建设等诸方面提供了宝贵的历史经验。①

---

① 参见 南杰·隆英强：《探究中国本土法文化：清朝藏族法制的初步解读》，载《当代法学》2011年第3期。

第一节

清朝对整个藏区的行政区划与管辖范围

清朝为了加强对边疆少数民族和全国疆域的统治，“它继承了元、明两代对藏区管辖的有效政策，实行了更加直接、更加全面的统辖”①。清朝从行政区划方面进一步健全中央和地方机构，全面统治清朝所认可的藏区上层机构，清朝当时对藏区的这种行政规划与管辖范围仅仅限于其熟悉的藏区上层行政组织，实际上藏区基层组织还是依靠传统的部落组织以及相应的藏族本土习惯法文化与机制来维系发展。

根据藏族本土历史和清朝对整个藏区的行政区划与管辖范围看，整个藏区在行政区划上分为安多、卫藏、康区等中国三大藏族聚居区，藏语简化称为“多卫康”三大区域，或者把安多、卫藏和康区统称为“多卫康三”，泛指整个藏区。

（1）安多藏区主要指现在的包括青海省的果洛藏族自治州、海西蒙古族藏族自治州、海南藏族自治州、海北藏族自治州、海东地区和黄南藏族自治州；甘肃省的甘南藏族自治州，天祝藏族自治县；四川省的阿坝藏族羌族自治州等地区，清朝时期归西宁办事大臣管辖。

（2）卫藏是西藏旧时别称，西藏旧分阿里、藏（后藏）、卫（前藏）、康（喀木）四部。现在的卫藏具体区域又分三块：拉萨、山南地区称为“前藏”，日喀则地区则称为“后藏”，整个藏北高原称为“阿里”。前藏和后藏之间的孔道，就是雅鲁藏布江中游的尼木峡谷。整个后藏地区地形复杂，由北至南可分为冈底斯山——念青唐古拉山脉、雅鲁藏布江河谷、拉轨冈日山脉、朋曲流域、喜马拉雅山脉五部分。历史上，前藏是达赖的管辖范围，后藏是班禅的管辖范围，清朝时期实际上归清朝驻西藏

① 蒲文成、王心岳：《汉藏民族关系史》，甘肃人民出版社2008年版，第148页。

大臣的管辖范围。今天，都是西藏自治区的管辖范围。①

（3）康巴藏区是中国三大藏族聚居区之一，具体包括现在的西藏昌都地区、云南迪庆藏族自治州、四川甘孜藏族自治州和木里藏族自治县、青海玉树藏族自治州以及那曲东南一线。康区有着十分独特和重要的地缘位置，历代统治者均大力经营。它地处川、滇、藏、青四省六地交界处，是我国三大藏区的重要组成部分。自宋以来，康区一直在政治、军事上发挥着东屏四川、南控云南、西摄西藏、北啸青海的重要战略作用。特别是康区腹心地区甘孜州，乃入藏之咽喉，“治藏之依托”，“控驭青滇之锁钥”，战略地位十分重要，是历代兵家必争之地，地位举足轻重。故从康熙起便有了“治藏必先安康”之说。1991 年、1999 年江总书记先后两次视察四川，同样曾精辟指出“稳藏必先安康”，强调四川藏区的稳定和发展，对西藏地区的稳定乃至全国的稳定都有着十分重要的影响。2000 年朱镕基同志也提出了“安康必先通康”的观点。②以上所述，均可体现这些地区在中国西南边疆地区具有重要的战略地位。确切地说，藏族康区对整个藏区和中国的边疆稳定以及中国在世界上的战略地位具有非常重大的意义。

雍正四年（1726），清政府划分西藏和四川、云南的地界，分别将昌都、洛隆宗、桑昂曲宗等地划给西藏管理；将中甸、阿墩子（德钦）、维西划归云南管辖；巴塘、里塘、康定、德格等地仍归四川管辖。同年（1726），四川、云南、西藏三方派员会勘地界，在金沙江以西的宁静山山头竖立界碑，规定了川藏、滇藏界线，这条界线以金沙江为基本划线，划出了云南、四川藏区与西藏的地理分界。1731 年，清政府又划分驻藏大臣和青海办事大臣的管辖地界，将原属蒙古和硕特部管辖的藏北和黄河源以

① 参见南杰·隆英强：《探究中国本土法文化：清朝藏族法制的初步解读》，载《当代法学》2011 年第 3 期；陈庆英、冯智：《藏族地区行政区划简说》，载《西藏民族学院学报（社会科学版）》1996 年第 1 期；陈庆英、冯智：《藏族地区的行政区划》，载《中国西藏（中文版）》1996 年第 5 期；贾霄锋：《藏区土司制度研究》，载《兰州大学博士论文》，2007 年；贾霄锋：《明清时期藏区土司地区政治体制模式研究——以土流参治为核心》，载《青海民族研究》2011 年第 2 期；柏桦、冯志伟：《清代涉藏民刑案件研究与展望》，载《西南大学学报（社会科学版）》2013 年第 2 期；王勇：《草场权属、边界互动与纠纷解决——甘青藏区的经验观察》，载《法律和社会科学》2012 年第 2 期。

② 叶晓彬：《康巴妇女权益维护法律研究》，四川出版社集团巴蜀书社 2008 年版，第 2 页；参见陈庆英、冯智：《藏族地区行政区划简说》，载《西藏民族学院学报（社会科学版）》1996 年第 1 期；南杰·隆英强：《探究中国本土法文化：清朝藏族法制的初步解读》，载《当代法学》2011 年第 3 期；柏桦、冯志伟：《清代涉藏民刑案件研究与展望》，载《西南大学学报（社会科学版）》2013 年第 2 期。

南的游牧部落七十九族划分给青海和西藏。其中，四十族归青海（即今青海省的玉树藏族自治州）、三十九族归西藏，即民间所称藏北霍尔三十九族。至此，四川、云南、青海藏族地区的行政区划基本确定。当时青海办事大臣驻西宁，但西宁府属甘肃省，西宁办事大臣辖地为日月山以西、贵德厅、循化厅的黄河以南的蒙古各旗和藏族部落牧地，河州以南的甘南藏族地区。驻藏办事大臣除直接管辖藏北二十九族和达木蒙古（即当雄地方）外，还监督在达赖喇嘛领导下的噶厦政府（1751 年，清政府在西藏废除郡王制，正式建立噶厦政府，即原西藏地方政府），管理西藏地区的行政事务。乾隆五十八年（1793），清政府在反击廓尔喀侵扰西藏取得重大胜利后，颁布了著名的《钦定藏内善后章程二十九条》，明确规定驻藏大臣的地位与达赖喇嘛、班禅额尔德尼平等。噶伦、代本由达赖喇嘛和驻藏大臣呈请清中央政府任命，以下官员由驻藏大臣与达赖喇嘛会同挑选。驻藏大臣还负责管理和训练西藏常备军队，达赖喇嘛等大活佛的转世要在驻藏大臣的监督下通过金瓶掣签确定等。从此，驻藏大臣的政治权力更加巩固，达赖喇嘛和班禅额尔德尼平等的宗教地位和政治地位进一步确立，清朝治理西藏的制度更加完善。这是清朝中央政府全面加强对西藏地方统治的重大措施。从 1727 年始设驻藏大臣到清王朝覆灭的 1911 年，清朝中央政府先后派遣正副驻藏大臣总计达百余人。西藏和云南、四川、青海之间的行政区域的分界也基本沿袭未变。①

历史上，清朝中央王朝对西藏和对西藏周边藏族聚居地区的治理，体制并不一致。如晚清，西藏实行政教合一体制，青海、甘肃、四川等聚居地区则是土司制度。今天在各藏族聚居区分别建立的自治地方，包括 1 个自治区、10 个自治州、2 个自治县的行政建制是在长期的历史发展过程中逐步形成的。中国境内的藏族，分布在广袤的青藏高原上，现今藏族居住区划分为西藏自治区、青海、四川、甘肃、云南等一区四省的 10 个藏族自治州和 2 个藏族自治县（即青海省的海北藏族自治州、海南藏族自治州、黄南藏族自治州、果洛藏族自治州、玉树藏族自治州、海西蒙古族藏族自治州；四川省的甘孜藏族自治州、阿坝藏族羌族自治州、木里藏族自治县；甘肃省的甘南藏族自治州、天祝藏族自治县；云南省的迪庆藏族自治州）。这一行政区划为长期

---

① 参见陈庆英、冯智：《藏族地区行政区划简说》，载《西藏民族学院学报》社会科学版 1996 年第 1 期；实际上清朝在藏区进行有利于稳定清朝中央政权的行政区划后，西藏和甘青藏族地区除派驻藏大臣和驻西宁大臣外，仍利用元、明以来的土司制度统治民族地区。参见舟曲、谢建华：《甘肃藏族史》，民族出版社 2003 年版，第 254 页。

的历史①发展和中央王朝统一全国的治边政治体制改革结果，有其历史、文化、地理、经济、政治、宗教、风俗、习惯、信仰等多方面的原因，但主要是因为元代以来中国历代中央政府对藏族地区实施统一行政管理的结果。②

第二节

清朝时期的藏族法制内容

清朝针对整个藏区行政区域的划分，使清朝在藏区的统治权得到进一步加强和延伸，也促进清朝的政治统治和民族立法以及司法主权在西部边疆少数民族地区的稳步推进，最终为扩充和稳定清朝辽阔的疆域打下了坚实的政治和法制基础。

清朝在统治藏族、蒙古族、回族、苗族、傣族等中国各民族之后，设置理藩院作为治理边疆各少数民族的专门性中央机关，开始全方位地加强了对民族地区的立法和司法管辖，其在整个藏区推行的立法与法制内容以及各藏区基层的本土法制主要表现在以下几个方面③：

---

① 参见贾霄锋：《明清时期藏区土司地区政治体制模式研究——以土流参治为核心》，载《青海民族研究》，2011 年第 2 期；明清时期藏区土司地区政治体制模式研究——以土流_ 季节如心 -（http：//blog. sina. com）；中国西藏事实与数字 2006 -（http：//tibet. cn/zt20）；清朝_ 互动百科 -（http：//fun. hudong. co）；中国西藏事实与数字 2006 -（http：//info. tibet. cn）；参见陈庆英、冯智：《藏族地区行政区划简说》，载《西藏民族学院学报（社会科学版）》1996 年第 1 期；陈庆英、冯智：《藏族地区的行政区划》，载《中国西藏（中文版）》1996 年第 5 期；贾霄锋：《藏区土司制度研究》，载《兰州大学博士论文》，2007 年；南杰 · 隆英强：《探究中国本土法文化：清朝藏族法制的初步解读》，载《当代法学》2011 年第 3 期；柏桦、冯志伟：《清代涉藏民刑案件研究与展望》，载《西南大学学报（社会科学版）》2013 年第 2 期。

② 参见陈庆英、冯智：《藏族地区行政区划简说》，载《西藏民族学院学报》社会科学版 1996 年第 1 期；柏桦、冯志伟：《清代涉藏民刑案件研究与展望》，载《西南大学学报（社会科学版）》2013 年第 2 期。

③ 南杰 · 隆英强：《探究中国本土法文化：清朝藏族法制的初步解读》，载《当代法学》2011 年第 3 期。

一、清朝时期藏区的行政法律

清朝为全面加强对少数民族的统治，在中央设置了专门掌管西北西南少数民族事务的理藩院，“其中典属清史司掌管甘、青、川、藏族活佛转世名号及藏区政治、军事、经济、司法、朝贡、赏赉等事务；柔远清史司掌管甘、青喇嘛年班进贡与西藏噶伦年俸等事宜。同时，在藏区或和藏区相近的地方设府、县、厅等机构，派遣流官治理”①。由此清政府在健全中央与地方机构的基础上，确立了西藏宗教领袖和政治领袖的法律地位，推行了行之有效的一系列行政立法。

（1）清政府对卫藏的中央立法主要包括两个方面：一是针对当时成为卫藏政治、宗教、文化中心的西藏立法，主要有《酌定西藏善后章程13条》（乾隆十六年）、西藏《设站定界事宜十九条》（乾隆五十四年）、《酌议藏中各事宜十条》（乾隆五十五年）、《钦定藏内善后章程29条》（乾隆五十八年）、《酌拟裁禁商上积弊章程二十八条》、《记过折罚章程》、《随从人员禁例八条》、《严禁滥服顶翎牌示》、《藏内善后问题二十四条》、《新治藏政策大纲十九条》等，② 加之《理藩院则例》中有关西藏的内容。二是清朝皇帝的圣旨与清中央政府的行政法令，以及驻藏大臣针对西藏具体事务上奏大清朝后授权颁布的各种法令，加之遵循清朝国家法并行实施的五世达赖喇嘛讼词命令与西藏地方政府噶丹颇章颁布的行政命令，以及西藏上层人士宗教领袖、贵族和奴隶主的令文、封文等中央行政法制内容与西藏地方行政法制内容协调适用于西藏上层行政管辖区域，但这些中央立法属性的行政法律的具体内容没有落实到西藏地区最基层最偏远的农牧区，尤其是这些中央立法属性的行政法律内容的实际效力，在安多和康区影响较小，并没有像对西藏上层机构那样产生过直接的规制作用，所以清政府针对西藏的立法与西藏地方政府的地方性行政法律内容只代表了卫藏地区的行政法制成就，而对安多和康区并没有产生过重大影响。在卫藏核心区域的整个西藏上层社会推行了清朝皇帝的圣旨与清政府各种法令法律，而且进一步执行达赖喇嘛颁布的法旨、训令，摄政、西藏噶厦地方政府的各种令文、封文，尤其是五世达赖喇嘛时期西

① 洲塔、乔高才让：《甘肃藏族通史》，民族出版社2009年版，第254页。

② 南杰·隆英强：《探究中国本土法文化：清朝藏族法制的初步解读》，载《当代法学》2011年第3期；柏桦、冯志伟：《清代涉藏民刑案件研究与展望》，载《西南大学学报（社会科学版）》2013年第2期。

藏地方政府颁布的《十三法典》中，关于管理藏族官吏和政教合一制下贵族官僚的相关行政法律等，作为当时最重要的行政法制内容只施行于中国传统三大藏族聚居区之一的卫藏地区。综上所述，这些立法与具体法制内容都可以归结为行政法制内容，清中央政府关于西藏的这种行政法制建设贯穿了整个清代始终。这些行政法制内容对整个清朝政权的巩固与发展、稳固治理西藏地区和促使政教合一制下的西藏农奴制的长期发展发挥了极大的作用。

（2）清政府针对藏族部落组织数量最多和实力较大的安多藏区青海的中央立法主要有：《青海善后事宜13条》、《禁约青海十二事》和《番例条款》（番律）、《西宁青海番夷条例》、《青海蒙古番子各事宜八条》。《青海番子事宜八条》、《理藩院则例》先后收入的青海蒙古番子事宜22条。《青海蒙古番子事宜六条》和经清政府认可实施的青海藏区各部落习惯法是诸法合体的混合性法律，立法、行政、司法机关权限不分；按等级适用法律；保留了氏族社会血亲复仇、会盟等习惯；宗教的影响广泛；展现了清代中央对青海藏区的地方立法和部落习惯法加以认可并支持协调统一发展的特点。

（3）清朝政府沿用元、明时期的土官、土司制度。雍正四年（1726）后清政府强化千百户制度，在当时的安多青海、甘肃藏区实行土官、土司制度，甘肃藏区有卓尼杨土司统治区，在康巴藏区的甘孜、迪庆、玉树、果洛等地推行过土司衙门和僧纲衙门实行分化瓦解、分而治之的方略，但清中央的这些行政法制与施政策略在千百年来习惯法盛行的安多和康区为主的边远基层藏族社区来说是微不足道的。

（4）除了卫藏的核心区域西藏地区和安多重要区域青海西宁等极少数地方与甘、青、川个别藏区实行土司和千百户行政管理制度外，在整个甘、青、川的安多大部分藏区和四川甘孜、云南迪庆、青海玉树以及西藏昌都等康区主要用藏族部落习惯法来处理各种事务。在安多和康巴藏区自古以来奉行因俗而治，沿用部落习惯法。尤其是甘肃藏区、青海藏区、四川阿坝藏区、云南迪庆藏区等一直沿用藏族习惯法，历代中央王朝的法律统一方略都没有办法在以上藏区全面系统地推行。因为，安多和康区地方割据势力十分强大，部落组织非常庞杂，内容极其丰富的部落习惯法根深蒂固，治理效果深远，而且沿用至今经久不衰。清朝雍正年间，西宁办事大臣虽颁制过《番例》68条，但其特点仍是以罚代刑，与习惯法无异。时至今日，在安多和康区大多数藏区而言，原有的藏族习惯法仍有很大的影响。

（5）安多和康区有藏族部落组织的本土化的议事会议法律制度和盟誓法律制度，以及安多地区的藏族各部落议事会议法律制度和盟誓法律制度，时至今日在安多很多农牧区发挥着极大的作用。最具代表性的部落有：甘肃省甘南藏族自治州境内的夏河县藏族部落中的甘加六措哇等八大部落和拉卜楞寺部落、德尔隆寺部落、玛曲县藏族部落中的曼玛部落等八部落、碌曲县藏族部落曲科十二部落、卓尼县藏族部落朱扎七旗和车巴沟旗等其他四十三旗、临潭县藏族部落中的资堡昝土司部落和侯家寺僧刚等僧刚部落、舟曲县藏族部落中的黑峪僧刚“赛布”部落和卓尼杨土司所辖舟曲四族、迭部县藏族部落中的下迭八旗和上迭六旗；青海省六个藏族自治州数百个规模大小不同的农牧区藏族部落；四川省诺尔盖十二部；藏北东部的霍尔三十九族、藏北西部的那仓六部、藏北中部的羌日六部、川西的瓦虚三部、青海果洛的三部、玉树二十五族等,① 这些藏族部落在“玉树地区的千百户制度一直保留到 1958 年才被废除。据 1958 年的调查资料，当时玉树地区有藏族千户部落 1 个，千户直辖百户部落 7 个，领属百户部落 36 个，共有百户部落 43 个，百长部落 132 个。此外，曲麻莱县还有 9 个小部落。共计 28776 户，132030 人（包括僧人 17536 人）”②。以上庞大复杂的部落或部落组织自远古时代产生以来，都经历了兴起之后发展—分化—再发展—再分化的历程。藏族这一严密庞杂的部落组织群体，虽屡置于吐蕃封建王朝和历代中央王朝的长期统治之下，但由于清中央和地方政府对藏族地区采取羁縻式的政策，加之历史、地理、宗教、文化、根深蒂固的传统部落群体组织观念等主要原因，未能从根本上触动其民间部落体制，这种部落组织的观念和意识一直到 1959 年民主改革前依然存在，而且在民主改革后到现代社会主义法治建设时期的牧区和部分农区还有较大影响。

从纵向发展层面看，藏族这种部落组织的发展期主要是元明清时期，尤其是到了清朝中后期逐渐增多，共同构成一个部落系统的庞大组织群体，而且呈现出很强的地域性、家族性、宗教性、血缘性，从最高层次、基本层次、中间层次到最低层次的基本部落行政组织的平面结构很明显，这种部落组织的权力结构特点是政教合一和军政同体以及诸法合体和民刑有分，以发展—分化—削弱—再发展—再分化—再削弱的基本形态较横向地发展到了今天。尤其是在偏远农牧区的血缘部落、家族部落、地域部落、部落联盟区域由擅长息讼宁人宁事的宗教界活佛等权威人士主持调解的重大行政案件，民事案件、草场纠纷案件、经济纠纷案件、婚姻纠纷案件，调解伤人杀人等重大刑事案件的现象仍比较普遍，非诉讼纠纷解决机制十分发达，比较完整地保留着吐

① 南杰·隆英强：《探究中国本土法文化：清朝藏族法制的初步解读》，载《当代法学》，2011 年第 3 期。

② 陈庆英主编：《中国藏族部落》，中国藏学出版社 2004 年版，第 20 页。

蕃赞普时期和历史上藏族割据时期形成的各个地方性一系列政治制度与法律制度，其中最主要的有各部落议事会议法律制度和盟誓法律制度以及藏区杀人伤人案件中普遍采用的赔命价、赔血价等藏族本土法律文化。

二、清朝时期藏区的刑事法律

清代藏区法律中刑事法律规范占有很大比重，而且惩罚力度较大，其中尤以西藏地区的刑事法律最具代表性。整个藏区的刑事法律的表现形态则显示出实体法、诉讼法、成文法、不成文的部落习惯法相混合的特点。藏区刑事法律具体可分为以下几大类：

（一）清朝时期颁布制定的刑事法律

清朝时期颁布制定的刑事法律主要有：《番例条款》中规定的主要惩罚藏区偷盗、抢劫、杀人、叛逆罪等破坏国家和社会稳定秩序的刑律；乾隆和康熙时期针对西藏各地喇嘛的犯罪行为，允许《大清律》对“起源占卜、妄言惑众”危害清朝统治，扰乱西藏秩序，勾结外国人进行颠覆分裂活动的僧俗人等严厉惩罚；清朝为了整顿治理藏族地方官吏而颁布的《酌定西藏章程》，专门针对西藏地方噶伦擅自越权办事、假公济私、营私舞弊行为治罪的行政法与刑事法律；清王朝的民族法典《理藩院则例》中的《西藏通制》，就是清王朝治理西藏的基本法律，当时清朝中央没有对整个藏区制定过系统的刑事法律，主要针对西藏的中央法律就是《大清律》、《番例条款》、《酌定西藏章程》、《理藩院则例》中的《西藏通制》等，这些中央法律主要维护西藏地区的社会治安，也可以解决西藏地区刑事、民事、行政、经济等领域引发的各种纠纷案件，具有典型的诸法合体、民刑有分的特点，在防止西藏农奴主贵族阶级、宗教界上层人士和其他地方官员独揽藏政，整顿西藏吏治，稳定西藏秩序等方面起了重要作用。但对西藏之外的甘、青、川等安多和康区没有发挥预期的效果。

（二）维护部落头人权威的刑事法规

清代受朝廷册封的部落头人，除拥有政治、经济等特权外，还握有生杀大权，在《青海西宁番夷则例》与不同部落组织的刑事法规中均有提及，这些刑事法规在现代藏区没有很大影响，已基本消失。

（三）惩治杀人、伤害罪的刑事法规

清朝时期的藏区刑事法律对外来户打死当地人、伤人一类的案件也有较为详细的处罚规定，犯罪者一般常用实物赔偿，公开诚心诚意地道歉等，如清代根据藏族习惯法制定的区域性法规《青海西宁番夷则例》和《十三法典》以及各藏区部落习惯法中有详细规定，针对惩治杀人、伤害罪的刑事惩罚，一般常用实物赔偿，还要诚心诚意地公开道歉等具体刑事法律内容和诉讼程序至今在各藏区很流行，大多在农区表现不明显，却可在牧区表现得淋漓尽致。

（四）流刑、惩治偷盗犯罪、诬告罪的刑事法律

在各藏区，抄没家产，将罪犯驱逐出部落，对盗窃案件采用罚没财产的惩治办法，在各部落中基本上大同小异，只是数量有差。对诬陷别人为小偷者，集合村落与部落联合体举行煨桑（五谷杂粮放到火堆上进行的藏传佛教特有宗教仪式）起誓后，由老人会、活佛喇嘛或部落中有威望的人主持解决类似案件，最后给被诬陷者赔偿名誉损失费，还要举行公开道歉仪式，原被告起誓此事从此以后既往不咎，部落与部落之间以及本部落和同村的人永世和好。

（五）严禁牧民迁徙逃亡的刑事法律

在藏区，常有部落或村寨属民因命案伤人案或欠债偷盗等犯罪行为而逃亡的事例。藏族习惯法或区域性刑事法律规定，严禁部落或本村村民任意迁徙，并对逃亡者予以严惩。

（六）盗窃追偿刑律和淫乱罚赔律以及内乱处罚律等

这些是清朝时期贯穿整个藏区的刑事法律，对现代藏区的影响不是太大。

（七）传统三大藏区地方政府及部落组织颁布推行的刑事法律

西藏地方政府颁布的《十三法典》，安多和康区主要是部落刑事习惯法，比如青海玉树部落的《玉树文册》，罚款罚物、罚刻嘛尼石、罚转嘛尼堆、杀人命价、伤人血价、偷盗加倍罚；果洛部落的《红本法》，违反草山管理、偷盗、命价、血价、斗殴、咒誓裁判法、酷刑处罚等；黄南部落的内外纠纷处理的常用律例和赔命价刑律；海南部落的偷盗、命价、血价、斗殴；海西偷盗、命价、血价、斗殴；海北和四川阿

坝部落的偷盗、命价、血价、斗殴；甘孜《德格法律十三条》和云南迪庆具体的部落习惯法，还包括草山管理处罚、破坏生态环境处罚、污染水资源处罚、偷盗处罚、斗殴处罚、捕猎处罚、赔命价、赔血价等刑事习惯法。这几种刑事法律至今在广大藏区大量执行，现已解决的很多案例，充分证明本土刑事法治文化的最终治理效果比现有单一的国家制定法要好。

三、清朝时期藏区的民事法律

在清朝时期和现代藏区比较流行的有关民事方面的法律、法规主要有以下几大类：

（一）调整土地、牧场、财产等生产资料所有权关系的民事法律

清代，调整藏区的土地、牧场、财产等生产资料所有权关系的民事法律主要有《十三法典》和《番例条款》，除此之外，藏区土地、牧场出租等地权管理；播种、护苗、修渠、浇水、祭祀、收割等田间管理规定；草场固定半固定以及不固定等草场经营规定；草场防御火灾、越界放牧、迁移帐圈、外来户借（租）草场等草场管理规定；牲畜的占有、牲畜的租佃方式、牧租等牲畜占有与管理规定；地方政府、部落头人、寺院上层僧侣土司、千户百户头领针对从事农牧的差巴、奴隶、商人、中小头人征税，还附加内部赋税与外部赋税、牲畜税、人头税等征税程序与征税计算的具体规定。此外尚有道光九年十四世达赖喇嘛针对藏区人民乌拉（赋税）负担过重，贵族兼并土地却逃避赋税等情况而颁布的《铁虎清册》，四川甘孜和青海果洛玉树部落习惯法中土司、贵族和上层喇嘛要占有大量牲畜的规定。西藏地区各封建主占有全部或绝大部分土地，农奴与农牧民没有或很少占有土地。在青海、甘肃、云南、四川等藏区，藏族聚居地区的土地、牧场，分别为当地土司、头人、千户、百户等封建上层和大小寺院活佛所占有。占有农田、草山、森林、水源、牲畜、矿产等方面民事法律过多维护上层人士，清代西藏地方政府、庄园领主部落头领、寺院的各扎仓和活佛、上层各级别的僧侣、牧主土司、土官等掌握了最终的占有权、分配权、所有权及使用权，并制定了有关草场等藏区一切生产资料所有权及使用权的一些法规，让属民按一定标准纳税的任务，是藏区土地和牧场等所有生产资料的实际占有者。

藏区这些传统的调整土地、牧场、财产等生产资料所有权关系的民事法律内容，

在现代藏区虽仍有所表现，但并不活跃。

（二）调整借贷、雇佣关系的民事法律

1．借贷关系的民事法律

整个清代和民主改革前藏族部落社会，无论西藏地方政府和寺院等团体，或者部落头领、寺院的各扎仓和活佛、上层各级别的僧侣、牧主、土司、土官、商人、普通农牧民群众等个人，借贷关系非常盛行。

借贷手续表现为：熟人间一般不需承诺和抵押物以及保人，只要借方提出请求，贷方同意即可。但作为普通农、牧民向领主、寺院、牧主、土司等上层人士借钱、财、牲畜等，当由借方向贷方提出借贷请求，并说明借贷的种类、数目、还期。由贷方对偿还能力进行认真审查商议考虑后，如果贷方同意，双方协商利率，找保人，借方则找亲朋好友立下契约，借贷双方及保人签字画押或找一些有威信的证人作证。

借贷种类很多，依不同标准可分为：贷钱和贷物；自愿借贷和强制借贷；抵押借贷和保人借贷；官方借贷和民间借贷；短期借贷和永久借贷；个体借贷和集体借贷。

借贷利息高低不同，青海、四川、甘肃、云南、西藏等地有所不同，借一还二（100%），借二还三（50%），借三还四（33%），借四还五（25%）等，最低利率10%的很少，仅存在于个别农牧区。

还贷表现在自觉按时还贷立即解除债务关系，如因债务人种种原因无法偿还的可以协商请求延长还期，如债权人不同意放宽还贷期限要求一定按期还贷，则债权人派人讨债，这时债务人必须承担讨债人的食宿、坐骑的草料等，还要热情款待债权人及其派去的讨债人；或者找保人追索债务或加复息。在四川等藏区，当债务人不能按期还贷，债权人有权没收抵押物品，或将债务人吊打逼债，或抄家充债，甚至扣押债务人，何时还清借贷，何时释放。甘肃有些部落债务人可向债主申请，用劳役的方式抵债。当时各藏区借贷原因有：一是生产力水平很低，急需种子、农具、牲畜等购置生产资料；二是购买生活必需品；三是宗教活动和部落集体活动及医疗支出；四是置办聘礼嫁妆；五是支付差税；六是偿还债务；七是缴纳贡赋和罚款；八是不少部落规定，每户必须筹措一定数目的银钱，用于购置枪械等武器，以备自卫；九是部落村寨里的其他日常活动筹资分配任务捐献的财物，这种借贷民事法律在现代藏区也比较流行。

2．雇佣关系的民事法律

在清代和民主改革前，藏区雇佣劳动不仅在各地普遍存在，而且在不少地区还形

成制度。雇主主要是部落头领、寺院的各扎仓和活佛、上层各级别的僧侣、牧主、土司、土官、商人及普通农牧民群众；雇工主要是差巴（差税的主要承担者，一直是债务人）、工匠、无业游民等专门依靠繁重的劳动维持生活的雇工，及帮别人放牧、耕地、种地等短、中、长期限不同的雇工。从各藏区雇佣关系的具体民事法律内容看，从雇工的受雇手续到雇佣的方式，从雇工的工资到受雇者的地位，都形成了相应的规定。此类规定在各部落习惯法与各部落生活习惯中比较普遍，这种雇佣关系的民事法律内容及特点在现在的农牧区不是很明显。

（三）交换与买卖关系的民事法律

1. 交换关系

在以往或现在藏区各地举办的区域性群众集会、宗教庙会期间，大都进行集市贸易活动，快到秋收季节庄稼成熟和牲畜长肥，农牧民有空闲时间在农区与牧区间相互交换物品，或者农村与农村间、牧区与牧区间的集体行为的交换交易，或者牧民与牧民、农民与农民、农民与牧民间的个人行为的交换交易，交换内容主要是粮食、肉类、土特产等各种各方急需物品。长期以来，藏区的交换关系一般都会遵循自愿、公平、简便的习惯原则，这种交换关系与交换习惯规则的民事法律时至今日仍流行于整个藏区。

2. 买卖关系

藏区的买卖关系主要表现在部落首领垄断辖区的商业贸易，实行强买强卖；牛羊马匹和冬虫夏草以及其他物与钱财的买卖关系，目的就是赚钱，获取利润，为了获利他们不择手段，甚至不讲良心与道德。还有很多商人勾结各藏区当地有权有势力的人哄抬物价获取暴利，如各民族的商人如果欺诈藏区百姓，或者没有经过当地有权有势之人的同意私自做买卖坑害百姓利益的，当地部落头领或农牧民群众可以没收商人的商品并将其驱逐出藏区。

3. 商品价格方面的民事法律关系

日用食品、农产品、牲畜等价格在藏区各地大同小异，但最终的价格标准由市场和商人决定。藏区民众为了生活有时会在商品价格上吃亏。广大藏区民众为了生存必须依赖外来的生活必需品，并接受商人操作的商品价格，尤其广大藏区农牧民在信息、经济、文化程度、交通、法律意识方面的落后使其始终成为商品价格的牺牲品。这种情况到现在仍很普遍。

4. 婚姻家庭民事法律关系

在婚姻方面，实行于藏区的《番例条款》和《红本法》中有违反阶级内婚制者没身为奴、谋取人妻者重罚等具体规定。包括本阶级本部落内婚、等级内婚、血缘外婚等的通婚范围，包办婚姻、自由婚姻、悔婚与抢婚，离婚案中对双方当事人的处罚、按部落习惯履行离婚手续、离婚后财产分割及子女归属以及再婚等各部落习惯法有详细规定，虽然没有成文的法律，但有约定俗成的丰富的习惯规则。以往藏区社会主要是阶级压迫与剥削的旧体制和男女比例失调以及传统观念的影响和藏区传统农牧业的落后，加之教育、经济、文化、医疗、信息、技术、法律意识等多种自然环境的制约，婚姻关系表现为一夫一妻、兄弟共妻、姊妹共夫、一般共夫、一夫多妻和一定范围内的一妻多夫现象。但现在的藏区社会基本上是一夫一妻制，很少有一夫多妻和一定范围内的一妻多夫现象，藏族农区现在完全遵照一夫一妻式婚姻关系，这在整个藏区男女婚姻发展史上来说是一大进步。

在家庭方面，清朝时期，藏族人民随着生产方式和生活方式的逐渐改变，一夫一妻制已成为藏族人民普遍实行的家庭形态。现在各农牧区已经基本上实现了一夫一妻制的婚姻家庭关系。

5. 身份继承方面的民事法律关系

在广大藏区，身份继承的种类有家长、部落首领、活佛、家族中的代表，身份继承的方式包括家庭继承、家族继承、社会继承、宗教意义继承。这种身份继承民事法律关系时至今日普遍存在于广大藏区。

6. 财产继承方面的民事法律关系

在广大藏区，藏族的财产继承关系往往比身份继承更为复杂，有直系继承和非直系继承。直系继承表现为子女直接继承最为常见，最为普遍。另外有非直系继承，这种财产继承作为藏族部落财产继承的重要形式，普遍存在于各地，并具有一定的血缘意义和藏传佛教精神。①

四、清朝时期藏区的宗教法律

整个清代和民主改革之前在广大藏区所施行的宗教法规主要有三大类：

---

① 南杰·隆英强：《探究中国本土法文化：清朝藏族法制的初步解读》，载《当代法学》，2011 年第 3 期。

第一类是吐蕃时期流传下来的藏族最早的成文法《法律二十条》又称“十善法律”（从古代贯穿到今天）。“11 世纪阿底峡的著名弟子仲敦巴所著的《俗法精要蔓珠》、13 世纪中叶萨迦五祖贡嘎坚赞的《萨迦格言》《十五法典》《十六法典》《十三法典》等各地区域性法规中，也有很多有关宗教法规的内容。”① 此外清朝颁布的《青海善后事宜十三条》《禁约青海十二事》《理藩院则例》《大清会典》《酌定西藏善后章程》《钦定藏内善后章程》都规定了管理藏区佛教寺院的权限以及佛教寺院的制度与喇嘛的行为准则。

第二类是由实行“政教合一”制度的大寺院在自己的辖区内以宗教的名义所颁行的统治部属小寺院、僧侣、教民的法律法规，如西藏《哲蚌寺的法律条文》《拉萨祈愿大法会的坐次法规》《敏珠林寺的法律条文》《止贡绛曲林寺的法律条文》《拉卜楞寺议仓的惩罚条例》《拉卜楞寺院寺规》《色拉寺寺规》《甘丹寺寺规》《日喀则的札什伦布寺寺规》《青海湟中的塔尔寺寺规》等。其中，最具有代表性的是五世达赖喇嘛和各地寺院高僧大德们为管理藏区寺院和规范僧人戒律而颁布的法令，包括用藏文详细记载的 59 种寺规和各种藏传佛教法律条文②。

第三类是藏区各部落在遵循世俗法的同时，所制定的有关尊奉佛法、维护僧人利益的法律规定。如遍布甘、青、川、滇藏区社会大大小小的寺院活动与当地藏族为主的民众信仰藏传佛教的各项宗教规矩，以及藏区各藏传佛教寺院规定的体系复杂内容丰富的各种戒律。以上藏族宗教法律内容从体系到篇目，再到具体的内容以及存续发展之风格，都是以过往的藏族宗教习惯法为基础发展而来的成文法。藏区各大寺院还可以设堂审理属民和属部的纠纷案件，设立监狱，用以囚禁罪犯。在清代，藏区各种宗教法和各种宗教戒律，对巩固藏区各宗教事务的管理和清政府依靠宗教势力有效管理整个藏区社会发挥了极大的作用。

五、清朝时期藏区的军事法律

从吐蕃赞普灭亡至整个清代，藏区各地部落林立，基层组织处于纷乱的割据状

① 杨士宏：《藏族传统法律文化研究》，甘肃人民出版社 2004 年版，第 202 页。

② 藏族历史上，为了治理藏族各地寺院的发展，为了规范藏族僧人们普度众生、大慈大悲、一切从善、一心向善的行为而自觉遵守各种戒律，最终使人们能够大彻大悟，藏传佛教界的权威上师五世、七世达赖喇嘛和藏区各地寺院的活佛、主持以及寺主们纷纷宣讲佛教经典的同时颁布了很多行之有效的寺规和具有法律约束力的宗教法条文．参见西藏自治区档案馆编：西藏地方历史丛书之一《寺规集》（藏文），西藏人民出版社 2001 年版，第 10、86、97、181 页。

态。在这种特殊情况下，各个部落为了统治和维护各自的领地，组织创建了自己的武装力量，并规定了一整套军事法规。比如为了保证充足的兵源，各部落均规定，男子15岁以上至60岁以下，人人都有服兵役的义务。各级官吏和头人，遇有战事则为带兵首领。遇到战争发生，千、百户长下令集结民兵，由部落带兵官率领开赴前线参与战斗，为此而具体颁布制定的关于兵役及军备军事法规；在作战中，部落首领或部落会议要求士兵作战勇敢、战功突出，严禁从征违期和纵兵抢掠、临阵脱逃或泄露军事机密等情形而具体规定的军事奖惩条例；部落之间或部落内部的各种纠纷，一般在紧急情况下随时随地临时成立部落法庭，一般由邻近部落中威信较高的头人、长者或地位较高能主持公道的活佛出面调解，为处理解决各种纠纷而制定的调解部落间械斗及赔偿损失的法规；还建立了藏族农牧区部落实行军事、行政、生产三位一体的寓兵于民的军事体制；为了及时传递军事情报，调运军队，各部落又建立了一套较为完整的驿站和交通制度、传递信息的军事后勤保障制度；军队管理方面除重将领、强训练之外，还规定了作战方案，军令畅通与实行依法治军的基本准则。现代藏区在以往军事法律和军事组织观念下，仍然保留了民兵组织和农牧区民间自发组织的巡逻队，其中有骑兵和步兵，旨在保卫家乡，保护农牧区草场、领地、水源、树林、牛羊、动植物、生态环境等不受外来任何势力的非法侵害。交通和信息非常不便的偏远藏区，国家司法资源十分匮乏，这种民间组织对青藏高原的生态保护和藏区的和谐发展起了很重要的作用。①

六、清朝时期藏区的司法制度

清朝时期藏区的司法制度主要包括清中央法部、都察院、大理院、理藩院、军机处以及中央其他行政司法机关，管理西藏与其他藏区军政事务而涉及的司法事务；此外还有噶丹颇章政权时期西藏地方政府管理基层组织和处理藏区各种纠纷而制定的司法内容，主要依靠藏族本土性司法制度，即部落习惯法和寺院法等地区性法律、法规为主要内容的部落调解机制，解决藏族农牧区刑事、民事、行政、军事等领域纠纷的机制。

到了清朝中后期，各藏区的司法制度更是多种多样。中央的法规和西藏地方法

① 南杰·隆英强：《探究中国本土法文化：清朝藏族法制的初步解读》，载《当代法学》2011年第3期。

令，皇帝的圣旨、各代达赖的法旨、摄政的训令、噶丹颇章的令文，宗教法规、部落法规同时并存，共同调整着藏区方方面面的社会关系。藏区地域文化和法制主体的不同，其区域效力、针对问题也不同。当时的藏族法律与司法制度就是在这种多层次、多区域、多因素、多部落的环境下求同存异并不断发展。在某些法律关系的调整上诸种法律规范相互兼容补充，而在另一些法律问题上则只有某一种专门法律规范才能起到直接彻底的调整作用。如西藏僧俗主要官员的选拔、任用只有中央的任命才有效，而西藏地方官吏的选拔则依政教合一制政府的行政法规范性文件。又如僧人犯罪依各寺院颁布的宗教法，按寺院法规来处理；部落头人的选举和部落中藏区民众之间的刑、民案件等内部事务，必须在特定的部落头人和组织的主导下选用部落习惯法才能很好地解决。西藏地方政府和甘、青、川、滇等驻藏大臣直接管辖的地方的抢劫、杀人等重案则要按清朝法律规定的原则，① 在清中央授权的驻藏大臣主持下，由西藏地方政府司法审判机关解决，除此之外，藏区“宗”即县级以下的各藏区刑事、民事等案件由农牧区的家族性、血缘性、地域性等主要特征的部落组织，活佛和大德高僧等藏传佛教界权威人士、基层社会德高望重的民间老人会等为主的多元文化本土机制自行调解处理。这种司法制度和司法内容具有很强的灵活性，既方便操作执行，又有很强的政法效力和社会效应。

总之，考察藏区1000多年的司法实践，藏族传统司法制度日趋完善，影响深远，对当今藏族农牧区还有很大的影响。尤其是藏族牧区的盟誓与“咒语起誓”的习惯法，牧区长老主持下的藏族原始苯教神权思想与人伦道德思想结合的习惯法，牧区捕猎习惯法，牧区有义务保护神山、神湖、神林以及藏区动植物繁衍生息的自然环境方面的习惯法，牧区民间为了保护草场牛羊等畜牧业安全发展而规定的巡逻侦察习惯法，牧区以和解为主的无讼息讼机制的习惯法，牧区赔命价习惯法，牧区盗窃行为以财物为主承担加倍处罚的习惯法，牧区牦牛经常碰死碰伤马和骡子的案件而专门规定的赔马为主的牲畜补偿价习惯法，牧区聘礼和陪嫁以及订婚反悔和离婚等解决婚姻关系的本土习惯法内容②非常丰富，其法与道德、伦理与社会稳定层面的合理性具有很高的法理学价值。藏区各地不仅有一定的组织机构与人员负责法律的具体实施，并且

---

① 参见徐晓光：《中国多元法文化的历史与现实》，载《贵州民族学院学报（哲学社会科学版）》2002年第1期；文章－（http：//www. xhfm. com/）；南杰·隆英强：《探究中国本土法文化：清朝藏族法制的初步解读》，载《当代法学》2011年第3期。

② 具体参见索南次仁编著：《藏族历代法典》（藏文），民族出版社2004年版，第369页。

在各地的司法实践中，在侦查、起诉、监察、调解到审判、执行、监狱制度、部落组织与家族寺院等民间司法行政管理制度、民众调解制度、民间临时性的法庭与法官制度、律师制度、议事会议制度、盟誓与起誓制度、民间赔偿制度等方面都形成了一定的程序、原则和制度。从而保证了藏区不成文与成文的传统法律、法规的顺利实施和逐步完善，真正起到了调解处理藏区各种纠纷、缓和人际关系、发扬优秀传统法文化、惩治犯罪分子、维护社会稳定的作用。

无论清朝时期针对藏区高层社会组织推行的中央立法和司法实践，还是西藏地方政府针对西藏基层区域和其他藏区的地域性立法和司法实践都推动了清朝时期整个藏区司法制度的发展，其中最值得研究和借鉴意义的是各藏区基层社会非常活跃的习惯法内容及司法制度。这些习惯法及本土性司法制度不仅能代表中国本土多元文法化中的法学资源，而且对当今中国藏区的法制建设和中国司法制度的不断完善以及中华民族的稳定团结都具有重大意义。

综上所述，我国从秦汉以来就是一个多民族国家，经过唐、宋、元以来就建立了统一的多民族国家政权。到明清两代时，各民族间包括政治、经济、文化、风俗习惯、伦理道德、法律制度在内的各种文化的交流往来更加密切，在各民族文化融合、吸收、借鉴的基础上，共同形成了多民族国家历史文化上的多元一体格局。藏族法文化和法律制度在内的各民族法律文化，对中华民族的团结友谊和光辉伟业具有很大的贡献。藏族等各民族法律文化丰富和发展了中华法律文化，也促成了中华法系的特有内涵和中华民族法律史学的伟大精神。同时我们一定要认真对待藏族等各少数民族法律文化在不同地域不同时空所发挥着的特殊价值与作用。谁都无法更改藏族等各少数民族优秀的法律文化早已成为中华法律文化总体覆盖下的重要组成部分这一不争的事实。多民族因素下的中国多元一体的格局必然成就各民族法律文化的多元特点和多元功能，其奋斗的共同目的，在中华各民族兄弟姐妹互相尊重、平等团结、共享资源、共同发展、共同繁荣的基本民族原则下，推动和完善伟大中国的各项事业。①

我们这一代学人在继承和发扬中华民族优秀传统文化的同时，还应从中国法律史学和历史政治学中实事求是地提炼祖先的成功经验。创建以中国本土法学理论为指导的中国特色的法律体系多元化和灵活性的部门法学科体系，必须批判过去对传统的民

---

① 参见徐晓光：《中国多元法文化的历史与现实》，载《贵州民族学院学报（哲学社会科学版）》2002 年第 1 期；文章 – 网络（http：//www. xhfm. com/）；郑娅：《基于多民族和谐社会构建中的多元文化理解教育》，载《湖北民族学院学报（哲学社会科学版）》2012 年第 1 期。

间习惯，特别是对少数民族习惯法的调查研究不够而浪费了中国本土法学宝贵资源的做法。大部分人通常将民族习惯法视为封建的习惯予以批判和否定，最终导致单一性，只强调国家制定法机械化的操作所带来的冤假错案等种种弊端。中国近百年来的法制变革与法律史学艰难发展的经验和事实告诉我们，大转折时期的当下中国不能盲目崇拜和移植西方法律制度。尤其是开放与一定范围内法律自治化的清代立法与法制策略亦值得我们深入研究和借鉴。现阶段我们在理性和科学地学习总结西方法制发展过程中适合中国的理论思想与司法理念的基础上，侧重点应当放在中国本土法治资源的发掘和开创多元化的纠纷解决机制上来。因为我们面对的是中国多民族社会中的重大现实问题和法律问题，所以现阶段的立法必须重视民族习惯法、民间法，必要时还要重视少数民族地区千百年来扎根传承的当地具有一定约束力的特殊习惯、惯例。深入研究清代和当下藏族等各民族习惯法与民间法在内的各项法律文化的宝贵资源，不仅能够丰富对我国古代民族法律发展的一般规律性的认识，而且为我们今天更好地实行中国民族区域自治，加强民族立法，认真贯彻落实民族政策，发展社会主义民族地区的法制建设，丰富中国法律史学的重大理论贡献与治国安邦的现实作用，开创先进的中国本土法学理论体系，促进中国法治建设与各民族互相尊重、平等团结、共同繁荣、稳定发展等中华民族伟大复兴的各项事业做出有益的贡献。

SHEHUI ZHUYI FAZHI JIANSHE YU ZANGZU XIGUANFA DE GUANXI

第十六章

社会主义法治建设与藏族习惯法的关系

按照公平正义的法治精神和法律的生命有机体理论，法学研究者应从经验事实和注重多种本土法学资源的实际效能出发，譬如将社会主义法治建设与藏族习惯法的关系问题，作为国家法与少数民族本土法学资源协调发展的个案和研究的主要范式，对该问题的分析、解释和预测作为研究的目的，运用科学的实证方法，充分证明社会主义法治建设与藏族习惯法关系研究的实际意义和可行性来发现新的前言课题，从而更好地为社会主义法治建设服务。

藏族作为我国一个具有悠久历史和灿烂文化的民族，藏族聚居区社会的和谐离不开本民族法律文化的保障。藏族习惯法是藏民族在漫长的文明进步过程中所创造的智慧结晶和精神财富。近年来，党和国家领导人大力提倡“弘扬法治精神，重视社会主义法律文化建设，树立依法办事、守法为荣的风尚，使社会主义法治精神转化为全体人民的实际行动”①。法学研究者在高举中国特色社会主义伟大旗帜，继续解放思想，实事求是，立足理论前沿，紧密联系实际，反映时代要求，不断推动理论创新和制度创新，促进公平正义与社会和谐的实现，坚持科学发展观为经济社会的有序发展创造制度环境，在法学研究者的共同努力下，使社会主义国家法与少数民族习惯法协调发展，并在一些重大法学研究领域不断推出新的研究成果。

第一节

社会主义法治建设与藏族习惯法关系研究的可行性

按照和谐社会的法治精神和法律的生命有机体理论，法学研究者应从经验事实和注重多种本土法资源的实际效能出发，譬如将社会主义法治建设与藏族习惯法的研究问题作为国家法与少数民族本土法学资源协调发展的个案，将对该问题的分析、解释和预测作为研究的归宿，运用科学的实证方法，按照提出假设、进行论证、对相反命

① 2007年12月25日，胡锦涛主席在全国政法工作会议上的讲话：《胡锦涛要求政法工作人员坚持以人为本坚持司法公正》，中国国际广播电台消息：http：//gb. cri. cn/1321/2007/12/26/542@1890598. htm。

题进行证伪以及对论证的命题进行深入分析。为此，法学研究者应当对那种单纯的对策法学、引进法学、移植法学和重在强调国家法一统天下的传统法制观念，以及鼓吹现代法的权威与盲目推崇全面展开民间法、习惯法等没有针对性的研究方法作出深刻的反思，并抛弃那种将理论问题意识形态化，孤立地看待社会主义法治建设时不注重民族习惯法等对社会起着规范作用和推动中国法治建设的完善发展将有实际意义的研究方式，应该真正从法学各学科交叉和结合本土法学资源的角度，充分证明社会主义法治建设与民族习惯法关系研究的实际意义和可行性，从而更好地为社会主义法治建设服务。

目前，在我国，法史学家、法理学家、法人类学者或民族法学者都认为，民间习惯法与国家法的并存是一个客观的法律现象。借助这种法学思维从事社会主义国家法与少数民族习惯法两者之关系研究的学者越来越多，“不完善的”国家法必须依靠大量的民间法或少数民族习惯法这一本土法文化养分来补充法学研究已成为一种独特范式。在山东大学威海分校法学院和青海民族学院法学院、西南民族大学法学院、西北民族大学法学院等法学研究单位的努力下成功举办了三届全国民间法·民族习惯法学术研讨会，其影响越来越广。近年来，法学研究者们在国家法与民间法或习惯法方面取得的研究成果颇多，证明了要实现中国法治的现代化必须重视“法治及其本土资源”的科学批判与深入研究。这种研究范式和氛围引起对藏族习惯法等少数民族法文化资源的整合，并对国家法的发展和完善产生填补的作用。当今法学界，法学研究者们几乎普遍关注法律规则和司法实践，国家法与习惯法、民间法之间或多或少所存在的联系与问题，并试图做出一些分析和解释。很多学者越来越不满足于对充当西方法学理论的“中国诠释者”或“中国移植者”的传统角色，开始尝试提出自己的观点，努力做出自己的理论贡献；法学研究中的实证分析方法越来越得到中青年学者的接受，尤其是研究民间法或少数民族习惯法学者的重视，法学论文中论证的成分也有显著增加……这些无疑是一种令人喜新的学术动态，显示出社会主义法治建设与藏族习惯法等民族法学一样，在伴随着古今中外、国家与百姓、国家法治与本土法文化资源和谐碰撞的过程中，法学研究正在进行艰难的学术转型。尤其是藏族习惯法在解决纠纷、平息矛盾、维护秩序、促进藏区社会稳定和发展等诸多方面对国家法起着协助和补充作用。我们有理由相信，法学研究者对学术定位、研究方法、公平正义之学术价值甚至整个研究范式所进行的反思与批判，是学术研究走向成熟的标志，不但有助于中国法学研究的健康发展，也有助于社会主义法治建设与藏族习惯法等民族法文化的协调发展。因此，本文从四个方面试图探索社会主义法治建设与藏族习惯法之间的关系。

一、现阶段社会主义法治建设与藏族习惯法的关系

当今社会国内外学者对社会主义法治建设与藏族习惯法的关系持三种不同的态度：一是认为藏族法文化等少数民族文化较为落后，不利于整个法律文化的建设发展，应当否定；第二种是要采取措施保护藏族传统的法律文化——藏族习惯法，排斥外来文化，放慢少数民族现代化步伐，保持本民族习惯性和规范性的传统文化特色；第三，有选择地保留藏族传统法律文化中的先进部分，在结合我国社会主义法律效力为主的基础上，吸收其他国家或民族法律文化的有益部分来推动社会主义法治建设和藏族地区法治建设的现代化步伐。① 我们对前两种观点持保留态度，并认为一切文化上有价值的东西，都具有民族性、阶级性、继承性、强制性、稳定性、多元性、融合性、时代性与地域性的诸多特征，应当发展多元法律文化来推动藏族等少数民族地区的社会主义法治建设。从而保证该地区的文化、教育、科技、经济等可持续发展的力量来为中国特色的社会主义国家服务。因为中华法文化形成也是多元的，弘扬中华法文化也包括藏族等少数民族的法文化在内。不可否认，即使是当代最发达的国家，国家法也不是唯一的法律；而社会生活的多元化、文化传统的多样化、经济发展的不平衡等恰好是法律多元现象客观存在的重要原因。藏族习惯法早已成为藏民族生活生产秩序规范的重要组成部分，成为藏族群众风俗习惯和法律观念的主要内容。所以，从法人类学和法社会学的立场出发，依据田野调查所获得的第一手资料，在前人已有研究的基础上，对藏族习惯法及其转型进行系统的研究，已成为构建藏族聚居区和谐社会的关键。同时，法制建设虽然应该借鉴国际经验，但更重要的是应该关注本土资源。西部藏族聚居区法制建设当然离不开具有民族性、区域性的藏族传统法律文化的支撑，藏族习惯法应该成为藏族自治地方立法的重要法源。在研究影响藏族地区传统法律文化——藏族习惯法发展的各种因素时，首先必须重视藏族地区传统法律文化在西部大开发和整个法治文明过程中的重要作用，深入挖掘藏族传统法律文化中的优秀要素，使藏族传统法律文化——藏族习惯法与国家法治建设的效能协调发展，实现实践意义上的中国法治现代化。

创建有效而文明的法治文化是一个国家综合国力强大的重要标志之一。法治文化

① 以上三种观点是注重研究少数民族习惯法与国家法关系或少数民族民俗习惯作用的当今国内外法学专家的观点。

的成果是民族的也是世界的，它不仅能对社会提供精神财富，提供法律保障，同时有利于完善一个国家或民族的各种制度建设，它是人类的文化遗产，具有重要的社会价值和现实意义。因此，开展社会主义法治建设与藏族习惯法的关系研究，将着重研究藏族地区的“习惯性法文化”，分析其在藏族社会中长期存在的原因，为推进藏族地区政治、经济、文化等可持续和谐发展提供制度保障，为全面实现中国特色社会主义政治文明和法治文明探寻法学理论与实践经验。

二、社会主义法治建设与藏族习惯法的关系中有待解决的问题

社会主义法治建设与藏族习惯法的关系研究将综合运用唯物辩证法，法律社会学和法人类学方法、比较分析方法、社会调研方法等多种研究手段，深入分析社会主义法治建设与藏族习惯法协调发展的有效途径，揭示当代中国多元性法律效能调整多样化社会利益关系的价值基础，法律功能，运作机制，客观评价藏族习惯法等具有积极因素的我国习惯法在调整社会利益关系方面的优势、特色及其存在的不足，提出完善社会主义法治建设与藏族习惯法和谐发展的有效保障措施，推动具有中国特色社会主义法制建设对多元法文化的整合。

本着以上的研究宗旨和思路，我们在社会主义法治建设与藏族习惯法关系中必须解决以下几个问题：

第一，如何建立适合藏族地区和谐稳定的多元法律文化，既能体现藏族习惯法的优势，又能倡导社会主义法治精神的模式；

第二，具有丰富传统法律文化的藏族地区如何适应现代社会的法治步伐和社会主义法治精神；

第三，社会主义民主政治下的法治建设与民族地区多元性的法律文化和藏族地区各项事业的发展关系；

第四，藏族习惯法中的所有进步性“行为规范”和社会主义法治建设协调发展之关系；

第五，多元性中国法律文化结构下藏族习惯法中的所有进步性“行为规范”对社会主义法治建设的作用；

第六，对民族地区的多元文化如何取其精华，弃其糟粕。

三、社会主义法治建设中国家法与藏族习惯法的相互作用

法律的生命力在于对问题的解决，倡导社会主义法治建设就是为了更好地解决中国各族人民在生产生活中遇到的各种法律问题。藏族等少数民族习惯法在各少数民族聚居区具有解决问题的实效性。因此，藏族习惯法同其他少数民族习惯法一样对社会主义法治建设具有不容低估的价值属性。同时社会主义国家制定法指导藏族习惯法等少数民族习惯法的健康发展。社会主义法治建设中国家法与藏族习惯法的相互作用体现在以下三个方面：

第一，藏族习惯法与国家法在目的上的同一性决定了其在社会主义法治建设中对国家制定法功能上的补充作用。

第二，中华文化有兼容并蓄的精神，这种精神在指引各少数民族习惯法健康发展的过程中，吸收其优秀要素来不断完善自己。藏族习惯法作为中华法系的组成部分，是国家法在观念上不可或缺的有机成分。

第三，在实践中坚持推行社会主义法治精神，使科学整合具有多样性、实效性的各种法律文化资源，藏族等少数民族习惯法成为完善国家制定法的有效资源。

第二节

社会主义法治建设与藏族习惯法关系研究的意义

藏民族有着独特的本土习惯法文化，千百年来勤劳勇敢的藏族人民就用自己独特的习惯法维护社会的稳定、经济的发展、民族的团结，共同来完善和推动本民族整个社会的有序发展。藏族本土习惯法是藏民族在共同生产和生活的实践中总结出来的，所以，它已经深深植入藏族人民的生活和理念当中。今天，藏族人民在现实生活中仍然习惯用民间习惯法来调解和处理诸多民事纠纷，双方当事人都认同自己在这样的习惯法下应当承担某种义务。它正在为我们传递着远古至今藏族人民的生产和生存法则、民族信仰、风俗习惯等诸多信息，所以，我们研究分析藏族民间习惯法的内在价值，从而寻找它与我国现代法律之间的契合点，在民族区域自治地区基层法院调解的

众多民事纠纷中合理地运用藏族群众所认可的习惯法，这不仅能够有效地调解和处理众多民事纠纷，从而缓和社会矛盾，稳定社会秩序，节约司法成本，而且在一些具体规定上还能够弥补国家法的疏漏与不足，进而促进完善和改革我国司法审判制度，推动我国社会主义法治文明的建设。

“在社会变迁的过程中，必须注意国家法与民俗习惯法的这种互动与相容的复杂关系，如果国家法完全偏离甚至背离了土生土长的民俗习惯，没有接上‘地气’，国家法将有可能成为‘中看不中用’的‘花瓶’。国家法对民俗习惯进行硬性的、不切实际的干预与压制，也有可能适得其反，大大减少和削弱民俗习惯的运用范围和领域，甚至影响、干扰和限制民俗习惯本来对乡土社会秩序的自然维持和有效管理。国家法强行介入和干预民俗习惯，不管乡民的承受能力，盲目兜售甚至强制推行国家法，都有可能适得其反，造成国家法的危机。”①

第一，社会主义法治建设与藏族习惯法的关系研究，对于进一步丰富和发展马克思主义法学为指导的中国特色的法学理论和社会主义特色的民族法学体系以及藏区社会稳定具有重要意义。

第二，开展社会主义法治建设与藏族习惯法的关系研究，对于切实解决当前中国社会法治现代化模式和效能不健全的利益冲突，形成公平合理的利益结构，有效解决社会各种利益纠纷，形成社会关系的和谐与协调，在少数民族地区的法治文化建设具有重要的指导意义和实践价值。

第三，开展社会主义法治建设与藏族习惯法的关系研究，对于进一步完善我国多元性的法律调整体系具有重要的实践意义。

第三节

主要结论

从藏族习惯法与社会主义国家法治建设的相互关系中，我们坚信社会主义的法治

---

① 高崇慧：《习惯法与国家法的互动关系》http：//www. tcylaw. com/yld/web/Article/ShowArticle. asp？ArticleID＝203。

精神对藏族习惯法具有指导和规范作用，也要相信在对国家法和藏族习惯法研究中，藏族习惯法对社会主义法治建设具有补充和完善的作用。

在立法方面，藏族习惯法在内的民族习惯法既是国家立法的重要来源，又可以弥补国家立法的不足。“国家法对社会关系的调整是通过权利义务的明确，具体的规定来进行的，即使再健全的法制，也不可能像习惯法那样渗透到人们的衣食住行，表现在日常生活的每个方面，所以习惯法丰富和弥补了国家制定法的不足。习惯法还是民族法的重要内容，许多民族立法中的变通规定，直接来源于习惯法”;① 在执法方面，国家法的内容也往往是通过融汇在民族习惯法通俗易懂的解释中得以贯彻执行的。如朱苏力指出：“真正能得到有效贯彻执行的法律，恰恰是那些与通行的习惯惯例相一致或相近的规定，一个只能靠国家强制力才能贯彻下去的法律，即使理论上再公正，也肯定失败。”在守法方面，藏族习惯法在内的民族习惯法以其通俗易懂的方式和潜移默化的传统力量代代相传，能做到家喻户晓、深入人心，特别是那些与国家法一致或相近的民族习惯法，对提高人们的法律意识，自觉遵守和维护社会稳定发展具有极其重要的影响。

综上所述，藏族习惯法是民族法和民间法的主要内容和组成部分，也是中华法系必不可少的重要内容，它与国家法协调发展的同时具有维护社会的功效。我们研究藏族习惯法在内的民族习惯法和国家法的目的在于不断丰富和完善国家制定法，继承、创新非制定法，使其维护和调整我们的社会生活、生产秩序，并促进社会的全面进步与和谐发展。这种学术研究将会是依法治国时期法学家们为中国社会所作出的最大也是最有价值的贡献。

---

① 王学辉：《双向建构：国家法与民间法的对话与思考》，载《现代法学》1999年第1期。

第四编
门巴族与珞巴族法律

DISIBIAN
MENBAZU YU LUOBAZU FALÜ

第十七章

门巴族的法律

第一节

门巴族概况

门巴族与珞巴族一样是我国多民族家园中具有悠久历史而人口较少的少数民族之一，门巴族人主要生活在我国西藏自治区的东南部一带，主要聚居的地方大概在错那县周围和等原县的门隅地方，剩余的居住在西藏墨脱和西藏的小江南林芝以及我国西藏自治区错那县靠南的印度防控区。根据2000年第五次全国人口普查统计，门巴族人口总数为8923人。①“门巴”，原是藏族对他们的称呼，意为住在门隅的人。他们具体生活在中国西藏自治区境内的墨脱县、错那县、米林、乃东、拉萨以及林芝等地。从远古时代起，门巴族先民就生活在这一带，门巴族和珞巴族的先民们与藏族的先民一道，在青藏高原共同创造了世界屋脊与神奇的喜马拉雅山区域远古文明和经济发展。藏族和门巴族及珞巴族古代吐蕃前后期是同一个大族，门巴族也有属于本民族自己的语言或方言——就叫门巴语，他们虽有属于部族自己的语言，但是他们没有创立本民族先进的文字，门巴族和珞巴族从古代藏族大族群中怎样发展变迁和分离成现在的不同民族之历史原因无法细查，门巴族一般是通用藏文。因古代藏族的深刻影响，门巴族群众主要信仰藏族原始宗教苯教和后来发展起来的藏传佛教。门巴族人民主要以农业和种植业的基础上，兼及畜牧业等藏族牧区那样的放牧生活外，还从事狩猎活动，擅长灌木丛中生活，并对竹藤器等灌木的编织，以就地取材从事制作丰富多彩的木碗。从古至今，门巴族人民与我国的藏民族人民长期聚居生活在青藏高原上，互相通婚，互相帮助，在风俗习惯、历史文化、生活方式及政治、经济、教育、习惯法等很多方面有着密不可分的渊源关系。在民族学和人类学及国家对西藏建设发展之需要，新中国成立后，根据本民族的意愿，正式定名为门巴族。藏文和汉文历史文献，尤其是藏文历史文献和档案资料值得重视。

门巴族有人类诞生神话《猴子变人》和《三兄弟和扎深木》，以及传说、故事和

---

① 参见《民族问题五丛书》之《中国少数民族卷》，另参见杨圣敏主编：《中国民族志》，中央民族大学出版社2003年版，第285页。

诗歌等。还有各种风俗习惯与宗教信仰，万物有灵的原始宗教和苯教是门巴族的古老信仰。

深受藏族原始苯教和藏传佛教的影响，“拉”、“鲁”、“念”、“赞”等原始苯教文化深深地刻在门巴族人民的宗教观念中，他们也把宇宙或人间世界分为3种不同的境界或者领域，以天上、地上及地下的划分标准。与此相应的区分了鬼神的特殊区域信仰。认为宇宙或世界的最高境界或最高层级是“天”，相应的坚信天神的存在，如天神或神仙“拉”的居住地是天界的界定。最高层次的天界或上天的“拉”等神仙们为保护和救助世间的人们可以离开上天或天界随时来回于人间，可以居住在山巅或高处，一般称作“格拉”。世界或宇宙的中心地带是具有足够空间和大地的区域，是中间层的神灵“赞”或中等层级的游神厉鬼和精怪们居住的地方。门巴族与藏族长期生活和信仰时形成的观念中，门巴族人们始终认为一般的空间都会充满着“赞”等游神厉鬼和精怪们。峡谷、大山、山川、丛林、悬崖、草木、深山老林等区域都附着“赞”。“赞”等游神厉鬼和精怪们也分为善意和恶意。门巴族认为世间一切地下区域是大千世界或者宇宙的下层最底部，是水神鬼怪“鲁”等居住生活的地方。他们认为，大江、河流、湖泊、小溪、泉水等一切水域是“鲁”鬼怪神灵栖身的领地，在任何水域中生活的生命物鱼类和土地下栖身的如虫、蛙、蛇等爬行动物都属于“鲁”等级的鬼怪神灵化身。在长期的生活中，门巴族人们对高山、江河、神山、湖泊、泉水、圣水区域像藏族同胞一样十分的敬畏和崇拜，在藏区和门巴族地区每年的春夏秋冬都有转山和祈求神灵及转圣湖和神山的祭祀信仰活动。

门巴族一直保留或者传承着古老巫师的一切祭祀宗教活动，种类繁多，依据不同的职能，他们可分为请神灵的巫师和驱逐鬼怪或驱邪的鬼巫师等。祈求邀请神灵的巫师分为“觉母”和“巴莫”，他们好像吉普赛人一样大多由女性充任此类职务。

驱逐鬼怪或驱邪的鬼巫师分为“巴窝”和“顿龙肯”，门巴族认为难度大的具有恐怖气息的巫师职能由部族中的男性担任；门巴族人们在长期的信仰活动中坚持信仰藏区原生宗教苯教的同时，与藏族人们一样信仰认同藏传佛教的人也很多。如藏传佛教派系中的旧派噶举派和宁玛派，以及藏族后期弘扬兴盛的黄教格鲁派等多种藏传佛教思想与宗教活动，在门巴族人们的心目中或他们聚居的地方产生过不同程度的影响，如今门巴族地区影响最大的宗教派系是藏传佛教派系黄教格鲁派，是现在门巴族人民敬仰信奉的重要教派。

“随着藏传佛教各教派的传入，一座座佛教寺院在门巴族地区相继建立，一批批僧人应时而生。至20世纪50年代，门隅地区已有佛教寺院及经堂40余座，僧人近千人，墨脱有寺院和经堂近40座，僧人300多人。门隅影响较大的寺院有达旺寺、工巴则寺等。”①

一、门巴族历史沿革

“门隅”为西藏错那县属地，位于我国西藏自治区山南地区南部，喜马拉雅山东南，面积约1万平方公里，是我国少数民族门巴族的主要聚居地。在古代藏语中，门隅被赞美为“别隅吉莫炯”，意为“隐秘乐土”或者“隐秘乐园”，早在松赞干布时代就置于吐蕃王朝统治之下。广大门隅地区本是我们无可争议的可爱家乡，但1947年刚获得民族独立后的印度新统治者，却捡起英帝国主义的侵略衣钵，从1951年以后就趁解放军抗美援朝、进军西藏等无暇顾及之机，派出军队强行驱赶西藏噶厦政府在当地的行政官员，逐步蚕食、抢占“门隅”及察隅、珞隅等等我国西藏南部边缘广大地区。但是，无论昔日的英帝国主义，还是现在无理侵占我们家乡的印度扩张主义者，都没能，也无法改变门隅的历史、法律地位。②

16世纪后期以来五世达赖喇嘛等西藏地方政权正式加强管理了门巴族和珞巴族地区，征收赋税，委派下级官员到门隅地区推行封建农奴制，扩大了五世达赖喇嘛及西藏地方政权政教统治的影响，并对门隅地区具有影响力的喇嘛颁封分文，实现了门隅地区行使强有力的管辖权与实际主导指挥的司法权的史实。

1844年，英印总督派驻印东北边境代办詹金斯少校压服6名门巴族头人，强行租借门隅的吉惹巴惹地方，迫使门巴族放弃对概里巴拉山口以南的管辖，引起门巴族群众的强烈不满，埋下了反抗斗争的火种。1872年冬，英占达让区副专员郭惹亨少校，趁英方与不丹划界之机，也向当地门巴族头人提出划清达旺与英方的边界，当即遭到门巴族头人的坚决拒绝，表现出门巴族人民决不妥协的坚定爱国精神。

1913—1914年，英国政府代表亨利·麦克马洪在西姆拉会议上，以讹诈和欺骗手段诱使当时的西藏地方政府代表夏扎·边觉多吉与其进行秘密交易，将门隅、珞瑜和

① 参见《民族问题五丛书》之《中国少数民族卷》；也可详见中华人民共和国国家民族事务委员会网站：风俗习惯栏目：门巴族。

② 巴桑罗布：《吐蕃赞普后裔在门隅的繁衍与承袭》，载《中国藏学》（汉文版）2012年第1期。

下察隅9万平方公里的土地划入英印版图，这就是臭名昭著的“麦克马洪线”。“麦克马洪线”一出笼就遭到中国政府和西藏的藏族、门巴族、珞巴族等各族人民的坚决反对，中国中央政府始终不承认所谓的“麦克马洪线”。英殖民主义者侵略的野心仍然不死，他们先是假借考察、探险等名义加紧渗透，或是通过挑拨藏、门之间的民族关系扩大势力范围，但均被门、藏等各族人民识破。1938 年，英国派一支远征队于 4 月到达达旺，立即遭到门巴族人民的坚决抵制，迫使英国远征队撤退。1944 年初，侵略者武装侵入门隅德让宗，当即遭到错那宗政府、“达旺住哲”和门巴族广大群众的激烈反对。①

1947 年之后，脱离英国而独立的印度政府，继承了英国政府对中国西藏的领土占领，企图把英国政府未实现的侵占计划加以实现。1947 年，控制门隅色拉山以南的印军，下令不准色拉山以北的门巴族群众向西藏地方政府支差纳税，立刻遭到该地区群众的强烈反对。1951 年 2 月 7 日，印军进占门隅中心达旺。达旺僧俗群众自动集会，要求印军退出达旺，要求错那宗宗本收回门隅失地。错那宗政府当即向西藏地方政府报告了印军的侵占情况。根据西藏地方政府的指示，错那宗政府和达旺寺堪布坚持向门巴族百姓征收赋税，直至 1953 年才被迫中断。门巴族人民面对殖民主义扩张势力和外国侵略者时表现出了凛然正气和铮铮铁骨。门巴族人民为维护国家主权和领土完整，为保卫祖国西南边疆做出了重大贡献。

1951 年西藏和平解放，1959 年西藏进行民主改革，错那县、墨脱县和林芝县等地的门巴族人民，彻底废除了西藏地方政权长期推行的封建农奴制度，在门隅地区各级人民政权的建立，广大门巴族农奴在政治上翻身得以解放，当家做主成了国家的主人。党的民族区域自治政策在门巴族主要聚居地得到了全面落实。门巴族同藏族和珞巴族等西藏各族人民一道，实现了社会发展的历史性飞跃，获得了民族新生。改革开放以来，在中国共产党的领导和各级人民政府的关怀帮助下，门巴族社会发生了翻天覆地的变化。今天，从地方到全国的历届人民代表大会和政治协商会议中，都有门巴族的代表和委员，直接参加国家和地方管理。②

①② 参见《民族问题五丛书》之《中国少数民族卷》；也可详见中华人民共和国国家民族事务委员会网站：风俗习惯栏目：门巴族。

二、吐蕃王朝和西藏地方政权在门巴族地区推行的政教合一制度

公元7世纪，门隅地区已经归入吐蕃地方王朝政权的统治之下，这时的门巴族已经成为吐蕃的属民。《西藏王臣记》有着同《汉藏史籍》相似的记载："……分化为四大氏族后，一为白耶桑·登天绳部；二为黑耶闷·稳如铁铸磐石部；三为江赤益西·聪慧神灯部；四为黑门朱·狗尾草部。"① 其中，"黑门朱"或"门宗那波"中之"门＝腸繼"，即指的是生活于"门"广大地域的包含门巴族和珞巴族先民在内的古代部族集团。由此可见，"门巴人（包括珞巴人）族系的始祖是从西藏高原的原始人中分化出来的支裔"②。

公元823年立于拉萨大昭寺前的《唐蕃会盟碑》记载："此威德无比雍仲之王威严煊赫，是故，南若门巴……虽可争胜于疆场，然对圣神赞普之强盛威势及公正法令，莫不畏服俯首，彼此欢忭而听命差遣也。"③ 元至正六年（1346）藏族学者蔡巴贡嘎多吉著的藏文史籍《红史》记载，早在松赞干布时代"南自珞与门……均置于吐蕃统治之下"。藏族著名的学者巴俄祖拉陈瓦于1564年著的藏文史籍《贤者喜宴》载："如是……南方之珞与门……，均被收为属民。"④ 藏族著名学者更顿群培著的《白史》记载："往昔西藏对被征服地方之居民，有令迁移他处者，如史书所记载，北边之吐谷浑（朱古）战败时，遂将吐谷浑民众迁移至'洛门'（指藏南'门'处）地方。'泥波罗'人似亦被迁移至'里域'（于阗）也。"⑤ 从这些古藏文史料可以看到，藏族与门巴族以及珞巴族在久远的古代就有着紧密的联系，从吐蕃王朝开始，藏族与门巴族和珞巴族在政治、经济和文化上的联系不断得到加强。⑥

18世纪开始，西藏地方政府在原来对门隅地区加强管理和具体措施的基础上，五世达赖喇嘛及西藏地方政府更进一步对门隅地区的行政规划和管理，为了巩固和发展门隅地区，当时的西藏地方政权还在门巴族地区建立了适宜门隅地区相应的行政机

---

① 五世达赖喇嘛：《西藏王臣记》（藏文版），民族出版社1980年版，第11页。

② 参见《西藏文史资料选辑》（十），民族出版社1989年版，第2页。

③ 王尧编：《吐蕃金石录》，文物出版社1982年版，第43页。

④⑥ 参见《民族问题五丛书》之《中国少数民族卷》；也可详见中华人民共和国国家民族事务委员会网站：风俗习惯栏目：门巴族。

⑤ 更顿群培：《白史》，法尊大师译，西北民族研究所1987年版，第17页。

构，在加强户籍管理和清查户口监管的同时，选任地方具有实力的宗教人士及部落集团颁布了封文律令，并推行了西藏地方政府的成文法与习惯法。

西藏政教合一制的噶厦政府平定波密土王之前，门巴族墨脱地区在波密土王统治时期，宗政府在地东设置，故称地东宗。到聂巴朗杰任宗本时，为控制仁钦崩寺这一政治势力，加之地东水源不足，把宗政府迁到今墨脱，改称墨脱宗。墨脱宗的建制有5错6寺一说。①

第二节

门巴族习惯法的主要内容

生活在我国西藏自治区境内的门巴族，作为我国人口较少的少数民族之一，从古到今深受藏族文化的影响，有着类似于藏族的习惯法内容。但门巴族社会的不成文与成文的习惯法涉及经济、政治、婚姻、家庭、继承等各个方面。占用关系、分配关系、等级关系和农奴主与农奴的领导关系等，都具有相应习惯法的规定内容。

一、门巴族不成文的习惯法

西藏地方政权推行的封建等级森严的旧农奴制与原有门巴族地区的原始村落或部落组织结合后，建立起来的社会形态符合门巴族地方的，使门巴族地区的习惯法也呈现出极为复杂的状况。门巴族本民族的习惯法，绝大部分属于不成文的习惯法。

门巴族的不成文法包括村社延续下来的习惯法和西藏地方政权颁行的封建农奴制的习惯法。门巴族本土的习惯法主要是本氏族或本部落根深蒂固的村社习惯法，因为门隅、墨脱等地的门巴族均以火耕、锄耕等种植农作物为主的生产项目。所以，村社是门巴族氏族或部落在同地缘内居民的共同的行政组织。门巴族氏族或部落村社成员有享受本氏族或本部落村社利益的平等权利和维护村社利益的义务。本氏族或本部落

① 《中国少数民族社会历史调查资料丛刊》修订编辑委员会和西藏社会历史调查资料丛刊编辑组编：《门巴族社会历史调查》（二），民族出版社2006年版，第3页。

村社内的土地、山林、草场、河流归村社公有，任何家庭和个人不得买卖。本氏族或本部落村社成员以家庭为单位可以自由开垦公有荒地，并有继承占有权，还可以转让给村社的其他成员。户绝嗣的土地占有权自行终止。在错那县境内的色目村、贡日村具体上山及迁移牧场的时间由村民根据牧场牧草情况共同商议决定，统一行动。下山须等全村地里的庄稼收割完毕，才能赶牲畜回村。违反者要受到处罚。两村有一项规定，禁止在牧场挖掘草药，以保护牧草的正常生长。关于放牧还有一条规定，即每年必须屠宰一定比例的牲畜，以限制牲畜无限增加，超过牧场的承受限度。①

二、佛教信仰中的宗教习惯法

自从藏传佛教传入门巴族地区后，不杀生、不偷盗、不诳语、不邪淫、不私财等佛教五戒在门巴族社会得到普及，尤其是贡日乡勒布地区门巴族，无论男女老少都根深蒂固地自觉遵守不杀生戒律，一般都不吃猪肉、狗肉、驴肉，牛、羊、马牲畜任其老死、病死后才吃它们的肉。宰牛一般邀请错那的藏族屠户宰了才吃。不杀生的范围也包括野生动物，这些地区的门巴族一般也不上山打猎，山上的野兽和害虫破坏他们的庄稼的前提下也不杀生，一般把野兽吓唬赶走，把害虫轻轻拣出来任意放走。不杀生的最高戒条就是尊重和爱惜生命，尽管村民间因各种问题产生的纠纷或酒后失控争吵，但一般都不动手打架，村落与村社之间一般也没有械斗，更没有行凶杀人的刑事案件。不偷盗是门巴族贡日乡地区的村民尊奉的最基本的道德底线。②门巴族原始崇拜中万物有灵不能随意触动自然界的山、水、石、花草树木、动植物等的习惯法极好地保护了当地的自然生态环境。总之，色目、贡日地区的门巴族通过佛教五戒所遵行的各种习惯法内容，是维持当地优良的价值观和道德观，制约和规范人们的行为，人与自然之间的相互和谐，推动社会安定、团结和睦等有着不可替代的地位和作用。

三、成文的刑事习惯法

门巴族社会中的成文法，主要是由吐蕃王朝开始的历代西藏地方政权制定和颁布的。从目前掌握的材料看，16 世纪中后期五世达赖喇嘛政教合一体制下颁发给梅惹·

①② 吕昭义、红梅：《门巴族——西藏错那县贡日乡调查》，云南大学出版社 2004 年版，第 91—92、88—89 页。

罗珠嘉措的《封文》就具有成文法性质。后来西藏政府签发给派驻达旺总管的永久通行证，其中关于“百姓须知”的若干“惯例”，即将不成文的习惯法载入成文法予以公布。这个时期的法律改革和成文法的颁布实施可以说是门巴族历史上具有里程碑意义的立法活动，使西藏政教合一体制下的历代政权把成文法稳步推向门巴族社会的重要举措，从此在门巴族地区夯实和巩固了西藏地方政权的宗教文化和各种成文法律文化等司法制度的根基。

具体讲，门巴族的成文法是在西藏历代地方政权加强和完善对门隅的行政控制时才逐渐颁布推行的，但并不完整、系统，其中大部分又是照抄和执行西藏政教合一制下的成文法。这一事实在《西藏历代法规选编》（《བོད་ཀྱི་སྔ་རབས་ཁྲིམས་སྲོལ་ཡིག་ཆ་བདམས་བསྒྲིགས》）藏文资料中有详细的记载，到 17 世纪初，第司藏巴汗噶玛丹迥旺布治理西藏噶玛政权时期颁布的《十六法典》中的最后一条即第十六条异族边区律有明文规定，“异族边区律（ཀླཀློམཐའ་འཁོབ་ཀྱི་ཞལ་ལྕེ）主要盛行于西藏周边各民族如门巴族、珞巴族和蒙古族等聚居地方的法律。此条法律重点阐述了有关各地命价的差别，如在门地，中等官员被杀，规定凶手缴付 80 眼绿松石作为其命价，若以 1 眼价值为 1 头黄牛计算的话，则须缴付 80 头黄牛；在蒙古地方，中等官员被凶手杀死，规定凶手缴付 60‘牛载’的财物，若以 1‘牛载’的价值为 1 头挤奶犏牛或 1 头驮牛计算的话，则须交付 60 头挤奶犏牛或驮牛；藏区则以‘松坠’之方法进行处罚，即以合金缴付其命价之赔偿费”①。这时期门巴族的刑事习惯法主要是根据西藏噶玛政权时期颁布的成文法，内容集中在杀人赔命价和伤人赔血价以及偷盗和抢劫牛羊马等财物方面的刑事惩罚。在门隅地区一般斗殴者，理亏的一方要处罚金或劳役。偷盗者一经查实，要赔偿失盗一方被盗财物价值的 3 到 9 倍。

对于抗税者或对宗本（相当于县一级的行政司法于一身的官员）不满者，处以鞭笞和罚款，直至收回其领种的份地，没收其房屋、粮食、农具、牲畜以及其他财物。未经属主允许，农奴不得随意迁徙。

在 1947—1949 年阿拉贡布住错那宗本期间，曾公布过一个用藏文写成的法律通告。主要内容如下：

不准反对宗本。反对宗本者，处以笞刑，乃致死。

---

① 恰贝・次旦平措主编：《西藏历代法规选编》（藏文），西藏人民出版社 1989 年版，第 140—145 页。

不准念咒经，不准蛊毒。轻则罚交财物或赶出村寨，重则捆缚四肢，投江毙命。杀人者赔偿命价，没收其财产。偷盗、抢劫者断其手臂或加重赔偿。

不能说假话诬陷他人，不准破坏他人的家庭关系，不准懒惰怠工，不准在寺院里举行法事或有禁忌的日子里杀牲。否则，处以笞刑、罚交财物或服苦役等。拖欠差赋、乌拉者，收回领种的份地，没收房屋及其他一切财产。

没有有期徒刑和无期徒刑等规范化的刑事制度，因而没有常设而正规的监狱，只有临时简单的监狱。①

四、婚姻习惯法

（一）通婚范围

自古以来，门巴族地区父系的亲属之间一般情况下严禁谈婚论嫁或进行婚姻关系；姨表不婚。同父的兄弟和兄弟的孩子不能结婚等禁止近亲结婚，直系亲属须隔五代，或者至少四代才能结亲。另外，妹妹的子女也不能通婚。

在以往的封建社会里，“有少数家庭存在着一妻多夫的婚姻，这主要是夫兄弟婚，即多兄弟家庭中先以长子娶妻结亲，以后丈夫的兄弟又加入到婚姻中来而构成一妻多夫。另外也有原夫年纪太大或某种原因丧失劳动能力后，招入一位较年轻的男子合组家庭形成的，后一种多发生在较为穷困的农户，前者则是在比较富足之户中，目的是保存家庭实力，不使分散。这些总起来不超过百分之七八。一夫多妻的婚姻更少，主要是妻姐妹婚，多发生在富裕户和入赘婚中”②。

（二）婚姻配偶的选择

门巴族人们对待婚姻和选择配偶的事情看的很开放和宽泛，他们与珞巴族、藏族等民族同胞可以谈婚论嫁，也可以打破旧观念，在贫富差距悬殊比较大的家庭之间谈婚论嫁或通婚。在西藏门巴族的婚姻关系中，因为大多数人生活水平或贫富差距不是很大，传统观念上要求或坚持的必须门当户对的婚姻家庭关系不明显，尤其是婚姻家庭关系不会明显地表现在阶级关系上。男女之间谈婚论嫁时，一般是由父母做主或长

---

① 参见 http：//minzu. folkw. com/Content. Asp？Id＝655，访问时间为2012年5月6日。

② 姚兆麟：《西藏民族志》，中国藏学出版社2006年版，第204页。

辈做主，一旦发生青年男女自由恋爱时，多数情况下父母是理解并支持的，为自由恋爱的子女请媒说亲。还有一种传统婚姻状况，门巴族少数家庭里子女的婚姻大事是由父母包办的，但更加合理民主的一点是，也要征求子女是否同意或乐意。个别家庭不征求孩子们的同意而有结婚的，这种婚姻关系，一般情况下，比较容易发生各种纠纷。门巴族社会对待私生子女问题上，同村或部落村庄的舆论不会歧视或排斥，往往对待未婚男女的关系时，一般情况下，由双方的父母或单方的父母过问和干预。门巴族社会歧视妇女的现象不明显，如有关调查显示西藏墨脱县的门巴族群众中大多数人不会支持包办婚姻。

（三）婚姻形式的规定

门巴族的婚姻形式以一夫一妻为主，一夫多妻和一妻多夫比例很小。传统习俗允许各种婚配的一夫多妻或一妻多夫，现在已经没有这类婚姻。同时由于经济和历史、社会的原因而形成其他婚姻形式，如一夫多妻或一妻多夫以及招赘婚、服役婚等。①

（1）招赘婚，在门巴族的家庭中，招赘婚组成的家庭大约占家庭总户数的一半。在人们的观念中嫁和娶不分，入赘受到舆论的普遍欢迎。青年男女订婚后，决定女嫁夫家还是男赘女家，主要根据两家的劳力而定。女家若无男子，缺乏劳力，一般都是男到女家。入赘家庭男女地位平等，一般是主妇当家，赘婿可以继承岳父家的财产。赘婿往往还将妻妹纳为己有，妻姊妹婚有不少就是产生在这种入赘的家庭。

（2）服役婚，门巴族的青年男女尽管恋爱自由，但是否成婚则要看家庭的经济实力。因为无论是娶媳还是招婿，均要交一定的彩礼，以作为对对方丧失劳力的补偿。还有男子到女方家劳动以支付彩礼的服役婚。男到女家劳动，是由双方家庭共同商定的，媒人的作用至关重要。上门劳动的期限为两三年。服役期满后，男方才能带妻子和孩子回家。多数家庭都会送给女婿和女儿一些生活必需品，以帮助他们组建一个新的家庭。

（四）离婚的处理

在民主改革前，门巴族地区离婚的情况较少。离婚的主要原因有夫妻双方团结不好。男女双方都有提出离婚的权利，离婚时，双方父母和介绍人都来解决财产分配问

---

① 关东升主编：《中国文化大观》（西藏卷），中国大百科全书出版社 1996 年版。

题。若双方都愿意离，财产平均分，一方提出的就要适当多给对方财物。若争执不下，可报告宗政府解决。但一般这样做的人很少。① 夫妻不和，提出离婚，首先由亲属或村中有威望的老人调解，调解无效者，可离婚。离婚时，主动要求离婚的一方赔偿婚礼费（在民主改革前为10—20个章嘎）和相当于结婚时做青稞酒的青稞。离婚案如告到粗巴那里，也要受到粗巴的处罚，打板子和罚款。如有一个子女一般由母亲抚养，如有两个子女则分别由母亲和父亲抚养。②

（五）对不正当性关系的处罚

在色目、贡日等门巴族地区，对私通等不正当性关系的处罚采取对等的原则，即私通的男女双方都要受罚。如甲家庭的丈夫与乙家庭的妻子私通，那么甲家庭的丈夫必须向乙家庭中与他私通者的丈夫送哈达、酒和章嘎，表示赔礼谢罪；同样，乙家庭的妻子也必须向甲家庭与她私通者的妻子送哈达、酒、章嘎，赔礼谢罪。如果已婚男子与未婚女子私通，私通的女子必须向该男子的妻子送礼赔罪。反之亦然。如与未婚女子私通而生子，私生子由女方父母抚养。③

五、家庭和继承习惯法

在错那县的色目、贡日地区的门巴族，如果家庭中只有一个女儿，招赘女婿上门，女婿也有继承权。在个别情况下，也有的父母将其财产由他最喜欢的儿子或女儿继承。④

如在以往的墨脱县的门巴族家庭中，父母死亡的，儿子和未婚姑娘都可以继承家庭财产，如果分家，可以均分。已出嫁的女儿，一般不分，困难十分大的，可以分给一部分。⑤ 在墨脱县的门巴族，过去也有大家庭存在，据说在背崩措有一户18口人在一起住的。父母死后，财产由子女继承，男女平均分财物，土地一般只分给儿子，女儿一般不分。分给土地就要承担差赋。绝嗣户的财产根据死者生前遗嘱大多献给寺

---

① 《中国少数民族社会历史调查资料丛刊》修订编辑委员会和西藏社会历史调查资料丛刊编辑组编:《门巴族社会历史调查》(二)，民族出版社2006年版，第103—104页。

②③④ 吕昭义、红梅:《门巴族——西藏错那县贡日乡调查》，云南大学出版社2004年版，第93、93、94页。

⑤ 《中国少数民族社会历史调查资料丛刊》修订编辑委员会和西藏社会历史调查资料丛刊编辑组编:《门巴族社会历史调查》(一)，民族出版社2006年版，第58页。

庙，作为念经的费用①

大约在公元11—12世纪，宁玛派（红教）传入门隅地区后，门隅的寺庙多属藏传佛教宁玛派，可以娶妻生子。宁玛派的喇嘛若无子时，为维持寺院的世代延续，一般都要招赘，且要求同一教派的寺庙子嗣入赘。如贤村的桑登曲林寺的喇嘛旦多没有儿子，因此就招基巴村同属宁玛派的次钦入赘，以使此庙得以维持。不找其他的人上门为婿，这是招婿的一种特殊情况。②这样在家庭和继承制度上，寺院与家庭往往有很多相似的性质，这种做法也是门巴族宗教人士的一种继承习惯法。

六、门巴族的司法制度

历史上五世达赖喇嘛及西藏地方政权，在门巴族地区通过设立相当于县级政府的宗政府等具有隶属关系或容易控制的行政机构，这种行政机构的官员任命也是由该地区比较有实力或威望相关人士担任，主要负责门巴族地区征集纳税、支派乌拉，征收差税，清查人口户籍，行使行政权力与司法权力。宗政府设有监狱和刑具，刑具主要有脚镣、手铐、皮鞭、打脸的皮巴掌，有用方木掏洞合起来的脚枷等。历史上门巴族地区解决刑事案件时，往往在审讯或解决案件过程中，对打架和偷窃及抢夺偷盗者先用鞭子抽打，查有实据或认定的重大偷窃者或偷盗者原先实施砍手的刑法处罚。拒绝上缴差税者、散布各种不满宗本等大小官吏的言论者，较轻的进行罚款或者鞭打惩罚，严重者处以死刑。人犯被施刑罚以后，关进监狱，还要套上脚枷，不能行动。关进监狱一般只有十多天，最多几个月。行刑的人是阿珠。处理民事案件纠纷中，也要打嘴巴、处罚金，无财物者罚苦役。其他如交不清差赋的收回土地、没收房屋、粮食、农具、牲畜等。受罚者往往流离失所，家破人亡。③

历史上，门巴族地区发生的一般民间纠纷首先聘请当地的部落头人或有威望的人士来解决；部落头人等无法解决时，报请当地最有名的政教合一机构达旺进行裁判寺处理。像械斗、杀人等答案，则上报达旺拉涅，会同达旺寺、错那宗共同处理。涉外事宜及其他重大案件，则上报西藏地方政府。

---

①② 《中国少数民族社会历史调查资料丛刊》修订编辑委员会和西藏社会历史调查资料丛刊编辑组编：《门巴族社会历史调查》（二），民族出版社2006年版，第104、139页。

③ 门巴族简史编写组、《门巴族简史》修订本编写组编写：《门巴族简史》（修订版），民族出版社2008年版，第35—36页。

自从在门隅地区推行西藏历代政权政教合一的制度以来，西藏噶厦政府的派出机构或委派任命的官府，以及当地的寺院和贵族头人是当地的三大领主。但西藏最高的司法机关与司法官始终没有放弃过门隅地区的司法大权。当地官府虽然属于地方行政司法机关，但它具有较高的行政权力和司法权力，管家（错那宗）处在当地权力层的最高端，是门隅地区行政司法于一身的最高的司法行政官员，拥有很大的权力，对于门隅地区的各种纠纷以及僧俗中的重大案件都有绝对的裁决权。

官府的管家之下就是寺院的寺主，也是当地具有极高的宗教权的主要司法官员。具体负责寺院临时成立的监狱管理、刑罚执行等工作。

贵族头人是门隅地区地方权力层的第三个特权集团，主要掌握所占有的土地、草场、农奴，具体负责乌拉差役等税收事务及土地、草场、农奴的占有和管理工作。

遇有案情不明的事件则实行神明裁判，有赌咒、嚼米、沸水中取石、“热锅取石”、脚踏烧烫的石板等方法。遇有较重大的案件时，如杀人械斗，则须报告错那宗。“在藏历 11 月至次年 3 月，这一地区与外界的交通因大雪封山，阻塞了一切交通，所以在此期间所发生的一切纠纷均由头人或者达旺寺处理。如果不能解决，也要等到次年雪化，道路通畅时才能报请错那宗处理，而错那宗则依照西藏地方的法律处理，如果有涉外等更为重大的事件，则要报噶厦以及驻藏大臣来处理”。①

农奴制习惯法：村社管理的土地、荒地、草场、山林、河流归领主所有。村社的居民属领主的农奴。农奴必须向属主缴纳田赋、捐税和支付劳役。

村社中还保持神判。就是借助宗教，神灵或万事万物有灵的视角出发，实行流行神明判裁的习惯。门巴族地区的神判一般有发誓或赌咒即念咒语、两脚踩踏烧烫的石板、从正在燃烧的火中取石、咀嚼米、沸腾的水中取石等。监察、司法与审判裁决都集中在宗本、寺主和贵族手中。宗政府和寺院对“罪犯”按习惯法或成文法的规定处置。

相当于当时在门隅地区主要解决僧俗各领域重大事务的最高权力机关或司法审判机关。以上不同层次的常设和非常设机构，发挥着各自的行政管理职能和司法审判职能，使西藏地方政权封建农奴制的政治统治和司法统治在门隅得到了进一步强化。

原错那宗设僧俗两个宗本。俗宗本由原西藏地方政府委派。僧宗本由拉萨三大寺之一的甘丹寺夏仔扎仓或将仔扎仓委派。以僧宗本为首组成错那宗政府。此外，设哲

① 西藏社会历史调查资料丛刊编辑组编：《门巴族社会历史调查》（一），西藏人民出版社 1987 年版。

康1人，他是为噶厦、甘丹寺交换盐米的官员。宗政府在贡日措的麻麻村设僧俗两个粗巴，征收过往客商的税。粗巴3年一任，没有固定的薪俸，主要靠税收和敲诈勒索的丰厚收入生活，它又是统治门巴族勒布四措和邦金的实权人物，而勒布四措更受其害。粗巴掌握着群众中的民事案件，在判案中，总是贪赃受贿，枉断案件。勒布四措没有措本的设置，每措只设根保。粗巴是农奴主阶级在勒布地区一身几任的实际代理人。根保归根到底起着措本的作用。以上就是原错那门巴族地区赫赫有名的宗本、哲康、粗巴、根保和吉米的行政司法不分离的统治职能，也就是这样的严密系统组织在门隅地区执行了农奴制繁重的差税政策和压迫性的司法制度。粗巴要直接向宗本负责，粗巴不仅收税，还有行政和司法的职能。门巴族地区实行根保制度，他们的责任是服从并听命于上级官员宗本等官吏的指挥和差遣，主要是传达相关部落头人或农奴主们的意旨，负责收缴差赋或乌拉的摊派，还负责处理村内的公共事务和调解各种民事纠纷。

七、色目和贡日门巴族地区处理纠纷程序的习惯法

（一）在色目、贡日地区门巴族家庭内部或村民之间发生纠纷，依照以下程序进行处理和解决

第一，如是家庭中有纠纷，首先由家庭中的长者进行调解和解决。

第二，村社成员之间的纠纷，或家庭内部的纠纷经长者调解无效的，则请村子中办事公道，享有相当威望的人对双方进行调解。

第三，调解无效的，再由根保调解和处理。

第四，产生纠纷的任何一方对根保的处理不服，可以向粗巴控告、申诉，粗巴进行解决。

第五，对粗巴裁决不服者，可向错那宗宗本控告、申诉，由错那宗判决。①

① 吕昭义、红梅：《门巴族——西藏错那县贡日乡调查》，云南大学出版社2004年7月版，第94—95页。

（二）在色目、贡日地区门巴族村落之间发生关于牧场、林场的纠纷时，依照当地的习惯法遵循以下处理程序

第一，由发生纠纷的两个村子根保和长者协商解决。

第二，协商不能取得一致，则由粗巴裁决。

第三，对粗巴裁决不服的，可向错那宗宗本提出申诉，要求其解决。①

总之，门巴族的习惯法比珞巴族的丰富和进步，但这两个民族的法律内容和法律制度与藏族的相比还是比较落后的。不管怎样，历史上，西藏地区的珞巴族和门巴族传统的习惯法，虽然有着比较鲜明的阶级性和时代与历史的局限，有失正义和公平公正的事情常有发生，具有典型的人治和宗教因素及不平等的特点，他们与以往的封建王朝一样，大小官吏都主要维护着上层宗本等更高一级统治阶级利益集团的核心利益，这些现象，如果从客观的历史的角度看，门巴族地区的习惯法在一定程度上维护了等级森严的当时该地区的社会秩序，不但规范和约束了门巴族人们的违法行为，如学习藏文化或藏传佛教的原因，对不杀生戒律转化为重要的习惯法，又如用五戒思想理念预防盗窃、掠夺、伤人、抢劫、打架、斗殴、奸污、敲诈、欺诈、勒索、诽谤、拐骗等违反刑法的犯罪行为进行严惩，更加有效地防止了门巴族地区人们的各种违法乱纪的行为，给后人以警示和教育，更大程度上保护和调整着人们有章可循的社会生产生活秩序。尤其是西藏错那县的色目、贡日乡的习惯法颇有特色和发达，他们的习惯法不但内容丰富和独特，而且他们解决家庭纠纷和村落之间的各种纠纷时，已经形成和执行着一整套适合本地又能很好地解决纠纷的实体习惯法内容及其完善的程序性习惯法机制。这种习惯法内容和司法制度在门巴族地区的现实生活中具有不可替代的地位和作用。这种少有的先进习惯法中也凝结着门巴族人民不断征服自然的魄力和学习各种先进文化早日通向民主法治道路之无穷的智慧。因此，门巴族与珞巴族和藏族一样，他们所传承发扬的传统习惯法确实有它存在的文化土壤与历史价值，它不仅维护了门巴族地区各个历史时期的社会秩序，还为门巴族地区社会历史的不断发展和进步注入了新的动力。

① 吕昭义、红梅：《门巴族——西藏错那县贡日乡调查》，云南大学出版社 2004 年 7 月版，第 95 页。

第十八章

珞巴族的法律[①]

①第十六章珞巴族的法律相关具体内容参见陈立明：《藏族与门巴族珞巴族历史关系简论》，载《西藏民族学院学报（哲学社会科学版）》2009 年第 6 期；吴楚克、更尕易西：《珞巴族：见证时代变迁的古老民族》，《中国民族报》2016 年 6 月 3 日；陈立明：《门巴族、珞巴族的历史发展与当代社会变迁》，载《文化多样性背景下的民族和谐——国际人类学民族学联合会第十六届大会文集》，2009 - 07 - 27；陈立明：《门巴族珞巴族的传统文化及其在新时期的变化》，载《西藏民族学院学报（哲学社会科学版）》2011 年第 5 期；陈立明：《门巴族、珞巴族的历史发展与当代社会变迁》，载《中国藏学》2010 年第 2 期；珞巴族：http：//baike. so. com/doc/5410122 - 5648191. html；珞巴族概况：http：//www. youtibet. com/viewnews - 261. html；人口最少的民族珞巴族 http：//www. china. com. cn/aboutchina/zhuanti/lbz/node_ 7071626. htm；珞巴族历史：http：//www. zh5000. com/ZHJD/ctwh/2007 - 11 - 16/2170703257. html；晓蕊：《珞巴族：中国人口最少的民族》，载《西部时报》，2008 - 04 - 01；刘春兴：《法律起源的进化生物学解释》，载《河北法学》，2012 - 05 - 05；叶志强：《近十年来吐蕃时期政治制度研究综述》，载《哈尔滨学院学报》2013 年第 11 期。

第一节

珞巴族历史概况

珞巴族是中国西藏自治区山南地区、林芝地区一个少数民族，主要分布在西藏东起察隅、西至门隅之间的珞瑜地区。①

长期以来，珞巴族人民以勤劳、勇敢、朴实、崇尚自由和不屈服于英帝国主义等外国侵略势力而为世人知晓。他们在青藏高原与藏族、门巴族以及僜人等兄弟民族一道，在开发喜马拉雅山区、保卫我国西南边疆的伟大事业中作出了重要贡献。

珞巴族有自己的语言，属汉藏语系藏缅语族。各地方言差异较大，少数人通晓藏语和藏文。珞巴族没有本民族文字，长期保留着刻木结绳记数记事的原始方法。由于印度侵略势力的非法占领，对珞巴族总人口尚不能进行精确统计，我们约计有30万人。2000年我国进行第五次人口普查时，仅能对生活在我国实际控制区的珞巴族进行统计，珞巴族共计3340人（2010年第六次人口普查数据为3682人），其中生活在西藏自治区的3066人，在内地有关省市学习和工作的有274人。按行政区划统计，居住在林芝地区的有2778人，其中米林县1134人，墨脱县1580人，察隅县64人。山南地区有珞巴族288人，其中隆子县262人。我国珞巴族绝大部分人口还生活在印度非法占领下的广大地区。②从地理学角度讲，珞巴族居住的地区具体指喜马拉雅山脉东段，从错那县东部开始向东北延伸至米林最东部，终结于派乡海拔7787米的南迦巴瓦峰。平缓的雅鲁藏布江东流数百公里过朗县，到达南迦巴瓦后，在南迦巴瓦峰与北岸加拉白垒峰的夹峙下，绕着南峰做了马蹄形转弯，进入墨脱奔腾而下。这一段的喜马拉雅山南侧及南下的雅鲁藏布江及其支流地区即有名的珞瑜地区，自古生活在这里的人们是我国的珞巴族。③ 向南延伸至印度阿萨姆平原与北面广大山区的衔接线。区域内山脉呈南北走向，地势北高南低，逐级下降，至中部地区下降尤甚。珞瑜地区平均海拔在3000米左右，接近平原的地区，海拔仅为300米。由于河谷切割，山势陡

---

①② 《珞巴族简史》编写组编：《珞巴族简史》，民族出版社2009年版，第2页。

③ 姚兆麟：《西藏民族志》，中国藏学出版社2006年版，第115页。

峻。海拔7750米的南迦巴瓦峰，高耸入云，终年白雪皑皑，蔚为壮观。此外，加拉白垒峰、念金岗日、错嘎日等山峰，也颇为有名。①

到了吐蕃赞普时期，藏珞之间的关系已有确切的记载。7世纪初，藏族著名赞普松赞干布先后兼并了邻近的苏毗、羊同、白兰和党项等强大势力，统一了各部。他大力改革政治，兴修农田水利，发展农牧生产，建立起空前强大的吐蕃王国。位于西藏高原南部的珞瑜地区，亦属王国统治之域。藏文《红史》记述松赞干布时代的疆域时就讲道："吐蕃分为四茹、东岱。南自珞与门，西自象雄，北至霍尔，东自咱米兴米等均予征服……"② 这就说明当时珞瑜已为吐蕃的管辖范围，在珞瑜地区相继也推行了吐蕃的行政制度和法律制度。

从远古时代起，珞巴族先民就生活在这一带，与藏族先民和门巴族先民一道，共同创造了喜马拉雅山区的远古文明。珞巴族没有自己的文字，所以没有关于本民族历史的文献记载，在藏、汉文献中，也鲜有关于珞巴族族源和历史的记载。虽然20世纪70年代以来，中国一批考古工作者在喜马拉雅山区获得了一批珍贵的考古发现，但它们尚不足以勾画出珞巴族先民活动的连续的历史轨迹。因此，关于珞巴族的族源问题，只能从喜马拉雅山区生成的各部落丰富的民族传说中去探寻。目前较有代表性的观点认为珞巴族大概是青藏高原东南部一带的古老群体中的一支或数支繁衍而来，在历史上珞巴族曾有一个从北向南迁徙的历史过程。③

早在新石器时代，珞巴族的祖先就在这里繁衍生息，他们与藏族的先民一起，共同创造了喜马拉雅山区的远古文明。藏珞两族人民远在古代就有密切的交往。珞巴族的古老传说，就把藏珞两族祖先描述为同胞兄弟。经过200多年的发展，到了该王朝崩溃前后，珞巴族和藏族之间的民间往来已相当频繁。在10—12世纪，西藏地方虽然处在四分五裂的状态，但两族人民间的交往并未中断，珞瑜地区的一些名山是藏族僧人向往的圣地。藏巴嘉热益西多吉（1161—1211）还把珞瑜地区的札日指认为神山，使藏族佛教信徒定期到珞瑜搞大型宗教朝拜活动，从而促进了藏珞两族之间的密切交往。15世纪中叶，著名喇嘛汤动杰布到珞瑜地区传教，受到珞巴族人民的欢迎。

17世纪下半叶以来，在清朝的支持下，西藏地方政府进一步加强了对珞瑜地区的

---

① 《珞巴族简史》编写组编：《珞巴族简史》，民族出版社2009年版，第3页。

② 蔡巴贡嘎多吉：《红史》，黄颢译，中国社会科学院民族研究所晒蓝本。

③ 《珞巴族简史》编写组编：《珞巴族简史》，西藏人民出版社1987年版，第8—11页；另参见珞巴族历史 - 中华民族 - 中华传统文化 - 中华五千年 - （http：//www. zh5000. co）；喜马拉雅南麓的民族——珞巴族_ wanbn7 - （http：//blog. sina. com）。

管理，设立有关的行政机构，逐步推行各种差税制度和法律制度，加强了珞巴族与西藏各族人民的政治、经济、文化、宗教、习俗、法律等多方面的联系。

珞瑜地区尽管崇山峻岭，交通阻塞，与外界交往比较困难，但珞巴族人民在漫长的历史岁月中，不断发挥自己的聪明才智，总结经验，提高了同自然作斗争的技能，推动了他们的社会、经济和文化的发展。特别是近几百年来铁质工具的逐步广泛使用，更加速了这一发展进程，大约不晚于十代人以前，珞巴族社会已出现了家长奴隶制。①

从19世纪开始，英帝国主义的势力开始侵入我国西藏的珞瑜地区，假借各种名义到这里刺探情报，妄图蚕食我国边疆领土。入侵者的强盗行径激起珞巴人民的武装反抗。珞巴族人民为了保卫祖国和家园做出了积极贡献。②

第二节

珞巴族习惯法律文化的起源

氏族是构成部落的基本组织，每个社会成员都处在氏族的组织之中。如珞巴族的博嘎尔部落和棱波部落各有7个大小不等的氏族，崩如部落、米古巴部落、纳部落等各有4个大小不等的氏族，义都部落有10个大小不等的氏族，民荣部落有31个大小不等的氏族。自此，珞巴族自母系氏族社会崩溃后，开始进入父系氏族社会时期。珞巴族父系氏族制度虽然逐级走向衰落，但以血缘纽带为基础的氏族组织在珞巴族各部落中是普遍存在的，并给他们的风俗习惯、宗教信仰、道德观念、思想意识等以重大影响，如在氏族范围以外通报自己的名字时，一般都在名字前冠以氏族的名字，以表明自己与氏族的隶属关系。在博嘎尔、崩如等部落的传说里，其远古祖先阿巴达尼就是男性。为了维护以男性为中心的父系氏族制度，他们实行父子连名制，借以严格区分各自的世系，即每个人的名字由父名和自己的名字两部分组成，在自己的名字前冠

---

① 《珞巴族简史》编写组编：《珞巴族简史》，民族出版社2009年版，第5—6页。

② 参见中国人口最少的民族——珞巴族_ 波涛 -（http：//blog. sina. com）；珞巴族 -（http：//baike. homme.）；参见千里原：《民族工作大全》，中国经济出版社1994年版；中国民族 - 民族的才是最美的，民族的就是世界的（http：//mz. china. com.）。

以父名。同样，父亲的名字前面又冠以祖父名。珞巴族这种父子连名制度是维系父系氏族制度的重要手段。凭借这一制度，在同一氏族内，人们就可以按个人的名字断定彼此间的血缘远近亲疏，以明确各自间的权利和义务。熟记氏族的系谱是氏族成员的一项基本教育。① 珞巴族这种父系氏族制度文化一直延续到了现在。

一、自然崇拜的产生

人类社会里人们畏惧于大自然神奇力量的同时也产生了对大自然的敬仰，并由此产生对自然的崇拜和敬畏。从珞巴族原始宗教的历史发展看，大自然崇拜，是珞巴族先民最早的信仰和崇拜。在人们的观念中，大自然中的日月星辰、风雨雷电、山川树木等众多的自然物和自然现象都有神灵。这种神灵各有分工，各守其职，互不隶属，都成为珞巴人的崇拜对象。② 古代罗马政治法律思想史上第一个系统阐述了自然法理论的思想家西塞罗论述了法律是怎样产生的，法律的本源在哪里。“西塞罗的《法律篇》认为，法律既不是来自世俗人们的思想，也不是来自各个民族传统的习俗，更不是来自国家的制定和认可；法律是从自然产生的，自然法来自神的理性，人定法源于自然法。”③ 珞巴族的自然崇拜习惯促成了珞巴族祖祖辈辈对自己的生存环境大自然的崇拜和敬畏之习惯法。

---

① 参见《珞巴族简史》编写组编：《珞巴族简史》，民族出版社 2009 年版，第 5—21 页；另参见中国人口最少的民族——珞巴族_ （http：//blog. sina. com）；珞巴族历史：http：//www. zh5000. com/ZHJD/ctwh/2007 – 11 – 16/2170703257. html；晓蕊：《珞巴族：中国人口最少的民族》，载《西部时报》，2008 – 04 – 01；珞巴族：http：//baike. so. com/doc/5410122 – 5648191. html；参见千里原：《民族工作大全》，中国经济出版社 1994 年版；中国民族 – 民族的才是最美的，民族的就是世界的（http：//mz. china. com. ）。

② 参见晓蕊：《珞巴族：中国人口最少的民族》，载《西部时报》，2008 – 04 – 01；珞巴族历史：http：//www. zh5000. com/ZHJD/ctwh/2007 – 11 – 16/2170703257. html；中国人口最少的民族——珞巴族_ （http：//blog. sina. com）；珞巴族 http：//baike. so. com/doc/5410122 – 5648191. html；珞巴族：http：//www. gxtv. cn/mz/43_ lb. html。

③ 周长龄：《法律的起源》，中国人民公安大学出版社 1997 年版，第 29 页；另参见刘春兴：《法律起源的进化生物学解释》，载《河北法学》，2012 – 05 – 05；珞巴族 http：//baike. so. com/doc/5410122 – 5648191. html。

二、图腾崇拜的产生

珞巴族由于不了解自身的生殖规律，把人类的繁衍与自然界的某种动物、植物甚至使用的工具联系在一起，并把其中的一种视作与自身有着特殊、神秘的血缘关系，视作自己的祖先，因而便出现了图腾崇拜。珞巴族各部落信仰和崇拜的图腾各不相同，其中主要有虎、豹、野牛、野熊、熊、猴、水獭、猪、牛、羊、狗、老鹰、乌鸦、布谷鸟、鸽子、蛇、太阳、月亮、刀等30余种。图腾在原始社会中起着重要的作用，它是最早的社会组织标志和象征。它具有团结群体、密切血缘关系、维系社会组织和互相区别的职能。同时通过图腾标志，得到图腾的认同，受到图腾的保护。珞巴族图腾崇拜的习惯推动了珞巴族父系氏族制度的巩固发展，而且进一步明确了珞巴族血族复仇的习惯法和部落组织共同的道德规范和风俗习惯。①

三、祖先崇拜的产生

祖先崇拜是珞巴族父系氏族制取代母系氏族制后出现的又一重要的原始宗教信仰形式。它是在灵魂不死观念基础上发展起来的。就其本质来说，也是对鬼魂的崇拜。②

四、巫术的产生

某一个氏族、某一个部落、某一个家庭、某一个人一定的目的。巫教是珞巴族的原始宗教之一。珞巴族说巫师是唯一可以与鬼通话的人。巫师不是职业宗教者，并不享有超凡权威，没有宗教活动时，他们依然过着常人的生活：生产劳动、生儿育女。

---

① 参见晓蕊：《珞巴族：中国人口最少的民族》，载《西部时报》，2008-04-01；郭京燕、肖方：《看历史，话标识》，载《广告大观（标识版）》2010年第8期；珞巴族历史：http://www.zh5000.com/ZHJD/ctwh/2007-11-16/2170703257.html；中国人口最少的民族——珞巴族_（http://blog.sina.com）；珞巴族 http://baike.so.com/doc/5410122-5648191.html；珞巴族：http://www.gxtv.cn/mz/43_lb.html。

② 参见晓蕊：《珞巴族：中国人口最少的民族》，载《西部时报》，2008-04-01；珞巴族历史：http://www.zh5000.com/ZHJD/ctwh/2007-11-16/2170703257.html；中国人口最少的民族——珞巴族_（http://blog.sina.com）；珞巴族：http://www.gxtv.cn/mz/43_lb.html。

珞巴族的巫师分米剂和纽布两种。

巫术是巫师重要而经常性的活动。珞巴族祭祀活动繁多，在大型的祭祀仪式上都有巫术伴同。凡遇天灾人劫、瘟病时疫、失窃、复仇、战斗等，都要举行巫术、仰赖巫术力量驱邪惩恶，消灾化吉。在历史上，不断受到灾难侵扰的珞巴族，极其努力地在巫风巫雨中探索寻求精神的解脱。在祈求、招魂、驱鬼、诅咒等巫术活动中，有相当复杂的仪式。巫术除配合一定的行为外，还有表演、歌唱、造型、刻画和一些法器，对珞巴族的神话、歌谣、音乐、舞蹈、绘画、雕塑、服饰，乃至原始科技都产生了重大影响。①

五、宗教信仰

珞巴族的宗教信仰以崇拜鬼神为主，相信万物有灵，认为人世间一切自然物都是由一种超自然的神灵鬼怪主宰，人的生老病死和灾祸的发生都是由于鬼神作祟。在他们的宗教观念里，神、鬼尚未分离，凡精灵、神灵、鬼魂、魔鬼等都统称为“乌佑”。乌佑种类繁多，无所不在。

乌佑有善与恶的区分，但还没有形成最高的、居统治地位的乌佑。珞巴族对乌佑的崇拜形式很多，如自然崇拜、图腾崇拜、祖先崇拜等。

珞巴族相信灵魂不死，因此对已故祖先十分崇拜，并形成一套丧葬仪式。珞巴族实行土葬，个别地区实行树葬和火葬。但无论哪种葬法，停尸期间全村都要停止劳动，向死者祭祀，唱哭丧歌，择出殡吉日；葬礼中，死者生前的生产工具和装饰品要随葬，此后还要举行月祭和周年祭。历史上有过贡献的氏族首领、英雄和能人都被当作祖先神供祭。②

---

① 参见《珞巴族简史》编写组编：《珞巴族简史》，民族出版社 2009 年版；另参见中国人口最少的民族——珞巴族_ （http：//blog. sina. com）；珞巴族历史：http：//www. zh5000. com/ZHJD/ctwh/2007 - 11 - 16/2170703257. html；参见千里原：《民族工作大全》，中国经济出版社 1994 年版；中国民族 - 民族的才是最美的，民族的就是世界的（http：//mz. china. com.）；珞巴族：http：//www. gxtv. cn/mz/43_ lb. html。

② 参见千里原：《民族工作大全》，中国经济出版社 1994 年版；中国民族 - 民族的才是最美的，民族的就是世界的（http：//mz. china. com.）；另参见中国民族 - 民族的才是最美的，民族的就是世界的 - （http：//mz. china. com.）；珞巴族：http：//www. gxtv. cn/mz/43_ lb. html。

六、风俗习惯

珞巴族各地区的服饰不尽相同。男子一般穿羊毛织的长到腹部的黑色套头坎肩，背上披一块野牛皮，用皮条系在肩膀上，内衣着藏式氆氇长袍，头上戴的帽子有熊皮压制的圆盔和用藤条编制的圆盔两种，帽檐套着带毛的熊皮圈，毛向四周伸张。帽后垂着一块长方形狗熊皮，可以防箭和刀砍。平时外出，男子总是身背弓箭，横挎腰刀，身配装饰品。妇女穿用自织的羊毛、麻、棉衣料做的短上衣和筒裙。男女均赤足，蓄长发。戴的装饰品很多，男子普遍戴铜和银的手镯和竹管耳环，脖颈上套各色串珠，多达几十圈。妇女除佩戴银质和铜质手镯、戒指以及几十圈蓝白两种颜色的项珠外，腰间还缀有很多海贝串成的圆球，再加上耳环、铜铃、银币、铁链、小刀、烟斗、火镰等。珞巴族的饮食各地也不一样，珞瑜北部地区，以热水搅成的玉米面和鸡爪谷面团子为主食，也喜欢吃一种在石板上烤烙的荞麦饼。这种荞麦饼趁热时抹上辣椒糊和奶酪，十分香甜可口。无论男女都喜欢吃辣椒、吸鼻烟和饮酒。珞巴族的住房各地区也不相同，有分间长房式或方形、长方形大屋等数种，都是竹木结构的二层干栏。多在户外另建粮仓。珞巴族狩猎活动大都是集体进行，猎获的野物一律平分。①

七、文化艺术

珞巴族的民间神话、传说、故事、谚语和谜语等口头文学十分丰富。神话传说是珞巴族古老的文学形式，它反映了珞巴族从开天辟地以来的历史变迁以及征服大自然的英勇气概。谚语和谜语则是珞巴族人民生产生活经验和智慧的结晶。珞巴族是能歌善舞的民族，音乐有声乐和器乐，独具一格的“加金”是民间最古老的曲调，在珞巴族地区广为流行。此外，各部落还有各自独特的曲调和优美的情歌。民歌随编随唱，内容极其广泛。舞蹈动作粗犷、刚健有力，气氛热烈。民间乐器有竹口弦、笛子、箫和二胡等。工艺品主要有竹器、藤器，雕塑艺术也很有特色。珞巴族十分丰富的民间神话、传说、故事、谚语、谜语和民歌等口承说唱的文化艺术传承和发扬了本民族的

① 参见珞巴族：http：//www. gxtv. cn/mz/43_ lb. html；中国人口最少的民族——珞巴族_（http：//blog. sina. com）

习惯法律文化。①

第三节

珞巴族习惯法的主要内容

珞巴族社会是建立在父系制度之上的部落组织社会，各部落由若干氏族组成。很多习惯和理念还没有被新型的社会组织和政权机构所取代。珞巴族没有文字，因而也没有成文法。珞巴族主要依靠历史悠久的父系氏族制度，巩固和发展了有着自己的名称、有一定的地域、基本上各有自己的方言、有共同的节日活动、有临时的部落议事会和军事首领及特殊的道德规范和风俗习惯，可以包括不同血统的氏族组成的20多个部落。西藏和平解放前，指导群众成员行为准则的法律，主要是在社会交往、婚姻家庭和经济关系以及部落成员日常的各种活动中逐渐形成的道德准则和社会规范，我们称之为习惯法。这些习惯法保证了珞巴族社会得以正常发展，并成为每个社会成员和整个群体的自觉意识和行为规范，对珞巴族各部落和氏族以及家族成员具有普遍的约束力。

一、行政组织与行政习惯法

珞巴族部落是建立在父系氏族与父子联名制度之上的，由高贵等级、中等等级、低等等级的氏族和部落组成的具有明显等级制度的行政组织体系。各部落由若干氏族组成。这是珞巴族基本的行政组织体系。他们的氏族虽然已经走过了漫长的发展历程，进入解体的边缘，但它仍是现存的社会基本组织，只是其社会功能已大为削弱了。分布在藏南珞瑜不同地区的不同部落中，珞巴族氏族或部落都遵循着以下几个共同的习惯法或基本特征：

第一，每个人都分属于一个氏族，每个氏族各有自己的名称。在珞巴族父系氏族

① 参见珞巴族：http：//www. gxtv. cn/mz/43_ lb. html；中国人口最少的民族——珞巴族_（http：//blog. sina. com）。

里，一个父系就是由一个男性祖先繁衍而来，氏族名称多是这个直系起始祖先的名字，有的也可能是使用了它们的图腾名。在较大的氏族内有的又是由家族发展起来的亚氏族直系，用分化的那代祖先名作为称呼，是氏族内的近亲系统。同一部落的氏族，多是由一个氏族分裂而成。

第二，严格的氏族外婚制，即同一母系的子女不能通婚，社会发展到父系制以后，氏族便改为以男性为轴心，男子须从氏族以外择偶婚配的娶妻制，不许在氏族内婚配。这是维护氏族制度的重要一环，也是社会的基本道德规范。珞巴族部落普遍严格遵守这一原则。违犯这一规定的行为要受到严惩，也为舆论所不容。氏族认为触犯禁律者给全氏族带来了耻辱，要由其父或父系亲族自行处理，或者把他们杀掉，或者抛到河里。在实行氏族外婚制的同时，还实现部落内婚制和等级内婚制。①

第三，珞巴族系统的父子联名制度。为维系父系氏族的传承，普遍采用父子联名制，即每个男性的名字都要加上父亲的名字，父亲的名字加上祖父的名字，这样代代相连，一个氏族就形成一个世代相承的谱系。

第四，珞巴族氏族有共同的聚居地，并共同占有周边的山林土地。各部落基本上以氏族为单位聚居在一起，因各部落的氏族繁衍状况和地理环境不同而形成的氏族圈和村落的大小也不同。

第五，珞巴族氏族议事会和氏族首领。氏族有不定期的议事会制度，关系到全氏族的重要事务和重大活动，都由氏族议事会集体协商议定。

第六，珞巴族氏族成员间互相的权利和义务。珞巴族氏族成员最突出的权利义务是：当他们受到外部氏族欺辱时，有权请求氏族给予保护；这时珞巴族每个成员也有参加救援氏族兄弟的义务，这种救援的常见形式就是氏族械斗和血族复仇。

第七，珞巴族氏族内包含有被奴役者和附属的非本氏族血统的直系。珞巴族社会的蓄奴制在多数部落已很发达，奴隶在家长制家庭中既是家庭的财富、被奴役者，又是家庭的成员，他们也有受到氏族保护的权利和捍卫氏族利益而战斗的义务。在珞巴族社会，既是奴隶又是一定条件下的家庭成员的氏族和奴隶，又在一定条件下可以自赎或继承绝嗣主人的财产权。珞巴族的氏族圈与部落组织社会体系的形成，足以说明男性为主导的行政组织已经建立，尤其是珞巴族氏族成员以父亲的血缘确定亲属关系，以男子为中心父子联名制的父权家长制，是他们最基本最直接的行政组织体系。以父系亲属或父子联名为主导的珞巴族社会主要以血缘关系为基础，但在一定程度上

① 姚兆麟：《西藏民族志》，中国藏学出版社2006年版，第132—133页。

已超出原来血缘关系的界限，按习惯、宗教信仰、伦理道德、风俗习惯、禁忌文化、图腾崇拜等结合起来，这样，就为他们的社会和群体的形成创造了条件。同时，珞巴族的氏族首领、部落首领、议事会制度、盟誓制度、父子联名制度、严格的氏族外婚制等都从根深蒂固的生活习惯逐渐巩固为珞巴族的习惯法，确切地说以上珞巴族的七个特征或习惯法是他们的主要行政习惯法。

珞巴族基本的行政体制。由于受藏族的影响，南伊河两岸珞巴族的社会，民主改革以前已基本上进入封建农奴制社会，西藏地方政权的封建领主与藏族、珞巴族以及门巴族等农奴是两大对立的阶级。如民主改革以前，米林县珞巴族地区所属西藏地方政府建制的则拉宗管辖，既有明显的领主与农奴两大对立的阶级存在，又有家长制的社会形态。当时为了加强对珞巴族的统治，则拉宗委派藏族官员大却、白阶、曲扎三人为管理珞巴族的官员，具体负责种地、盖房、走路、砍竹、打猎、捕鱼，甚至喝水，都要向领主交租纳税。西藏三大领主又在珞巴族中委派“根保”，协助他们催收各种租税。当时“根保”的特权有：第一，可以指派珞巴族每户每年给他服无偿劳役若干日；第二，调解各户之间的纠纷；第三，到哪一户催收租税，哪一户要备酒肉招待。“根保”的职能是为藏族地方官员传送通知，替藏族官员收税。① 另外，珞巴族内部还存在着占有奴隶的一种家长奴隶制。

二、家庭与婚姻习惯法

珞巴族在实行氏族婚外制的同时，还实行部落内婚制和等级内婚制。过去，珞巴族群众的婚姻基本是一夫一妻制，有些部落的富户盛行多妻，也有盛行买卖婚姻，娶妻须付婚价。婚前男方须向女方付足婚价，或议定偿还婚价期限和方式，方可成婚。还有上门为奴、抢婚、交换婚或指腹为婚等形式，也有遗妻要在亡夫兄弟中转房的习俗。妇女的地位十分低下，财产的继承均归男子。只要有财产和富贵，丈夫也可以有多个妻子。民主改革前，珞巴族还有父母包办的买卖婚姻，一般男女到十五六岁时，父母为子女找对象，商议婚价，决定婚期。双方同意之后，男方就可以出物向女方买人。如隆子县门德崩流域的珞巴族不但严禁姑表结婚，还严禁姨表结婚。认为姑表婚最坏，如果发现姑表间有关系，就要被逐或被杀。而且还认为姨表结婚庄稼长不好，

① 《中国少数民族社会历史调查资料丛刊》修订编辑委员会和西藏社会历史调查资料丛刊编辑组编：《珞巴族社会历史调查》（一），民族出版社 2006 年版，第 6—7 页。

说婚后过不好，传说太阳是母亲，若发现姨表通婚在天空中看着也害羞。① 但在珞巴族博嘎尔部落内部的通婚范围很宽松，姑表、姨表可以结婚，弟弟可以同姐姐的女儿结婚。

在崩如、崩尼等部落为了反对买卖婚姻，女子们往往采取消极的对抗，遂有以抢的形式出现的私奔、和有感情的一起私奔、最终解除婚约等。

20 世纪前期，珞巴族各部落多数已是一夫一妻制小家庭为主要家庭形式，小家庭的分立按习俗是儿子成婚后或结亲生子后，父亲分给儿子若干财务，帮其立户而发展起来，父母一般留下幼子共同生活，这显然是财产私有制的发展带动了个体家庭的发展。与这种小家庭并存的大家庭则往往是由一夫多妻制的婚姻家庭模式构成的。在珞巴族的家庭中，家长主宰全家，一切重大决策和活动最终由男家长主宰定夺。珞巴族严格的男尊女卑制度和妇女地位的低下在通婚方式中就有充分的体现，如原先的珞瑜地区通行的是赤裸裸的买卖婚姻习惯。奴隶一般买价是两头牛，而妇女的婚价是三头牛。富户间的婚价大概五六头牛直到十几头。总之，当时最流行的是珞巴族男子娶妻必须付出婚价，而付了婚价就可以买到妻子。婚后，妻子不得与非婚姻关系的男子发生性关系。婚后所生子女属丈夫家族成员。婚前或婚外所生子女，一般归合法丈夫所有。子继父权，弟继兄权。女性无继承权。在珞巴族父权主义为核心的家长制婚姻制度下，在某个氏族家庭中父权很弱或父亲不在世无能为力时，舅父有权分享外甥女出嫁时的身价。如外甥被杀，其舅父甚至可以为其复仇，即使仇人是同氏族的人也在所不惜。

丈夫死后，兄弟有纳寡嫂优先权。亡夫无兄弟，其妻可与家族内其他同辈男子成婚，但不得转嫁给家族以外的其他家庭。

夫妻离婚，如女方提出，须向男方偿还部分婚价；如果男方提出，不得提出赔偿要求。男方不同意离婚，女方不得单方中止婚姻关系。

女方如有婚外性关系，一旦被发现，丈夫有权向与妻子发生性关系的男子提出赔偿要求。妻子如能让另一位男子向原配支付婚价就可以与丈夫离婚，随后再婚。

而如今，国家对西藏和少数民族实行的民主法治政策下，珞巴族既保持着传统的生活习惯，又受到了藏、汉等族文化的深刻影响，在婚姻家庭中妇女的地位提高了，部落内婚制和血统等级内婚的限制已被冲破，珞巴族与门巴族、珞巴族与藏族，甚至

① 《中国少数民族社会历史调查资料丛刊》修订编辑委员会和西藏社会历史调查资料丛刊编辑组编：《珞巴族社会历史调查》（一），民族出版社 2006 年版，第 155 页。

珞巴族和汉族之间只要男女相爱都可以成婚。①

三、经济习惯法

珞巴族父系氏族制度逐渐取代母系氏族社会后，珞巴族的采集、狩猎和原始农业的发展，使男子在谋取生活资料的生产活动中起了主导的作用。珞巴族的各氏族，都有一定的居住范围和自己的领地，这个范围内的土地归氏族公有。主要是关于所有制关系和生产活动过程的习俗民约，氏族之间的界限，一般以山林、河流等自然标志为区分界限。在氏族内部由于实行以户为单位的刀耕火种耕作制度，也可以向原主送上数筒水酒就可以借地耕种。随着家庭私有经济的出现，经济习惯法已发生重大变化，各部落也不尽相同。住房、土地、山林、河流、草场、牲畜在各部落中，普遍归氏族公有，氏族成员以家庭为单位具有占有使用权及继承权，除少数部落中的某些氏族，氏族内的住房、土地、山林、河流、草场、牲畜等一般不准买卖。

珞巴族社会里流行交换，但他们的交换活动有一定的时限，事先由头人和藏族官员讲妥后，以村为单位进行。地点设在藏族官员院内或米林县附近的达瓦桥，珞巴族拿来的物品有皮张、兽肉、熊掌、药材、辣椒、染料；换回去的物品有盐巴、衣服、粮食等。多半是以物易物，一张野牦牛皮可换四克粮食（每克约20斤），一张山羊皮换一克粮食，一筐染料换半克盐巴。②

珞巴族氏族土地山林等的公有权，可以从外氏族的成员迁入时使用土地要缴纳一定经济价值的各种“礼物”这一习惯法体现出来。外来的住户和外氏族的人每年要向所在氏族的头人缴纳一定的酒和肉，以招待该氏族的全体成员。在珞巴族同一个氏族的各个不同家族的人，无论到哪一个家族的住地内开垦土地，都无需交纳任何“礼物”。因此，在珞巴族同一个氏族内，常有家族内的个体家庭向其他家族的住地迁徙的情况，这也是珞巴族主要的习惯法。

随着私有经济的出现，各部落对荒地均充分肯定首垦权。可以任意选择氏族公有

---

① 参见陈立明：《门巴族、珞巴族的历史发展与当代社会变迁》，载《文化多样性背景下的民族和谐——国际人类学民族学联合会第十六届大会文集》，2009-07-27；陈立明：《门巴族珞巴族的传统文化及其在新时期的变化》，载《西藏民族学院学报（哲学社会科学版）》2011年第5期；陈立明：《门巴族、珞巴族的历史发展与当代社会变迁》，载《中国藏学》2010年第2期。

② 《中国少数民族社会历史调查资料丛刊》修订编辑委员会和西藏社会历史调查资料丛刊编辑组编：《珞巴族社会历史调查》（一），民族出版社2006年版，第6页。

的荒地伐木烧荒，不必通过氏族长，仅以标志为准。某些部落，猎场和渔场划归家庭占用。如有非占用者在某猎场或渔场狩猎或捕鱼，须向占用者交一定数量的胸脯肉和皮张，交几尾鱼。集体狩猎，第一个打中野兽者，可以多得兽头、兽皮或四碲，其余均分，包括孤寡无人出猎户也同样享用。有些氏族的人虽然已由个人狩猎替代了集体围猎，但也沿袭着挨户分送兽肉共同享用劳动成果的习惯法。还有珞巴族氏族成员遇到盖房、结亲、丧葬、对外宣战等大事，同氏族或分化的亚氏族都要无条件地参与并前去帮助。比如盖房要卜卦确定黄道吉日，各户都要帮助备料。在本氏族青年找好配偶而未能给付婚价，需要用抢亲方式结亲者，同族兄弟也有义务帮助抢亲。珞巴族人死后的葬式和葬仪各部落都不尽相同，但反映“人死后仍有灵魂存在”的核心观念是一致的。在同族内有丧事时，各户帮助料理，埋葬时同住一村的氏族成员都要送葬，并停止手头的工作来悼念。珞巴族氏族社会里，生产活动中有互助的义务。家长对家奴有人身占有权、继承权、转让权和出卖权。分居户家奴占用的土地，随其人身，一起归属于主人。珞巴族还实行对内和对外的交换产品的经济习惯法，对内是珞巴族各部落之间，对外主要是与藏族之间。

四、债权制度的习惯法

如2003年有研究人员在西藏林芝地区米林县南伊珞巴民族乡的琼林珞巴村的调查发现，有重要的民事习惯法内容。

（一）借贷

村民间允许出现借贷行为，但必须根据当初双方的约定，借贷人按时偿还债主，如若超期归还须经债主同意，若债主不同意，可双方协商解决，或由村里长老出面协调，实在不能归还的，可以其他物品或以劳动等方式加以偿还。

（二）租佃

在琼林村过去和现在都存在租佃这种关系。租佃可分为田租和特殊生产资料的租佃，一般而言，田租根据土地的肥瘦、位置的好坏而定价格，租金为40元到70元不等，但必须按时交纳租金。

我们在这里所指的特殊生产资料的租佃，如对汽车、拖拉机的租佃。如村民甲可向拥有东风车的村民乙租借汽车使用，但根据琼林村的租借习惯法，必须按时缴付租金给乙方。否则，就必须以其他形式进行补偿。① 民主改革前，珞巴族社会里租粮、租田等民事习惯法比较常见，但那时的法律主要为西藏三大领主和珞巴族头人服务。

五、刑事习惯法

珞巴族社会里为避免因某种行为不轨而引起社会成员之间不和、冲突乃至仇杀，自然形成了一套关于社会行为的规范。这些规范涉及道德品质、有意或无意的过失等行为。

在珞巴族社会中，引起血族复仇或同态复仇的原因，主要是婚姻纠纷、债务纠纷、偷窃、劫掠和因外来疾病传入而导致本氏族成员的死亡等采取的同态复仇的刑事习惯法惩罚措施。氏族或家族成员之间，在生产、生活、宗教活动、婚丧嫁娶、战斗和复仇等方面有互相帮助的义务。如果氏族内有人给本氏族全体成员带来了蒙羞或耻辱时，家族或氏族就要惩罚或处死这个罪魁祸首。这种刑事习惯法非常严厉，而且延续的时间也很长。

珞巴族部落成员必须遵守民主决议，参加集体行动。珞巴族氏族社会习惯法规定不经允许的个人行为是犯罪。在凌波部落，在集体休息日，倘若个人外出劳动或狩猎，即使为了集体，也是一种过错，要受到没收其全部收获的惩罚。

珞巴族各部落严格要求，成员必须诚实，撒谎要受到严惩。盗窃是绝对不允许的。未经主人同意，随意占有别人的任何动产或不动产，视为盗窃。对盗窃者要予以严厉处罚，其处罚方式由议事会决定或神判。因斗殴将人殴打致伤，不管理在何方，也不管程度如何，均要进行赔偿，其数量要与所遭受伤害损失相一致。如在巴达姆部落，长期受到藏文化和藏传佛教的影响，一般实行赔血价或赔命价制度，如伤害的是手指、耳朵、牙齿等，赔一头猪；致人双眼失明、肢体残废等，要赔偿一头牛或数头牛；致人死亡，赔偿十数头牛，甚或更多。

民主改革前，珞巴族人视偷盗行为是最可耻的行径，凡是有偷盗行为的人都要被挖去双眼，剁去双手，因此，偷盗行为极少发生。这也跟历代西藏地方政权在珞巴族社会实行各种残酷的刑法制度有着一定的关系。

---

① 龚锐、晋美：《珞巴族：西藏米林县琼林村调查》，云南民族大学出版社 2004 年版，第 159 页。

六、关于生态保护的习惯法

在古代社会里，珞巴族人以打猎捕鱼为生，有些部落吃老鼠肉等，但吐蕃统治后不断传入佛教思想，尤其是历代西藏地方政权的宗教思想对他们影响很大，后来在他们自己崇拜自然界的万物有灵思想和藏传佛教不杀生等思想的影响下，珞巴族有些部落不杀蛇和老虎，崇拜山林和水源等生态资源保护的习惯法逐渐形成。

如2003年有研究人员在西藏林芝地区米林县南伊珞巴民族乡的琼林珞巴村的调查发现，有重要的生态保护习惯法内容。

（一）对环境资源保护的习惯法

琼林村民都普遍遵循着保护自身生态环境的习惯法，如不准在菁沟泉边大小便；不准对未成材的幼林进行砍伐；不准竭泽而渔式地采挖某些药材，如对虫草的采挖等，即使对成材树木的砍伐，也必须在树根部一人高左右的地方下锯，以利于被伐树木的再生。

（二）对野生动物保护的习惯法

禁止捕杀怀孕的野生动物；禁止猎杀哺乳期间的野生动物；禁止在野生动物交配繁殖期进行捕杀。① 这些都是从他们自身的原始宗教和禁忌文化以及受到藏传佛教的影响而形成的根深蒂固的习惯法，在当地具有很强的约束力。

七、财产继承习惯法

按照珞巴族习惯法，父亲死后，遗产由在家的诸子共同分配：长子和幼子可以分到稍多的一份，未出嫁的女儿也分得一份；已分家的儿子和已出嫁的女儿一般不参加遗产分配。按照父亲氏族的继承原则和权利义务一致的原则，失去父母的本氏族幼年子女，氏族成员由近及远有抚养的义务，如果是女孩，长大后如同自己的女儿一样，卖出结亲；如果是男孩，要帮助他成家立业。遭遇不幸被外人掳去抵债者，同族人也

① 龚锐、晋美：《珞巴族：西藏米林县琼林村调查》，云南民族大学出版社2004年版，第158页。

有义务将其抢回或赎回，使其受到氏族的保护。

珞巴族的财产继承制度，基本上是子承父业的习惯法，但在自己没有儿子，或儿子没有成年或没有得到公认的继子的情况下，死者的产业则采用同宗继承法，由兄弟或侄子继承；如果没有兄弟或侄子，由堂兄弟继承。死者的遗妻也由兄弟继承。如果无儿子，已出嫁的女儿返家照顾父亲，应请几个证人，举行“西米阿旦”仪式（意为快死时吃肉）。其时，杀猪或杀牛给老人吃，在他临终前孝敬和照顾他，这样外嫁的女儿可继承财产。“西米阿旦”仪式，是判断是否享有继承权的主要依据。如果某人生前没有后代，按习惯他会找兄弟的儿子或近亲，并找几个证人，对他的后事留下遗嘱。如果他委托的继承人举行“西米阿旦”仪式，在他死后按其嘱托妥为安葬，这人便成为遗产的合法继承人。

在珞巴族社会中，妻子作为家中的一份动产，当其丈夫死后，她就成为丈夫的遗产，也存在被继承的问题，即“转房”，对亡夫的遗产没有继承权。

如西藏林芝地区米林县南伊珞巴民族乡的琼林珞巴村的调查发现，民主改革前，琼林珞巴村民家庭中父亲地位最高，妻子地位等同于奴隶。现在琼林村夫妻双方处于基本平等的地位，过去那种不平等的情形得到了根本性的纠正。

无论是过去还是现在，在琼林村子女赡养父母都是必须尽的义务。家庭财产一般由幼子继承，所以父母通常是和幼子住在一起。珞巴族由于长期以来存在重男轻女的观念，所以没有儿子的家庭几乎都会收养一个男孩子，而不会留女儿在家招婿上门，财产自然也是由收养的儿子继承。①

在世界各国的父系制奴隶社会和封建社会里，女性的地位始终没有被提高，女性的人格也始终没有得到很好的尊重和爱戴。以往的珞巴族跟大多数民族一样，无论哪种形式的家庭，妻子都是绝对服从于丈夫的弱者，没有独立的人格，珞巴族保留的转房婚制度体现了父权制的这一显著特点。珞巴族的习俗或根深蒂固的习惯法规定，丈夫死后儿子未成年者，遗妻连同财产、子女都由其夫的兄弟继承。如已故丈夫没有兄弟或无合适的同胞兄弟，也可由侄子辈继承，或由同家族，甚至由近及远的同氏族兄弟继承。这种父系氏族夫兄弟婚的遗俗，是中国很多民族都有过的历史，也体现了氏族父权制视买卖来的妻子为家庭及其氏族的财产的观念，不允许任意流失。

---

① 龚锐、晋美：《珞巴族：西藏米林县琼林村调查》，云南民族大学出版社 2004 年版，第 158 页。

八、珞巴族司法制度：氏族、部落议事会制度

在珞巴族社会里，氏族、部落议事会议制度和后来的西藏三大领主操作的官府以及地方基层组织充当了当时的司法机构，在以上机构中担任职务的官员就是珞巴族地区的行政司法官员。而且有不定期的氏族、部落议事会制度，崩尼部落话称为“耶尔甘”，意思是“共同商量”，其成员由各氏族派出的一名自然形成的首领组成。这些首领是每个氏族推选出来的，每个氏族都有自己的氏族首领。所谓首领既有高贵的地位和一定的本领，又有特殊的待遇和权威，有些也不一定是年龄辈分上的长者，或财产上的首富，只要能说会道、办事公正，且本氏族或本部落以及大多数人认为有办事能力、受到大家拥护即可被推选为为氏族的生死存亡或稳定发展起决定性的首领。首领的职责是在氏族内为各种重大事务活动召集和主持议事会。他们的一举一动关系到全氏族或部落的重要事务，要召集氏族全体男性成员会议商议，会上每个成员不论老少贫富，均有平等说话的权利；通过与会者充分陈述后形成的意见，所有人都要遵从。由于珞巴族的各氏族或小部落之间有较大的独立性，且部落内的联系松弛，平时一般没有部落议事会，只有在外部威胁危及整个部落的共同利益，唯有使用全部落的力量以解决对外争端时，才举行部落议事会。比如选择垦殖区域，决定砍荒、烧荒日期，决定出猎、出发交换以及相应的祭神祈鬼活动，通常由氏族的老人会议决定。调节和裁决氏族内部和其他部落间的各种纠纷，主持处罚氏族内违犯禁例或像偷盗一类过失的成员。另外，还对外接纳外氏族借地、借猎场等的要求，并代表氏族收纳所付馈赠——“模宾”，代表氏族出面处理氏族间纠纷、结盟；氏族械斗和实行血族复仇时，是当然的领队人。氏族出征或归来的各种仪式活动都通过珞巴族氏族或部落议事会解决，所以，珞巴族氏族或部落议事会，既是珞巴族习惯法的主要内容和组成部分，又是珞巴族主要的司法制度。这种部落议事会主要还是学习藏族主要的本土司法制度部落议事会议制度而来的。部落议事会议制度是原始氏族社会的一个重要机关，即最高权力机关，也是最高的司法审判机关，在处理氏族重大事务中起着重要作用，反映了原始社会的民主制。但这种议事会议制度目前仍保存完好的是现代藏族牧区和珞巴族、门巴族等少数民族。藏族古代的议事会议制度和与它相伴相随而成为主要内容的盟誓制度几乎遍及藏族及周边少数民族人们社会生活的各个方面、各个领域。藏族古代盟誓的内容也体现出多种多样，成为维系氏族与氏族、部落与部落、家庭与家庭、

家族与家族、民族与民族、君长与臣下以及吐蕃赞普与周边国家、部族之间关系的重要的政治制度与司法制度。“尤其是藏王松赞干布统一青藏高原各部以后，制定了包括法律在内的一系列制度，使得藏族议事会议制度与盟誓制度进入了成文法典，并且对后世各个西藏与其他藏区部落政权的立法提供了范本，对唐、宋、元、明时期尤其是清中央治藏法律的制定和实施产生了重大影响。”① 距今为止，吐蕃前后期的成文与不成文的议事会议制度与盟誓制度这一古老的司法制度在广大藏区和周边少数民族如珞巴族和门巴族的日常生活中还在发挥一定的作用。

民主改革以前，南伊河两岸的珞巴族全部是西藏三大领主的奴隶。当地的所有土地、山林、河流、牧场等主要生产资料都是领主的，珞巴族人民当时都要缴纳劳役地租或实物地租，负担相当繁重。压在珞巴族头上的负担有以下几种：一是租粮，珞巴族在荒山里进行刀耕火种，要按照撒下去的种子交租粮。二是纳税，无论种地与否，只要居住在领主的土地上，每年每户要向领主交辣椒一克、红染料草一克等。三是服无偿劳役，每年每户要给西藏地方政府、则拉宗及大却、白阶、曲扎等三大领主官员服无偿劳役若干日。四是交猎获物，上山打猎和下河捕鱼要向领主交猎获物。五是交打官司税，西藏地方政府、则拉宗及大却、白阶、曲扎等三大领主官员通过处理民事纠纷剥削珞巴族人民。每次打官司，大的案件要给官员送一个奴隶，中等案件送牛羊，小的案件送酥油、辣椒、皮张等。据大却自述：民主改革前，他通过处理珞巴族诉讼和民事纠纷，每年可得酥油 20 克，皮子 10 张以上。② 所以，当时的西藏地方政府、则拉宗及大却、白阶、曲扎等三大领主官员作为米林县珞巴族地区的行政司法长官，进行了全方位的统治和剥削。

九、珞巴族司法审判方式

在珞巴族社会里发生因盗窃、不正当的男女关系、欺骗、敲诈、抢夺等引起的各种纠纷，需要氏族议事会处理或执行审判时，巫师又成了习惯规范的维护者和审判的主持者。举行审判裁决仪式时，当事人及双方的公证人、亲属均需要支持并为自己的

① 转引自叶志强：《近十年来吐蕃时期政治制度研究综述》，载《哈尔滨学院学报》，2013 年第 11 期。

② 《中国少数民族社会历史调查资料丛刊》修订编辑委员会和西藏社会历史调查资料丛刊编辑组编：《珞巴族社会历史调查》（一），民族出版社 2006 年版，第 7 页。

人辩护说情。根据案件情况，由当事人选择进行在滚烫的沸水中取物、手掌上滴金属溶液、要虎牙、吹悬吊鸡蛋等形式中的一项，进行判断裁判。不管实情如何，原告或被告的胜负，都是依据审判结果，遵照习惯法——凡是负方均须赔偿一定数量的财物和若干头牛、猪和铜锅、刀、饰物等给胜方。倘若原告输了官司，除赔偿外，还需要宰猪杀牛、杀鸡，宴请全村人。珞巴族简单的纠纷解决方式有：一些户与户之间的小纠纷就由他们讲道理摆事实后，以经济补偿的方式化解了，从而平息了很多小纠纷。

十、珞巴族的审判和习惯法的特点

神判是一种巫术活动，它既是传统的主要司法审判措施，又是维护和执行习惯法的一种辅助的且具有强制性的重要手段。珞巴族等很多少数民族的日常生活里神判经常用于对偷窃、欺骗、谎言和性关系等方面违法行为的裁定。

神判由巫师主持。举行神判时，调解人兼做主要公证人，当事人及其亲属均须参加；氏族成员也须到场，以做公证。珞巴族的神判方式，概括起来有：太阳月亮神判、火神判、沸水神判等。这些方式，无疑是求助于舆论的力量和压力，以及用盟誓、起誓等隆重的仪式和人们内心坚定的信仰来最大可能地制约违法行为，规范氏族社会的基本秩序，保证社会的安宁。

对珞巴族来说，维护传统的原始部落社会的集体荣誉、民主、正义和公平，是习惯法的基本精神。更重要的是对氏族全体成员的规劝和制约，增强责任和荣誉、团结奉献等集体观念，对各方面都包含有教育的意义。处罚是适度的，以违法者和受害者各方都能接受为原则。珞巴族没有专门的仲裁机构，一般来说，氏族议事会就充当着他们的仲裁机构或审判机关，而氏族长、家长和调解人，常常充当仲裁人。如果通过神判，巫师则成为仲裁人，而且都是平等的仲裁者。舆论在珞巴族社会中具有巨大的力量，它也直接参与习惯法的实施和仲裁。

参考文献

史料类

［1］［明］申时行：《明会典》卷一六四，《律例五・私茶》，中华书局 1988 年版。

［2］［清］张廷玉：《明史》卷八〇，志第五十六食货四“茶法”，中华书局 1974 年版。

［3］［清］张廷玉：《明史》卷三三一，列传二百十九西域三，中华书局 1974 年版。

［4］［清］张廷玉：《明史》卷一二一，《列传第九・公主》，中华书局 1974 年版。

［5］［唐］吴竞撰：《贞观政要》卷一，《政体》。

［6］萨迦索朗坚赞：《王统世系明鉴》，辽宁人民出版社 1985 年版。

［7］巴俄祖拉陈瓦著：《智者喜宴》（藏文），民族出版社 1986 年 6 月版。

［8］端智嘉、陈庆英译：《新唐书・吐蕃传》（藏文），青海民族出版社 1983 年版。

［9］更顿群培：《白史》，法尊大师译，西北民族研究所 1987 年版。

［10］恰贝・次旦平措主编：《西藏历代法规选编》（藏文），西藏人民出版社

1989年版。

［11］五世达赖喇嘛：《西藏王臣记》，刘立千译注，民族出版社2000年版。

［12］《巴协》（藏文）。

［13］《续资治通鉴长编》卷三五、卷五一、卷五二、卷五七、卷七七、卷八八、卷一〇三、卷一〇四、卷一二四、卷二三三、卷二四七、卷二五二、卷二六四、卷二七七、卷三二八、卷三七二、卷三七四、卷三七五、卷四六六、卷五〇一。

［14］《达赖喇嘛传》。

［15］《永乐大典》。

［16］《敦煌吐蕃文选》，四川民族出版社1983年版。

［17］《康熙会典》卷一四五。

［18］《拉达克王系》（藏文），西藏人民出版社1986年版。

［19］《明实录》卷二五一、卷四五六。

［20］《明史》卷八〇、卷三三一。

［21］《明史·刑法志》。

［22］《明史·职官制》。

［23］《明太祖实录》卷七九、卷九五、卷二二五。

［24］《清史稿》卷一四二，《刑法志》。

［25］《宋史》卷一九一。

［26］《宋史》卷一九八，《兵十二》。

［27］《宋史》卷二六三。

［28］《宋史》卷三二八，《王韶传》。

［29］《宋史》卷四九二，《吐蕃传》。

［30］《吐蕃金石录》，中央民族学院语文系藏语组编译。

［31］《五部遗教》（藏文）。

［32］《五部遗教·大臣遗教篇》（藏文），民族出版社1986年版。

［33］贺咱扎西坚参：《格言库》（藏文），民族出版社1985年版。

［34］索南次仁编著：《藏族历代法典》（藏文），民族出版社2004年版。

［35］班钦索南扎巴：《新红史》，西藏人民出版社1982年版。

［36］蔡巴贡嘎多吉：《红史》，黄颢译，中国社会科学院民族研究所晒蓝本。

［37］《西藏文史资料选辑》（十），民族出版社1989年版。

［38］西藏自治区档案馆编：西藏地方历史丛书之一《寺规集》（藏文），西藏人民出版社。

［39］察巴贡嘎多吉（藏）：《红史》（藏文），民族出版社 1981 年版。

［40］客巴德吾：《德吾教法史》（藏文），西藏人民出版社 1987 年版。

［41］刘立千译：《续藏史鉴》。

［42］《明实录》，成化二十三年，十月丁卯条。

［43］《明实录》，正统元年五月丁丑条。

［44］南喀诺布：《祥藏历史德赛光》（藏文），中国藏学出版社。

［45］恰白次旦平措、诺昌吴坚：《西藏简明通史》（藏文），西藏藏文古籍出版社 1991 年版。

［46］任乃强：《康藏史地大纲》，西藏古籍出版社 2000 年版。

［47］苏晋仁：《〈册府元龟〉吐蕃史校证》。

［48］萨迦索南坚赞：《西藏王统记》（藏文），民族出版社 1981 年版，2005 年 1 月北京第 6 次印刷。

［49］王尧、陈践：敦煌本《吐蕃法制文献》译注，载《甘肃民族研究：增刊》1983 年 8 月版。

［50］王尧、陈践：《敦煌吐蕃历史文书》，民族出版社 1980 年版。

［51］王尧、陈践：《敦煌吐蕃文书论文集》，四川民族出版社 1988 年版。

［52］王尧、陈践：《吐蕃简牍综录》，文物出版社 1992 年版。

［53］王尧、陈践译注：《敦煌古藏文文献探索集》，上海古籍出版社 2008 年版。

［54］王尧、陈践译著：《敦煌本吐蕃历史文书》（藏文），民族出版社 1980 年版。

［55］王尧：《吐蕃金石录》，文物出版社 1992 年版。

［56］王尧编著：《吐蕃金石录》，文物出版社 1982 年版。

［57］五世达赖喇嘛：《西藏王臣记》（藏文版），民族出版社 1980 年版。

［58］达仓宗巴班觉桑布：《汉藏史集》，陈庆英译，西藏人民出版社 1999 年 3 月版。

［59］陈践、王尧：《敦煌本藏文文献》（藏文），民族出版社 1983 年版。

著作类

[1] 张晋藩：《中华法制文明的演进》，法律出版社 2010 年版。

[2] 曾国庆编著：《藏族历史·文化》，民族出版社 2004 年版。

[3] 周长龄：《法律的起源》，中国人民公安大学出版社 1997 年版。

[4] 周润年译著，索朗班觉校：《藏巴汗第悉噶玛丹迥旺布时制定的十六法典》，载《西藏古代法律选编》，中央民族大学出版社 1994 年版。

[5] 祝启源：《唃厮啰——宋代藏族政权》，青海人民出版社 1988 年版。

[6] 李钟声：《中华法系》，华欣文化事业中心 1963 年版。

[7] 刘睿铭编译：《法的历程》，江西高校出版社 2009 年版。

[8] 吕昭义、红梅：《门巴族——西藏错那县贡日乡调查》，云南大学出版社 2004 年版。

[9] 门巴族简史编写组、《门巴族简史》修订本编写组编写：《门巴族简史》（修订版），民族出版社 2008 年版。

[10] 东噶·洛桑赤列编纂：《东噶藏学大辞典》（藏文），中国藏学出版社 2002 年版。

[11] 洲塔、桥高才让：《甘肃藏族通史》，民族出版社 2009 年 9 月版。

[12] 东噶洛桑赤列：《论西藏政教合一制度》，陈庆英译，民族出版社 2001 年版。

[13] 华热多杰：《藏族古代法新论》，中国政法大学出版社 2010 年版。

[14] 杨士宏编著：《藏族传统法律文化研究》，甘肃人民出版社 2004 年版。

[15] 叶拉太：《吐蕃时期政治制度研究：以古藏文文献为中心》（藏文），民族出版社 2010 年版。

[16]《珞巴族简史》编写组编：《珞巴族简史》，民族出版社 2009 年版。

[17]《珞巴族简史》编写组编：《珞巴族简史》，西藏人民出版社 1987 年版。

[18]《马克思恩格斯全集》第 7 卷。

[19] 邓前程：《一统与制宜：明朝藏区施政研究》，人民出版社 2011 年版。

[20]《西藏自治区概况》编写组编写：《西藏自治区概况》，西藏人民出版社 1984 年版。

［21］《中国少数民族社会历史调查资料丛刊》修订编辑委员会和西藏社会历史调查资料丛刊编辑组编：《珞巴族社会历史调查》（一），民族出版社2006年版。

［22］《中国少数民族社会历史调查资料丛刊》修订编辑委员会和西藏社会历史调查资料丛刊编辑组编：《门巴族社会历史调查》（二），民族出版社2006年版。

［23］北京大学中国史研究中心编：《敦煌吐鲁番文献论文集》。

［24］舟曲、谢建华：《甘肃藏族史》，民族出版社2003年版。

［25］徐晓光：《藏族法制史研究》，法律出版社2001年版。

［26］张济民：《渊源流近——藏族部落习惯法法规及案例辑录》，青海人民出版社2002年版。

［27］张济民：《诸说求真——藏族部落习惯法专论》，青海人民出版社2002年版。

［28］陈光国：《青海藏族史》，青海民族出版社1997年版。

［29］陈庆英主编：《中国藏族部落》，中国藏学出版社2004年版。

［30］第五世达赖喇嘛：《西藏王臣记》，刘立千译注，民族出版社2000年版。

［31］东噶洛桑赤列：《论西藏政教合一制度》，民族出版社1985年7月版。

［32］龚锐、晋美：《珞巴族：西藏米林县琼林村调查》，云南民族大学出版社2004年版。

［33］关东升主编：《中国文化大观》（西藏卷），中国大百科全书出版社1996年版。

［34］黄奋生著：《藏族史略》，民族出版社1985年版。

［35］黄盛璋：《绿洲研究》，科学出版社2003年版。

［36］贾春增主编：《民族社会学》，中央民族大学出版社1996年版。

［37］黎宗华、李延恺：《安多藏族史略》，青海民族出版社1992年版。

［38］西藏社会历史调查资料丛刊编辑组编：《门巴族社会历史调查》（一），西藏人民出版社1987年版。

［39］谢铁群编著：《历代中央政府的治藏方略》，中国藏学出版社2005年版。

［40］叶晓彬：《康巴妇女权益维护法律研究》，四川出版社集团巴蜀书社2008年版。

［41］蒲文成、王心岳：《汉藏民族关系史》，甘肃人民出版社2008年版。

［42］姚兆麟：《西藏民族志》，中国藏学出版社2006年版。

［43］杨圣敏主编：《中国民族志》，中央民族大学出版社 2003 年版。

［44］张晋藩：《镜鉴心语：法史研究中的古与今》，厦门大学出版社 2012 年版。

论文类

［1］张晋藩：《中华法系特点再议》，载《江西社会科学》2005 年第 8 期。

［2］多德：《吐蕃分裂割据时期佛教的再度兴起及诸教派形成的原因》，载《学理论》2011 年第 1 期。

［3］陈践、杨本加：《吐蕃时期藏文文献中的盟誓》，载《中国藏学》2009 年第 3 期。

［4］陈庆英、冯智：《藏族地区行政区划简说》，载《西藏民族学院学报》1996 年第 1 期。

［5］王尧：《唐蕃会盟碑疏释》，载《历史研究》1980 年第 4 期。

［6］张天阳：《吐蕃盟誓制度研究综述》，详见《中国民族宗教网》http://www.mzb.com.cn/html/report/256855 - 1. htm。

［7］陈光国：《论清朝对藏区法制的立法思想立法原则》，载《青海社会科学》1997 年第 3 期。

［8］陈庆英、冯智：《藏族地区行政区划简说》，载《西藏民族学院学报》社会科学版 1996 年第 1 期。

［9］叶依能：《明代的茶叶专卖和茶马贸易》，载《农业考古》1992 年第 2 期。

［10］巴桑罗布：《吐蕃赞普后裔在门隅的繁衍与承袭》，载《中国藏学》（汉文版）2012 年第 1 期。

［11］何峰：《论吐蕃法律的渊源、形式和立法原则》，载《中国藏学》2007 年第 1 期。

［12］《西藏自治区人权事业的新发展》，国务院公报 1998 年第 6 期，第 28 页。

［13］敏政：《从明代汉藏间的茶马互市看明代的治藏政策》，载《青海民族研究》2011 年第 4 期。

［14］巴卧祖拉陈哇：《贤者喜宴》摘译，黄颢摘译注，载《西藏民族学院学报》1981 年第 1 期。

［15］巴卧祖拉陈哇：《贤者喜宴》摘译，黄颢摘译注，载《西藏民族学院学报》

1981 年第 2 期。

［16］李文学：《明代安多藏区土司制度略论》，载《西北第二民族学院学报》2005 年第 2 期。

［17］任树民：《吐蕃军事力量概述》，载《西藏研究》1990 年第 3 期。

［18］得荣次仁邓珠：《藏族传统文化的价值》，载《中国民族报：民族论坛》，2003 年 8 月 19 日。

［19］王继光：《明代必里卫新考》，载《西北民族研究》1993 年第 3 期。

［20］何峰：《五世达赖喇嘛〈十三法〉探析》，载《政治学研究》2004 年第 4 期。

［21］才让东主：《论吐蕃时期的政苯关系》，载《青海民族学院学报》（藏文版）2005 年第 1 期。

［22］华锐东智：《浅论藏族传统的禁忌文化对生态环境和精神文明建设的积极贡献》，载《西北民族研究》2003 年第 1 期。

［23］陆离：《吐蕃统治河陇时期司法制度初探》，载《中国藏学》2006 年第 1 期。

［24］洛加才让：《寻根溯源的“土壤分析”：关于藏族历史文化的根基初探》，载《西藏研究》1997 年第 2 期。

［25］牛绿花：《元以来历朝对藏传佛教宗教事务的法律调整及其历史启示：藏传佛教宗教事务的法律化研究之一》，载《西南政法大学学报》2010 年第 4 期。

［26］仁青：《吐蕃法律初探》，载《西藏研究》1983 年第 4 期。

［27］撒列：《吐蕃盟誓制度研究》，《青海民族学院学报》（藏文版）2005 年第 2 期。

［28］徐晓光：《唃厮啰政权的“立文法”与宋朝藏汉关系立法》，载《西藏民族学院学报》2004 年第 4 期。

［29］卓玛才让：《敦煌吐蕃文书 P. T. 1095 号写卷解读》，载《西藏研究》2007 年第 1 期。

［30］周润年：《西藏古代〈十六法典〉的内容及特点》，载《中国藏学》1994 年第 2 期。

［31］朱悦梅：《吐蕃占领西域期间的军事建制及其特征》，载《西域研究》2011 年第 4 期。

［32］杨士宏：《吐蕃法律的文化渊源》，载《中国藏学》2003 年第 3 期。

［33］石硕：《明朝西藏政策的内涵与西藏经济的东向性发展》，载《西藏研究》1993 年第 2 期。

［34］汤开建：《关于唃厮啰统治时期青唐吐蕃政权的历史考察》，载《中国藏学》1992 年第 3 期。

藏文史料

［1］《བཀའ་ཐང་སྡེ་ལྔ》

［2］རྒྱལ་དབང་ལྔ་པ་ངག་དབང་བློ་བཟང་རྒྱ་མཚོས་མཛད་པའི་
《དེབ་ཐེར་དཔྱིད་ཀྱི་རྒྱལ་མོའི་གླུ་དབྱངས》

［3］《དེབ་ཐེར་དཔྱིད་ཀྱི་རྒྱལ་མོའི་གླུ་དབྱངས》

［4］དཔའ་བོ་གཙུག་ལག་ཕྲེང་བས་མཛད་པའི་ 《ཆོས་འབྱུང་མཁས་པའི་དགའ་སྟོན》

［5］ཚལ་པ་ཀུན་དགའ་རྡོ་རྗེས་མཛད་པའི་ 《དེབ་ཐེར་དམར་པོ》

［6］འགོས་གཞོན་ནུ་དཔལ་གྱིས་མཛད་པའི་ 《དེབ་ཐེར་སྔོན་པོ》

［7］ས་སྐྱ་བསོད་ནམས་རྒྱལ་མཚན་གྱིས་མཛད་པའི་ 《རྒྱལ་རབས་གསལ་བའི་མེ་ལོང་》

［8］ངག་དབང་ཀུན་དགའ་བསོད་ནམས་རྒྱལ་མཚན་གྱིས་མཛད་པའི་ 《ས་སྐྱའི་གདུང་རབས》

［9］ནམ་མཁའི་ནོར་བུས་བརྩམས་པའི་ 《ཞང་བོད་གནའ་རབས་ཀྱི་ལོ་རྒྱུས་ནོར་བུའི་མེ་ལོང་》

［10］ལྡེའུ་ཇོ་སྲས་ཀྱིས་བརྩམས་པའི་ 《ལྡེའུ་ཆོས་འབྱུང་》

［11］མཁས་དབང་དུང་དཀར་བློ་བཟང་འཕྲིན་ལས་ཀྱིས་མཛད་པའི་
《བོད་ཀྱི་ཆོས་སྲིད་ཟུང་འབྲེལ་སྐོར་བཤད་པ》

［12］དགེ་འདུན་ཆོས་འཕེལ་གྱིས་བརྩམས་པའི་ 《དེབ་ཐེར་དཀར་པོ》

后记

本书是《中国少数民族法史通览》（十卷本）之一，书稿是在最初的六个多月时间的搜集资料、编写提纲、个别章节快要完稿的基础上，通过一年多的资料补充、调整结构、多次进行修改而最终完成的。此次编写主要是概括性地总结了藏族法制的基本规律，紧扣藏族远古历史中藏族氏族兴起到吐蕃王朝的建立以及吐蕃赞普王朝走向衰败，以西藏为中心的甘、青、川、滇等藏族部落开始形成群雄割据的多个地方政权时期的本土藏族法律文化为主线，加上历代封建王朝对藏区立法的大概内容，特别是清朝对藏区的立法原则和立法内容，以及派驻藏大臣进行行政管辖等纵横交叉、宏观与微观的视角分析，藏文原文史料与藏族原汁原味的立法历史紧密结合的基础上，运用以史为鉴、鉴古明今的法史研究方法进行大胆探索研究，使本书结构和内容基本合理。

本书作为一个子课题，本人承担相关问题的研究和写作以来，始终得到我的恩师、中国著名法学家、中国政法大学终身教授、《中国少数民族法史通览》总主编张晋藩教授的关怀和支持。张先生在耄耋之年，仍不辞辛劳的主持我中华民族最浩瀚有益的法治工程项目，并具体指导我们每一个负责人的编写工作，解决编写中遇到的各种困难及书稿完成后的出版事宜，这种对中华民族的和谐发展和为正在崛起的民主法治国家而日夜操劳、乐于献身的精神和无比高尚的情怀，一直激励着我们七零后至八零后、九零后、零零后的四代年轻人，让我们怀有振兴我永远强盛之中华国家的英雄气节。这也是我十三亿中华儿女应该永远学习和珍惜的宝贵财富，在这里特别感谢先生师母等老一辈法学家及法学界各位同仁，长期以来的栽培和鼓励！

在本书编写过程中，我虽然尽了力所能及的最大努力，但由于藏族历史中注重记载苯教与佛教等藏族历史、宗教、文化等内容的发展脉络，而行政法制的记载甚少，敦煌古藏文原文文献和现有的藏文原文及汉文历史资料多有冲突，法律文化记载大多为古藏文而很难理解等问题，藏族从吐蕃王朝灭亡至分裂割据的地方政权时期形成的复杂多样的部落习惯法难以甄别问题，有些古藏文文献一时的盲目翻译解读后容易出错等各种问题，都可能影响本书的质量。加之晚辈才疏学浅，理解及研究水平所限，不足及错误之处在所难免，恳请各方专家、学者严厉批评指正。本书最终共分为形成期的藏族法律、发展期的吐蕃法律、独具特色的藏族法律文化以及门巴族与珞巴族法律等四编十八章。在本书写作过程中，我参考和引用了大量的前人研究的成果，值此之际，我要特别感谢藏族历史学家恰贝·次旦平措先生、洲塔先生、阿旺先生、王尧和陈践先生、牟军先生、仁青先生、徐晓光先生、杨士宏先生、何峰先生、多杰、甘措女士、牛绿花女士、淡乐荣女士等很多为藏族法律文化的研究作出贡献的学者。参考和引用的内容我都在书中注明了出处，在此向研究藏族法制史和为中国法律文化研究做出伟大贡献的前辈和同仁们谨致我最诚挚的谢意。

在本书即将出版之际，特意向一直以来关心、帮助、理解我的各民族的前辈及亲朋好友表示感谢。

感谢陕西人民出版社总编辑宋亚萍女士，责任编辑白艳妮女士及相关编辑及排版人员为本书的出版所付出的努力和辛苦。

最后，向在生活上照顾我、学习上支持我、教学与科研工作上指导我，人生道路上一直开导、引领我的所有前辈及亲朋好友，道上一声“真的很感谢”！祝愿中华各民族好心人、好朋友，在全面推进依法治国的光明大道上，伴随着和平与正义之思想精神，永远幸福吉祥，扎西德勒！

吾辈不怕求学苦，万事万物只等闲。
人生路上难稳顺，恶人庞杂挡大道。
官学既得满财权，几代人事输不起。
更喜学问万难金，悟道智慧谋致远。

南杰·隆英强

二零一二年六月一日于中国政法大学博士公寓完成初稿

二零一四年十一月二十日于兰州完成修改稿